논리로 푸는 실전사주총정리---추명가(남명편)

(개정판)

덜 먹고, 덜 입고
덜 자야, 다 이룬다.

한명호 엮음

도서출판   두원출판미디어

머리말

추명가 개정판을 내면서

많은 시간 흘렀어도 항상 제자리인 것 같은 느낌이 드는 것은 부족한 아쉬움이 가득함이라. 아쉬움은 추풍낙엽이요, 기다림은 안식포식이라 했던가?

그동안 많은 꾸지람과 아쉬움만을 바라보기만 하다, 이제야 다듬어서 개정판이라는 미명아래 다시금 손질해 펼치나 이 또한 걱정이 앞섭니다.

고 이석영 선생님의 추명가에 주석을 달아 알기 쉽게 표현한다고 나름 애를 쓰기는 했는데 많은 분들께서 어찌 평가 하실지--

귀뚜라미 소리 크게 들리니
아직 어둠이 떠나지 않은 듯
문은 굳게 닫혀있다.
아! 털고 일어나야 하는데,
꿈자리 어지러우니
정신이 맑지 않아 혼란스럽다.
정말 이른 시간인가?
아침은 벌써 열렸는데,
눈은 감겼어도 환함이 느껴지고
몸은 누워있어도

마음은 어디론가 움직이는데
팔다리는 아직 꼼짝 않는다.
갈 길이 멀어서인가?
앞이 보이지 않아서?
배가 불러 덜 먹어야 하나?
몸의 열이 높아 덜 입어야 하나?
움직임이 부족해 덜 자야 하는가?
대박, 쪽박이 허상 일세!
소박함이 실상이고, 진상이네

엮은이 한명호

차례

추명가 남명(男命)편

- 제 ❶ 장 ─── 혈연(血緣), 가정(家庭) ─── 1—44 ─── 35쪽
- 제 ❷ 장 ─── 재난(災難), 질병(疾病) ─── 45—79 ─── 105쪽
- 제 ❸ 장 ─── 직업(職業), 적성(適性) ─── 80—137 ─── 155쪽
- 제 ❹ 장 ─── 성정(性情) ─── 138—173 ─── 231쪽
- 제 ❺ 장 ─── 부부, 이성관계 ─── 174—207 ─── 275쪽
- 제 ❻ 장 ─── 자손(子孫) ─── 208—230 ── 327-368쪽

차례

사주추명가 남명(男命)편

1---230항목

☯ 차례

1		天人地가 年月日時 천인지가 연월일시	三才되어 四柱되어 삼재되어 사주되어	宇宙構成 吉凶禍福 우주구성 길흉화복	되어있고 이루었네 되어있네 이루었네
2		根苗花實 五行制化 근묘화실 오행제화	이原理로 生剋으로 이원리로 생극으로	世上萬事 千態萬象 세상만사 천태만상	進行되며 變化한다 진행되며 변화한다
3		生年宮은 生日宮은 생년궁은 생일궁은	根基先祖 己身花요 근기선조 기신화요	生月宮은 生時宮은 생월궁은 생시궁은	父母苗요 妻子로다 부모묘요 처자로다
4		生年生月 生日宮서 생년생월 생일궁서	刑沖하면 生月刑沖 형충하면 생월형충	父祖間에 抛離故基 부조간에 포리고기	各居했고 하게된다 각거했고 하게된다
5		年入地殺 生日地殺 년입지살 생일지살	놓은者는 만난者도 놓은자는 만난자도	東奔西走 亦是故鄕 동분서주 역시고향	他鄕이요 떠나산다 타향이요 떠나산다
6		四柱驛馬 年月水旺 사주역마 년월수왕	重重地殺 壬癸日生 중중지살 임계일생	異驛萬理 他道他國 이역만리 타도타국	遍踏하고 살아본다 편답하고 살아본다
7		亥子年月 日柱基準 해자년월 일주기준	甲乙日生 驛馬地殺 갑을일생 역마지살	海雲萬理 그도祖基 해운만리 그도조기	나가보고 떠나산다 나가보고 떠나산다
8		驛馬地殺 若不基然 역마지살 약불기연	日柱合은 病院出生 일주합은 병원출생	房外車中 틀림없는 방외차중 틀림없는	出生이요 事實이다 출생이요 사실이다

차례

9		歲月干支 歲月干支 세월간지 세월간지	官財印은 逢傷官은 관재인은 봉상관은	富貴家門 父祖代에 부귀가문 부조대에	자랑하고 敗業일세 자랑하고 패업일세
10		歲年宮에 祖母님이 세년궁에 조모님이	傷官食神 彿信者로 상관식신 불신자로	華蓋星이 釋迦尊下 화개성이 석가존하	俱臨하니 念佛이라 구임하니 염불이라
11		年月支에 萬壽香을 년월지에 만수향을	印綬華蓋 피어놓고 인수화개 피어놓고	慈堂님이 子孫富貴 자당님이 자손부귀	信者로서 祈願한다 신자로서 기원한다
12		生年華蓋 正偏財가 생년화개 정편재가	生日華蓋 逢空하니 생일화개 봉공하니	胎줄목에 祈禱子孫 탯줄목에 기도자손	걸고났고 分明하다 걸고났고 분명하다
13		日剋歲君 歲傷日干 일극세군 세상일간	하는者는 하는者는 하는자는 하는자는	以臣伐君 有禍로되 이신벌군 유화로되	有禍하고 輕하도다 유화하고 경하도다
14		傷官食神 偏正印綬 상관식신 편정인수	疊疊하니 混雜하면 첩첩하니 혼잡하면	重拜祖母 生母庶母 중배조모 생모서모	있게되고 繼母로다 있게되고 계모로다
15		傷官星이 印綬星이 편관성이 인수성이	逢白虎는 白虎殺은 봉백호는 백호살은	祖母産亡 母親産亡 조모산망 모친산망	있게되고 血光死라 있게되고 혈광사라
16		印綬星이 그런일이 인수성이 그런일이	逢刑하면 없게되면 봉형하면 없게되면	其母不具 일찍母親 기모불구 일찍모친	呻吟이요 凶死한다 신음이요 흉사한다

차례

17		正偏財가 月逢挑花 정편재가 월봉도화	日月相合 亡身殺은 일월상합 망신살은	生秦事楚 後妻所生 생진사초 후처소생	못면하면 그아닌가 못면하면 그아닌가
18		生月財星 正印星이 생월재성 정인성이	놓게되면 作合하니 놓게되면 작합하니	그부친이 母外有情 그부친이 모외유정	頑固하고 再家하네 완고하고 재가하네
19		偏印星이 傷官食神 편인성이 상관식신	作合하니 作合하니 작합하니 작합하니	그대祖父 祖母님이 그대조부 조모님이	風流氣요 不正했소 풍류기요 부정했소
20		印臨絶地 財印身合 인임절지 재인신합	衰病死는 되는명은 쇠병사는 되는명은	母親殘疾 母家再娶 모친잔질 모가재취	있게되고 再婚이라 있게되고 재혼이라
21		財印二德 四時長春 재인이덕 사시장춘	帶冠旺生 靑靑하니 대관왕생 청청하니	其母賢淑 그家門은 기모현숙 그가문은	하게되어 興旺한다 하게되어 흥왕한다
22		正偏財가 正財星이 정편재가 정재성이	混雜하니 暗合하면 혼잡하니 암합하면	異腹고모 그姑母가 이복고모 그고모가	叔伯있고 바람났소 숙백있고 바람났소
23		正財星이 偏財星이 정재성이 편재성이	白虎殺은 白虎殺은 백호살은 백호살은	姑母叔父 그父親이 고모숙부 그부친이	血光死요 血光死요 혈광사요 혈광사요
24		偏財星이 地殺驛馬 편재성이 지살역마	逢刑財殺 加臨하면 봉형재살 가임하면	그父親이 拉致監禁 그부친이 납치감금	橫厄인데 父親이라 횡액인데 부친이라

차례

25		甲辰日과 自殺橫死 갑진일과 자살횡사	乙未日生 病院死니 을미일생 병원사니	基父親이 臥席終命 기부친이 와석종명	世上뜰때 못하리라 세상뜰때 못하리라
26		印綬太旺 印綬逢空 인수태왕 인수봉공	偏財弱은 梟神殺은 편재약은 효신살은	父親얼굴 幼失慈母 부친얼굴 유실자모	삭막하고 可憐하다 삭막하고 가련하다
27		幼失慈母 兩家奉祀 유실자모 양가봉사	아니하면 하게되니 아니하면 하게되니	庶母養母 이것또한 서모양모 이것또한	奉養있어 운명일세 봉양있어 운명일세
28		財星食神 月逢養生 재성식신 월봉양생	同臨合은 태어난몸 동림합은 태어난몸	丈母奉養 他家집에 장모봉양 타가집에	하게되고 자라본다 하게되고 자라본다
29		四柱中에 財星臨絶 사주중에 재성임절	多財者는 比劫多는 다재자는 비겁다는	早年剋親 遺腹童이 조년극친 유복동이	하게되고 신세로다 하게되고 신세로다
30		日月地支 財臨殺地 일월지지 재임살지	刑殺이면 놓인者는 형살이면 놓인자는	父母臨終 其父親이 부모임종 기부친이	難하고요 客死로다 난하고요 객사로다
31		日月간에 妻와母가 일월간에 처와모가	沖怨嗔과 不合하여 충원진과 불합하여	從財格에 밤낮姑婦 종재격에 밤낮고부	透印綬는 싸움이다 투인수는 싸움이다
32		月中傷官 官殺病死 월중상관 관살병사	比劫多는 臨絶墓는 비겁다는 임절묘는	兄弟數多 兄弟孤獨 형제수다 형제고독	하지만은 못면한다 하지만은 못면한다

☯ 차례

33		日月間이 比肩劫이 일월간이 비견겁이	刑沖하면 合作하니 형충하면 합작하니	兄弟間에 姉妹不正 형제간에 자매부정	友愛없고 分明하다 우애없고 분명하다
34		比肩劫이 五干化身 비겁성이 오간화신	連坐하니 肩劫星도 연좌하니 견겁성도	異雁作陳 異腹兄弟 이안작진 이복형제	있게되고 免할소냐 있게되고 면할소냐
35		財星逢空 比肩劫에 재성봉공 비견겁에	白虎殺은 形白虎는 백호살은 형백호는	兄弟嫂에 姉妹兄弟 형제수에 자매형제	凶事있고 血光死라 흉사있고 혈광사라
36		比肩劫에 比肩劫에 비견겁에 비견겁에	正偏財는 食傷多는 정편재는 식상다는	兄弟之間 姉妹寡婦 형제지간 자매과부	再娶있고 설움이라 재취있고 설움이라
37		官殺白虎 正偏財가 관살백호 정편재가	食傷多는 白虎殺은 식상다는 백호살은	그妹父가 妻男兄弟 그매부가 처남형제	血光死요 非命이다 혈광사요 비명이다
38		正偏財가 比肩劫이 정편재가 비견겁이	混雜하니 無官殺은 혼잡하니 무관살은	姉妹媤母 그姉妹가 자매시모 그자매가	두분이요 冷房일세 두분이요 냉방일세
39		寅星丑戌 白虎戌中 인성축술 백호술중	相刑殺은 偏財刑沖 상형살은 편재형충	基祖父가 基父親이 기조부가 기부친이	牛犬被傷 咬犬死라 우견피상 교견사라
40		驛馬地殺 印星刑逢 역마지살 인성봉형	刑沖印은 肩劫多는 형충인은 견겁다는	慈母鐵馬 基母手術 자모철마 기모수술	橫厄이요 産厄이라 횡액이요 횡액이라

41		甲乙日生 庚申辛亥 갑을일생 경신신해	酉戌時와 壬癸酉戌 유술시와 임계유술	丙丁巳未 養父二母 병정사미 양부이모	戊己寅卯 繼母로다 무기인묘 계모로다
42		丙子丁丑 陰着陽鎈 병자정축 음착양차	戊寅日과 그殺로서 무인일과 그살로서	丙午丁未 外叔零落 병오정미 외숙영락	戊申日은 하게되네 무신일은 하게되네
43		辛卯壬辰 亦是陰錯 신묘임진 역시음착	癸巳日과 陽差되어 계사일과 양차되어	辛酉壬戌 外三寸이 신유임술 외삼촌이	癸亥日도 그립구나 계해일도 그립구나
44		出生時에 妻家집에 출생시에 처가집에	差錯殺은 不合하여 차착살은 불합하여	妻男孤獨 日久月琛 처남고독 일구월심	못面하고 걱정되네 못면하고 걱정되네
45		鐵窓監房 重重破軍 철창감방 중중파군	拉致된몸 月印星은 납치된몸 월인성은	四主囚獄 革命亡命 사주수옥 혁명망명	刑殺있고 있어본다 형살있고 있어본다
46		辰戌日生 巳亥日生 진술인생 사해일생	命逢巽乾 柱逢巽乾 명봉손건 주봉손건	그도한번 亡命監禁 그도한번 망명감금	監禁있고 當해본다 감금있고. 당해본다.
47		癸丑癸未 路上橫厄 계축계미 노상횡액	癸巳日生 負傷이니 계사일생 부상이니	甲寅時를 酒色車馬 갑인시를 주색차마	만난者는 조심하소 만난자는 조심하소
48		地殺馬刑 戊己日生 지살마형 무기일생	食財殺旺 金水木旺 식재살왕 금수목왕	交通事故 橫死溺死 교통사고 횡사익사	두렵고요 可憐하다 두렵고요 가련하다

차례

49		日主湯火 丙申日生 일주탕화 병신일생	刑穿殺은 無格身衰 형천살은 무격신쇠	彈丸破片 傷裏勇士 탄환파편 상이용사	負傷있고 흔히본다 부상있고 흔히본다
50		巳午月生 夏冬月에 사오월생 하동월에	辛未日도 金水多旺 신미일도 금수다왕	火傷破片 凍傷水厄 화상파편 동상수액	負傷있고 있어본다 부상있고 있어본다
51		春生亥子 神經痛에 춘생해자 신경통에	夏卯未日 呻吟인데 하묘미일 신음인데	秋生寅戌 殺旺하면 추생인술 살왕하면	冬丑辰日 다리저네 동축진일 다리저네
52		正寅二卯 九馬十羊 정인이묘 구마십양	三申四丑 至亥臘子 삼신사축 지해납자	五戌六鷄 이도또한 오술육계 이도또한	七龍八蛇 脚不具라 칠용팔사 각불구라
53		戊午日生 戊日生人 무오일생 무일생인	태어난몸 三傳三刑 태어난몸 삼전삼형	年月辰酉 자극자극 년월진유 자극자극	具全한者 절게되네 구전한자 절게되네
54		子日酉年 亥帕辰兮 자일유년 해파진혜	丑日午年 戌帕巳는 축일오년 술파사는	寅未申卯 精神異常 인미신묘 정신이상	年日對立 걸려보오 년일대립 걸려보오
55		木日主나 白日靑天 목일주나 백일청천	火日主가 昏暗하여 화일주가 혼암하여	甚히衰弱 精神衰弱 심히쇠약 정신쇠약	하게되면 앓아본다 하게되면 앓아본다
56		七八九月 甲日夏月 칠팔구월 갑일하월	木丑戌日 木枯操도 목축술일 목고조도	다시財殺 失明되어 다시재살 실명되어	身弱者와 더듬는다 신약자와 더듬는다

57		丙申子辰 四柱財殺 병신자진 사주재살	戌日生人 있게되면 술일생인 있게되면	다시辛壬 三脚行步 다시신임 삼각행보	하나보고 하게되네 하나보고 하게되네
58		亥月生人 執杖叩地 해월생인 집장고지	戊己日生 하게되니 무기일생 하게되니	다시財殺 左往右往 다시재살 좌왕우왕	結局하면 걸음이라 결국하면 걸음이라
59		四柱中에 眼昏日暈 사주중에 안혼일운	丁巳놓고 하게되니 정사놓고 하게되니	壬癸日主 靑盲될까 임계일주 청맹될까	太旺하면 염려되네 태왕하면 염려되네
60		甲己日에 丁壬見戌 갑기일에 정임견술	見巳하고 戊癸水土 견사하고 무계수토	乙庚子合 溺水之厄 을경자합 익수지액	丙辛見候 있어본다 병신견후 있어본다
61		卯寅夏月 痔疾盲腸 묘인하월 치질맹장	그사람이 腸窒扶斯 그사람이 장질부사	日柱庚寅 事前注意 일주경인 사전주의	午戌이면 필요하오 오술이면 필요하오
62		辛卯巳未 亦是痔疾 신묘사미 역시치질	生日人이 盲腸으로 생일인이 맹장으로	寅卯夏月 呻吟함이 인묘하월 신음함이	出生해도 있게된다 출생해도 있게된다
63		戊己日生 庚辛日生 무기일생 경신일생	多水木金 多逢火는 다수목금 다봉화는	脾胃弱해 喘息血疾 비위약해 천식혈질	걱정되고 咳嗽氣라 걱정되고 해수기라
64		壬癸日主 甲己日生 임계일주 갑기일생	多逢火土 多逢金은 다봉화토 다봉금은	痔疾淋疾 筋痛骨痛 치질임질 근통골통	鼻塞氣요 呻吟있네 비색기요 신음있네

차례

65		寅巳午未 咳嗽喘息 인사오미 해수천식	戊月生人 基疾病에 무월생인 기질병에	甲乙寅午 恒常골골 갑을인오 항상골골	巳未戌日 하게되오 사미술일 하게되오
66		金木星이 鼻塞氣가 금목성이 비색기가	十至月은 있게되니 십지월은 있게되니	酒風中風 恒時過飲 주풍중풍 항시과음	滯症있고 注意하소 체증있고 주의하소
67		火旺四柱 木火日主 화왕사주 목화일주	金日主는 太弱하면 금일주는 태약하면	두드러기 癎疾風病 두드러기 간질풍병	腫氣之疾 두렵구나 종기지질 두렵구나
68		四柱挑花 痔疾淋疾 사주도화 치질임질	逢刑者와 梅毒膀胱 봉형자와 매독방광	滾浪挑花 呻吟함이 곤랑도화 신음함이	만난자는 있게되오 만난자는 있게되오
69		戊己日弱 四柱中에 무기일약 사주중에	地支刑은 金水冷은 지지형은 금수냉은	胃腸手術 小便자주 위장수술 소변자주	있어보고 보게된다 있어보고 보게된다
70		四柱炎上 늦게까지 사주염상 늦게까지	水火相戰 잠자리에 수화상전 잠자리에	水木日生 오줌싸게 수목일생 오줌싸게	多水木은 된답니다 다수목은 된답니다
71		三冬春生 四柱中에 삼동춘생 사주중에	壬癸日生 不見火는 임계일생 불견화는	其日主가 耳聾咳嗽 그일주가 이롱해수	甚冷한데 風疾이요 심냉한데 풍질이요
72		食神刑沖 水土日柱 식신형충 수토일주	財星逢沖 失道하면 재성봉충 실도하면	奇生虫이 便秘泄瀉 기생충이 변비설사	많이있고 糖尿로다 많이있고 당뇨로다

73		火日柱가 咽乾口燥 화일주가 인건구조	融融한데 唾不足해 융융한데 타부족해	四柱無水 消化不良 사주무수 소화불량	하게되면 틀림없다 하게되면 틀림없다
74		四柱中에 父母애를 사주중에 부모애를	刑沖殺은 태워주니 형충살은 태워주니	자라날때 父母勞苦 자라날때 부모노고	몹시울어 배곱이라 몹시울어 배곱이라
75		正四七十 小兒時에 정사칠십 소아시에	寅未時와 夜啼甚해 인미시와 야제심해	子午卯酉 父母걱정 자오묘유 부모걱정	未日時는 많았도다 미일시는 많았도다
76		四季節에 그도또한 사계절에 그도또한	酉日時와 잠자리에 유일시와 잠자리에	春午夏酉 몹시울고 춘오하유 몹시울고	秋子冬寅 자라났다 추자동인 자라났다
77		子午生人 개에한번 자오생인 개에한번	卯酉時와 물려보니 묘유시와 물려보니	卯酉生人 猛犬주의 묘유생인 맹견주의	子午時는 해야하오 자오시는 해야하오
78		寅申生이 개에한번 인신생이 개에한번	巳亥時와 물려보니 사해시와 물려보니	卯酉生人 猛犬注意 묘유생인 맹견주의	子午時는 해야하오 자오시는 해야하오
79		丑未生이 狂犬猛犬 축미생이 광견맹견	辰戌時와 물리우니 진술시와 물리우니	丑未戌日 恒時犬日 축미술일 항시견구	柱逢戌도 注意하소 주봉술도 주의하소
80		驛馬官財 重重地殺 역마관재 중중지살	印綬者는 驛馬多人 인수자는 역마인수	國際機關 通譯官을 국제기관 통역관을	登名하고 하여본다 등명하고 하여본다

차례

81		四柱中에 丑月生人 사주중에 축월생인	財官合은 丁巳日은 재관합은 정사일은	金融財政 支店長을 금융재정 지점장을	出世하고 하여본다 출세하고 하여본다
82		丑月庚日 身傍官庫 축월경일 신방관고	出生者와 놓았으나 출생자와 놓았으나	庚日生人 亦是銀行 경일생인 역시은행	丁丑時도 公務로다 정축시도 공무로다
83		四柱中에 財政機關 사주중에 재정기관	財旺格과 祿을타서 재왕격과 록을타서	棄命從財 財務銀行 기명종재 재무은행	놓은者도 稅務로다 놓은자도 세무로다
84		寅日生人 申日生人 인일생인 신일생인	巳或見申 寅或見巳 사혹견신 인혹견사	巳日生人 子日見卯 사일생인 자일견묘	寅或見申 卯日見子 인혹견신 묘일견자
85		丑日生人 未日生人 축일생인 미일생인	戌或見未 戌或見丑 술혹견미 술혹견축	戌日生人 名登警察 술일생인 명등경찰	丑或見未 하여본다 축혹견미 하여본다
86		時上一貴 時上一貴 시상일귀 시상일귀	中格者는 上格者는 중격자는 상격자는	警務課長 內務長官 경무과장 내무장관	흔히보고 흔히본다 흔히보고 흔히본다
87		乙日庚日 四柱中에 을일경일 사주중에	支金局은 從格印綬 지금국은 종격인수	內務次官 政治家에 내무차관 정치가에	흔히보고 많이있다 흔히보고 많이있다
88		日主標準 水木日에 일주표준 수목일에	丙庚星은 戌亥日時 병경성은 술해일시	警檢察에 法官中에 경검찰에 법관중에	出世많고 흔히본다 출세많고 흔히본다

89		丁己日生 飛天祿馬 정기일생 비천록마	財官格도 갖춘者는 재관격도 갖춘자는	法權掌握 檢察廳長 법권장악 검찰청장	많이보고 흔히본다 많이보고 흔히본다
90		水日格局 壬日火財 수일격국 임일화재	事業家는 놓은자는 사업가는 놓은자는	貿易事業 飮食物業 무역사업 음식물업	많이보고 많이한다 많이보고 많이한다
91		庚申子辰 事業길로 경신자진 사업길로	寅日낳고 나선다면 인일낳고 나선다면	申亥子月 釀造業을 신해자월 양조업을	태어난자 많이하고 태어난자 많이하고
92		壬申壬子 무역계 임신임자 무역계	壬辰日生 아니면은 임진일생 아니면은	事業길로 여관업을 사업길로 여관업을	나설때면 많이한다 나설때면 많이한다
93		食神生財 得財億金 식신생재 득재억금	食神合財 하게되니 식신합재 하게되니	飮食食品 五行之理 음식식품 오행지리	그事業에 어길손가 그사업에 어길손가
94		注中土星 建築土石 주중토성 건축토석	食神財는 被服纖維 식신재는 피복섬유	米穀土地 紙物業에 미곡토지 지물업에	農業좋고 成功한다 농업좋고 성공한다
95		地殺驛馬 傷官食神 지살역마 상관식신	印財日德 太旺無格 인재일덕 태왕무격	運輸事業 雇人이나 운수사업 고인이나	하게되고 屠牯로다 하게되고 도고로다
96		四柱中에 申亥驛馬 사주중에 신해역마	寅巳驛馬 臨財하면 인사역마 임재하면	航空界에 水産漁獵 항공계에 수산어렵	職業이요 成財하네 직업이요 성재하네

차례

97		戊辰丁丑 巳卯未戌 무진정축 사묘미술	丙戌乙未 其日主는 병술을미 기일주는	甲辰癸丑 牧畜業을 갑진계축 목축업을	壬戌日生 하지마소 임술일생 하지마소
98		四柱中에 寅卯夏月 사주중에 인묘하월	木財星은 庚辛日生 목재성은 경신일생	林産造林 電氣工業 임산조림 전기공업	成財하고 致富한다 성재하고 치부한다
99		甲乙日生 라디오와 갑을일생 라디오와	水印놓고 電氣業에 수인놓고 전기업에	火星에다 成工함이 화성에다 성공함이	泄精하면 있으리라 설정하면 있으리라
100		四柱中에 丙日日德 사주중에 병일일덕	金財星은 木印星은 금재성은 목인성은	鐵物金屬 木工木手 철물금속 목공목수	利益있고 많이본다 이익있고 많이본다
101		春生丙丁 敎壇올라 춘생병정 교단올라	夏生戊己 敎鞭잡고 하생무기 교편잡고	秋生壬癸 呼名萬人 추생임계 호명만인	冬甲乙은 芬走하다 동갑을은 분주하다
102		三六九臘 三冬月에 삼육구랍 삼동월에	庚辛日과 庚辛日生 경신일과 경신일생	申酉月에 그도또한 신유월에 그도또한	戊己日生 敎育家라 무기일생 교육가라
103		春夏月에 酉月生人 춘하월에 유월생인	甲乙日生 丁丑日生 갑을일생 정축일생	三冬月에 舌端生金 삼동월에 설단생금	壬癸日生 敎育家라 임계일생 교육가라
104		亥月丁亥 戊己日에 해월정해 무기일에	卯未日生 寅月出生 묘미일생 인월출생	戌月壬癸 口呼萬人 술월임계 구호만인	透辛金과 스승이라 투신금과 스승이라

105		申酉月에 人人指曰 신유월에 인인지왈	甲申日과 敎師라고 갑신일과 교사라고.	四柱印局 呼稱함이 사주인국 호칭함이	또는透印 있으리라 또는투인 있으리라
106		以上五局 言論機關 이상오국 언론기관	태운몸이 文藝從事 태운몸이 문예종사	敎育界에 文敎行政 교육계에 문교행정	안나서면 進出이라 안나서면 진출이라
107		曲直格과 그림그려 곡직격과 그림그려	戊日印局 名畵되고 무일인국 명화되고	四柱多金 글씨쓰면 사주다금 글씨쓰면	寅日丑時 名筆이라 인일축시 명필이라
108		木火旺局 傷官格局 목화왕국 상관격국	庚辛日生 印星旺은 경신일생 인성왕은	그도또한 演藝人에 그도또한 연예인에	名畵家요 많이본다 명화가요 많이본다
109		丁丑酉日 印刷文房 정축유일 인쇄문방	丙戌辰日 書藝家니 병술진일 서예가니	更逢財星 筆耕紙業 갱봉재성 필경지업	或印星은 분명하다 혹인성은 분명하다
110		日德印星 甲丙戊庚 일덕인성 갑병무경	놓은자는 戊日壬辰 놓은자는 술일임진	化學科學 工業界가 화학과학 공업계가	技術者요 많이된다 기술자요 많이된다
111		卯酉戌中 亥子丑月 묘유술중 해자축월	二字相逢 辛丑未亥 이자상봉 신축미해	百草試嘗 杏林之業 백초시상 행림지업	醫業하고 活人한다 의업하고 활인한다
112		夏月辛亥 手執藥秤 하월신해 수집약칭	未巳卯日 하게되니 미사묘일 하게되니	更逢月時 君臣佐使 갱봉월시 군신좌사	辰或戌은 製藥이라 진혹술은 제약이라

차례

113		甲申日生 丁未日生 갑신일생 정미일생	逢寅巳와 逢庚戌도 봉인사와 봉경술도	五陰巳日 醫藥之業 오음사일 의약지업	逢寅申과 分明하다 봉인신과 분명하다
114		戊申日生 亦是醫業 무신일생 역시의업	逢寅巳와 因緣이니 봉인사와 인연이니	戊寅日生 萬人救活 무인일생 만인구활	逢巳申도 하리로다 봉사신도 하리로다
115		庚壬申日 醫藥界에 경임신일 의약계에	逢寅巳와 入身하여 봉인사와 입신하여	庚壬寅日 活人功德 경임인일 활인공덕	逢巳申도 하게되네 봉사신도 하게되네
116		寅戌夏月 冬月生人 인술하월 동월생인	庚寅火局 壬辰日生 경인화국 임진일생	卯月生에 醫藥之業 묘월생에 의약지업	甲子日生 從事하고 갑자일생 종사하고
117		甲戌日과 戊己日生 갑술일과 무기일생	戊戌日生 時或月乾 무술일생 시혹월건	甲乙日生 刀圭之業 갑을일생 도규지업	月或時乾 하게된다 월혹시건 하게된다
118		夏月戌亥 甲寅日生 하월술해 갑인일생	出生人이 逢巳或申 출생인이 봉사혹신	生日에다 그도또한 생일에다 그도또한	壬午癸未 活人이라 임오계미 활인이라
119		寅卯夏月 丙申寅日 인묘하월 병신인일	甲乙日生 逢刑殺도 갑을일생 봉형살도	丙日生人 活人家에 병일생인 활인가에	戌亥逢과 흔히본다 술해봉과 흔히본다
120		以上九局 先親妻子 이상구국 선친처자	태어난몸 期業있고 태어난몸 기업있고	萬若自身 아니면은 만약자신 아니면은	아니면은 易術家라 아니면은 역술가라

차례

121		四柱身旺 丙辰日生 사주신왕 병진일생	官不足은 身旺無官 관부족은 신왕무관	命理哲學 亦是占術 명리철학 역시점술	名聲높고 이름높네 명성높고 이름높네
122		甲戌日生 甲乙日生 갑술일생 갑을일생	月或時乾 寅巳午未 월혹시건 인사오미	丁巳酉日 四柱哲學 정사유일 사주철학	逢財或印 名聲이라 봉재혹인 명성이라
123		戊申子日 九宮八卦 무신자일 구궁팔괘	多逢金水 묶어내서 다봉금수 묶어내서	五陰亥丑 人生運命 오음해축 인생운명	乾或丑寅 鑑定한다 건혹축인 감정한다
124		水日子酉 五陽戌日 수일자유 오양술일	月或時東 乾或丑寅 월혹시동 건혹축인	更加水木 그사람도 갱가수목 그사람도	만난사주 名卜이라 만난사주 명복이라
125		四柱中에 偏官弱에 사주중에 편관약에	多印無官 重重受制 다인무관 중중수제	寒門貴客 皓首書生 한문귀객 호수서생	누가알며 이아니냐 누가알며 이아니냐
126		四柱中에 四季之月 사주중에 사계지월	偏正多印 丙丁土日 편정다인 병정토일	外國語에 聲樂界에 외국어에 성악계에	能通하고 人氣로다 능통하고 인기로다
127		春夏月에 秋冬月生 춘하월에 추동월생	甲寅日生 丙申子日 갑인일생 병신자일	時逢亥時 格이루면 시봉해시 격이루면	大貴하고 宰相이라 대귀하고 재상이라
128		春三月에 衡秤之材 춘삼월에 형칭지재	甲乙日生 되었으니 갑을일생 되었으니	時上庚午 龍樓鳳閣 시상경오 용루봉각	辛巳逢은 豪强하고 신사봉은 호강하고

차례

129		夏三月에 出入王庭 하삼월에 출입왕정	丙丁日生 하게되니 병정일생 하게되니	壬辰이나 子和樂之 임진이나 자화낙지	癸卯時는 이아니냐 계묘시는 이아니냐
130		秋三朔에 十斛之器 추삼삭에 십곡지기	庚辛日生 되었으니 경신일생 되었으니	丙子丙戌 口呼十萬 병자병술 구호십만	丁酉時는 하리로다 정유시는 하리로다
131		冬三朔에 廊廟之材 동삼삭에 랑묘지재	壬癸日生 되었으니 임계일생 되었으니	戊申己未 潛纓冠帶 무신기미 잠영관대	出生時는 宰相이라 출생시는 재상이라
132		三六九臘 鴻毛之客 삼육구랍 홍모지객	戊己日生 될것이니 무기일생 될것이니	時上甲寅 權尊六曹 시상갑인 권존육조	乙丑亥는 하게되오 을축해는 하게되오
133		春生丙丁 四季庚辛 춘생병정 사계경신	夏生戊己 時單偏官 하생무기 시단편관	秋生壬癸 亦是龍門 추생임계 역시용문	冬生甲乙 出入하리 동생갑을 출입하리
134		潤下格과 炎上格과 윤하격과 염상격과	六乙鼠貴 從革格은 육을서귀 종혁격은	文學聰明 그威風을 문학총명 그위풍을	자랑하고 자랑한다 자랑하고 자랑한다
135		年月日時 大學教授 연월일시 대학교수	三重印星 學總長에 삼중인성 학총장에	純粹하게 高尙學者 순수하게 고상학자	格이루면 분명하다 격이루면 분명하다
136		四柱中에 四柱身旺 사주중에 사주신왕	多印無虧 泄精英은 다인무휴 설정영은	四柱傷官 博士燈明 사주상관 박사등명	從兒格과 하게된다 종아격과 하게된다

137		이런四柱 議政壇上 이런사주 의정단상	태운몸은 燈明하여 태운몸은 등명하여	政界또한 指曰某某 정계또한 지왈모모	關心있어 손꼽힌다 관심있어 손꼽힌다
138		甲乙日生 始終一貫 갑을일생 시종일관	태운性格 不變하여 태운성격 불변하여	意志곧고 萬人信望 의지곧고 만인신망	뚝뚝하나 얻어지네 뚝뚝하나 얻어지네
139		丙丁日生 好禮多讓 병정일생 호례다양	口辯有能 明朗한데 구변유능 명랑한데	蘇秦張儀 感情偏重 소진장의 감정편중	닮게되고 되기쉽네 닮게되고 되기쉽네
140		戊己日生 君子之風 무기일생 군자지풍	태운者는 있지만은 태운자는 있지만은	恒常言行 時機逸失 항상언행 시기일실	回顧하고 많이한다 회고하고 많이한다
141		戊己日生 그中心을 무기일생 그중심을	허약하고 못잡아서 허약하고 못잡아서	傷官用財 事事件件 상관용재 사사건건	못이루면 虛實하다 못이루면 허실하다
142		庚辛日生 堅實한氣 경신일생 견실한기	태운몸은 固有하여 태운몸은 고유하여	果敢勇斷 冷情한편 과감용단 냉정한편	하지만은 性格이라 하지만은 성격이라
143		辛丑卯未 我獨靑靑 신축묘미 아독청청	己日生인 할려하니 기일생인 할려하니	너무堅實 普通交際 너무견실 보통교제	特性있어 難하도다 특성있어 난하도다
144		壬癸日生 虛費萬錢 임계일생 허비만전	그性質은 하게되나 그성질은 하게되나	털털하고 圓滿性과 털털하고 원만성과	절약없어 慈悲로다 절약없어 자비로다

차례

145		壬癸日生 第三者가 임계일생 제삼자가	失中和는 對할적에 실중화는 대할적에	明朗性이 어리석어 명랑성이 어리석어	缺陷하여 보이도다 결함하여 보이도다
146		丙丁日生 丙丁日生 병정일생 병정일생	食神格은 財殺多는 식신격은 재살다는	肥滿体軀 神經質이 비만체구 신경질이	好人이나 두렵도다 호인이나 두렵도다
147		四柱中에 奸邪之心 사주중에 간사지심	甲己合은 排擊하여 갑기합은 배격하여	中正心이 萬人間에 중정심이 만인간에	있었으니 師表되고 있었으니 사표되고
148		乙日生人 甲乙日生 을일생인 갑을일생	四柱金多 多逢水火 사주금다 다봉수화	仁義具無 慈善心을 인의구무 자선심을	하게되고 품게된다 하게되고 품게된다
149		四柱中에 四柱中에 사주중에 사주중에	傷官格은 日主弱은 상관격은 일주약은	侍己倰人 弄하기를 시기능인 농하기를	自尊心요 좋아한다 자존심요 좋아한다
150		日月沖剋 四柱中에 일월충극 사주중에	되는者는 食傷多는 되는자는 식상다는	厭世生覺 남주기를 염세생각 남주기를	많이하고 좋아한다 많이하고 좋아한다
151		四柱八字 戊己日生 사주팔자 무기일생	財多身弱 火土多는 재다신약 화토다는	그사람은 厚重하고 그사람은 후중하고	吝嗇하고 妥協쉽다 인색하고 타협쉽다
152		丙日主에 그性品이 병일주에 그성품이	木火旺과 果敢勇斷 목화왕과 과감용단	庚日主에 臨事卽決 경일주에 임사즉결	丙丁火는 잘도한다 병정화는 잘도한다

차례

153		甲乙日强 戊寅午戌 갑을일강 무인오술	泄精微는 多火者는 설정미는 다화자는	石讀斗用 남의批評 석독두용 남의비평	답답하고 잘합니다 답답하고 잘합니다
154		正夏秋生 三冬月에 정하추생 삼동월에	戊己日生 庚辛日生 무기일생 경신일생	正通信仰 愛國愛族 정통신앙 애국애족	道義崇尙 淸廉하다 도의숭상 청렴하다
155		正二夏月 宗敎哲學 정이하월 종교철학	甲乙日生 思想家로 갑을일생 사상가로	三冬月에 淸貴之士 삼동월에 청귀지사	甲乙日生 分明하오 갑을일생 분명하오
156		秋冬月에 正二月에 추동월에 정이월에	金水日生 丙丁日生 금수일생 병정일생	宗敎哲學 그도또한 종교철학 그도또한	關心깊고 信仰깊다 관심깊고 신앙깊다
157		戊寅午戌 다시柱逢 무인오술 다시주봉	己未巳日 巳午戌亥 기미사일 사오술해	甲寅午戌 敬信神祇 갑인오술 경신신기	乙巳未日 修道한다 을사미일 수도한다
158		以上四局 四柱財局 이상사국 사주재국	태어난몸 無依者도 태어난몸 무의자도	僧侶生活 空門僧房 승려생활 공문승방	많이하고 스님이라 많이하고 스님이라
159		丙寅午日 自打自命 병인오일 자타자명	丁巳卯未 促壽하니 정사묘미 촉수하니	春夏月生 自殺企圖 춘하월생 자살기도	焦燥하여 있어보고 초조하여 있어보고
160		丑日生人 戊日身弱 축일생인 무일신약	午未戌과 寅巳申逢 오미술과 인사신봉	午日生人 自殺計劃 오일생인 자살계획	逢丑辰午 있어본다 봉축진오 있어본다

차례

161		寅日生人 寸時悲哀 인일생인 촌시비애	逢巳申도 克服하여 봉사신도 극복하여	自打自命 明郞生活 자타자명 명랑생활	注意하고 하여보소 주의하고 하여보소
162		戊己日生 壬癸日生 무기일생 임계일생	官不足은 官不足은 관부족은 관부족은	생것신것 甘味飮食 생것신것 감미음식	좋아하고 좋아하오 좋아하고 좋아하오
163		三冬月에 斗酒辭讓 삼동월에 두주사양	庚辛日生 하지않아 경신일생 하지않아	寅夏戌月 好酒家의 인하술월 호주가의	戌寅午戌 名稱이라 무인오술 명칭이라
164		子寅辰과 巳酉丑과 자인진과 사유축과	午申戌時 亥卯未時 오신술시 해묘미시	바른便에 右便가마 바른편에 우편가마	머리가마 있게되오 머리가마 있게되오
165		四仲月에 四孟月에 사중월에 사맹월에	辰戌丑未 四仲時는 진술축미 사중시는	四庫月에 쌍가마를 사고월에 쌍가마를	寅申巳亥 타고났네 인신사해 타고났네
166		寅日寅時 夜半三更 인일인시 야반삼경	눈동자는 亥時生은 눈동자는 해시생은	黃色으로 首傾左側 황색으로 수경좌측	光彩나고 걸음이네 광채나고 걸음이네
167		子午卯酉 辰戌丑未 자오묘유 진술축미	出生時는 出生時는 출생시는 출생시는	그顔面이 그얼굴이 그안면이 그얼굴이	길죽하고 둥글넓다 길죽하고 둥글넓다
168		寅申巳亥 水木日生 인신사해 수목일생	出生時는 更多水木 출생시는 갱다수목	威猛있어 그体格이 위맹있어 그체격이	보이고요 壯大하다 보이고요 장대하다

169		四柱丙丁 그얼굴은 사주병정 그얼굴은	出生人은 上廣下尖 출생인은 상광하첨	쌍이마가 炎上之象 쌍이마가 염상지상	튀어났고 分明하다 튀어났고 분명하다
170		丙丁日生 冬月金日 병정일생 동월금일	傷官食神 逢丁火도 상관식신 봉정화도	그体格이 그의몸매 그체격이 그의몸매	短軀肥大 단단하다 단구비대 단단하다
171		戊己日이 庚申日과 무기일이 경신일과	身旺하면 羊刃日은 신왕하면 양인일은	鼻大方口 眉高眼深 비대방구 미고안심	하게되고 强髮로다 하게되고 강발로다
172		春冬月에 春夏月에 춘동월에 춘하월에	甲乙寅卯 丙丁日生 갑을인묘 병정일생	言語發音 言語早急 언어발음 언어조급	굳게하고 하게되네 굳게하고 하게되네
173		丙日逢之 그음성이 병일봉지 그음성이	庚金星과 우렁차니 경금성과 우렁차니	庚日逢之 찌를찌릉 경일봉지 찌를찌릉	丙丁火는 울리운다 병정화는 울리운다
174		異性之合 家和하면 이성지합 가화하면	百福之原 萬事成을 백복지원 만사성을	그누구가 또한누가 그누구가 또한누가	아니라며 부인하랴? 아니라며 부인하랴?
175		棄妻喪妻 家庭不和 기처상처 가정불화	하고싶어 누가좋아 하고싶어 누가좋아	그할사람 그리밤낮 그할사람 그리밤낮	누구이며 싸우겠나 누구이며 싸우겠나
176		여보세요 仔細仔細 여보세요 자세자세	벗님네여 읽어보고 벗님네여 읽어보고	夫婦編을 남의말을 부부편을 남의말을	기록하니 하지마소 기록하니 하지마소

차례

177		明月山下 時上偏財 명월산하 시상편재	叩盆之嘆 日時相沖 고분지탄 일시상충	時上傷官 鏡破釵分 시상상관 경파채분	탓이고요 落淚하네 탓이고요 낙루하네
178		時上逢空 干與之同 시상봉공 간여지동	羊刃重은 時肩劫은 양인중은 시견겁은	鰥者됨을 鴛鴦歸林 환자됨을 원앙귀림	어길거며 孤啼한다 어길거며 고제한다
179		兩家之墻 日時六害 양가지서 일시육해	되는者는 亡身劫은 되는자는 망신겁은	日支偏財 夜半三更 일지편재 야반삼경	그탓이고 妻逃走다 그탓이고 처도주다
180		偏財星이 正財星이 편재성이 정재성이	得位하니 得位하니 득위하니 득위하니	妾이家權 妻가억세 첩이가권 처가억세	쥐게되고 妾못얻네 쥐게되고 첩못얻네
181		癸年壬月 戊己日生 계년임월 무기일생	戊己日生 壬癸年月 무기일생 임계년월	本妻偕老 獨守空房 본처해로 독수공방	못하고요 凄凉하다 못하고요 처량하다
182		丁未日과 單妻生活 정미일과 단처생활	戊午日生 不滿하여 무오일생 불만하여	무슨性慾 二妻三妻 무슨성욕 이처삼처	그리强해 거느리뇨 그리강해 거느리뇨
183		戊寅午戌 美姬隨多 무인오술 미희수다	己未巳日 하게되니 기미사일 하게되니	更逢寅巳 探花女色 갱봉인사 탐화여색	午未戌은 注意하라 오미술은 주의하라
184		申酉戌臘 丙戌日弱 신유술랍 병술일약	丁丑日弱 七八九臘 정축일약 칠팔구랍	妻妾中에 亦是細君 처첩중에 역시세군	自殺있고 恨死있네 자살있고 한사있네

차례

185		戊己水日 産死妻魂 무기수일 산사처혼	柱逢子未 呼哭하니 주봉자미 호곡하니	更逢肩劫 産裡産後 갱봉견겁 산이산후	하는자는 注意하라 하는자는 주의하라
186		壬庚寅日 妻妾中에 임경인일 처첩중에	逢巳或申 自殺있어 봉사혹신 자살있어	財多身弱 基家庭이 재다신약 기가정이	하게되면 沒落이라 하게되면 몰락이라
187		戊己日生 妻妾産禍 무기일생 처첩산화	壬戌逢이 있게되니 임술봉이 있게되니	財多身弱 受胎되면 재다신약 수태되면	或은身强 주의하라 혹은신강 주의하라
188		日主强에 時上七殺 일주강에 시상칠살	時上七殺 財多身弱 시상칠살 재다신약	妻德자랑 其妻惡毒 처덕자랑 기처악독	하지만은 하게된다 하지만은 하게된다
189		時上七殺 夫婦家權 시상칠살 부부가권	時上偏財 싸움찾아 시상편재 싸움찾아	日主虛弱 其妻飮毒 일주허약 기처음독	財殺旺은 있어본다 재살왕은 있어본다
190		四柱中에 母妻싸움 사주중에 모처싸움	財多旺은 새중간에 재다왕은 새중간에	印受逢을 속상해서 인수봉을 속상해서	좋아마라 嘆息이라 좋아마라 탄식이라
191		四柱中에 亦是母妻 사주중에 역시모처	印旺者가 不和하여 인왕자가 불화하여	重重財星 立場困難 중중재성 입장곤란	相逢하면 많게된다 상봉하면 많게된다
192		四柱驛馬 地殺重重 사주역마 지살중중	臨財合은 暗財者도 임재합은 암재자도	異邦女性 亦是國際 이방여성 역시국제	作配하고 女婚이라 작배하고 여혼이라

차례

193		三冬月에 暗財合에 삼동월에 암재합에	壬癸日은 財殺旺은 임계일은 재살왕은	色難逢着 情死怪變 색난봉착 정사괴변	注意하고 있게되네 주의하고 있게되네
194		四柱財多 日主强에 사주재다 일주강에	身弱者는 時上偏財 신약자는 시상편재	偏廳內語 其妻虐待 편청내어 기처학대	하게되고 심히한다 하게되고 심히한다
195		日時地支 時間桃花 일시지지 시간도화	咸池殺은 野外花라 함지살은 야외화라	東食西宿 杏花村婦 동식서숙 행화촌부	作妾있고 情을맺네 작첩있고 정을맺네
196		日月地支 桃花刑을 일월지지 도화형을	成財挑花 만난자는 성재도화 만난자는	婦女姦通 花柳病에 부녀간통 화류병에	一手하고 걸려본다 일수하고 걸려본다
197		官星桃花 殺星桃花 관성도화 살성도화	놓은자는 놓은자는 놓은자는 놓은자는	其妻因해 姦通하다 기처인해 간통하다	벼슬하고 逢變나네 벼슬하고 봉변나네
198		財祿挑花 四柱挑花 재록도화 사주도화	놓은그분 肩劫刑은 놓은그분 견겁형은	因妾致富 妻妾訟事 인첩치부 처첩송사	자랑하고 敗家한다 자랑하고 패가한다
199		財星衰弱 財星白虎 재성쇠약 재성백호	官殺旺은 日主弱은 관살왕은 일주약은	生子後에 妻妾産亡 생자후에 처첩산망	損妻하고 自殺이라 손처하고 자살이라
200		甲辰日과 其妻飮毒 갑진일과 기처음독	乙未日生 있어보니 을미일생 있어보니	四柱財旺 探色怪變 사주재왕 탐색괴변	比肩旺은 銘心하소 비견왕은 명심하소

201		壬庚申日 그日主가 임경신일 그일주가	出生人이 身旺이면 출생인이 신왕이면	壬戊寅時 其妻盲眼 임무인시 기처맹안	만나고서 妻凶死라 만나고서 처흉사라
202		甲庚寅日 財多身弱 갑경인일 재다신약	逢巳申과 身旺財弱 봉사신과 신왕재약	戊庚申日 妻妾凶死 무경신일 처첩흉사	逢巳寅이 당해본다 봉사인이 당해본다
203		日時地支 壬子丙午 일시지지 임자병오	相刑殺도 戊午日妻 상형살도 무오일처	十中八九 言必稱曰 십중팔구 언필칭왈	離別하고 死也로다 이별하고 사야로다
204		日時怨嗔 神經衰弱 일시원진 신경쇠약	鬼門關은 發作하니 귀문관은 발작하니	夫婦間에 相互謙讓 부부간에 상호겸양	不合하고 해야하오 불합하고 해야하오
205		寅卯辰生 中年喪配 인묘진생 중년상배	見巳하고 하게되어 견사하고 하게되어	巳午未生 落淚함이 사오미생 낙루함이	見申하면 있으리라 견신하면 있으리라
206		申酉戌生 郎君두고 신유술생 낭군두고	見亥字와 妻는가니 견해자와 처는가니	亥子丑生 顯幽別離 해자축생 현유별리	逢見寅者 哀慟하다 봉견인자 애통하다
207		丙午日이 日坐財와 병오일이 일좌재와	丁酉時와 他財連은 정유시와 타재연은	壬寅日生 必是再娶 임인일생 필시재취	癸卯時와 하게되오 계묘시와 하게되오
208		庚辰日에 日時枯焦 경진일에 일시고초	庚辰時는 連坐하니 경진시는 연좌하니	子女間에 長子蹇脚 자녀간에 장자건각	溺死있고 恨嘆일세 익사있고 한탄일세

차례

209		申子辰生 長子健脚 신자진생 장자건각	戌日戌時 하게되니 술일술시 하게되니	寅午戌生 晝夜長嘆 인오술생 주야장탄	辰日辰時 애닳으고 진일진시 애닳으고
210		亥卯未生 그도또한 해묘미생 그도또한	丑日丑時 長子健脚 축일축시 장자건각	巳酉丑生 嘆息함을 사유축생 탄식함을	未日未時 못免한다 미일미시 못면한다
211		財官殺이 丙庚日이 재관살이 병경일이	合身하니 日時寅申 합신하니 일시인신	총각得子 其妻胎中 총각득자 기처태중	있게되고 離別이라 있게되고 이별이라
212		正偏官이 傷官見官 정편관이 상관견관	混雜하니 만남자는 혼잡하니 만남자는	東西娶에 不具子孫 동서취에 불구자손	得子하고 못면한다 득자하고 못면한다
213		日時相沖 日時官馬 일시상충 일시관마	刑害殺은 地殺刑沖 형해살은 지살형충	아들別居 一點血肉 아들별거 일점혈육	하게되고 失踪있네 하게되고 실종있네
214		己未日生 己未日生 기미일생 기미일생	甲戌時는 午時丑戌 갑술시는 오시축술	日子自殺 또한其子 일자자살 또한기자	두렵고요 自殺이라 두렵고요 자살이라
215		庚日主에 눈病身의 경일주에 눈병신의	丙火子孫 子孫있어 병화자손 자손있어	柱中水局 밤낮으로 주중수국 밤낮으로	만나면은 한숨이요 만나면은 한숨이요
216		壬日主가 甲乙日生 임일주가 갑을일생	傷官見官 月時丙戌 상관견관 월시병술	말못하는 日子凶死 말못하는 일자흉사	子孫이요 어김없네 자손이요 어김없네

- 32 -

217		官星透出 時間宮에 관성투출 시간궁에	得地하니 死墓病絶 득지하니 사묘병절	家門顯赫 早子難養 가문현혁 조자난양	貴子두고 愁心있다 귀자두고 수심있다
218		養生木浴 時間空亡 양생목욕 시간공망	帶冠旺時 刑殺子는 대관왕시 형살자는	多子多女 早年子女 다자다녀 조년자녀	發福인데 歸林한다 발복인데 귀림한다
219		四柱身弱 官鬼重重 사주신약 관귀중중	時上七殺 敗亡剋은 시상칠살 패망극은	孫子같은 小室몸에 손자같은 소실몸에	아들이요 得子하오 아들이요 득자하오
220		日時間에 四柱殺旺 일시간에 사주살왕	相生相合 無制者는 상생상합 무제자는	孝子孝女 不孝子息 효자효녀 불효자식	아름답고 속썩인다 아름답고 속썩인다
221		四柱官弱 時上傷官 사주관약 시상상관	多傷官은 及空亡은 다상관은 급공망은	官殺財運 何歲月에 관살재운 하세월에	得子지만 得子드냐 득자지만 득자드냐
222		官殺逢刑 子女蹇脚 관살봉형 자녀건각	更逢受制 手足異常 갱봉수제 수족이상	時支急脚 小兒痲痺 시지급각 소아마비	斷僑關은 注意하소 단교관은 주의하소
223		辛丑日生 乙日申時 신축일생 을일신시	辛卯時는 丙日亥時 신묘시는 병일해시	少室再娶 多者顯達 소실재취 다자현달	得子하고 하게된다 득자하고 하게된다.
224		地殺重重 驛馬星이 지살중중 역마성이	抱官하면 抱官함도 포관하면 포관함도	異邦妻에 混血兒를 이방처에 혼혈아를	胞胎하고 得합니다 포태하고 득합니다.

제 1 장　　　　　　　　　　　　　　　　　　혈연, 가족

225		陰官殺이 比肩混合 음관살이 비견혼합	作合하니 놓인八字 작합하니 놓인팔자	딸子孫이 아들놈이 딸자손이 아들놈이	戀愛하고 再娶하오 연애하고 재취하오.
226		偏正印星 딸子孫이 편정인성 딸자손이	重重하면 再娶함은 중중하면 재취함은	아들丈母 傷官食神 아들장모 상관식신	두분이요 疊疊이라 두분이요 첩첩이라
227		正偏印綬 偏正官이 정편인수 편정관이	旺盛하니 混雜하니 왕성하니 혼잡하니	靑孀寡婦 그新郞이 청상과부 그신랑이	따님이요 妾얻는다 따님이요 첩얻는다
228		食神星이 正印星이 식신성이 정인성이	旺盛하면 富貴하면 왕성하면 부귀하면	孫子富貴 曾孫子가 손자부귀 증손자가	할것이요 大發한다 할것이요 대발한다
229		傷官太旺 偏印太旺 상관태왕 편인태왕	官殺弱은 食神衰는 관살약은 식신쇠는	無子猶孫 孫子代에 무자유손 자손대에	하게되고 敗業일세 하게되고 패업일세
230		傷官星이 正印星이 상관성이 정인성이	作合하니 作合하니 작합하니 작합하니	孫女戀愛 外孫女가 손녀연애 외손녀가	걱정되고 바람난다 걱정되고 바람난다

제 ❶ 장

혈연(血緣), 가정(家庭)

1 ➡ 44 항목

가정이 점점 세분화 되면서, 핵가족화 되면서 가정이라는 작은 공동체가 점점 사라져간다. 자식이 성장하면 가정을 떠나고 부모는 늙어지면서 자손과 같이 살려하지 않는다. 서로간의 필요성이 없어져 간다며 자신들의 이기주의적 발상에 의해, 경제논리를 앞세우면서 스스로 파멸의 구덩이를 판다.

흩어지면 모든 것이 작아지고 쪼개지기 마련이다. 당연한 이치다. 국가의 존엄성도 위협받는다. 가정이 붕괴되어 가는데 사회인들 안전할 것인가? 극한의 자기본위 생태현장이 뭉쳐야 한다는 가족 간의 존재는 인정하면서도 결단을 내리지 못한다. 당장이 급한 것이다. 조금 더 미래지향적인 안목이 아쉽다. 필연이다.

제 1 장　　　　　　　　　　　　　　　　　　혈연, 가족

| **1**
삼재(三才) | 天人地가　三才되어　宇宙構成　되어있고
年月日時　四柱되어　吉凶禍福　이루었네
천인지가　삼재되어　우주구성　되어있고
연월일시　사주되어　길흉화복　이루었네 |

❖ 삼재(三才)란?

삼재(三才)란 천(天)-하늘, 인(人)-사람,지(地)-땅을 말한다. 우주구성의 근본 원리를 설명하는 것으로 삼극(三極), 삼령(三靈), 삼원(三元), 삼의(三儀)도 말한다.

- 삼극(三極)-전기에서 양극(陽極), 음극(陰極), 1)그리드의 세 극(極)을 말하고 음성자, 양성자, 중성자의 세 종류.
- 삼령(三靈)-일(日), 월(月), 성신(星辰)을 말한다. 해, 달, 별
- 삼원(三元)-세상의 세 근본. 시작, 끝, 중간 하늘, 땅, 물을 칭한다.
- 삼의(三儀)-거동, 예의, 풍속.

▶ 有天地然後 萬物生焉 盈天地之間者 唯萬物
　유천지연후 만물생언 영천지지간자 유만물

- 주역(周易) 서괘전(序卦傳)에 나오는 글이다. 하늘과 땅이 존재하고 난 후에 만물이 나게 되니 하늘과 땅 사이에 가득 찬 것이 오직 만물(萬物)이다.
- 삼재(三才)라 하여도 그 생성(生成)에 있어서 순서(順序)가 있다. 하늘과 땅이 있고 난 연후에 사람이, 만물(萬物)이 있다는 것이다. 자연(自然)의 순리(順理)를 어겨서는 안 된다는 말이다.

물의 흐름을 이용한 댐은 흐른다는 작용을 일시 멈추어 활용하지만, 결국 흐른다는 원칙에서는 벗어나지 못한다. 얻는 것 보다 잃는 것이 많다. 4대강 보를 설치하고 얻은 것은 무엇이고, 잃은 것은 무엇일까? 역행(逆行)이란 역효과를 부른다. 감소하려면 흐름을 이어야 한다.

---
1) [물리] 전자관에서 전자나 이온의 흐름을 조절하기 위해 장치한 전극

◐ 제 1 장   ◐ 혈연, 가족

❖ 사주(四柱)란?-년(年),월(月),일(日),시(時)

　인간이 태어난 년, 월, 일, 시가 조합이 되어 4기둥인 사주(四柱)를 이루게 되어, 이를 바탕으로 각자의 길(吉), 흉(凶)을 판단하니 복(福)되고, 아니함이 다 그 속에 포함되어 있다. 삼재(三才)와 사주(四柱)의 근본적인 구성(構成) 원리의 사항. 연,월,일,시의 정확도에 대한 고찰2)이 중요하다. 대략적인 가능성을 설명한다는 것은 참으로 애매한 행위요, 부도덕한 면이 나타난다. 피치 못할 경우 어쩔 수 없지만 최대한 정확성을 논하자는 것이다. 그 외 다른 방식으로 감명하는 방법을 참조하는 것도 좋은 방법이다.

삼재원리도(三才原理圖)

천(天)	인(人)	지(地)
천륜(天倫)	인륜(人倫)	애륜(愛倫)
지(知)	체(體)	덕(德)
시간(時間)	인간(人間)	공간(空間)
기(氣)	형(形)	성(聲)
상(上)	중(中)	하(下)
사법(司法)	행정(行政)	입법(立法)
부(父)	본인(本人)	모(母)
민주(民主)주의	중립(中立)주의	공산(共産)주의
천간(天干)	암장(暗藏)	지지(地支)
상체(上體)	허리	하체(下體)
바람	구름	비
정(正)	합(合)	반(反)
양(陽)	중성(中性)	음(陰)
정자(精子)	태자(胎子)	난자(卵子)

　단순한 구분이라 생각하지 말고 항상 기억할 부분이다. 실제로 부딪히는 모든 분야에 있어 응용하고 활용해야 하는 사항이라 활용도가 의외로 많다.

---

2) 고찰(考察) | 깊이 생각하고 조사하고 심도 있게 연구하는 행위

● 제 1 장　　　　　　　　　　　　　　　　　　　● 혈연, 가족

| **2**

변화원리 | 根苗花實
五行制化
근묘화실
오행제화 | 이原理로
生剋으로
이원리로
생극으로 | 世上萬事
千態萬象
세상만사
천태만상 | 進行되며
變化한다
진행되며
변화한다 |

❖ 근묘화실根苗花實?- 순환(循環)으로 이어지는 변화의 주체다.

● 근(根)-뿌리다, 나의 출생이요 씨앗이 발아하여 씨눈이 생기고 점차적으로 세상의 빛을 보기 위한 준비과정이고 성장하는 과정이다. 사람으로 치면 조상 없는 자손이 어디 있겠는가? 가문의 뿌리, 출생의 근원이다. 년주(年柱) 조부모 궁으로 천체로는 해와 같고 시간으로는 과거요, 방향으로는 왼쪽이요, 사회적으로는 국가에 해당한다. 초년(初年)에 해당.

❖ 전반부는 뿌리가 내리고 잎이 자라는 시기(時期)라 위를 향하여 힘찬 발돋움을 한다. 거칠 것이 없다. 파란(波瀾)이 많으면 물심(物心)으로 평생(平生) 지장(支障)을 주기도 한다. 회복, 성공, 깨우침에 많은 시간이 걸린다. 흉(凶)이 많으면 건강에 적신호.

● 묘(苗)-월주로 부모, 형제 궁으로 보고 천체로는 달과 같고 시간은 과거, 식물로는 싹에 해당하고 중년 운으로 본다.

☞ 부모(父母),형제(兄弟)의 도움이 절실한 시기이다. 이시기에서 지나치게 강하고, 풍파(風波)가 많다보면 가정(家庭)을 책임져야 하고 흉(凶)작용을 하면 소년, 소녀 가장(家長)이 된다.

● 화(花)- 식물로는 꽃에 해당하고 천체로는 지구요, 시간으로는 미래요. 사회적인 분류로 가정에 해당한다. * 남명의 경우는 처(妻) 궁(宮)으로 보고 여명의 경우 남편(男便) 궁(宮)으로 보고 중년, 말년 초기의 운으로 본다.

● 실(實)-열매를 말하고 결실을 의미한다. 시간으로는 미래요, 천체로는 소행성에 해당하고 사회적인 면으로 후세를 의미한다.*말년 운을 의미하고 미래를 본다는 면에서 사주 구성 시 중요한 부분이다.

◎ 제 1 장   ◎ 혈연, 가족

삼라만상3) 모든 것이 이 같은 원리로 진행이 이루어지고 순환된다. 상생(相生)상극(相剋)의 원리로 모든 것이 변화하면서 조화를 이룬다. 사계절의 순환이요, 생로병사의 이치다. 중요한 것은 물질적인 면, 정신적인 면으로도 이어진다는 점이다. 순환이란 갑자기 돌연변이로 이루어지는 것이 아니다. 순리적인 변화다. 일시적인 이탈이 있어도 결국 순리에 응한다. 흐름이다.

근묘화실도(根苗花實圖)

시(時)	일(日)	월(月)	년(年)
천간(天干)	천간(天干)	천간(天干)	천간(天干)
지지(地支)	지지(地支)	지지(地支)	지지(地支)
4 실(實)	3 화(花)	2 묘(苗)	1 근(根)

항목(項目)/구별(區別)	시(時)	일(日)	월(月)	년(年)
식물	실(實)	화(花)	묘(苗)	근(根)
가족관계	자손	본인, 부부	부모, 형제	조부모
식물	열매	꽃	싹, 지엽	뿌리
평생운	노년,말년기	중.장년기	청년기	초년기
시간	미래		과거	
천체	소행성	지구	달	해

---

3) 삼라만상(森羅萬象)|우주 속에 존재하는 온갖 사물과 현상을 총체적으로 이르는 말. 비유 시 많이 사용한다.

● 제 1 장　　　　　　　　　　　　　　　　● 혈연, 가족

| 3 궁(宮) | 生年宮은
生日宮은
생년궁은
생일궁은 | 根基先祖
己身花요
근기선조
기신화요 | 生月宮은
生時宮은
생월궁은
생시궁은 | 父母苗요
妻子로다
부모묘요
처자로다 |

❖ 연(年),월(月),일(日),시(時)

각각의 나타내는 의미와 함축된 뜻은? ❶천간(天干)과 지지(地支)를 상하(上下)로 하여 하나의 개체로 판단. ❷천간과 지지를 분리하여 각각의 개체로 판단. 전체와의 조화, 상관관계(相關關係)를 보기도 한다.

☯ 년(年)궁-생년(生年)을 의미한다.
☯ 월(月)궁-탄생한 월(月)을 의미한다.
☯ 일(日)궁-태어난 날을 의미한다.
☯ 시(時)궁-출생 시간(時間)을 말한다.

❖ 시(時)에 처자(妻子)라고 하였으나 그것은 예전 시대의 봉건적인 관습이고 지금 시대에는 어울리지 않고 남녀평등의 원칙에 입각하여 동등하게 일지(日支)에 위치하여 보는 것이 타당하다. 호주제도도 바뀌고 상속에 관한 법률도 지금은 많이 바뀌었다. 처(妻)를 시(時)에 놓고 판단 안 한다.

❖ 처는 나의 내조자(內助者)요, 반려자(伴侶者)이므로 항시 일주에서 나와 같이 함께 있다. 본문을 보면 시(時)에 처자(妻子)라고 하였으나 그것은 예전 시대의 봉건적인 관습이고 지금 시대에는 어울리지 않고 남녀평등의 원칙에 입각하여 동등하게 일지(日支)에 위치하여 보는 것이 타당 할 것이다. 4)호주제도도 바뀌고 상속에 관한 법률도 지금은 많이 바뀌었다.

❖ 처(妻)를 시(時)에 놓고 보지는 아니 한다, 처는 나의 내조자(內助者)요, 반려자(伴侶者) 이므로 항시 일주(日柱)에서 나와 같이 함께 있는 것이다.

시(時)	일(日)	월(月)	년(年)
자손	본인,처	부모,형제,이웃	선조

---

4) 가부장제 가족제도, 일제가 식민통치를 위해 이식한 제도.

● 제 1 장 ● 혈연, 가족

| 4 가족동거관계 | 生年生月 生日宮서 생년생월 생일궁서 | 刑沖하면 生月刑沖 형충하면 생월형충 | 父祖間에 抛離故基 부조간에 포리고기 | 各居했고 하게된다 각거했고 하게된다 |

❶ 생년-생월-형(刑)충(沖)-각거(各居)
❷ 생일-생월-형(刑)충(沖)-포리고기(抛離故基)

❖ 포리고기(抛離故基) : 유구한 터전인 고향(故鄕)이요, 뿌리의 근거지(根據地)를 등지고, 핏줄의 인연(因緣)도 헌신짝 버리듯 팽개치고 떠나서 삶을 영위하는 것이다. 년(年)과 월(月)이 형(刑)충(沖)➡삼형살(三刑殺)이나, 상충(相沖), 원진(元嗔), 육해(六害), 귀문(鬼門)관살 등이 됨을 설명한다.

☞ 아버지와 할아버지가 서로 사이가 원만하지 못해 각자 떨어져 살았음을 내포한다. 어머니와 할머니의 사이가 원만하자 못해 따로 살았음도 추명이 가능하다. 이 역시 고부간의 갈등으로도 볼 수가 있다.

❖ 본인 궁이 부모 형제 궁과 마찰이 심하므로 집을 나오게 되니 자연 5)객지 생활을 하게 되고, 식구 및 환경에 적응을 하는데 시간이 생각 외로 많이 걸리는 경우가 허다하다. 장남이라도 다른 문제가 발생되어 부모 모시기가 힘들어 지게 된다. 일(日)과 월(月)이 형, 충이 되어도 日支(일지)에 인수 있으면 부모 모시게 된다. 장남이 아니고 차남도 일지에 인수가 있게 되면 형님대신 모시게도 된다.

☞ 부모, 형제 같이 살거나 다시 가까워지는 시기
❖ 일지(日支)에 인수(印綬) ➡효신살이 있는 경우➡중년(中年)에 모시게 되고
❖ 시지(時支)에 있는 경우➡ 중 말 년, 말년에 모시게 된다.
　여성의 경우 인수(印綬)➡어머니요, 친정(親庭)도 되는데 사주에서 부궁(夫宮)이 안 좋을 경우, 일지(日支)에 인수(印綬)면 이혼(離婚) 등의 사유로 친정으로 와서 부모와 함께 있게 되는데, 이와 같은 경우도 부모(父母) 모시고 사는 경우로 해석된다.
☞ 여기서 주의, 인수(印綬)가➡일지(日支)로 합(合)이 되어 들어오는 경우다.

---

5) 통변에서는 역마, 지살 기타 이동수로 본다.

◐ 제 1 장　　　　　　　　　　　　　　　　　　　　　　◐ 혈연, 가족

❖(학습 사주의 예)=어머니에 문제가 있는 것이다.

O	辛	庚	O
O	丑	戌	O

　　　　　　　　　　　술(戌)월의 신(辛)금 일간(日干)이다.
　　　　　　　　　　　지지의 인성이 축술(丑戌)로 형(刑)이라

⬆ 가출 청소년의 사주다. 일지와 월지가 형살이 되어있다. 집을 나간 후 독립한다며 학업도 중단하고 객지생활을 하고 있는 청소년의 사주다.

❖(학습 사주의 예)—본인의 근본이 흔들리고 타격을 많이 받고 있다.

O	甲	O	丙
O	O	寅	申

　　　　　　　　　　　인(寅)월의 갑(甲)목 일간(日干)이다.
　　　　　　　　　　　년지(年支) 신(申)금과 인신(寅申)충을 이
　　　　　　　　　　　루고 있다.

⬆ 갑(甲)목 일간(日干)의 입장에서는 년간(年干)에 임수(壬水) 조부(祖父)가 있으나, 지지(地支)에 역마(驛馬), 임하여 선조(先祖)대에 이미 고향을 떠나 타향에서 생활하였다. 시대가 다변화, 다양화되다 보니 진실한 고향의 개념이 사라지고 그저 출생지 정도, 한동안 자라던 곳 정도로 인식 되는 시대다. 얼마나 오래 사느냐에 따라 터전이 정해지는 것이다.

❖ 사람의 인생에서 어느 시기에 있었는가가 문제다. 오래 머물 수 있다는 것 그 자체가 편안함이다. 버티지 못하면 밀려나지만 터전이라는 개념이 더 강해지는 세태다. 그곳이 고향이 되는 것이다.

❖ 장남(長男)이 아니고 차남(次男)인데도 일지(日支)에 인수(印綬)가 있게 되면 형님대신 모시게 된다. 차남(次男)이나 막내의 경우도 월지(月支)에 인수(印綬)가 있으면 가업(家業)을 계승(繼承), 부모(父母) 모신다.

❖ 일지(日支)에 인수 즉 효신살(梟神殺)이 있는 경우는 중장년에 모시게 되고, 시지(時支)에 있는 경우는 중 말년(末年), 노년(老年)에 모신다.

❖ 여성(女性)의 경우 인수(印綬)는 어머니요, 친정(親庭)도 되는데 사주(四柱)에서 남편 궁이 흉(凶)작용을 하면, 이혼 등의 사유로 친정으로 와서 부모와 함께 있게 되는데, 부모 모시고 사는 경우로 해석(解釋)한다.

❖ 여기서 주의 할 것은 인수(印綬)가 일지(日支)로 합이 되어 들어오는 경우다. 길(吉),흉(凶)의 결과를 보아야 한다.

◎ 제 1 장　　　　　　　　　　　　　　　　◎ 혈연, 가족

| **5**
지살(地殺) | 年入地殺
生日地殺
년입지살
생일지살 | 놓은者는
만난者도
놓은자는
만난자도 | 東奔西走
亦是故鄕
동분서주
역시고향 | 他鄕이요
떠나산다.
타향이요
떠나산다. |

❖ 어느 한 곳을 기준으로 정지(停止)된 상태라면 변화(變化)란 크게 기대하기 어려울 것이다. 움직이고, 이동(移動)하는 것이 우리 삶이다.

❖ 지살(地殺)이란?
　활동상의 6)유동적(流動的)인 면을 논하는 것이니 기운(氣運)이 있어야 하고, 생동감(生動感)이 있어야 한다. 그래서 인신사해(寅,申,巳,亥)가 해당된다.

✱ 년지(年支), 일지(日支)를 기준으로 하여 볼 경우.

삼합(三合)	❶ 사유축 (巳酉丑)	❷ 해묘미 (亥卯未)	❸ 신자진 (申子辰)	❹ 인오술 (寅午戌)
지살(地殺)	사(巳)	해(亥)	신(申)	인(寅)

✱ 일간(日干)을 기준으로 하여 볼 경우의 지살(地殺).

오행(五行) 분류(分類)	목(木)		화(火)		토(土)		금(金)		수(水)	
십간(十干)	甲	乙	丙	丁	戊	己	庚	辛	壬	癸
십이운성 생(生)	亥		寅		寅		巳		申	
십이운성 왕(旺)		寅		巳		巳		申		亥

🔼 (양간(陽干)➡생(生)이요, 음간(陰干)은 왕(旺)인신사해(寅申巳亥)가 해당
❖ 갑(甲),계(癸)는➡해(亥)가 지살(地殺) ❖ 임(壬),신(辛)은➡신(申)이 지살(地殺) ❖ 경(庚),기(己),정(丁)은➡사(巳)가 지살(地殺)
❖ 병(丙),무(戊),을(乙)은➡인(寅)이 지살(地殺).

---

6) 명리(命理)에서 유동성(流動性)이란? 변화(變化)를 말한다. 길흉(吉凶)의 모든 현상이다. 자의든 타의든 활발한 움직임이다.

● 제 1 장   ● 혈연, 가족

❖ 地殺(지살)이라 함은 삼합의 첫 번 째 글자로 역마와 충(沖)이 된다.
  역마(驛馬) 충(沖)➡지살(地殺)

분류(分類) 삼합(三合)	삼합국	지살	역마	관계
巳酉丑	金(금)	巳(사)	亥(해)	沖(충)
亥卯未	木(목)	亥(해)	巳(사)	沖(충)
寅午戌	火(화)	寅(인)	申(신)	沖(충)
申子辰	水(수)	申(신)	寅(인)	沖(충)

❖ 역마(驛馬)와 마찬가지로 이곳, 저곳 분주하게 돌아다니며 한 곳에 정착(定着)하기 힘들음을 말하는데 유학, 어학연수, 장기출장, 파견소 근무, 해외출장, 자주 거주지 변경, 무역업 전출 등 여러 가지로 해석을 하는데 역마(驛馬)보다 약간 규모가 작다고 보면 된다.

❖ 년(年) 입(入) 역마(驛馬), 지살(地殺)

● 년지(年支)에 역마, 지살이란 뜻으로 寅,申,巳,亥(인,신,사,해)년에 출생함을 가리키고 생일(生日) 지살(地殺) 만남이란 일지(日支)에 역마(驛馬), 지살(地殺)을 깔고 있음이라, 항상 바쁘고 분주하지 아니 하겠는가?
● 년주(年柱)에 7)지살이 있다함은 선조(先祖) 자리에 있으므로 선조 대(代)에 이향(離鄕) 또는 타향(他鄕)이요 초년(初年)에 해당이 되므로 지살(地殺)에 해당하는 일들이 발생하고, 이동(移動)이 많음이다.
● 지살(地殺), 역마(驛馬)가 인수(印綬)에 해당하면 공부를 하여도 멀리 가거나 하니 유학이나 연수요 의식주 관련도 국산이 아닌 해외 쪽이니 洋(양)이 들어가고 언어도 외국어요, 해외소식, 해외여행, 해외취업도 된다.

---
7) 작은 범위의 이동이나, "지지고 볶는다." 의미도 참작하시기를

◐ 제 1 장 ◐ 혈연, 가족

- ❖ 지살, 역마가 ➡견겁(肩劫)➡펜팔친구, 형제가 외국생활 또는 귀국.
- ❖ 지살, 역마가 ➡식신(食神), 상관(傷官)➡해외연수 기회오고 해외유학 가고.
- ❖ 재성(財星)일 경우 무역업 진출, 외화획득 수출 길 열리고 외국인과 결혼 또는 해외에서 결혼하고 (남성의 경우는 재(財)가 처(妻)에 해당 되므로, 여자는 남편 ➡ 관(官)이다.)
- ❖ 관성(官星)인 경우
  해외출장, 국내출장 잦아지고, 해외지사 발령, 또는 전출. 남성의 경우는 관(官)이 직장이므로 업무에 관한 일로 본다.
- ❖ 일지(日支)가 삼합(三合)이 형성되면 틀림없는 변동수가 생기고 형(刑), 충(冲)이 임하면 교통사고, 객사, 취중사고 조심, 퍽치기, 소매치기, 이동시의 사고주의 생일(生日) 궁(宮)에 지살(地殺)이 임하면 역시 타향(他鄕)살이 면할 길 없고, 배우자(配偶者)를 택해도 먼 곳에서 찾게 되고 분주히 움직이므로 교통의 흐름이 빈번한 곳에서 생활하게 되고, 성격자체도 차분함이 매우 필요해진다.

❖(학습 사주의 예)- 월(月)과 일(日)이 같은 경우.

O	庚	O	O
O	寅	寅	申

인(寅)월의 경(庚)금 일간(日干)이다.
년지(年支) 일지(日支) 기준 참고가 필요.

⬆ 년지(年支)를 기준할 경우 일(日)과 월(月)에 역마(驛馬)다. 중복되므로 계속 이어진다. 일지 인(寅)목이 월지와 힘을 합하여 기운이 강(強)해진다. 작용이 강하다. 타향(他鄕)에서 자리를 굳건히 잡는다.

❖(학습 사주의 예)-년지(年支) 기준하여 역마(驛馬), 지살(地殺)이다

戊	癸	壬	甲
午	巳	申	寅

신(申)월의 계(癸)수 일간(日干)이다.
지지(地支)에 인사신 삼형살이 ,돋보인다.

⬆ 일지(日支) 자체가 지살(地殺)이다. 일지(日支)를 기준할 경우.
- ❖ 변수란 형충파해(刑冲破害) 합(合)등 기타 변화를 참고해야 함이다.

● 제 1 장   ● 혈연, 가족

| 6
역마, 지살 | 四柱驛馬　重重地殺　異驛萬理　遍踏하고
年月水旺　壬癸日生　他道他國　살아본다
사주역마　중중지살　이역만리　편답하고
년월수왕　임계일생　타도타국　살아본다. |

❖ 역마(驛馬)와 지살(地殺)에 대한 개념(槪念)과 차이(差異)점을 확인.

❶ 사주에 역마(驛馬)와 지살(地殺)이 중중(重重)하다함은 2개 이상이 된다는 설명. 예전에는 역마(驛馬), 지살(地殺)이 있으면 집안에 정중이 있지 못하고 밖으로 나돈다 하여 홀대하는 면이 없지 않았다. 현재는 세계화 시대라 오히려 은근히 기다리는 면도 나타나고 있다. 자녀들의 조기유학, 해외취업 이민, 연수 등 견문을 넓혀 자기분야에서 입지를 확보하기 위한 노력 또한 필요하다. 취미활동 또한 밖으로 출입이 빈번해진다.

❷ 水(수)를 역마(驛馬), 지살(地殺)로 보는 이유는 흐름에 의한 움직임이 필요한 기운이라, 역마(驛馬) 또한 왕(旺)하다는 설명이다. 스스로 알아서 처리하고 자발적 행동이 나온다.

❖ (실전사주의 예)-여성-합(合)과 충(沖)이 어우러져 어떻게 볼 것인가?

丁	癸	己	庚
巳	亥	丑	子

외국(독일)에 유학하여 공부하고 학위 취득
외국인과 결혼.

⬆ 번역 업무에 종사하고 계시는 분의 사주다. 축(丑)월의 계(癸)수 일간(日干)이다. 지지 수국에 사주가 신왕하다. 일주(日柱)와 시주(時柱)가 천간(天干)지지(地支)가 충으로 되어있다. 일지(日支)를 기준으로 보는가? 년지(年支)를 기준으로 보는가?

🔖 지지(地支)에 수국(水局)을 이루고 있고, 일간(日干) 자체도 계(癸)수 일주라 부지런히 움직인다. 일지(日支)와 시지(時支)에 역마(驛馬)—지살(地殺)을 놓고 있어 더욱 확실하다. 수기(水氣)가 많으므로 국내가 아니고 외국 유학까지 갔다 온 것이다. 충(沖)이 항상 마음에 걸린다.

◐ 제 1 장   ◐ 혈연, 가족

| **7**
이동(移動) | 亥子年月
日柱基準
해자년월
일주기준 | 甲乙日生
驛馬地殺
갑을일생
역마지살 | 海雲萬理
그도祖基
해운만리
그도조기 | 나가보고
떠나산다
나가보고
떠나산다. |

❖ **갑을일생**甲乙日生 ➡ 목일주(木日主)를 설명하고, 년과 월에 해수(亥水)와 자수(子水)를 놓고 있으니 수생목(水生木) 받아서 떠다니니 이동하는 시간이 많음이라 해운만리(海雲萬理) 즉 해외출입이 잦아진다.
☞ 예전에는 외국출입에 배편으로의 이동이 주(主)가 되어 해운(海運)이라는 표현이 많다. 현시대 같았으면 항공의 표현이 많았을 것이다. 중요한 것은 물이 태우고 다니므로 물결치는 데로 움직이므로 표현이 그리했을 것이다.
❖ **日柱(일주)기준이 아니라 日支(일지)기준 이라 설명함이 옳을 것이다.**
　역마, 지살이 일지(日支)하고 합(合)을 해야 ➡ 일지에 역마, 지살을 놓은 것과 똑같이 취급된다. 운에서도 일지와 합이 되는 년이나 월에 이동수가 있고, 사주원국에 일지와 역마, 지살이 합되어 있으면 고향, 조국 떠나서 생활해 본다.
❖ 인사신(寅巳申)➡ 삼형살(三刑殺)을 갖추고 있으면서, 일지(日支)와 월지(月支) 사(巳)신(申)➡ 합으로 이루어져 있다.

❖(실전사주의 예)-꿈은 이루어질까?

戊	癸	壬	甲
午	巳	申	寅

신(申)월, 계(癸)수 일간이다.
지지에 인신사해(寅申巳亥)를 갖추고 있다

⬆ 홍콩에 거주하며 살고 있었는데 과연 지금도 살고 있을 것인가? 일주(日主)와 시주(時柱)를 살펴보면 특징이 나온다.

❖(실전사주의 예)-지금은 그 어디에— 인(寅)월의 갑(甲)목 일간이다.

丙	甲	壬	壬
寅	申	寅	寅

지지(地支)의 특색이 나타난다.
충(沖)의 해석은 어떻게 할 것인가?

⬆ 년지(年支), 일지(日支) 기준, 지지가 전부 지살(地殺), 역마(驛馬)다.

● 제 1 장　　　　　　　　　　　　　　　　　　　　● 혈연, 가족

8	驛馬地殺	日柱合은	房外車中	出生이요
	若不基然	病院出生	틀림없는	事實이다
방외(房外)출생	역마지살	일주합은	방외차중	출생이요
	약불기연	병원출생	틀림없는	사실이다.

❖ 防外車中(**방외차중**)--예전의 표현에 방(房)이라 함은 실내를 의미하고 내실, 일단 방밖을 벗어난 의미다. 옛날에는 우물가, 변소(힘주다가),부엌(밥하다가)뒤 뜰(거닐다가)노상(걸어가다)등 생각지도 못한 곳에서 출생한 경우도 종종 있었다. 차중(車中)이라 함은 꼭 차 안이 아니다. 길 위도 되고 차안도 되고 다른 집, 병원 조산소등을 이야기 한다. 요즘은 모두 병원에서 아기를 낳으므로 모두가 방외출생 아닌 가? 그렇다면 모두 기본적으로 역마, 지살을 갖고 태어난다는 말이다.

❖ 출산(出産)과 사주(四柱)와의 관계
● 출산 시 힘들이지 않고 출산➡ 식신(食神), 상관(傷官)이 많은 사주
● 난산(難産)하는 경우➡ 인수(印綬) 많고 식신(食神) 상관(傷官)이 부족
● 제왕절개의 경우 ➡ 식신(食神)상관(傷官)➡형(刑)충(沖)된 사주

❖ 매사 모든 일에도 마찬가지이지만 사주에서 일주의 강약(强弱)에 따라 모든 것이 판가름 난다. 일주가 약(弱)하면 의지력이 약하듯 매사 일처리에 있어서도 미지근하다, 출산 시 일주가 강(强)하면 고통을 인내하는 능력도 차이가 난다. 일주가 강하면 능히 견뎌내고, 일주가 약하면 주변을 애태운다. 출산 시 소리 지르며 고통을 호소하는 경우------

❖ (실전사주의 예)-이중성(二重星)의 성격을 갖고 있다.

辛	庚	壬	壬
巳	午	寅	戌

인(寅)월의 경(庚)금 일간(日干)이다.

⬆ 지지(地支)에 관국(官局)을 형성한다. 천간(天干)은 음(陰)이요, 지지(地支)는 양(陽)이다. 금수(金水)목화(木火)로 판단. 겉 다르고 속 다르다.

◐ 제 1 장   ◐ 혈연, 가족

조화가 이루어지기도 하고, 자칫 한 쪽으로 쏠리면 문제가 생긴다. 모든 것이 흐르는 대로 갈 것인가? 천성(天性)으로 갈 것 인가? 의외로 잘 조절하는 여성이다. 극(剋)과 극(剋)이 어울린다. 거기에는 자손(子孫)이 있다.

❖ 8)제왕절개 시 병원에서 한시적(限時的)인 범위 내에서 날짜, 시간을 출산하는 쪽에 맡기는 경우가 있다. 길일(吉日), 길시(吉時)를 택하고자 함이다.
☞ 부질없는 사항이다. 이미 만들어진 유전자라는 것이 변하지 않기 때문이다.
☞ 긍정적인 면도 있다. 사람에 따라 차이가 나지만 꼭 무어라 이야기 하기는 그렇다. 씨와 밭이 문제다.

  어떤 이가 말한다. 당신이 부정한 방법으로, 남을 속이고, 재물을 취하고, 추한 행동을 하면서, 섭생을 한 후 당신의 몸에서 정자를 만들고, 난자를 만들어서 자손을 낳으면 그 자손은 깨끗하지 못한 유전자를 갖고 태어나니 그 자손이 어찌 잘 되기를 바라는가? 그래서 태교라는 것이 있는 것이요 그 중요성을 강조했던 것이다. 당신의 자손은? 그런 잘못된 방법으로 취득한 재물로 먹고, 배우고, 자란 자손은? 결국 그 애비, 어미의 그 자식이요, 자손이라는 말이 나오는 것이다. 가정교육의 중요성이다. 항상 반성하고 사는 것이 인생이요, 깨달음이 중요한 것이다. 정직하고 평온하면 항상 후회함이 적을 것이다.

---

8) 제왕절개술이란? 임신부의 배를 절개한 후, 자궁을 일부 절개하고 절개 부위를 통하여 태아를 꺼내는 수술. 식상의 과다. 사주의 강약에 따른 판단을 유의.

● 제 1 장　　　　　　　　　　　　　　　　　　　● 혈연, 가족

| **9**
가문(家門)판단 | 歲月干支
歲月干支
세월간지
세월간지 | 官財印은
逢傷官은
관재인은
봉상관은 | 富貴家門
父祖代에
부귀가문
부조대에 | 자랑하고
敗業일세
자랑하고
패업일세 |

❖ 세월(歲月)간지(干支)➠년(年), 월(月)의 간지(干支).

❖ 재(財). 관(官), 인(印)➠ 三奇(삼기)라 하는데 부모, 조상자리에 삼기를 다 갖추고 있으니 이 어찌 부(富),귀(貴) 겸존(兼存)이 아닌가?

❖ 삼기(三奇)가 있다하여 무조건 귀(貴)하다 생각하면 짱구? 연결이 되면서 각기 효용(效用)성이 어떤가 보아야 한다.

❖ 년과 월에서 모든 복록이 다 갖추어져 그것이 일간(日干)인 나에게로 오니 조상과 부모의 음덕(蔭德)이요 복(福)이 아니겠는가. 여기서도 일지는 어떤가? ☞ 지지(地支) 역시 무난하다면 실로 9)다복(多福)이다.

❖ (학습 사주의 예)-묘(卯)월의 무(戊)토 일간(日干)이다.

○	戊	○	乙
○	戊	卯	亥

지지(地支)의 합(合)과 연결이 묘(妙)하다

⬆ 관인(官印)이 연결되어 상생(相生)으로 나타나는 가 보아야 제대로 판단하는 것이다. 길(吉)로 보면 선대(先代)에 매우 번영(繁榮)한 사주(四柱)이나 연결이 이루어지지 않고 변화가 길(吉)로 작용하지 않으면 엉뚱한 결과로 나타난다.

❖ (학습 사주의 예)-월(月)과 년(年)에서 지지 관국(官局)을 형성한다.

○	甲	○	辛
○	○	巳	酉

일간(日干) 갑목(甲木)에 대하여 년(年) 천간(天干)이 신(辛)금으로 정관이다.

⬆ 갑(甲)목에 대하여 금국(金局)은➠ 관국, 관(官)이 왕(旺) 하므로 선대에

---

9) 길흉(吉凶)의 조화(調和)가 적합함이다. 호의호식만을 설명하는 것이 아니다.

높은 지위를 알 수 있다. 명예와 권력에 관한 항목이고, 선조 대에 부를 축적(蓄積)한 사주는 어떨까? 재국(財局)을 형성하는 것이다. 천간에 재가 투출(投出)하여 있고 지지(地支)에서 재국(財局)이 형성될 경우다.

❖ **정재(正財) 아닌 편재(偏財)이므로 횡재(橫財)다.**

O	丁	O	辛
O	O	巳	酉

년(年)의 천간이 신(辛)금이다,
지지로는 사(巳)유(酉)하여 재국을 형성

⬆ 상관은 어떠하기에 부모나, 조상대에 폐업이 될까? 상관은 일단 관(官)을 극(剋)하는 (방해, 파함) 역할을 하므로 삶이 항상 피곤하고 관재(官災)나, 송사(訟事) 등이 자주 발생하게 된다.

❖ 상관은 我(아) 즉 나의 기운을 빼앗아 가는 盜氣(도기)의 역할을 하므로 내가 갖고 있는 것을 도리어 축내기도 한다. 부모, 조상대에 이러한 상황이 연출되었으니 집안이 온전했겠는가? 고로 폐업(廢業)이라는 이야기가 나온 것이다. 년(年)에 상관(傷官)이 있으면 조부대(代)에 ➡폐업, 월(月)에 상관(傷官)이 있으면 ➡부모(父母)대에 폐업.(가문이 기울어진다.)그러나 예외란 있다. 상관 자체가 기신(忌神)이어야 한다. 용신(用神)일 경우, 예외가 된다.

❖ **용신(用神)**---사주에서 제일로 필요로 하는 기운이다, 중화를 이루도록 하여준다. 사주에서 기운이 부족하면 보충을 해준다.(신약 시)
❖ **기신(忌神)**---내가 필요로 하는 기운을 방해 하는 기운. 용신을 극한다.
❖ **구신(仇神)**---희신을 방해하는 기운, 희신을 극한다.
❖ **한신(閑神)**---기신도 구신도 아닌 기운.

◆ 부귀가(富貴家)문 이라 해도 사주가 전체적으로 별 볼일 없으면 그 역시 빈한한 삶의 소유자다. 월(月)에 상관은 대체적으로 반골기질이라 따지는 데 일등이요, 선동자의 역할을 많이 하고 큰물에서 논다 치면 정치적으로는 야당이요, 심하면 반항아다. 요즈음 보면 구린 냄새 나는 경우다.

O	癸	O	O
O	卯	卯	O

10) 수목응결로 수생목(水生木) 해주어도 습(濕)목이라 못 받아먹는다. 능력을 발휘해도 소용없다. 물에 젖은 낙엽이다. 거름으로 써라.

O	癸	寅	O
O	O	卯	O

寅(인)중의 丙(병)화가 있어 조후가 잘되어 나를 따뜻하게 한다. 잘 마른 땔감이다.

---

10) 물이 정상 기온 이하면 얼어 수분을 흡수하는 나무도 얼어버린다.

❂ 제 1 장   ❂ 혈연, 가족

| 10 화개(華蓋)성 | 歲年宮에 祖母님이 세년궁에 조모님이 | 傷官食神 佛信者로 상관식신 불신자로 | 華蓋星이 釋迦尊下 화개성이 석가존하 | 俱臨하니 念佛이라. 구임하니 염불이라 |

❖ 세년궁(歲年宮)이란?
조부(祖父), 조모(祖母)의 자리로도 보는데 지지(地支)를 이야기 함이니 할머니구나, 여기서 중요한 것은 식신(食神), 상관(傷官)이 화개(華蓋)다.

❖ 화개(華蓋)란?
辰, 戌, 丑, 未(진, 술, 축, 미)를 말하는데 년주(年柱)에 화개가 되려면 丙, 丁(병정)➡ 화일주(火日主)가 되어야 한다.➡ 화생토(火生土) 하여 식신(食神), 상관(傷官)이 된다.

❖ 火(화)일주에 진술축미(辰戌丑未)는 식신, 상관으로 할머니가 된다. 또한 장모도 된다. 할머님이 불신자로 항상 비는 것이 누구인가 내 자식 내 가족이 아닌가? 여기서는 석가존하 염불이라 하였는데 추명 시 꼭 불교에만 집착하지 말자. 그 외의 종교도 다양하다, 종교 구분 하지 말고 신앙심이 돈독하여 믿음이 강하다로 설명하는 것이 무난하다.

❖ 원래 식상관이 화개이면 구변(口辯)이 대단하다. 어설픈 논리는 설득이 힘들다. 오히려 설득 당하기 십상이다.

❂ 조모님(할머님)과 장모님의 자리가 같으므로 해석에 항상 유념.

❖ 화개살(華蓋殺)
❖ 화개(華蓋)는 지살(地殺), 장성(將星)과 함께 삼합(三合)을 형성한다.
　완전한 삼합(三合)을 이룬다면 금상첨화(錦上添花)이나, 둘로 이뤄지는 경우도 많다. ☞ 화개(華蓋)가 장성(將星)과 짝을 이룰 경우는 그에 해당하는 재능(才能)이 빛을 보는 경우가 많다. 지살(地殺)과 장성(將星)의 합은 밖으로의 돌출(突出), 자신을 알리는 계기(契機)를 만드는 것이고,
　☞ 장성(將星)은 일종의 득세(得勢)다. 상급 직위(職位)에 오르거나, 우월(優越)한 위치(位置)에 등극(登極)한다.

삼형살(三刑殺)

　　화개(華蓋)는 묘(墓)라, 도화(桃花)와는 너무나 판이하다. 가리고, 덮고, 오히려 자신을 지나치게 튀지 않게 하려는 면이 단점(短點)으로 작용한다.

❖ **화개(華蓋)직종**은 박물관이나, 금고 대행업 등 주로 보관하는 업무, 창고업 등이 어울린다. 화개(華蓋)가 공망(空亡)이면 내면적(內面的)인 화려(華麗)함도 이루기가 어려워 내면적 참을 찾는 수행(修行)이나, 참선(參禪), 종교 활동, 역술가가 어울린다.

❖ **화개(華蓋)의 운(運)**은 항상 근신(謹身)하며, 자숙(自肅)하고, 겸양(謙讓)으로 매사 처리하려는 의지가 강하다. 하나를 해도 크건 작건 혼신(渾身)의 노력으로 조용히 추진한다.

❖ **화개(華蓋)의 근본(根本)**은 금전(金錢)에 대한 관리나, 융통의 묘(妙)가 약하다. 재무(財務)업무는 체질적(體質的)으로 맞지 않다. 금전(金錢)거래도 맺고 끊음이 희박하다. 사업(事業)은 절대금물. 자식에게 유산을 물려주어도 화개 띠는 피하는 것이 좋다. 월(月),일(日)에 있을 경우 신경 써야 한다.

❖ 요즈음은 **이혼(離婚)도 숙려기간을 준다.** 화개(華蓋)의 부부는 이 기간 동안 다시 재결합(再結合) 할 가능성이 많다. 이혼(離婚)을 할 것인가 말 것인가? 하여 내방(來訪)하는 손님들의 경우, 잘 살펴 재결합 가능성을 본다. 화개(華蓋)가 많으면 예능(藝能), 기능(機能), 문학, 미디어 쪽 진출(進出)도 좋다.

☞ 학창시절➡화개(華蓋)운이 온다면 더더욱 재능(才能)을 살리는 것도 좋다.

❖(실전 사주의 예)-형(刑)하는 것은 반안(攀鞍)이다.

辛	戊	庚	丁
巳	寅	戌	丑

화개(華蓋)가 형(刑)을 형성(形成)한다.

⬆ 비겁(比劫)의 형(刑)이다. 화개(華蓋)를 역마(驛馬)와 지살(地殺)이 공존(共存)하니 밖으로 나돌려 한다.

● 제 1 장   ● 혈연, 가족

| 11 화개(華蓋)성 | 年月支에 萬壽香을 년월지에 만수향을 | 印綬華蓋 피어놓고 인수화개 피어놓고 | 慈堂님이 子孫富貴 자당님이 자손부귀 | 信者로서 祈願한다. 신자로서 기원한다. |

❖ 년지(年支)나 월지(月支)에 인성(印星)이 있는데 인성➡어머니요 화개(華蓋)와 연결이 되면 어머님이 종교에 심취하시고 ,자손 되는 글자가 화개와 연결되면 자손이 종교(宗敎)에 심취하고 각 육친(六親)마다 연결, 추명하면 된다.

❖ 자당(慈堂)➡남의 어머니에 대한 존칭으로 또 다른 명칭을 살펴보면, 대부인, 영당(令堂),북당(北堂).훤당(萱堂)등이 있다.

❖ 만수향(萬壽香)➡선향(線香)의 일종. 굵은 국수와 같은 형태로 한 쪽 끝은 더 가늘고 길이 또한 길어 대략 한 자 정도 된다.

❖ 예전의 종교하면 무속신앙, 불교, 등이 주종을 이루었으나 현대는 종교가 다양 과연 어떤 종교인지 구별하기가 무척 어렵다. 종교도 오행에 따라서 각 방위에 맞추어 추론하는 방법도 있으나 후에 설명.

❖ 화개살(華蓋殺)이란?
화개란 종교로 제일 많이 보고 있다. 신앙심, 학문, 예술적인 추구, 근면, 성실, 끈끈함 등으로 해석하고 신성함과 숭고함을 내포하고 있다. 지나치게 편협함이 문제로 나타난다.

✸ 실전 사주의 예-중첩(重疊)이 된 경우다.

진(辰)월, 갑(甲)목 일간(日干)이다.

壬	甲	丙	戊
申	寅	辰	辰

⬆ 화개(華蓋)가 중중(衆中)하다.년(年), 월(月)이 화개(華蓋)다.화개(華蓋)가 자형살(自刑殺)을 이루고 있다. 일지(日支)와, 시지(時支)➡ 충(沖)을 형성하는데, 지살(地殺)과, 역마(驛馬)의 충이다. 편관(偏官)과 비견(比肩)이다. 일지(日支)에 록(祿)을 놓고 있다. 년지(年支) 기준, 일지(日支)기준 비교분석한다. 나타나는 것과, 나타나지 않는 충(沖)의 차이는 무엇인가?

● 제 1 장　　　　　　　　　　　　　　　　　　　● 혈연, 가족

| 12 화개(華蓋)성 | 生年華蓋 正偏財가 년년화개 정편재가 | 生日華蓋 逢空하니 생일화개 봉공하니 | 胎줄목에 祈禱子孫 탯줄목에 기도자손 | 걸고났고 分明하다 걸고났고 분명하다 |

❖ 생년(生年) 생일(生日)에 화개(華蓋)라 진, 술, 축, 미(辰, 戌, 丑, 未)화개로 탯줄을 목에 걸고 태어났다➡출생의 표현을 승격시킨 것이고 예전 표현이면 "염주를 목에 걸었다" 즉 부처님 덕으로 출생하였다 함이라.

❖ 정, 편재가 공망이니 ➡ 재(財는) 자손에게 부친이라 인연이 없음이니 씨도, 밭도 인연이 박약이라 그럼에도 자손이 생김은 필시 기도공덕으로 인한 자손이 틀림없구나. 남의 씨는 아닐 것이다? 요즈음의 표현을 빌리자면 처녀생식과 비교된다. 간혹 상담 시 재(財)가 보이지 않고 없는 것 같다 하여 없다, 라는 표현의 우(愚)는 범하지 않으리라 믿으면서 이런 경우 추명 시 재삼 신경 쓰고 지장간(地藏干)도 살펴보고, 운(運)도 잘 살펴보기 바람.

❖ 불임의 경우 원인이 어느 쪽에 있는 가를 살피고, 사주에 확실히 두드러진 경우 상담 시 일찍 병원의 진단을 권하는 것도 좋다.

❖(실전사주의 예)-남성-사주에 화개(華蓋) 겹쳐있다.

壬	戊	辛	乙
戌	戌	巳	未

일지(日支)기준
종교에 귀의하고자 까지 하였던 분

🔼 지금은 생업에 종사하면서 열심히 신앙생활을 하고 계시다. 여기서는 무엇을 볼 것인가? 그저 화개(華蓋)성만 논하면 되는가? 왜 귀의하지 못하고 독실한 종교인으로 지내는가? 사(巳)술(戌)과, 미(未)술(戌)의 관계를 살펴보라.

❧ 화개성이란? 대표적으로 종교, 철학성이라 하는데 편파적 통변이다.
자학적인 면이 강하다. 사회성에 문제가 나타난다. 침묵은 결코 금이 아니다. 의협심의 부족, 자신만 생각하는 극히 이기적인 사고방식, 귀찮으면 안 보는 냉혈적인 면, 희생을 말만이 아닌 행동으로 보여줌이 약하다.

◐ 제 1 장   ◐ 혈연, 가족

13 상명하복	日剋歲君 하는者는 以臣伐君 有禍하고 歲傷日干 하는者는 有禍로되 輕하도다 일극세군 하는자는 이신벌군 유화하고 세상일간 하는자는 유화로되 경하도다

❖ 세군(歲君)이란?

　년주(年柱)를 말함이고 일극세군(日剋歲軍) 이란? ➡ 일간(日干)이 년(年)의 천간(天干)을 극(剋)함이라 자손인 일간(我, 본인)이 조상(祖上)을 극한다 함은 선조(先祖) 봉사(奉祀)에 무성의하고, 윗사람에 대한 공경심이 부족하고 희생정신 또한 약해 손해 볼일은 안 하고, 부모님도 잘 모시지 않고 윗사람에게 자리양보도 안하고, 심하면 부부이별 까지 이어진다.

❶

O	壬	丙	丙
O	午	申	子

❷

O	己	乙	壬
O	亥	巳	戌

❶ 임(壬)수 일간이 병(丙)화 년간(年干)을 충(沖)으로 극(剋)하고 있다. 누가 이기던 일단 하극상(下剋上)이다. 신하된 자가 군주를 해(害)하는 형상이다. 년지(年支)와 월지(月支)도 일간을 음(陰)으로 돕는다. 일지의 오(午)화가 년간(年干)과 월간(月干)을 옹호하고 나선다. 문제는 시기(時期)다.

❷ 기토(己土) 일간이 임수(壬水) 년간(年干)을 극(剋)한다. 선천적 반항의 기질이다. 월간(月干)에서 을목(乙木)이 방해하지만 갖추고 있는 성향이 어디 갈 것인가? 년간(年干) 임수(壬水)는 주변과 사이가 좋지 않다. 일지(日支)해수(亥水)가 도와주려 해도 중간의 방해가 노골적이다. 근본적인 것은 일간 기(己)토(土)의 성향을 보는 것이다. 부추기는 세력도 문제다.

❖ 통합적으로 세군(歲君)이라고 하면 원국상의 년(年) 뿐 아니라, 그해의 년(年)도 세군(歲君)이라 하나 태세군(太歲君),태세(太歲)라는 용어도 등장한다. 예를 들어 올해의 태세군이 木(목)세군 이라면 올해는 얌전 할 것이다. 외냐하면 일간인 토(土)를 극(剋)하므로 하극상(下剋上)의 기질이 잠재워진다.

◐ 제 1 장   ◐ 혈연, 가족

반대로 세군(歲君)이 일간을 극할 경우➡세군(歲君)이 일간(日干)을 극(剋)한 다고 하는 것은 윗사람에게 꾸중을 듣는 것이라 무엇인 가가 잘 풀리지 않는 것이다. 업(業)이다. 항상 조상봉사를 잘하고 매사 모든 일에 차분하라. 속상한 일이 있다고 너무 기죽지 말고 생활하도록 하라. 건강 문제가 생긴다.

☞ 년에서 겹치면 더욱 확실. 상담 시 조상영가의 천도도 권해 볼만하다.

❖ 합(合), 충(沖), 형(刑), 파(破) 기타 여러 가지 상황을 판단할 때는 다른 각도에서도 볼 것. 반대로 일간이 세군을 생하는 경우는 어떨까? 꼭 년(年) 뿐 아니라 월(月)도 생(生)하는 입장이면 어떨까? 다정다감, 윗사람에 대한 예절이 올바르고, 부모공양도 잘한다. 조상에 대한 생각도 각별하여 뿌리에 대한 긍지가 대단하다. 종손(宗孫)으로써 손색없는 사람이다

❖(사주의 예).-사(巳)월의 기(己)토 일간(日干)이다.

辛	己	乙	壬
未	亥	巳	戌

일간(日干)이 년간 극(剋)하고 년지(年支) 도 어지럽다.

🔺 나이가 들면 누구나 철이 드는 것은 당연하다. 반면에 죽는 순간까지도 입으로는 버려야지 하면서 결국은 채우고야 말지! 하면서 세상을 떠나는 사람이 부지기수다. 공직에 있으면서 부패와 연관된 도덕적으로 비판을 받는 행동을 하고도 어찌하든 버티려 하다 결국에는 11)만신창이가 되고서야 물러나는 사람들이 있지 않은가? 또 어떤 이는 시간이 흐르고 나도 반성은 커녕 지가 잘했다고 합리화하는 사람도 우리는 보아온다. 그것이 세상사다.

◐ 일지(日支)와 시지(時支)의 합(合)으로 인하여 변화가 온다. 밑에서 치고 올라오고 위에서는 짊어진 짐을 강제로 내린다. 가벼워진다. 심신(心身)이 날아가는 것이다. 가벼움의 상쾌함이다. 진즉에 그나마 이것도 다행이다.

☞ 가족의 힘이다. 가정의 중요함이요, 혈연(血緣)의 소중함이다.

---
11) 가능성이 없음을 확인한 지경이다.

● 제 1 장   ● 혈연, 가족

14 생모, 계모	傷官食神 疊疊하니 重拜祖母 있게되고 偏正印綬 混雜하면 生母庶母 繼母로다 상관식신 첩첩하니 중배조모 있게되고 편정인수 혼잡하면 생모서모 계모로다

❖ 사주에 상관(傷官), 식신(食神)이 쌓을 정도로 많다 함은 두 분 이상이라는 표현, 두 분 이상 되는 집안이 얼마나 있겠는가? 두 분 정도로 해석하라.
☞ 웃어른이 두 분이니 얼마나 힘들겠는가? 제사도 그렇고 모든 일이 얼마나 힘이 들겠는가?
❖ 인수(印綬)는 어머니 인데 정, 편이니 두 분이라 세 분까지는 보지말자.
 식신(食神), 상관(傷官)이 할머니라 큰 할머니, 작은 할머니 두 분이라 절을 해도 두 번 해야 하니 중배조모(重拜祖母)가 된다.
❖ 여성에게 식신 상관이 혼잡(混雜)하면 남의 자식 키우고 두 성에 자식을 낳아야 하니 각성(各姓)받이 자식이라 결혼(結婚)도 어려워진다.
❖ 설사 결혼해도 식상관이 많아 남의 자식 키우는 팔자라, 12)재취(再娶)로 가게 된다. 재취가 아니면 나이 차가 많은 신랑에게 시집간다.

❖ (식상관이 많은 사주의 예)―여성- 묘(卯)월의 계(癸)수 일간(日干)이다.

辛	癸	乙	癸
酉	未	卯	未

지지(地支)의 목(木)이 완전 삼합은 아니지만 힘을 발휘한다.

⬆ 이 사주는 식상관이 많은데 묘미(卯未) 합을 이루고, 천간에 을(乙)목이 떠 있다. 식신격(食神格)이다. 식신(食神)도 너무 많으면 상관(傷官) 기능을 한다.

☞ 시주(時柱)의 천간(天干)인 신(辛)금과 월주(月柱)천간의 을(乙)목이 을(乙) 신(辛)➡ 충(沖)이고, 지지에서 또한 유(酉)금과 묘(卯)목이➡상충(相沖) 이다. 전체적으로 음팔통(陰八通) 사주다.

---
12) 재혼(再婚)도 재취(再娶)다.

● 제 1 장   ● 혈연, 가족

❖ 사(巳)월의 무(戊)토 일간(日干)이다.

庚	戊	辛	庚
申	申	巳	申

천간(天干)에 식(食),상관(傷官)이 지나치다.

⬆ 무(戊)토 일간(日干)에 식신, 상관이 매우 많은 드문 사주다. 대학교 졸업 후 현재 디자인 계통에 종사. 지지를 살피면 답이 나온다.

❖ 남성(男性)으로 본다면 상관(傷官)이 많으니 관(官)을 극(剋)하므로 취직은 적성(適性)에 맞지 않고 곤란하거나 애로사항이 생기고 또한 자손궁을 치니 자손에게도 문제 생긴다. 일찍 기술직 자영업이나, 활동적 직업으로 유도 권하는 것도 상담 요령이다.

❖ (선천적인 인수의 예)-남성

壬	壬	丙	辛
寅	申	申	酉

신(申)월의 임(壬)수 일간(日干)이다. 인수(印綬)가 지나치게 많다. 득(得)일까? 지지(地支)➡ 인신(寅申)충을 보아야 한다.

⬆ 임신(壬申)일주에 인수가 많은 사주다. 여기서 주의 할 것은 선천적 인수인가? 변화에 의해 인수로 된 것 인가? 확인되어야 한다.

● 변화로 된 인수는 운(運)에 따라 항상 변화 될 조짐이 항상 있다. 인수(印綬)가 많으니 어머니가 두 분이요, 많으니 어머니 인덕이 없다.

❖ 13)**모다멸자(母多滅子)원리**에 의하여 치마폭에 쌓여 내 뜻을 펼치기가 힘들구나. 일찍 분가(分家)시키는 것이 자식을 위하는 것. 이리 분가(分家)라는 표현이 꼭 집과 연결만이 아니다, 세상사는 법을 가르쳐주라.

❖ 너무나 순진하고, 착해서 다 나의 마음 같으려니 하고 매사를 처리하다 보면 항상 당하는 입장에 봉착하니 실수가 없도록 하라.

❖ 타협 또한 중요하다, 때로는 적과의 동침도 필요하다. 세상 돌아가는 흐름을 파악하도록 가르쳐라. 적극적이고 원만한 대인관계가 필요.

---

13) 어머니가 많으니 진짜 어머니는? 누구 말을 들어야 할 것인가?

◎ 제 1 장　　　　　　　　　　　　　　　　◎ 혈연, 가족

❖ (실전사주의 예)-진(辰)토는 월지와 합, 재(財)로 변화.

乙	戊	丙	甲
卯	戌	子	辰

자(子)월의 무(戊)토 일간(日干)이다.

⬆ 일지(日支)의 술(戌)토는 시지(時支)의 묘(卯)화 합(合)이 되어 화(火)로 변화 비견(比肩)이 각각 재(財)와 인수(印綬)로 변화(變化)한 경우. 지지(地支)에서 수화상전(水火相戰)으로 둘로 나누어져 버리고 말았다.

❖ 실전사주의 예 - 지지(地支)에 목국(木局)이나타난다.

癸	丁	乙	辛
卯	巳	未	亥

미(未)월의 정(丁)화 일간이다.

⬆ 인수국(印綬局)이 형성이 되어 있는 경우다.
☞ 인성(印星)이 국(局)을 형성하고 재성(財星)이 충(沖)을 당한다.
☞ 인성(印星)이 지나치게 강(強)하니 재성(財星)이 맥을 못 추는 형상이다.
☞ 인수국을 형성하니 학업에는 일가견을 이루는 것이다. 무조건적인 것은 아니지만 관(官)이 인성(印星)과 합하여 인수국(印綬局)을 형성하니 작품을 이루는 것이다. 대학을 수석으로 졸업한 사람이다. 호사다마(好事多魔)다.
☞ 첫 결혼(結婚)을 실패, 재혼(再婚)을 앞둔 사람이다.
　인성(印星)의 해석(解釋)을 다른 면으로 한 번 살펴본 것.

☯ 법(法) 없이도 산다는 사람은 인성(仁性,인성(印星))이 지나치게 강한 것이다. 바보처럼 인생(人生)을 사는 것인지? 세상이 험한 것인지? 사람이란? 어질기만 하면 세파를 헤쳐 나가기 어렵다. 어질면 현명(賢明)해야 한다. 그래야 멍청이 소리를 안 듣는다. 그렇다면 그것으로 족한가? 아니다. 그 다음에는 강해야 산다. 휘청거리면, 흔들리면, 약하면? 쓰러진다. 진정으로 자리를 잡으려면 다스림이 필요하다. 자기의 본분(本分)을 지키고 세상(世上)을 견디는 것이다.

◐ 제 1 장　　　　　　　　　　　　　　　　　　　　　　◐ 혈연, 가족

15	傷官星이	逢白虎는	祖母産亡	있게되고
	印綬星이	白虎殺은	母親産亡	血光死라.
백호살(白虎殺)	편관성이	봉백호는	조모산망	있게되고
	인수성이	백호살은	모친산망	혈광사라.

❶ 상관-할머니-백호살-애기 낳다 사망(死亡).
❷ 인수-어머니-백호살-애기 낳다 사망(死亡)

❖ 옛날이야기다. 백호(白狐)살이라 무조건 산망(産亡)이라 조금 이해가 어렵다. 예전의 환경에서는 크게 외출할 일이 없었다. 출산(出産)의 안전 비중이 컸다는 말이다. 의료시설의 미비다. 예전에는 사고시 응급조치, 의료시설 부족으로 인해 많은 인명피해를 보았다.

❖ **혈광사(血洸死)** ➡ 횡액(橫厄), 교통사고, 수술(手術) 중 사망, 백혈병(白血病), 유행성 출혈열 등 대체적으로 피를 흘리면서 죽거나, 피 부족 등 횡액을 일컫는다. 과다(過多)출혈(出血)사고가 주원인이다.
❖ 상관(傷官), 인수(印綬)가 백호(白虎)라 하여도 상관성, 인수성 자체가 워낙 강(强)하면 비켜간다. 그러나 사주에서 그자체가 워낙 약(弱)하면 피해 가기가 힘들다. 운(運)에서 또다시 들이치면 가능성은 더 높아진다.

❖ 성정(性情)으로 살펴보는 백호살(白虎殺).

❖ 신체적인 부위를 본다하여도 분출하는 기관 즉 대장(大腸), 직장(直腸), 맹장(盲腸) 등, 아기의 유산(遺産), 낙태(落胎), 식중독(食中毒), 토설(吐說) 분야, 돌출, 외과(外科)계통의 타박상(打撲傷), 및 화상(火傷), 통증(痛症)이 심한 증상으로 나타나고, 상처(傷處)가 남아도, 후유증(後遺症)이 생겨도 장기간 평생토록 남는 경우로 이어진다.
❖ 백호대살(白虎大殺)은 이와 같은 성향(性向)을 그대로 나타내는 흉살(凶殺)이다. 좋은 쪽으로 감해진다 해도, 결국 그 근본(根本) 성향(性向)은 어쩔 수 없다. 터프한 것이다.

◐ 제 1 장   ◐ 혈연, 가족

❖ 백호살(白虎殺)이란 무엇인가?
백호살에 대한 세부적인 내용은 따로 취급할 때 설명하기로 하고, 우선 그 종류에 대하여 알아보자.

1	2	3	4	5	6	7
甲	乙	丙	丁	戊	壬	癸
辰	未	戌	丑	辰	戌	丑

🔼 위의 공통적인 사항은 지지(地支)가 진술축미(辰戌丑未) 로 구성되어 있다는 것이다. 庫藏(고장)이라서 무덤이요, 무덤은 죽는 것이니 그에 해당하는 육친(六親)에 해로운 일이 생긴다.

❖ 백호살(白虎殺)의 쉬운 암기 방법
❖ 우선 천간의 순서를 정하여 백호살(白虎殺) 7개를 나열한다.
    갑(甲), 을(乙), 병(丙), 정(丁), 무(戊), 임(壬), 계(癸)-➡7종류
❖ 을(乙)만 지지가 미(未)이고 나머지는 辰, 戌, 丑 을 반복한다.
❖ 상관이 백호--할머니, 관성이 백호--여성에는 남편, 남성에게 자식이다
❖ 재성(財星)이 백호➡자식에는 아버지, 남편에게는 아내로 추명(推命)한다.

❖ 인수가 강하니 걱정 없다

○	己	○	丙
○	○	午	戌

기(己)토 어머니가 병(丙)화 인데 백호라 해 도 午戌(오술)합화 멍석이 깔려있어 날아간다.

❖ 월지(月支)가 유(酉)일 경우로 살펴보자.

○	己	○	丙
○	○	酉	戌

酉,戌(유술)금국이 되어 병화 인성이 언제 불이 꺼질지 모르는 상황이다.

🔼 사람도 생긴 것이 비슷해도 성격이 판이한 경우가 대다수다. 무엇인가 다르기 때문이다. 사주원국에서 하나만 달라져도 그 변화는 전체에 미친다. 항시 변화(變化)를 잘 살펴야 하는 이유다.

● 제 1 장 　　　　　　　　　　　　　　　　● 혈연, 가족

| **16**
인수(印綬)-형(刑) | 印綬星이　逢刑하면　其母不具　呻吟이요
그런일이　없게되면　일찍母親　凶死한다
인수성이　봉형하면　기모불구　신음이요
그런일이　없게되면　일찍모친　흉사한다. |

❶ 봉형(逢刑)이라 함은 형살(刑殺)을 만나거나, 갖추고 있음을 말한다.
　보통 삼형살(三刑殺)로 연결한다.

❖ 삼형살(三刑殺)➡ 1. 丑 ,戌, 未(축, 술, 미)---지세지형
　　　　　　　　　 2. 寅, 巳, 申(인, 사, 신)---무은지형
　　　　　　　　　 3. 子,卯(자묘)-------상형살
　　　　　　　　　 4. 辰辰, 午午, 酉酉, 亥亥, 辰午酉亥(진,오,유,해)-자형살

❖ (실전사주의 예)-코에서 피가 자주 흐르고 멈추지 아니하는 병(病)이다.

庚	丙	丙	乙
寅	申	戌	巳

　　　　　　　　술월(戌月)에 병(丙)화 일간(日干)이다.
　　　　　　　　지지(地支)가 순탄치 않다.

⬆ 인수(印綬)성이 형살(刑殺)로 인하여 항상 곤곤하시고 병원을 친척집 들르 듯 하신 지 오래다. 인신(寅申) 충(沖)에, 사술(巳戌) 귀문(鬼門)관이 되어 금기(金氣)가 목화(木火)에 맥을 못 추니 이러한 증상이 나타난다.

ㅁ. **자형살(自刑殺)**
진, 오, 유, 해(辰, 午, 酉, 亥)를 보는데 스스로 형(刑)한다 하여 붙여진 형살(刑殺)이다. 같은 것이 둘이 되어 나타나는 형살(刑殺)이다.

☞ 아무도 형(刑)하는 존재(存在)가 없는데, 감히 어디서 누가 나를 건드려! 하는 식이다. 그런데 나와 같은 존재가 나타났으니 하나는 없어져야 당연하다는 결론이다. 무법자는 한명이면 족하다.

☞ 한없는 투쟁으로 이어진다. 사주 원국에 나타나면 평생 가는 것이요, 운(運)에서 나타난다면, 지나가고 나면 그만이다.

자형살(自形殺)

이 자형살(自刑殺)의 경우는 적중률이 매우 높다. 특히 일(日)과, 시(時)에 있는 경우 어려서부터 평생(平生)가는 경우가 많다.
☞ 인성교육이 중요하다. 환경도 희한하게 이런 작용을 하게끔 조성되니 그것 참 알 수 없는 조화(造化)다.
◐ 우리가 사용하는 언어가운데 결점(缺點)이나, 하자(瑕疵)가 없을 경우 별 무리가 없다는 말을 한다. 여기에서 "별무리"는 것은 무리(無理)즉 논리(論理)가 없다. 말 할 건더기가 없다. 라는 뜻이 포함된다.
☞ 여기서 우리는 자형살(自刑殺)에 대한 의미로 한 번 살펴보자. 별무리가 아니라 별물(別物)이 없다. 즉 "특별한 물건이 없다." "염두에 둘 물상(物象)이 없다. 라는 의미다.
◐ 충(沖)은 되어도 형(刑)은 성립이 안 된다. 혼자서 발광(發狂)하는 것이다. 나타나는 작용도 이에 준(準)한다. 주전자의 물이 끓어오르면 뚜껑을 밀어 젖히는 것과 같다. 누가, 즉 건드리는 물상(物象)이 없으니 아이들처럼 심심하여 견디지 못하여 짜증스러워 스스로 한심스러운 행동을 한다.

❖ (실전사주의 예)-여성➡진진(辰辰) 자형살(自刑殺) 작용이다.

丙	戊	癸	丙
辰	辰	巳	寅

사(巳)월의 무(戊)토 일간(日干)이다.
일(日), 시(時)에 진(辰)진(辰) 자형살이다.

⬆ 대학을 졸업 하였는데도, 아직 자신과 싸움하는 여성이다. 무용을 전공하여 학원의 강사도 하였는데, 자신의 성정을 다스리지 못하여 여러모로 어려움을 겪고 있는 사람이다. 진(辰)은 수의 묘(墓)인데 중복이 되니 늪지대라고 한다. 아무것도 양육(養育)을 할 수 없다. 설사 나무가 그 가운데서 자라 꽃을 피운다 해도 외롭고, 쓸모없는 나무다. 주왕지의 고독한 나무다.

✌ 수신제가(修身齊家)에서 보통 가정(家庭)만을 생각한다. 그보다 먼저 할 일은 수신(修身)이다. 제가(齊家)는 나중이다. 수신(修身)에서 마음과 행실도 중요하지만 건강(健康) 또한 무시해서는 안 된다.

● 제 1 장　　　　　　　　　　　　　　　　　　　　　● 혈연, 가족

| **17**
도화살 | 正偏財가
月逢挑花
정편재가
월봉도화 | 日月相合
亡身殺은
일월상합
망신살은 | 生秦事楚
後妻所生
생진사초
후처소생 | 못면하면
그아닌가
못면하면
그아닌가 |

❖ **재성(財星)**──정재(正財), 편재(偏財)합해서 정편재(正偏財)라 한다.
● **정재**--올바르고 정당하고 하늘을 우러러 한 점 부끄러움이 없는 정당한 소유로 복(福)을 누리고 처신할 수 있다.
● **편재**--일확천금이요 노력 없이 얻어지는 재물이요 편법으로 형성되는 부적절한 관계의 산물로 남성에게는 처(妻)와 재물(財物)

❖ **생진사초(生秦事楚)**──진(秦)나라에서 태어나 초(楚)나라에서 일하는 것으로 낳기는 동(東)에서 낳고 실지로 몸담고 일하며 사는 곳은 엉뚱한 서(西)쪽이란 뜻. 동가숙(東家宿) 서가식(西家食) 하는 뜻도 내포되어 있다. 이집 저집 다니면서 남의 집 밥 먹어 본다,

❖ 재성(財星)은 음식이요 먹는 것이요 나의 생활환경도 된다. 재성이 많으면 사람이 깔끔하지 못하고 대체적으로 털털하다. 이 것 저것 많이 접하므로 보면 욕심이 생겨 자꾸 손을 대고 시작한다. 결과는 신통치 않다.

❖ 재성(財星)이 많으니 음식을 많이 접하게 되는데 팔도음식 다 먹어 본다는 말이다 자라면서 두루 섭렵 한다는 뜻이니, 남의 집 밥 먹고 그러다보니 느는 것은 눈치요 요령에 거짓말이 앞서고 속 썩이는 행동 자주하고 순간, 순간 모면하기 바쁘다. 임기응변에는 타의 추종을 불허한다. 역마살이 사주에 있는 듯 여러 곳을 두루 섭렵한다.. 헛소리, 큰소리, 거짓말, 엉뚱한 소리, 항상 구설로 인한 화(禍)를 자초(自招)한다.

❖ **도화살(桃花殺)이란?**
함지살, 패신살, 목욕궁 이라고도 하며 십이신살 에서의 년살(年殺)에 해당. 일차적으로는 풍류 주색잡기 등을 생각하게 되는데, 나체지상이라 망신이다.

좋은 면으로는 사교성풍부 애교만점 등으로 보고 나쁜 면으로는 도박, 패가망신, 성격파탄 등으로 본다.

❖ **월봉도화** – 월지(月支)에 도화(桃花)가 있을 경우.

 월령도화(月令桃花),월지도화(月支桃花),원내도화(園內桃花)라고도 한다. 남자는 유부녀, 여자는 유부남과 통간(通姦) 유부남, 유부녀로 연결이 이어지는데 부적절한 이성(異性)관계를 나타낸다. 요사이는 혼인빙자 간음, 간통죄 자체가 많은 변화가 있으니 유념하여 설명(說明)해야 한다. 월주(月柱)에 도화라 함은 월령도화라 하는데, 월주(月柱)는 부모의 자리라 어머니가 재취(再娶)-(예전에는 첩의 자리도 많았으나 지금은 주로 재혼(再婚)으로 본다.)

❖ **도화**(桃花)**의 공통분모는** 子, 午 ,卯, 酉**(자, 오, 묘, 유)**

 지살(地殺)다음이 도화이고, 집 나오니 자연히 부지런히 움직이어야 하고 신기한 것도 많고, 호기심이 자연 발동하기도 하여 충동(衝動)심을 억제하지 못하고, 그러다보니 바람도 나고 총각이 유부녀인 줄도 모르고 따라가다 망신도 당하고 .사기도 당하고---

❖ **도화**(桃花)**는 삼합**(三合)**의 가운데 자로서 중심**(中心)**에 위치한다.**

☞ 고로 자기가 가운데 있으니 항상 대장인 줄 알고 착각한다. 도화의 앞 자는 망신살이다. 亥,子,丑(해,자,축)에서 子(자)가 도화(桃花)라 폼 잡고 있는데, 앞자리에 亥(해)가 있는지라 음(陰)보다 양(陽)이 앞서니 자연 고개가 숙여지니 망신(亡身)이다. 고로 도화에 망신(亡身)살이구나.

☞ 자기가 최고인줄 알았는데 나보다 더 나은 놈이 있구나. 후처소생이라 함은 서출(庶出)을 말한다. 지금은 서출(庶出)이라 안보고 이복형제(異腹兄弟)로 본다. 지금은 예전과 달리 재혼(再婚)을 많이 해 그사이에서 태어나는 늦둥이들이 많다. 부모들이 죄를 사하는 자책감에 유난히 더 귀여워한다.

❃ 제 1 장　　　　　　　　　　　　　　　　　　❃ 혈연, 가족

❖ (학습 사주의 예)-오(午)월의 갑(甲)목 일간(日干)이다.

O	甲	甲	丙
O	子	午	申

도화(桃花)가 충(沖)이다. 현재 동성연애 동거중인데 일과 월의 관계를 잘 살펴보자.

❖ (실전사주의 예)-여성-재성(財星)과 도화(桃花)를 살핀다.

辛	丙	戊	壬
卯	午	申	寅

딸 자손 한 명을 두고 가정에 충실하면서 밖에서 이성문제로 신경 쓰는 사주다.

● 제 1 장   ● 혈연, 가족

18	生月財星	놓게되면	그부친이	頑固하고
	正印星이	作合하니	母外有情	再家하네
모외유정	생월재성	놓게되면	그부친이	완고하고
	정인성이	작합하니	모외유정	재가하네

❖ 생월(生月)이란 월주(月柱)로 부모의 자리인데 제자리에 있으니 단단하여 고집이 세고 성질이 깐깐하여 개성(個性)도 또한 강하다.

❖ 정인(正印)성이 작합이라 함은 재성(財星)과 인성(印星)의 합작이라 아버지와 어머니가 합쳐 가정을 이룸이라 어머니가 연애결혼으로 아버님을 만났거나 풍류가 심하다는 이야기고, 남편을 또 만난다 재혼한다는 이야기다. 복잡한 이성간의 교제, 또는 많은 사람을 접하는 직책이거나 업에 종사를 하거나, 연관된 업종을 운영하게 된다.

❖ (학습 사주의 예)-음란지합(淫亂之合)이니 어머니가 혼자는 못 산다.

○	戊	壬	甲
○	午	申	申

신(申)월의 무(戊)토 일간(日干)이다.
어머니는 어디에 계시는가?
많다는 것은 기운이 강함이다.

⬆ 午(오)중의 丁(정)화가 정인으로 어머니. 월간의 壬(임)수와 정임 합이다. 월지(月支), 년지(年支)의 신(申), 신(申)중의 壬(임)과도 합이다. 가만히 있어도 자꾸만 다가오니 나도 모르게 합(合)이 이루어진다.

❖ (실전사주의 예)-여성-남편(男便)이 있는 여자 분인데--요즈음이야--

癸	癸	戊	戊
亥	酉	午	申

오(午)월의 계(癸)수 일간(日干)이다.
합(合)이 많으니 분주(奔走)하다.

⬆ 이성(異性)관계가 복잡하다. 하는 업종(業種)에도 관계가 있겠지만 연하(年下)의 남자가 많이 따른다. 남편과는 나이 차가 조금 있다. 원국에는 월(月)과, 년(年)으로 정관(正官)이 있는데 어찌 설명할 것인가?

● 제 1 장　　　　　　　　　　　　　　　　● 혈연, 가족

19 조부, 조모	偏印星이　作合하니　그대祖父　風流氣요 傷官食神　作合하니　祖母님이　不正했소 편인성이　작합하니　그대조부　풍류기요 상관식신　작합하니　조모님이　부정했소

❖ 조부님의 자리――편인성
❖ 조모님의 자리――상관성, 식신성

　합(合)도 합 나름이다. 윗분에 대한 상담은 조심스러운 것이다. 꼭 필요한 경우 외는 군이 끄집어 낼 필요가 있을까? 조상(祖上) 볼 때 외는 말이다.

❖ 일지(日支)를 기준(基準)으로 하여 볼 경우.
☞ 일지(日支)의 삼합(三合)을 통하여 살펴보는 것이다. 일지(日支)는 본인(本人)과 직접적인 관계가 더 강(强)하다고 볼 수 있다. 년지(年支) 역시 마찬가지지만, 이 경우는 때에 따라서는 그 농도(濃度)가 더 진하게 나타난다.

❖ 년지(年支)에 도화(桃花)가 있을 경우.

● 도삽도화(倒揷桃花)라 하여 여성(女性)으로 본다면, 노랑(老郞)과의 인연(因緣)이요, 남성으로 본다면 연상(年上)의 여인(女人)과 인연(因緣)이다. 연령(年齡)으로 보았을 때 정상적(正常的)인 결합이 아니다. 상식적(常識的) 면에서 벗어난다.

❖ 도삽(倒揷)이란? 거꾸로 꽂는 것이다. 농기구이지만 자기가 사용하는 연장이요, 밥줄을 이어주는 기구다. 일을 거꾸로 처리한다. 이른 나이에 빨리 아는 것 또한 이에 속한다. 나이에 걸맞지 않게 너무 빨리 기능이나, 처신, 능력이 출중하여도 결코 바람직한 것이 아니다. 주변에서 천재(天才)니, 달인(達人)이니, 영재(英才)니 하는 것은 다 기준(基準)의 잣대가 그렇다는 것이다. 실질적으로 본인에게는 너무 많은 희생(犧牲)이 강요된다.
그로인한 인간적(人間的)인 면이나, 자신에게 안겨지는 부담감(負擔感)등은 이루 형언(形言)하기 힘들 것이다.

◎ 제 1 장   ◎ 혈연, 가족

◎ 년(年)은 조부모(祖父母)의 자리라, 그 분들의 풍류(風流)로 볼 수 있지만, 논하기 어려운 부문이다. 나이로 본다면 초년(初年)의 자리인데, 초년에 무슨 바람이 나겠는가? 윗분들의 행적(行績)으로 인한 영향이다. 업보(業報)다. 주로 이장(移葬)하거나, 묘(墓)자리를 잘 못써서 탈이 날 경우, 년(年)을 많이 본다.

❋ (실전사주의 예)-여성-사주 자체가 합(合)과, 충(沖)으로 얼룩진다.

壬	丁	甲	庚
寅	亥	申	子

신(申)월, 정(丁)화 일간(日干)이다.
년지(年支) 해(亥)수가 도화(桃花)다.

🔼 일지(日支)기준 년지(年支)가 도화(桃花)이다. 년(年) 도화(桃花)가 있고 관(官)이다. 도삽도화(倒揷桃花)이다. 삶이 다사다난(多事多難)하다.

☞ 관(官)이 지나치게 많으니 이 또한 거역(拒逆)하기 힘들다. 누가 그랬던가? 인생(人生)은 나그네 길이라고 말이다.

☞ 만나고, 헤어짐이 지나치지 않아야 중용(中庸)의 길을 간다. 어차피 잘못된 만남에서 벗어나려고 하는 것이 인간의 심사(心事)다. 그러나 그 흔적(痕迹)은 어찌 할 것인가?

❦ 금전만능으로 얼룩져가는 세상이다. 물론 경제력이 있어야 버틴다. 점점 사라져가는 근본적인 심성의 아름다움이 그립다. 잘 살 것 같아도 그리 편치 않은 것은 무엇 때문일까? 배부른 돼지를 원하는 많은 사람들--------

● 제 1 장   ● 혈연, 가족

| 20 재혼(再婚) | 印臨絶地
財印身合
인임절지
재인신합 | 衰病死는
되는명은
쇠병사는
되는명은 | 母親殘疾
母家再娶
모친잔질
모가재취 | 있게되고
再婚이라.
있게되고
재혼이라 |

❖ 인수(印綬)가 쇠(衰), 병(病), 사(死), 절(絶)➡그의 어머니가 항상 잔병치레로 고생한다. 어머니가 항상 가시방석에 앉아 계시니 어찌 편안하시겠는가?
❖ 아버지는 어디에 계실까?

O	甲	癸	O
O	O	巳	O

사(巳)화월에 갑(甲)목 일간(日干)이다.
계(癸)수가 인성(印星)인데 어머니다.

⬆ 갑(甲)목의 모친이 癸(계)수인데 巳(사)화가 지지(地支)에 자리하면 인수인 계(癸)수가 힘을 못 쓴다. 밑에서는 불길이 올라오고, 옆에서는 나도 덥다며 물이 부족하다면서 자꾸 퍼간다. 약해진다. 밑에서는 병 주고 약 준다. 환장한다. 14)지장간이 무(戊),경(庚),병(丙)-계(癸)수 입장에서 살펴본다.

❖ 재(財)----아버지 ──┐ 일지(日支)로 합(合)이되어 들어오면
  인(印)----어머니 └➡ 어머니가 재취로 시집왔거나 재혼이다.

✳ (실전사주의 예)-월지(月支) 오(午)가 도화(桃花)다.

丁	庚	壬	乙
丑	申	午	巳

오(午)월, 경(庚)금 일간(日干)이다.

⬆ 정관격(正官格)의 사주(四柱)인데, 관(官)의 기운(氣運)이 강하다.
 일지(日支)에 록(祿)을 놓고 있으니, 일간(日干)도 지지 않으려고 요지부동(搖之不動) 자세를 취한다. 월지(月支)의 정관(正官)➡도화(桃花)다. 시상(時上)에 정관(正官)이 있고, 년지(年支)에 편관(偏官)이 있으니 정, 편관이 혼잡(混雜)한 것은 사실이다. 41세부터 대운이 북방(北方)으로 흐르니, 관(官)의 기운을 잠재우는 것은 좋은데, 지나침이 걱정이다.

---
14) 지지(地支)가 함축(含蓄)하고 있는 천간(天干).

◐ 제 1 장 ◐ 혈연, 가족

21 가문 흥왕

財印二德	帶冠旺生	其母賢淑	하게되어
四時長春	靑靑하니	그家門은	興旺한다.
재인이덕	대관왕생	기모현숙	하게되어
사시장춘	청청하니	그가문은	흥왕한다.

❖ 재(財), 관(官), 인(印)을 삼기(三奇)라고 하는데 이중 하나가 부실하거나, 없으면 이덕(二德) 이라 하는데 갖추어 지면 재(財)와 관(官)➡재생관(財生官)이 되어야 한다.

☞ 관(官)과 인(印)이 갖추어지면➡ 관인상생(官印相生)이 되어야 한다.

❖ 인수(印綬) 이덕(二德) 이란 관(官)이 인수(印綬)를 생하여 관인상생(官印相生)이 되어야 한다.

❖ 기(己)토 일주에 어머니는 병(丙)화다.

| O | 己 | 丙 | O |
| O | O | 寅 | O |

지지에 인(寅)목➡ 관(官)이 있다.

🔼 목생화 그리고 화생토 하여 관인상생(官印相生)이 이루어지고 있는데 인수(印綬) 병(丙)화가 월지(月支) 인(寅)목의 생(生)을 받는다. 인(寅)목은 병(丙)화의 장생(長生)궁이다. 이에 어머니 현숙하시고 똑똑하신 분이시다. 일간인 본인에게 힘이 되어야 제대로 이루어진다.

❖ 어머니인 병(丙)화가 집안을 좌지우지하고 있다.

| O | 己 | 丙 | O |
| O | O | 午 | O |

병(丙)화 어머니가 인수가 없어 현숙(賢)과는 문제가 생긴다.

🔼 어머니가 건강하고 능력도 있다고 보겠으나, 왕 하여 자손에 지나친 간섭이 걱정되고, 가권(家權)이 지나치게 어머니에게 편중이 되지 않을까 염려된다. 기(己)의 아내인 임(壬)수와는 병(丙), 임(壬) 충(沖)이 되어 고부(姑婦) 간에 문제가 염려된다. 사시장춘 청청하다 함은 상록수와 같이 사계절 항상

푸르고 푸르다는 뜻이며 독야청청 하듯 그 자태를 뽐냄이니, 목화통명(木火通明)으로 잘 이루어지듯 그와 같은 경우다. 그 가문이 흥왕 한다. 함은 경주 최 씨 부자 10대(代)를 이어가듯 매사 모든 일을 처리함에 중용(中庸)의 도(道)를 지키니 현명하다는 뜻이고. 어머니의 역할이 새삼 중요함을 강조하여 중요성을 일컫는다.

❖ (실전사주의 예)-편인격(偏印格)으로 사(巳)화가 시달린다.

戊	己	丁	戊
辰	丑	巳	申

사(巳)월의 기(己)토 일간이다.

⬆ 사(巳)화가 형(刑)도 되고, 합(合)도 되고 이리저리 당겨진다.
☞ 여기에서의 핵심(核心)은 무엇이 될까? 인수(印綬)가 살아있다.
☞ 병(病)이 되는 것은 무엇일까? 금(金)이 병(病)이다.

🔖 치마 바람의 광풍이 가정을 흥하게 한다며 열심히 설치고 다닌다. 어떤 경우는 실로 필요할 때도 있다. 부족한 부분을 메운다는 의미에서는 긍정적인 면으로도 볼 수 있다. 바람이란? 아무 때나, 태풍이 되거나, 불난 집에 부채질 하듯 부작용을 보인다면 어찌 할 것인가? 알면서도 그치지 못하는 것 또한 바람이다. 다 남보다 앞서려는 지나친 이기심의 발로다.

● 제 1 장   ● 혈연, 가족

| 22 정재 암합 | 正偏財가 正財星이 정편재가 정재성이 | 混雜하니 暗合하면 혼잡하니 암합하면 | 異腹고모 그姑母가 이복고모 그고모가 | 叔伯있고 바람났소 숙백있고 바람났소 |

❖ 남명(男命)의 경우 재성(財星)은 아버지가 되는데 정재(正財), 편재(偏財)가 혼잡(混雜)하다는 아버지의 형제, 자매가 많다 함이요, 자연 배다른 형제가 있을 수 있고 육친(六親) 면으로 볼 때는 부친, 백부, 숙부, 고모, 처첩, 애인, 처남, 처제, 시모, 시가 등으로 해석 된다.

☞ 지금의 설명은 정재(正財)에 대한 설명인데 정재(正財)는 아내도 되고, 고모가 된다. 정재(正財)가 암합(暗合)을 하니 고모(姑母)가 바람난다.

☞ 내가 처덕(妻德)이 있나 없나 는 고모(姑母)를 보면 안다. 고모가 잘살고 있으면 나는 처덕이 있고 가정이 편안하다. 고모(姑母)는 정재(正財)이므로 나의 아내와 해석(解釋)이 같다.

❖ 재성(財星)의 변화 특히 합(合)을 살핀다.

O	甲	戊	己
O	寅	O	亥

일간(日干) 기준으로 재성(財星)을 살핀다.

⬆ 정재(正財)와 편재(偏財)를 보고 판단한다.

  ❖ 甲(갑)목의 아버지 – 戊 – 편재(偏財)
         고모 – 己 – 정재(正財)

● 기(己)토가 년주(年柱)에 있으니 고모(姑母)가 아버지 보다 나이가 위다.
● 형제가 많더라도 위치가 년(年), 월(月), 일(日), 시(時) 순으로 본다.
● 고모 기(己)토의 입장에서 보면 일간(日干)의 갑(甲)목은 고모부와 동격이다. 연애(戀愛)를 하는데 월간(月干)의 무(戊)토 – (동생)의 도움이 있어야 성사(成事)가 되고 년지 해(亥)중의 갑(甲)목, 또 일지(日支) 인(寅)중 갑(甲)목이 또 있어 바람기가 만만치 않다.
● 기(己)토의 입장에서 보면 정관(正官)인 갑(甲)목이 사방에 있으니 합(合)이 너무 빈번하다. 무엇을 의미할까? 헤프다, 정조관념이 부족하다, 고로

◉ 제 1 장   ◉ 혈연, 가족

바람기가 잘 날이 없다. 흔들리다보면 날려간다.

❖ (실전사주의 예)- 지지에 인성(印星)의 기운이 강하다.

乙	戊	甲	戊
卯	戌	申	午

신(申)월의 무(戊)토 일간이다.
변화(變化)가 더 어렵게 한다.

⬆ 편재(偏財)가 암합(暗合)하는 경우다. 무(戊)토 일간에 정재(正財)는 보이지가 않는다. 신(申)중 임(壬)수가 편재(偏財)인데, 여기서는 정재(正財)로 본다. ☞ 술(戌)중 정(丁)화와 암합(暗合)하여 들어온다.

❖ 무엇을 파악하는가?

◉ 편재(偏財)로 하여 추명을 한다면 어떨까?
   편재는 나의 아버지이다. 정화는 아버지에게는 처(妻)가 되는데 무(戊)토(土)일간에게 오(午)중 정(丁)화가 있다.

◉ 년과 일에 정(丁)화가 있으니 가운데에 있는 임(壬)수 아버지는 양팔에 꽃을 들고 있는 형상이다. 년(年)의 정(丁)화는 일찍 연(緣)이 끝난다.

☞ 새로운 연을 찾아 맞이한 것이 일지(日支)의 정(丁)화다.

◉ 자손인 일간(日干)에게는 목(木)으로 변해 안방을 차지하니 부담만 가중된다.

◉ 한편으로는 지지(地支) 전(全)에서 묘술(卯戌) 합화(合化)하여 화(火)로 변하니 전화위복(轉禍爲福)도 가능하다.

제 1 장   혈연, 가족

23	正財星이	白虎殺은	姑母叔父	血光死요
백호살-정재	偏財星이	白虎殺은	그父親이	血光死요
	정재성이	백호살은	고모숙부	혈광사요
	편재성이	백호살은	그부친이	혈광사요

❖ 정재(正財)가 백호살(白虎殺)에 있고 육친(六親)으로 보면 고모(姑母), 숙부(叔父)로도 연결이 되는데 나쁘게 연결하면 흉사(凶死)다. 편재(偏財)란 나와 같은 性(성)이므로 남자(男子)로 아버지라 부친(父親)의 흉사(凶死)다.

❖ 천간(天干)의 합(合)은 어떻게?

O	壬	丁	O
O	子	丑	O

축(丑)월의 임(壬)수 일간. 지지합도 본다.

⬆ 백호살(白虎殺)은? 정(丁)인 정재가 백호대살이 되어있고, 지지에서 자축(子丑)수국으로 정(丁)화를 꺼버리고 있다.

❖ 계축(癸丑), 정축(丁丑) 모두 백호(白虎)다.

O	癸	丁	O
O	丑	丑	O

축(丑)월의 계(癸)수 일간(日干)이다.

⬆ 계(癸)수의 아버지는 정(丁)화인데 너무나 나쁘게 연결이 되어있다. 천간(天干)으로는 정(丁), 계(癸) 충(沖)이요, 인수(印綬)요, 백호(白虎)다

❖(실전사주의 예)-언제인가? 흉사(凶死)가 중요하다. 인생이다. 시기다.

戊	甲	甲	壬
辰	戌	午	戌

오(午)월의 갑(甲)목 일간(日干)이다.

⬆ 지지의 합과 충은 어찌 볼 것인가? 갑(甲)목 일주에 재성(財星)이 백호대살(白虎大殺)에 임하고, 충(沖)이 되어 횡사(橫死)한 사주다.

● 제 1 장　　　　　　　　　　　　　　　　　　　　　● 혈연, 가족

| 24 백호살-편재 | 偏財星이
地殺驛馬
편재성이
지살역마 | 逢刑財殺
加臨하면
봉형재살
가임하면 | 그父親이
拉致監禁
그부친이
납치감금 | 橫厄인데
父親이라
횡액인데
부친이라 |

❖ 편재(偏財)성 ➡ 아버지. 봉형재살은 ➡ 삼형살이나, 재살(災殺)을 만남이다.
☞ 재살(災殺)은 일명 수옥살(囚獄殺)이라 하는데 옥살이 하는 살(殺)인데 관재(官災), 송사(訟事), 구금(拘禁), 납치(拉致), 망명(亡命), 에도 해당된다.
☞ 역마, 지살이 가중된다면 흉사로 이어지는데 요즈음 시대로 보면 신용불량, 선거법위반, 부도로 인한 도피, 잠적 또는 해외도피 등으로 해석이 가능.

❖ (학습 사주의 예)지지(地支)의 삼형살(三刑殺)이 이채롭다.

O	甲	O	O
O	寅	巳	申

사(巳)월의 갑(甲)목 일간(日干)이다.

🔼 월지의 巳(사)중 무(戊)토가 부친(父親)이다. 인, 사, 신 삼형살에 역마(驛馬), 지살(地殺)이 가임되고 암장이라서 약한 편인데---원국에 보이면 기(氣)가 강하다. 연락두절, 행방불명, 실종(失踪) 등으로 해석도 가능하다.

✻ (실전사주의 예)-여성(女性)일 경우는 어찌될 것인가?

壬	丁	壬	庚
寅	卯	午	戌

오(午)월의 정(丁)화 일간이다.
목(木)이 비겁(比劫)으로 화(化)한다.

🔼 어머니가 실종되어 2000년 7월 실종신고 한 사주다. 요즈음에는 소리 소문 없이 연락두절로 인해 자의든, 타의든 사람들 마음 조이는 경우가 많다. 나무가 불타버린다. 이런 경우도 있다.
☞ 묘(卯)목은 년지(年支)기준 년살(年殺)이요, 인(寅)중 갑(甲)목은 지살(地殺). 남성(男性)에게는 편재(偏財)➡부친(父親). 어머니일 경우는? 여성에게 편인성이 된다.

● 제 1 장　　　　　　　　　　　　　　　　　● 혈연, 가족

25 와석종명	甲辰日과　乙未日生　基父親이　世上뜰때 自殺橫死　病院死니　臥席終命　못하리라 갑진일과　을미일생　기부친이　세상뜰때 자살횡사　병원사니　와석종명　못하리라

❖ 甲辰(갑진)일의 地支 진(辰)토가 財星이라 또 白虎고 ,을미(乙未)역시지지가 편재(偏財)로 백호(白虎)이니 육친으로➡아버지, 형제, 숙부, 백부도 포함 된다.

❖ 남명(男命)에 있어서 재성(財星)은 처(妻)도 포함이 되는데 아버님이 일찍 돌아가셨으니 처(妻)에 대한 흉사는 없겠지 하고 생각할 수도 있겠지만 운(運)에서도 올 수 있고, 그 변화는 장담 할 수 없다. 왜냐하면 항상 그 요소(要素)는 잠재하여 있는 것이므로 상담 시 항상 확답은 신중을 기하도록.

☯ 꼭 이 일주는 무조건 그렇다는 생각은 하지 말고 전체적 상황을 보라.

▶ 와석종명(臥席終命)이라 함은 자리에 누워 임종을 맞이하는 것인데 그것을 못한다고 하니 불의(不意)의 죽음이니 교통사고, 실종, 실족사고, 익사(溺死)사고 항공사고, 각종재해사고, 천재지변, 객사, 이동 중의 죽음이 아니겠는가?

✳ (실전사주의 예) - 백호살(白虎殺)이 넘쳐난다.

　　　　　　　　　　　　자(子)월, 갑(甲)목 일간(日干)이다.

丙	甲	甲	癸
子	辰	子	巳

⬆ 백호살(白虎殺)이 월(月), 일(日), 시(時)에 있고, 과숙살(寡宿殺), 평두살(平頭殺) 또한 보인다. 양착살(陽錯殺)도 보인다.

⚜ 갑진(甲辰)일주, 을미(乙未) 일주는 각각이 묘(墓)를 갖고 있다.
　갑(甲)목 일간에 부친(父親)은 자연 무(戊)토가 된다. 자진(子辰)수국(水局)하여 물에 휩쓸려간다. 흔적도 없이 사라진다. 또 다른 관점(觀點)은 가정(家庭)문제다. 재혼(再婚)하는 팔자다.

제 1 장　　　　　　　　　　　　　　　　　　　혈연, 가족

26 부모 인연	印綬太旺　偏財弱은　父親얼굴　삭막하고 印綬逢空　梟神殺은　幼失慈母　可憐하다. 인수태왕　편재약은　부친얼굴　삭막하고 인수봉공　효신살은　유실자모　가련하다

❖ 인수(印綬)가 태왕(太旺)하고 편재(偏財)가 약(弱)하다함은 모친(母親)은 왕(旺)하고, 부친(父親)은 약(弱)하다는 뜻이다.
❖ 부친(父親) 얼굴 삭막하다 함은 기억에 아른아른 하거나 뚜렷한 기억이 잘 나지 않는다. 유복자이거나 일찍 여의었을 가능성이 많다. 특히 사주에서 재(財)를 찾아보기 힘들다 함은 아버지와 인연(因緣)이 박(薄)하고, 인수(印綬)가 보이지 않으면 어머니와의 인연이 희박하다.

◉ 사주에 재(財) 없음은 아버지 없을 때 태어나서 아버지 얼굴을 모른다.
◉ 인수가 없는 자는 어려서부터 보면 알 수 있다. 어머니와의 인연이 없으므로 어머니가 없어도 엄마를 덜 찾는다.
◉ 이런 자의 사주를 보면 대체적으로 재(財)가 일지(日支)에 있거나 년, 월에 재고(財庫)를 놓고 있는 경우가 많다. 쉽게 이야기하면 엄마보다 아빠를 어린 시절 보다 더 찾는다.
◉ 어머니 역시 아이에게 별로 정이 없다. 자기가 낳은 자식인데 왜 정이 없겠는가? 아버지만 못하고, 무엇인가가 자식으로 하여금 아버지를 더 찾게 만든다. 이것이 사주요, 팔자인가 보다. 이런 경우 어머니의 사주를 　　보면 관(官)이 왕(旺)한 경우가 많다. 푼수거나, 바람기다.

❖ 온기(溫氣)가 필요하다.

O	辛	O	O
O	未	子	丑

⬆ 일지 미(未)토가 인수인데 조토(操土)가 되어 직접적으로 도움이 될 것 같지가 않으나 재고(財庫)가 되어 나에게 도움이 된다. 사주(四柱) 자체가 금수

◎ 제 1 장   ◎ 혈연, 가족

(金水)가 냉(冷)하니 아버지인 을(乙)목이 맥을 못추고 있으나 뒷바라지를 다하고 있다.
➡ 일지(日支) 미(未)의 지장간-丁, 乙, 己 ➡ 목→화→토 로 이어진다.

◎ 인수(印綬)가 공망(空亡)이거나 일지(日支)에 인수(印綬)를 깔아 효신살이면 어려서 부모 이별하여 연(緣)이 희박하다고 볼 수 있고, 있어도 얼굴 볼 시간이 없음이라 생활고에 시달린다.
◎ 요즘에는 이별의 원인이 잦은 가정불화로 인한 원인이 부모에게 있으니 부모된 자로써 그 책임을 게을리 하지 말아야 한다.

❖ (실전사주의 예)-남성 어려서 아버지와 헤어지고 어머니와 생활하고 있다.

庚	己	戊	辛
午	丑	戌	酉

술(戌)월의 기(己)토 일간(日干)이다.

⬆ 사주에 아버지는 어디에 있을까? 재성(財星)을 찾아야 한다. 드러나는 재성(財星)이 없다. 지장간(地藏干)을 살펴야 한다. 일지(日支)의 축(丑)중 계(癸)수다. 월지(月支)의 무(戊)토와 합화(合化)하여 화(火)로 변한다. 인수(印綬)가 되어 일간(日干)인 기(己)토를 돕는다. 자신(自身)은 사라진다.

👥 인성이 지나치게 왕하고 관성이 미약하면 인성이 관성의 기운을 사정없이 삼킨다. 흡입력이 지나치게 강해 먼지도 안 남긴다. 아무리 소금을 갖다 부어도 "짜다"소리 없다. 재성(財星)은 인성(印星)을 극(剋)한다. 재성이 지나치면 스테미너에 문제가 생긴다. 사주가 신왕하면 좋은데 신약(身弱)할 경우는 재다신약(財多身弱)이지만 관리에 문제가 생겨 엉뚱한 곳에 힘을 쏟다보니 정작 힘쓸 곳에는 힘을 못 쓴다. 신강(身强)은 스스로 강함도 있지만 인성, 식상의 흐름이 있어야 장기적인 균형을 이어간다. 홀로 강하면 편협 된 의식이 강해 재성인 아내를 괴롭히고 불편하게 한다. 끝에는 여보, 안녕! 으로 이어진다.

● 제 1 장　　　　　　　　　　　　　　　　● 혈연, 가족

27　　　　　　부모 원망살	幼失慈母　아니하면　庶母養母　奉養있어 兩家奉祀　하게되니　이것또한　운명일세 유실자모　아니하면　서모양모　봉양있어 양가봉사　하게되니　이것또한　운명일세

❖ 어렸을 때 일찍 부모가 이혼(離婚)을 하게 되면 자녀의 입장에서는 양쪽 중 어느 한 쪽을 따라가게 되는데 자연 서모(庶母), 양모(養母), 또는 양부(養父) 밑에서 자라기 마련이다.

☙ 예전에도 의부(義父), 양부(養父)가 있었지만 서모(庶母), 양모(養母)라는 표현으로 대체하였다.

❖ 인수(印綬)끼리 합(合)이 이루어지면 양쪽 어머니 만나기가 편한데 형, 충, 파, 원진, 귀문관등에 해당하면 자녀가 두 어머니로 인하여 심적으로 고통을 많이 받게 된다. 진학문제에도 자연 어려움이 따른다. 이로 인해 가출 및 문제아가 생기고 사회적으로 물의를 일으키기도 하는데, 부모의 입장에서 이것을 모를 리야 있겠는가, 피치 못할 사정이 있을 것이 아닌가? 극복하는 것은 스스로 깨닫는 것인데 그것이 어디 쉬운 일인가, 옆에서 방법이라도 일러주어야한다. 길이라도 있으면 제시하고, 논하는 그것이 상담사의 역할이다.

❖ **양가봉사(兩家奉祀)**--두 집의 제사를 지내는 것으로 현대에서는 드문 일이지만 지방을 두 개 쓰는 경우다. (두 어머니, 두 아버지)

❖ **(실전사주의 예)-남성-재혼(再婚)한 가정의 큰 아들의 사주다.**

己	甲	乙	戊
巳	子	卯	辰

묘월(卯月)의 갑목(甲木) 일간이다.
새어머니가 가출(家出) 하였다.

🔼 재혼(再婚)을 한 어머니가 또 가출을 하였다. 그것도 금전적인 피해를 남기고 사라진 것이다. 자(子)진(辰) 합 수국(水局)이 있으나 또 자(子),묘(卯) 형살(刑殺)이 있다. 형제(兄弟) 간 의(義)가 약하다. 이름 하여 부모 원망살의 피해자다.

◐ 제 1 장   ◐ 혈연, 가족

| **28**
처가살이 | 財星食神
月逢養生
재성식신
월봉양생 | 同臨合은
태어난몸
동림합은
태어난몸 | 丈母奉養
他家집에
장모봉양
타가집에 | 하게되고
자라본다.
하게되고
자라본다. |

❖ 재성(財星)은 아내요, 식신(食神)은 장모(丈母)라 처(妻)와 장모(丈母)가 합(合)이 되니 같이 살고 시집간 딸이 어머니와 같이 있으니 사위 입장에서는 장모(丈母) 모시고 사는 것이 된다.

❖(학습 사주의 예) - 지지 위치가 바뀌어 들어와도 마찬가지다.

O	戊	O	O
申	子	O	O

무(戊)토 일간이 지지에 처 정재가 있는데 시지에 식신이 일지와 합 되어 들어온다.

❖(학습 사주의 예)

O	戊	O	O
午	申	子	O

무토 일간이 시지에 오(午)화 놓고 있는데 일지, 월지에 있는 장모, 처에 의하여 자연 외곽으로 밀려있는 형상이다.

⬆ 이런 경우는 어머니인 오(午)화를 멀리하고 가까이 있는 처가(妻家)부터 챙기니 어머니를 모시지 않게 된다. 처, 장모가 앞에 있으니 손이 먼저 간다.

⬇ 월에 양궁(養宮),장생(長生)을 놓고 있으면 남의 손에 양육된다. 이것은 포태법으로 보는 방법인데 여기에 해당되는 것은 금(金)일주만 해당.

❖(학습 사주의 예)

O	辛	O	O
O	O	丑	O

O	庚	O	O
O	O	辰	O

◐ 장생의 공통점은 −寅, 申, 巳, 亥(인, 신, 사, 해).

◉ 제 1 장　　　　　　　　　　　　　　　　　　　◉ 혈연, 가족

◉ 양궁(養宮)

이러지도 저러지도 못하고 밖으로의 돌출도 못하는 심적으로 매우 불안한 시기다. 모든 것이 과도기 시기다. 무형적인 상이라 좋다고 볼 수 없다.

◉ 장생(長生)

☞ 시작의 기상으로, 출발이다 매사의욕에 차고 힘이 비축(備蓄)된 시기다.
☞ 어려움이 닥치면 도와주는 이가 나타나 귀인(貴人)이 따르고, 운이 따른다.
☞ 지나친 욕심도 한 번 부려 볼만하다. 쉬지 않고 움직인다.

❖ (실전사주의 예)-인성(印星)이 재성(財星)과 합(合)을 이루고 있다.

甲	辛	辛	丙
午	未	卯	辰

묘(卯)월 신(辛)금 일간(日干)이다.
월지(月支)와 일지(日支)가 합을 형성한다.

⬆ 이 경우 어머니를 모시고 사는 경우다. 처(妻)의 입장에서 본다면 시어머니 모시고 산다.

❷ 월(月)에 양궁(養宮),장생(長生) 놓고 있으면 남의 손에 양육된다.

이것은 포태법(胞胎法)으로 보는 방법인데, 여기에 해당이 되는 것은 금(金)일주만 해당된다,

O	辛	O	O
O	O	丑	O

O	庚	O	O
O	O	辰	O

장생(長生)의 공통점은 ---인신사해(寅申巳亥)이다.

양궁(養宮)

이러지도 저러지도 못하고 밖으로의 과감한 돌출도 이루어지지 못하는 심적으로 매우 불안한 시기(時期)이다. 모든 것이 과도기(過渡期)적인 시기다. 무형적(無形的)인 상이라 좋다 볼 수 없다.

장생(長生)

시작(始作)의 기상(氣象)으로, 출발(出發)이다 매사 의욕(意慾)에 차고 힘이 비축된 시기다.

어려움이 닥치면 도와주는 이가 나타나는 귀인(貴人)이 따르고, 운(運)이 따른다. 지나친 욕심도 한 번 부려 볼만하다. 쉬지 않고 움직인다.

◎ 제 1 장   ◎ 혈연, 가족

29 고아(孤兒)	四柱中에 다財者는 早年剋親 하게되고 財星臨絶 比劫多는 遺腹童이 신세로다. 사주중에 다재자는 조년극친 하게되고 재성임절 비겁다는 유복동이 신세로다.

❖ 재(財)가 많음은 다자무자(多子無子)의 원리(原理)로 보면 없는 것과 같으나, 연(連)이 박(薄)함이요 재가 많음으로 자연 사주가 신약(身弱)하게 되고, 인수(印綬) 또한 자연히 약(弱)해진다. 그러므로 양쪽 다 부실해진다. 심하면 부모와 이별하거나, 일찍 부모를 여의게 된다. 조실부모(早失父母)다.

❖ 재성(財星)이 절지(絶地)에 있으니 힘을 못 쓰고 제 역할하기도 힘든데 거기에다 비견(比肩), 비겁(比劫)이 많으니 먹고 살기도 힘든데, 부양할 가족이 많으니 완전 흥부네 구나. 아이 나오기도 전에 아비가 세상을 먼저 뜨니 그가 유복동이구나. 그러니 남의 신세, 도움도 받고 살아야 한다.

◎ 유복동(有腹童)--태어나기 전에 아버지를 여윈 자식(아이)을 말한다.

❖ 기본예제-직장도 하는 일도 시원치가 않다.

O	辛	O	甲
O	酉	申	申

신(辛)금 일주에 갑(甲)목이 아버지인데 지지에 신(辛)금있으니 아이구 죽겠네 인데

⬆ 일(日), 월(月), 년(年)의 지지(地支)가 똘똘 뭉쳐 전부가 쇳덩어리 뿐 아버지의 입장에서 보면 온통 관(官)으로 덮혀 있으니 매사 꼬이기만 한다.

☙ 아버지가 조상의 자리에 있으니 나이도 많고 일찍감치 제사 밥이나 얻어 잡수시겠다고 세상을 하직하신다. 한 그루의 나무를 사방에서 사정없이 도끼로 난도질을 하니 그 나무가 온전하겠는가? 뿌리 채, 송두리째 내 동댕이쳐진다. 사람의 운명, 팔자는 생전만 있는 것이 아니다. 사후 즉 죽은 다음 존재 관리가 어찌되는가도 살펴야 한다. 공원묘지, 납골당에 모셔놓고 관리비도 안 내고 나타나지도 않는 자손들이 된다면 당신은 노후가 아니다. 사후가 비참해진다. 죽은 후라 뭐--- 아니다!

제 1 장 　　　　　　　　　　　　　　　　　　혈연, 가족

❖(실전사주의 예)--두 세력이 만만치가 않다. 장기전으로 가는 것이다.

庚	壬	丙	丁
子	子	午	巳

　　　　　　　　　오(午)월의 임(壬)수 일간(日干)이다.
　　　　　　　　　부모 속을 무척이나 썩이는 사람의 사주다.

⬆ 천충(天沖) 지충(支沖)이다. 일주(日柱)와 월주(月柱)가 정신없이 상하(上下)로 다투고 있다.
☞ 월주(月柱)는 부모(父母)의 자리요, 일주(日主)는 나의 자리다.
☞ 전반(全般)부에서는 화기(火氣)인 부모(父母)가 강(强)하지만, 후반부(後半部)에서는 자손(子孫)인 수기(水氣)가 득세(得勢)를 한다. 세월(歲月)이 흐르면 당연한 일이 아닌가?
☞ 처음에는 재다신약(財多身弱)이요, 갈수록 견겁(肩劫)태왕(太旺)인 것이다. 아쉬운 줄 모르고 탕진하고 결국 깡통 찬다.

❧ 다재(多財)의 진정한 의미.

다재(多財)란? 다재(多才)와는 확연히 다르다.
다재(多財)란?
갖고 싶은 것도 많고, 먹고 싶은 것도 많고, 입고 싶은 것도 많고, 탐욕을 부르는 인간의 충동심을 자극하는 아주 필요하면서도, 있어서는 안 될 요물이다.
소유란? 끝이 없는 것이다. 무소유라는 말도 하지만 그 역시 소유는 소유다.
흔히들 말한다. 진정한 소유는 유,무도 아니요, 존재하는 소유다. 잊어지는 것도 무소유요, 없는 것도 무소유지만 그것이 과연 얼마나 행복할까?
많은 이의 뇌리에 남아 기억되는 것이 진정한 소유의 존재하는 소유다. 살아생전 만을 논하는 것이 삶이다. 이제는 사후의 삶도 논하는 여유가 필요하다.
재(財)란? 내가 소유(所有)하고, 존재(存在)하는 근거(根據)다.

● 제 1 장   ● 혈연, 가족

| 30 객사(客死) | 日月地支 財臨殺地 일월지지 재임살지 | 刑殺이면 놓인者는 형살이면 놓인자는 | 父母臨終 其父親이 부모임종 기부친이 | 難하고요 客死로다. 난하고요 객사로다.. |

❖ 일지(日支)와 월지(月支)가 형살(刑殺)을 갖추게 되면 자신과 부모가 부딪히는 형상, 얼핏 생각하면 부모와 자식 간 원수니 악수니 하는 사이로 오해 말라.

❖ 예전과 달리 현재 부모를 모시고 사는 자식이 과연 얼마나 될까?
  형제나, 지인을 통해서, 또는 병원 등에서 임종소식을 접하고 뛰어가는 자손이 얼마나 많은가? 돌아가면서 간병을 하고, 사업이나 직장 또는 자녀의 교육문제로 인하여, 고부간의 문제등 기타 여러 가지 가지가지 사연으로 인하여 따로 사는 것이 당연시 되는 가 아닌가? 언뜻 생각하면 꽤나 불효자식이라 생각도 들겠지만 생전에 자주 찾아뵙고 인사드려라. 머지않아 당신도 그리 될 것을----------

❖ 재(財)가 살지(殺地)에 놓이니 바늘방석에 앉아 있는데 엎친 데 덮친 격으로 역마(驛馬), 지살(地殺)이 겹쳐지면 더욱 확실해 진다.

❖ 부모님이 돌아가실 때 임종을 못 보는 경우는 요즘 너무 흔하다. 재(財)는 아버지인데 살지(殺地)에 임한다 함은 편관(偏官)을 놓고 있음이라 앉은 자리에 편관을 놓고 있는 것이 무엇인가 알아보자.

甲 乙 丙 丁 戊 己 庚 辛 壬 癸
申 酉

⬆ 편관(偏官)이라 칠살(七殺)이다.

◈ 제 1 장   ◈ 혈연, 가족

| 31 고부싸움 | 日月간에 妻와母가 일월간에 처와모가 | 沖怨嗔과 不合하여 충원진과 불합하여 | 從財格에 밤낮姑婦 종재격에 밤낮고부 | 透印綬는 싸움이다. 투인수는 싸움이다. |

❖ **모처불합**(母妻不合)
　일지(日支)는 처(妻)의 자리요, 월지(月支)는 어머니의 자리라, 일지(日支)와 월지(月支)가 충(沖)이나 원진(元嗔)이 이루어지면 불화(不和)가 자주 생기고, 종재격(從財格)에 투(透)인수(印綬)라 함은 재(財)에 종(從)해야 되는 상황인데 인수가 나잘났다 버티니 忌神(기신) 역할을 하는구나.

❖ 승산이 없는 싸움은 피해야하는데, 서로가 이기겠다고 버티니 집안이 항상 시끄러울 수밖에, 종재격(從財格)에는 인수(印綬)가 병(丙)인데 무엇인가 치료방법이 필요하다.

❖ 재(財)는 인수(印綬)를 극(剋)한다.
　고로 시어머니와 며느리가 다투면 결국에는 어머니가 항상 지는 법이다.
　며느리도 자식이다. 자식 이기는 부모 있는가? 예전에는 며느리를 내 쫓기도 하였지만 지금 그런 얘기를 해보라 모두가 웃는다.

　　❖ **충(沖)과 원진(元嗔)에 관하여**
❖ 충(沖)이란?
　충(沖)에는 크게 두 종류로 나누는데 그 의미는 부딪히는 충돌, 서로가 다투는 쟁투, 궤도를 이탈하는 행위, 서로가 불목하고 파괴하고, 손상당하고, 밀어 재끼는 힘 등의 여러 의미로 사용.
◉ 유정지충(有情之沖) 일명 충불충 (沖不沖)
◉ 무정지충(無情之沖)으로 크게 보는 데 충은 흉으로 본다.
◉ 충(沖)은 천간 상충(天干 相沖), 지지상충(地支相沖)으로 보는데
◉ **천간상충**
　천간의 십간(甲,乙,丙,丁,戊己,庚,辛,壬,癸)이 서로 만나서 부딪혀 충(沖)되는 것을 말하는 데, 부딪히고 깨지거나 떨어져 나가니 어찌 흉(凶)이 아닌가?

◎ 제 1 장								◎ 혈연, 가족

●갑경(甲庚)乙辛(을신),丙壬(병임),丁癸(정계),戊甲(무갑),己乙(기을),庚丙(경병), 辛丁(신정) 壬戌(임술), 癸巳(계사)상충 양과양 음과음의 상극(相剋) 관계가 상충(相沖)이다.

❖ 지지상충(地支相沖)이란?
지지(地支)끼리 만나 이루어지는 상충(相沖)을 일컫는데, 충(沖)이라 한다.

☞ 자오(子午)―수극화―양대양
☞ 축미(丑未)―토극토―음대음
☞ 인신(寅申)―금극목―양대양
☞ 묘유(卯酉)―금극목―음대음
☞ 진술(辰戌)―토극토―양대양

◉ 충(沖)이란? 오히려 원(願)하는 경우도 있다. 왜? 남에게는 괴로울지 몰라도 나는 즐거울 수 있기 때문이다. 상대의 고통이 오히려 즐거움이 된다? 니가 죽어야 내가 산다? 살기 위해서는 다 버려야 한다? 남에게는 필요 없지만 나에게는 필요하다? 이것은 너와 나를 보는 경우이고, 나만을 위주로 보는 것이 일차적인 사주 통변이다. 이차적인 통변은 무엇일까? 그것을 잘 판단하는 것이 진정한 통변이다. 첫째는 나를 위하는 것이요, 다음에 상대방을 보기 때문이다. 죽어가면서? 희생하면서? 사는 사람은 몇이나 될까? 그것이 답이다.

❖ 원진살(怨嗔殺)이란?
원진(元嗔)살은 서로가 미워하고, 원망하고, 불화를 야기하고 항상 불평불만이 가득하고 남에게 피해주는 경우가 많고 또한, 본인도 피해를 입게 되는 경우도 있다. 원진살은 대모살(大毛殺) 이라고도 한다.

● 제 1 장　　　　　　　　　　　　　　　　　　　　　　　　● 혈연, 가족

32 형제고독	月中傷官 官殺病死 월중상관 관살병사	比劫多는 臨絶墓는 비겁다는 임절묘는	兄弟數多 兄弟孤獨 형제수다 형제고독	하지만은 못면한다. 하지만은 못면한다.

❖ 월주(月柱)에 상관(傷官)을 놓으면 형제가 많은 이유는, 상관(傷官)은 관살(官殺)을 극(剋)하고, 관살(官殺)은 비겁(比劫)을 극(剋)한다.

☯ 비견과, 견겁을 극하는 관살(官殺)을 제거하는 것이 상관(傷官)이기 때문이다. 그러므로 월(月)에 상관(傷官)이 있으면 관살(官殺)을 통제하므로 비견(比肩)과 비겁(比劫)이 마음 놓고 활동을 한다. 비견, 비겁은 형제이므로 형제(兄弟)가 많아 통제불능이 된다. 비견, 겁이 관살(官殺)에 치이거나, 병(病)궁 ,사(死)궁, 절(絶)궁, 묘(墓)궁에 있으면 형제 고독(孤獨)이라 했다.

☯ 관살(官殺)을 만나니 비견, 겁 즉 형제들이 주눅이 들어 보이지를 않게 된다. 또 병,사,묘,절 궁에 있으니 병들어 거동도 못하고 형제의 싹을 틔우지를 못하니, 홀로 있게 되니, 형제고독 면할 길 없게 된다.

❖ (실전사주의 예)-힘을 못 쓰고 일찍 돌아가셨다

壬	甲	壬	甲
申	寅	申	辰

신(申)월의 갑(甲)목 일간(日干)이다.
년(年)천간(天干)의 갑(甲)목이 형님이다.

⬆ 코너에 몰려 물위를 떠도는 부목(浮木)같아 일찍 세상을 하직하셨다.

& 형제가 많으면 자랄 때도 그렇고, 성장해서도 길(吉)로 작용하는 경우, 흉(凶)으로 작용하는 경우도 있다. 다 장단점이 있다. 각자가 가정(家庭)을 이루고 나름 업을 이루다보면 각자의 입장만 생각하게 된다. 도움도 받고, 주고, 흔히들 말한다. 있으면 얼마나 좋겠니? 없으니 그렇지! 있고 없고의 기준은 없다. 타산적인 면으로 본다. 세상 나만 사는 것 아니냐며 말이다. 처자식도 있고 여러 사정이 있지 않느냐며 변명 아닌 변명이 나온다. 어찌 보면 옳은 변명인줄도 모른다. 역지사지(易地思之)다. 깨달음의 정도에 따라 변명이 달라진다. 세상살이다.

● 제 1 장　　　　　　　　　　　　　　　　　● 혈연, 가족

33 카사노바	日月間이　刑沖하면　兄弟間에　友愛없고 比肩劫이　合作하니　姉妹不正　分明하다 일월간이　형충하면　형제간에　우애없고 비견겁이　합작하니　자매부정　분명하다.

❖ 일지(日支)와 월지(月支)가 형, 충, 원진, 귀문관 등 이면 형제간에 우애가 없음이라.

❖ 월지(月支)는 부모(父母)의 자리요, 형제(兄弟) 자리이므로 이럴 경우는 집과의 간격을 멀리하도록 하라. 그래야 보고 싶고 생각이 날 것이다. 외국에 나가면 다 애국자가 되는 원리다.

❖ (실전사주의 예)- 부정(不貞)으로 연결되면 음란지합(淫亂之合)이다.

3형제중 둘째의 사주
비견(比肩),겁(怯)이 합작이라 하였으니

丁	壬	甲	乙
未	寅	申	卯

❖ (학습 사주의 예)

O	丙	壬	丁
O	O	子	亥

남자면 비겁이 년 주에 있으므로 누나다.
월간의 임(壬)수와 정임 합이라.

⬆ 또한 년지(年支) 해(亥)중 임(壬)수와도 합이고, 년지(年支)에 있으니 누님이 좋게 이야기하면 풍류(風流)요, 바람기가 심하다. 간통이 사라진 시대라며 말이다.

 비견과 비겁을 판단함에 있어 상대방의 입장에서 보는 것이다. 나만을 위주로 보는 것이 아니라 육친에 해당하는 위치에서 판단하는 것이다. 일차적인 판단을 벗어나 이차적인 방법으로 통변하는 것이다. 제일 먼저 습관이 되도록 해야 한다. 초보적인 단계를 벗어난다. 내가 힘이 강하면 아내는 자연 약해진다. 아내 또한 힘이 강하다면 신왕재왕(身旺財旺)이다. 튼튼한 사주의 가능성이 많다. 문제는 그렇지 않기 때문이다. 아내의 입장에서 보면 남편이 많다. 선택의 폭이 많아진다. 착각한다. 뭘? 착시현상? 외도? 헷갈린다. 신발을 거꾸로 신는다.

● 제 1 장　　　　　　　　　　　　　　　　　　　● 혈연, 가족

| 34 이복(異腹)형제 | 比肩劫이
五干化身
비겁성이
오간화신 | 連坐하니
肩劫星도
연좌하니
견겁성도 | 異雁作陳
異腹兄弟
이안작진
이복형제 | 있게되고.
免할소냐
있게되고
면할소냐 |

❖ 비견(比肩) 겁(怯)이 연좌한다 함은 첫째로는 비견,겁이 많다 함인데, 계속 연결되는 경우도 있고 건너서 이어지는 경우도 있는데, 많다 함이다.
● 비견과 비겁이 많다 함은 배다른 씨 다른 형제가 있다 보는 것이다.
❖ 이안작진(異雁作陳)----기러기가 날아가는데 다른 무리가 또다시 와서 두 무리를 이루어 날라 가는 형상을 이룸을 설명하는데 서로 다른 성분이 있어도 한 개체에 속하여 있음이니 이복(異腹)간.

❖ 오간화신(五干化身), 견겁성 (肩劫星)이란?
　합화법(合化法)에서 나오는 설명인데
● 갑기(甲己)합----토(土)---기(己)토는 음인데 합이 이루어지므로
　　　　　　　　　　　　상대방은 양이다. 그러므로 남자가 된다
　　　　　　　　기土 일주가 아들이면 또 다른 형제는 딸이 된다.
● 을경(乙庚)합----금(金)---경(庚)금은 양인데 합이 이루어지므로,
　　　　　　　　　　　상대방은 음이 된다.
　　　　　　☞ 경(庚)금 일주가 아들이면 또 다른 형제는 딸이 된다.
　　　　　　☞ 일주가 딸이면 또 다른 형제는 아들이다.
⬆ 합이 되어 또 다른 비겁이 생기는데, 이럴 경우에는 배 다른 형제가 된다.

● 병신(丙辛)합---------수(水)가 되어 같은 오행이 안 되고
● 정임(丁壬)합---------목(木)이 되어 같은 오행이 안 되고
● 무계(戊癸)합---------화(火)가 되어 같은 오행이 안 되고

⬆ 이와 같이 다른 합에서는 동질(同質)화가 되지 않으므로 안 된다. 이 부분에서 해당되는 것은 기(己)토, 경(庚)금 일주만 해당된다.

● 제 1 장   ● 혈연, 가족

❖ (실전 사주의 예)

甲	己	乙	壬
子	未	巳	戌

사(巳)월의 기(己)토 일간(日干)이다.
이복(異腹)동생이 있는 경우.
성격은 오히려 냉정하고 차분하다.

❖ (실전 사주의 예)

壬	庚	乙	戊
午	午	卯	午

남성의 사주, 배다른 누나가 있다.
나이 차가 많다. 어머니는 앞을 못 본다.

⬆ 어머니는 소실로 들어와서 본인과 바로 위의 누나와 둘이 있고 자라기는 아버지의 본부인 손에서 자랐다. 을(乙), 경(庚)➡ 합(合) 금(金)인데 월주(月柱)에 있으므로 누나가 된다.

& 이혼과 재혼이 많아지는 세상이다. 씨 다른 형제, 배 다른 형제도 많고, 자매도 많다. 결론은 경제적으로 여유가 있으면 지내는 동안 별문제 없겠지만 끝에 가서는 경제적인 문제가 발생한다.
⦿ 여유가 없는 집안은 시작서부터 문제가 발생한다는 차이만 다를 뿐 문제는 결국 발생한다. 형제, 자매간의 사이가 아무리 좋아도 주변의 변수에 의해 결국은 문제가 생긴다. 그것이 재혼하는 가정의 자손들 팔자다.
⦿ 자녀가 없을 경우, 재혼(再婚)은 이런 문제의 소지가 없다. 멀쩡한 사람이 계모(繼母)가 되고, 계부(繼父)가 되는 것이 세상사다. 좋은데 어쩔 것인가? 자녀의 장래를 위해서? 자녀가 나서서 원하는 경우도 있다. 중요한 것은 각자가 독립성을 확보하는 것이다. 자식이 부모를 모시기 원치 않고, 부모 또한 자식의 신세를 원치 않는 세상이다.
사주의 기본 개념은 가부장적인 것 같아도, 모계사회의 원칙을 준수한다.
당신의 판단은?

제 1 장　　　　　　　　　　　　　　　　　　　　혈연, 가족

| 35
이복(異腹)형제 | 財星逢空
比肩劫에
재성봉공
비견겁에 | 白虎殺은
形白虎는
백호살은
형백호는 | 兄弟嫂에
姉妹兄弟
형제수에
자매형제 | 凶事있고
血光死라
흉사있고
혈광사라. |

❖ 남성(男性)으로 본다면 재성(財星)은 처요(要) 아버지도 되고 형수, 제수(弟嫂)도 되는데 따지고 보면 전부 한집안 식 아닌가? 공망(空亡)에 백호살(白虎殺)이라 흉사(凶死)가 아니던가? 형제, 자매간의 사주를 보면 일맥상통하는 요소가 많이 보이는데 길흉(吉凶)도 마찬가지로 흘러가는 모양이다.

❖ 실전사주의 예) -본인의 역할은?

丙	辛	丁	甲
申	酉	丑	辰

축(丑)월의 신(辛)금 일간(日干)이다.
형제(兄弟)는 어디에 있는가?

⬆ 형님이 축(丑) 중의 신(辛)금이다. 둘째인데 큰아들 노릇을 한다. 형님이 폐질환으로 사망. 2005년 사업부도로 정리. 동업(同業)으로 실패, 비견(比肩)이 백호살(白虎殺)이다. 병신(丙申)합을 눈여겨 볼만하다. 대운(大運)과 세운(歲運)을 살펴보라. 신(辛)금 일간이라 재(財)는 목(木)이다. 사업(事業)은 지업사(紙業社)를 하였었다.

&. 자손들 간에도 얼마나 현명한가? 능력이 있나? 건강한가가 문제로 대두된다. 성장하면서 학창시절은 공부를 잘하고, 젊어서는 능력이요, 늙어가면서는 건강이다. 평균점을 유지하면 복된 가족 간이요, 부러운 가족이 된다.
살다보면 불의의 일격을 당하는 경우도 많다. 장담은 못한다. 다 팔자다.

● 제 1 장   ● 혈연, 가족

| 36 독신사주 | 比肩劫에
比肩劫에
비견겁에
비견겁에 | 正偏財는
食傷多는
정편재는
식상다는 | 兄弟之間
姉妹寡婦
형제지간
자매과부 | 再娶있고
설움이라
재취있고
설움이라 |

❖ 우선 말뜻을 이해함에 있어서 짚고 넘어가야 할 것이 있다. 비견 겁에 정편재라 함은 일주에 정재나 편재를 놓고 있음을 설명한다. 결국은 재성이 많음을 강조한 것이다. 정(正), 편재(偏財)가 많다보니 처(妻)가 많음이라 결국은 결혼(結婚)을 재차 한다는 말이고 비견(比肩) 겁(劫)이라 하였으니 형제간도 동일하다는 설명이고, 사주에 식상(食傷)이 많다 함은 여자(女子)의 입장에서 보면 관(官)을 치게 되는데 관(官)은 남편(男便)이라 남편이 견디지 못하니 결국 여자는 과부소리 들을 수 밖에 비견, 겁이 식상다라 하였으니 나의 누나, 누이동생이 아닌가?

❖ (실전사주의 예) -갑(甲)목이 남성이라면 을(乙) 목은 여성이 되겠다.

乙	甲	辛	乙
亥	午	巳	未

사(巳)월의 갑(甲)목 일간(日干)이다.

⬆ 을(乙)목 누이동생이 시집을 갔는데 남편은 신(辛)금이 되겠는데, 을(乙)목이 목생화(木生火) 하여 자손(子孫)을 낳게 되었는데 乙(을)의 자손인 火(화)가 화극금(火克金) 하므로 남편(男便)인 금(金)이 견디지 못한다,

● 辛(신)금이 지지(地支)에 巳(사)화를 깔고 있으니, 게다가 일지(日支) 또한 월지(月支)와 힘을 합쳐 덩어리가 되고 년간(年干)의 을(乙)목 역시 또한 직접 부딪히니 충격에 결국, 나는 갑니다. 한다.
결국 남편이 세상을 일찍 하직하니 혼자가 될 수 밖에 없지 않겠는가?

● 참고사항

& 갑(甲)목에 을(乙)목은 시(時)에 있으니 여동생 亥(해)수는 인수(印綬)라 친정이 되는데 말년(末年)에 위치하여 있으므로 친정집으로 귀향(歸鄕)이 아니더냐? 천간(天干)으로는 을(乙)신(辛) 충(沖)이라 지지(地支)로는 巳, 亥 沖(사,해충)이니 본래 친정집에서도 별로 탐탁치않게 여겼었는데 --

- 95 -

❖ (실전사주의 예) -일지(日支)의 자리를 잘 살펴보자.

己	壬	戊	戊
酉	子	午	辰

오(午)월의 임(壬)수 일간(日干)이다.

⬆ 아내는 월지(月支)의 오(午)화이다. 일지가 분명히 처의 자리인데 자수가 버티고 있다. 년지(年支)의 진(辰)토와 합(合)을 하여 수국(水局)을 형성, 기운을 배가한다. 재성이 기운이 약하니 배척당한다.

형제, 자매가 자리를 차지하고 있다. 꼭 많지 않아도 기운(氣運)이 배가되면 많은 것이나 같다. 재성(財星)이 홀로 외롭다.

☞ 이 사주의 주인공은 누나들이 많다. 집안에 여자들이 많으니 시누이 올캐 하지만 수적(數的)으로 게임이 안 된다.

어머니 하시는 말 "아들 장가가면 누나들은 일체 간섭하지 말라 하여야겠구먼"

● 제 1 장   ● 혈연, 가족

| 37 비명횡사 | 官殺白虎 정편재가 관살백호 정편재가 | 食傷多는 白虎殺은 식상다는 백호살은 | 그妹父가 妻男兄弟 그매부가 처남형제 | 血光死요 非命이다. 혈광사요 비명이다 |

❖ 관살(官殺)이라 함은 남명(男命)에게 있어서는 손위, 또는 손아래의 여자형제의 남편으로 본다. 백호(白虎)에다 식상(食傷)이 많으므로 견디기가 힘들 것이요 흉사(凶死)로 연결되었고, 정(正)편재(偏財)라 함은 처(妻)도 되지만 처가(妻家)의 식구도 되는지라 처남형제도 흉사로 연결된다. 그렇다고 전부다 그리된다는 것이 아니라 그중 편안한 임종을 맞이하지 못하는 사람이 있다 함이다.

❖ (실전사주의 예)-백호(白虎)에 임하고 있다.

丙	庚	庚	乙
戌	子	辰	未

진(辰)월의 경(庚)금 일간(日干)이다.
정재(正財),편재(偏財)를 살펴보자.
년간(年干)에 을(乙)목이 있다.

⬆ 재(財)가 암장을 보면 진(辰)중 을(乙)목, 미(未)중 을(乙)목으로 있는데 년간(年干) 을(乙)목이 대표자로 월간(月干)의 경(庚)금과 합되어 사라져버린다. 년(年)에 있다는 것은 일간(日干)의 입장에서 보면 매우 서글픈 사안(事案)이다.

🔗 매부(妹夫)와 처남(妻男) 사이는 멀기도 가깝기도 하다. 이혼(離婚)하면 멀어지는 것이요, 도로 남이 된다. 혼인(婚姻)도 정략적 혼인이 많다하지만 현세는 어떤가? 많이 줄어든 상황이다.
부부지간도 별 탈 없이 사는 것이 행복 된 삶이듯, 흉살(凶殺)작용도 관살(官殺)에 작용할 경우, 그 여파가 강하게 나타난다. 본인에게 직접적으로 다가오기 때문이다. 다른 경우도 마찬가지지만 유달리 그 반작용이 심한가? 파급효과 때문이다.

◐ 제 1 장　　　　　　　　　　　　　　　　　　　◐ 혈연, 가족

| 38

냉방(冷房)살이 | 正偏財가
比肩劫이
정편재가
비견겁이 | 混雜하니
無官殺은
혼잡하니
무관살은 | 姉妹媤母
그姉妹가
자매시모
그자매가 | 두분이요
冷房일세
두분이요
냉방일세 |

❖ **정재(正財), 편재(偏財)**

　남명(男命)에게는 부친도 되고 처도 되는데 여명에 있어서는 시댁이요 시어머니도 된다. 남자가 재가 많으면 아버지가 둘이요, 형제가 많다 볼 수 있다.
◐ 여자의 사주에 재가 많으면 시어머니가 두 분이라고 볼 수도 있다. 그런데 남자의 사주에 재(財)가 많은데 어째서 누이동생이 시집갈 때 시어머니가 두 분이 계시는 곳으로 시집을 가게 될까?
◐ 육친으로 볼 때 비겁에 해당하므로 시집의 식구가 많고 시어머니 역시 두 분이 계시다고 판단한다.
◐ 사주에 관살이 없다 함은 남자에게는 자손이요, 여자에게는 남편이 아닌가? 형제간으로 보면 특히 여자로 보게 되면 손위, 손아래 이던 남편이 없는 형상이라 냉방(冷房)이니, 공방(空房)살이다.

▶ **과숙살(寡宿殺)** : 여자가 남편(男便) 없이 살아간다. 일명 과부(寡婦)살이다. 상부살(喪夫殺)이라고도 하고, 공방살(空房殺), 독수공방(獨守空房)살 이라한다.
◐ 부부(夫婦)간의 연(緣)이 짧거나, 혼기(婚期)를 놓쳐 독신(獨身)으로 지내는 경우, 이런 표현을 하여 나타낸다.
◐ 남편(男便)이나 아내가 배우자(配偶者) 없이 홀로 지내는 살(殺)이다. 요즈음은 대체적으로 결혼(結婚)을 늦게 많이 하는데, 시대적인 흐름이지만, 고신(孤辰), 과숙살(寡宿殺)작용이 시대적(時代的)으로 커다란 작용을 한다고 보면 된다.
◐ 신강(身强)일 경우 : 잠시 혼란(混亂)하나 곧 정리(整理)되어 원만한 환경을 유지한다. 일시적인 풍파(風波)는 면하기 어렵다. 미혼(未婚)일 경우 성혼(成婚)이 이루어질 듯 질 듯 하면서 속을 태우나 결국 성사(成事)된다.
◐ 신약(身弱)일 경우 : 공방(空房)이 길어지고, 대화(對話)의 성립이 이루어

● 제 1 장   ● 혈연, 가족

지지 않고 파경(破鏡)으로 이어지고, 흉살이나 악살이 가세하면 불상사(不祥事)가 발생하고, 생사(生死)의 사유도 발생(發生)하는 경우도 생긴다. 미혼(未婚)의 경우 약혼(約婚) 후 파혼(破婚)되는 경우도 생기고, 집안끼리 손해배상 등의 문제도 발생한다. 요즈음은 당사자 간의 순결(純潔)문제에 대한 사항은 큰 문제가 되지 않는 상황으로 이어진다.

▶ 과숙살(寡宿殺)의 판단은, 년지(年支) 기준(基準)으로 하여 일(日), 시(時)를 비교하여 판단한다.(여성의 사주에서)

　　　　● 인묘진(寅卯辰)년생----축(丑) ▶ 과숙.
　　　　● 사오미(巳午未)년생----진(辰) ▶ 과숙.
　　　　● 신유술(申酉戌)년생----미(未) ▶ 과숙.
　　　　● 해자축(亥子丑)년생----술(戌) ▶ 과숙.

▶ 방합(方合) 첫 자의 앞자가 과숙(寡宿)이다. 친정 향해 앞으로가!

❋ 실전사주의 예-과숙살(寡宿殺)이 작용한다.

辛	丁	癸	甲
亥	丑	酉	寅

유(酉)월, 정(丁)화 일간(日干)이다.
년지(年支)인(寅), 일지(日支)축(丑)이다.

⬆ 결혼(結婚)이 너무 늦어 걱정 하는 사람이다. 관(官)도 많아 그 작용력(作用力)이 심하다.

❋ 실전사주의 예-남성—아무리 찾아봐도 관살인 금(金)이 보이지 않는다.

乙	甲	甲	亥
亥	午	寅	亥

인(寅)월의 갑(甲)목 일간(日干)이다.
이리저리 둘러봐도 온통 비견(比肩)과 비겁(比劫) 투성이다.

⬆ 형제가 많다보니 누이의 입장에서는 비견(比肩)과 비겁(比劫)이 많다. 월지 寅(인)➡ 甲(갑)목에는 누님이 된다.

▶ 甲寅(갑인)은 고란살(孤鸞殺)이다.

가뜩이나 관(官)이 없어 난리인데 고란살(孤鸞殺) 까지 있으니 누이가 시집가서 독수공방(獨守空房)이다, 일지(日支)의 午(오)와➡ 합(合)이 되니 더더욱 관(官)이 보일수 없고, 발붙일 곳이 없다. 누님과는 항상 뜻이 잘 통한다.

☞ 중년이 되어 친정 앞으로다.

● 제 1 장　　　　　　　　　　　　　　　　● 혈연, 가족

| 39 흉사(凶死) | 印星丑戌
白虎戌中
인성축술
백호술중 | 相刑殺은
偏財刑沖
상형살은
편재형충 | 基祖부가
基父親이
기조부가
기부친이 | 牛犬被傷
咬犬死라
우견피상
교견사라 |

❖ 인성(印星)은 육친으로 살펴보면 어머니도 되고 조부가 되기도 한다. 丑戌(축술)형살이니 흉사(凶死)다.

◉ 예전에는 가축(家畜)으로 인한 사고 인간과 밀접한 관계가 있는 사고가 많았다. 달구지도 소가 끌고, 소로 밭도 갈고 개도 거의 풀어서 기르는 경우가 태반이었다. 논농사와 ,밭농사의 의존도가 그만큼 많았다는 이야기다. 지금은 개나 소나 다모는 자동차나 이동수단에 의해 스스로 명줄을 끊기도 한다. 다 니 탓! 이라며 서로 다투기 일쑤다.

& 그러다보니 술 한 잔 마시고 달구지 끌고 가다가 떨어져서 다치기도 하고, 풀어 놓은 개 발로 차다 물리기도 하고, 개들이 많다보니 광견병에 노출된 미친개도 있고, 어른이 없는 사이 아이들 사고도 생기고 가축 중 특히 개와 소의 사고가 많았었다. 그로 인해 이러한 문귀가 자연스럽게 받아들여졌던 것이다.

▣ 요즈음 세대에게는 재미있는 상황으로도 받아들여지는 설명도 된다. 현재로 연결 지으면 교통사고 특히 도로손상으로 인한 교통사고, 붕괴사고, 흉기에 의한 사고, 통행으로 인한 사고의 원인, 주차시비로 인한 사고, 토지분쟁사고 , 송사 등 해석(解釋)이 가능하다.

▣ 보험료를 타내기 위해 가짜 사고도 연출하는 사람들은 사주에 그것이 나타날까? 양치는 사람들이다. 양은 보이지 않는데 양치는 사람이라며 가장하는 딱한 사람들. 돈이 생긴다면 몸이던, 정신이던 사정없이 내 던지는 불쌍한 사람들이 그득하다. 다 먹고 살기위한 방법인데 탓하면 무엇하리! 다 살아가는 방법의 차이다. 고상한 척 목에 힘주고 떠드는 놈도 까뒤집고 보면 개털 같은 인간이 하나 둘이 아니니 말이다.

▣ 사주에 형살(刑殺), 충(沖)이 많은 사람은 항상 문제가 많다. 기타 원인은 책을 보면서 하나 둘 입력하시면 되리라 생각합니다.

◐ 제 1 장					◐ 혈연, 가족

40 이동횡액	驛馬地殺 印星刑逢 역마지살 인성봉형	刑沖印은 肩劫多는 형충인은 견겁다는	慈母鐵馬 基母手術 자모철마 기모수술	橫厄이요 産厄이라 횡액이요 횡액이라

❖ 역마(驛馬), 지살(地殺)에 형(刑), 충(沖)이 가임되면 이동(移動) 중의 사고라 항공, 철도, 선박 등의 사고요 또한 외출(外出), 또는 여행 시의 사고로 연결이 되고, 인수(印綬)가 형살(刑殺)로 연결이 되면 흉사(凶死)인데 그중 수술사고로 연결이 되고 肩劫(견겁)이라 형제와 연결이 되니 식구가 불어나는 일이니 출산(出産), 산액(産額)과 연결. 산액은 예전에는 사망사고도 많았으나 지금은 기형아, 미숙아 출생이 많아졌다. 참조하여 통변하면 된다.

▶ 역마(驛馬)가 형충파해(刑,沖,波,害)를 당하면?

◉ 월(月)과 일(日)에 해당하면 신경을 쓰는 것이 좋다. 정상적(正常的)인 행마(行馬)를 할 수가 없다. 경부선행 차량인데 호남선으로 가는 것이요, 가다가 중간에 영동선으로 빠지는 것이요, 기름이 떨어져 가다가 멈춘다. 지쳐서 쓰러지기도 한다. 배가 항해를 하다가 난파(難破)를 당하는 것이나 같다. 해적선(海賊船)을 만나는 것이요, 충돌로 인해 난파된다.

◉ 운(運)에서의 흐름이 원활한 상황이 아닌데 거기에 형충파해(刑沖破害)를 당하면 비전이 없어진다. 신강(身强)이라도 조직적인 와해(瓦解)작용에 휘둘리는데 신약(身弱)이라면 오죽 할 것인가? 문밖을 나서지 말아야 한다. 돌발사고, 방사능의 낙진이 위험하니 외출(外出)은 가급적 삼가는 것이 좋다. 요즈음은 묻지마 사고도 많으니 항상 조심이 좋다. 호신용도 지참하고----

● 제 1 장   ● 혈연, 가족

| **41** 養父, 二母 | 甲乙日生
庚申辛亥
갑을일생
경신신해 | 酉戌時와
壬癸酉戌
유술시와
임계유술 | 丙丁巳未
養父二母
병정사미
양부이모 | 戊己寅卯
繼母로다
무기인묘
계모로다. |

갑(甲), 을(乙) 일간(日干)	목(木)日主	유술(酉戌)시
병(丙), 정(丁) 일간(日干)	화(火)日主	사미(巳未)시
무(戊), 기(己) 일간(日干)	토(土)日主	인묘(寅卯)시
경(庚), 신(辛) 일간(日干)	금(金)日主	신해(辛亥)시
임(壬), 계(癸) 일간(日干)	수(水)日主	유술(酉戌)시

● 갑(甲)을(乙) 일(日)생 유(酉)술(戌)시(時)–목(木)일주 유술(酉戌)시

癸	甲	○	○
酉	○	○	○

甲日

甲	甲	○	○
戌	○	○	○

⬆ 갑(甲)일생 계유(癸酉)시   갑(甲)일생 갑술(甲戌)시

乙	乙	○	○
酉	○	○	○

乙日

丙	乙	○	○
戌	○	○	○

⬆ 을(乙)일생 을유(乙酉)시   을(乙)일생 병술(丙戌)시

● 병(丙)정(丁)일(日)생 사(巳)미(未)시(時)–화(火)일주 사미(巳未)시

癸	丙	○	○
巳	○	○	○

丙日

乙	丙	○	○
未	○	○	○

⬆ 병(丙)일생 계사(癸酉)시   병(丙)일생 을미(乙未)시

乙	丁	○	○
巳	○	○	○

丁日

丁	丁	○	○
未	○	○	○

⬆ 정(丁)일생 을사(乙巳)시   정(丁)일생 정미(丁未)시

◉ 제 1 장   ◉ 혈연, 가족

◉ 무(戊)기(己)일(日)생 인(寅)묘(卯)시(時)--토(土)일주 인(寅)묘(卯)시(時)

甲	戊	O	O
寅	O	O	O

戊日

乙	戊	O	O
卯	O	O	O

⬆ 무(戊)일 갑인(甲寅)시   무(戊)일 을묘(乙卯)시

丙	己	O	O
寅	O	O	O

己日

丁	己	O	O
卯	O	O	O

⬆ 기(己)일 병인(丙寅)시   기(己)일 정묘(丁卯)시

◉ 경신일(日)생 신(申)해(亥)시(時)--금(金)일주 신해(辛亥)시

甲	庚	O	O
申	O	O	O

庚日

乙	庚	O	O
亥	O	O	O

⬆ 경(庚)일생 갑신(甲申)시   경(庚)일생 을해(乙亥)시

壬	辛	O	O
申	O	O	O

辛日

癸	辛	O	O
亥	O	O	O

⬆ 신(辛)일생 임신(壬申)시   신(辛)일생 계해(癸亥)시

◉ 임(壬)계(癸)일(日)생 유술(酉戌)시(時)--수(水)일주 유술(酉戌)시

己	壬	O	O
酉	O	O	O

壬日

庚	壬	O	O
戌	O	O	O

⬆ 임(壬)일생 기유(己酉)시   임(壬)일생 경술(庚戌)시

癸	癸	O	O
酉	O	O	O

癸日

甲	癸	O	O
戌	O	O	O

⬆ 계(癸)일생 계유(癸酉)시   계(癸)일생 갑술(甲戌)시

◐ 제 1 장   ◑ 혈연, 가족

※ 실전사주의 예 - 암장(暗藏)으로 인수(印綬)가 하나 더 있는 시(時).

丙	己	O	O
寅	O	O	O

기(己)토 일간에 시간은 병화다.
시지(時支) 인(寅)목인데 지장간을 보자.

⬆ 무(戊), 병(丙), 갑(甲)이다. 기(己)토 일간(日干)에 어머니는 병(丙)화인데, 지지(地支) 인(寅)중의 장간에 병(丙)화가 15)암장(暗藏)으로 있지만 가능성은 있다.

---
15) 암장(暗藏) 어두운 곳에 감추어져 있으니 잘 살펴보기 전에는 알 수가 없다.

● 제 1 장   ● 혈연, 가족

| **42** 양부이모 | 丙子丁丑
陰着陽鎈
병자정축
음착양차 | 戊寅日과
그殺로서
무인일과
그살로서 | 丙午丁未
外叔零落
병오정미
외숙영락 | 戊申日은
하게되네
무신일은
하게되네 |

| **43** 음착양차살 | 辛卯壬辰
亦是陰錯
신묘임진
역시음착 | 癸巳日과
陽差되어
계사일과
양차되어 | 辛酉壬戌
外三寸이
신유임술
외삼촌이 | 癸亥日도
그립구나.
계해일도
그립구나 |

| **44** 일구월심 | 出生時에
妻家집에
출생시에
처가집에 | 差錯殺은
不合하여
차착살은
불합하여 | 妻男孤獨
日久月深
처남고독
일구월심 | 못面하고
걱정되네.
못면하고
걱정되네 |

❖ 丙子(병자),丁丑(정축),戊寅(무인),丙午(병,오)丁未(정미),戊申(무신) 일주는 음착양차살로서 외숙(外叔)이 영락한다는 이야기다.

● 辛,卯(신묘),壬,辰(임진)癸,巳(계사)일과,申,酉(신유)壬,戌(임술)癸,亥(계해) 일주 역시 음착양차가 되어 외삼촌이 그리워진다는 설명.

● 日久月沈(일구월심)---하루하루가 오래 되고 달이 깊어지는 것을 말한다.
42,43,44공통요점---陰陽差錯殺(음양차착살)이란?

丙 丁 戊 丙 丁 戊 辛 壬 癸 辛 壬 癸
子 丑 寅 午 未 申 卯 辰 巳 酉 戌 亥

🔲 음착양차살은 위의 12가지로써 일주에 놓이면 외삼촌이 고독하거나, 쇠락하고 여자에게는 시댁형제가 불발하고 남편이 풍류가 심하여 외도하고 시주(時柱)에 놓이게 되면 처남(妻男)이 고독하거나, 쇠몰 한다는 살이다.

☏ 음착양차살은 외가(外家), 처가(妻家)로 보지 말고, 변화를 참조하라. 이에 대한 자세한 설명은 여명(女命)편에서 집중으로 분석합니다.

사주에서 외가(外家)를 볼 경우——인수의 유무와 상태를 점검,
　　　　처가(妻家)를 볼 경우——재성의 유무와 상태를 점검.

제 2 장

재난(災難), 질병(疾病)

(45➡79)항목

◆ 재난은 누구든지 예측할 수도 없는 특별한 상황이다. 언제 어디서 ,어떻게 어떠한 규모로 발생하여 언제 끝이 나는 것인지 전혀 짐작할 수도 없는 것이다. 나는 아무 상관이 없겠지 해도 그것은 나 혼자만의 생각일 뿐, 지금도 잊혀 지지 않고 생생한 사건들이 눈에 선하다.성수대교 붕괴사고, 삼풍 빌딩 붕괴사고 ,인도와 태국에서의 물난리 사고, 미국대륙을 휩쓴 물난리, 해일사고, 그리고 해마다 되풀이 되는 홍수와 냉해, 폭염 등 이루 헤아릴 수 없는 수많은 재해가 있다.

◆ 가까이 보면 교통사고,화상,음독,수액,수재,이동중의 뜻하지 않은 사고--
최근의 사고로는 대구지역의 시장 화재사고, 지하철 화재사고, 잊혀져가는 KAL사고, 또 다른 면으로는 범죄사고의 피해자가 되기도 하고 ,범법행위로 인하여 피해를 주기도 하고, 받기도 하고, 신체적인 부상을 당하여 곤욕을 치르기도 하고 아픔으로 인하여 고생도 하고, 나 혼자가 아닌 주변에 본의 아니게 피해를 주기도 한다. 이 모든 것이 예측불허의 재난이요, 사고다. 거기에 질병으로 인한 고통 또한 어떠한가?
병원에 한 번 가보라 그러면 그 아픔을 알 것이다. 나 혼자가 아닌 일이다. 일년에 한 번이 아니고 매월 한 번 정도는 나의 사주를 들여 다 보아야 한다. 소 잃고 외양간 고치는 경우도 있다. 냉소. 비판적인 사고로, 어찌할 것인가 그것도 팔자인 것을-------

◐ 제 2 장

◐ 제 2 장   ◐ 재난(災難), 질병(疾病)

| 45 수옥살(囚獄殺) | 鐵窓監房
重重破軍
철창감방
중중파군 | 拉致된몸
月印星은
납치된몸
월인성은 | 四主囚獄
革命亡命
사주수옥
혁명망명 | 刑殺있고
있어본다.
형살있고
있어본다 |

❖ 수옥살(囚獄殺)이란?
◐ 삼합의 가운데 자와 충(沖)하는 자로써 財殺(재살),破軍殺(파군살)이라 한다. 이 살의 해당부분은 관재, 송사, 감금, 납치, 망명, 해외도피 등에 해당하고 수옥살(囚獄殺)이 위치한 년(年), 월(月), 일(日), 시(時)에 따라 해당 육친(六親)의 추명(推命)이 응용되고 직업(職業)자체가 수옥살(囚獄殺)과 관련 있는 분야와 연결되면 작용이 감소(減少)하게 된다.

▶ 육친별로 살펴보는 수옥살의 관계
◐ 인수(印綬)에 해당할 경우
  인수에 해당하는 모든 여건이 악조건에 해당되는데 법정에 서게 되고 민, 형사 사건에 휘말리게 되고 문서로 인한 문제 즉 저당 건, 압류 설정 동행사 권리금지, 학원문제로 인한 소요 및 중단사태, 저작권 및 표절문제, 특허문제, 보증 권에 대한문제 및 양육권에 대한 문제.
◐ 비견(比肩)이나 비겁(比劫)에 해당 할 경우 형제 친구 친지 동업자로 인한 관재(官災)가 발생하고 법정(法廷)에 출두하게 되고 구설에 시달린다.
❖ 식신(食神), 상관(傷官)에 해당하는 경우
  여성의 경우 자손으로 인해 사고, 손재요, 남성의 경우는 배, 등으로 인한 배신, 횡령, 사고 등으로 인한 관재요.
♣ 정재(正財), 편재(偏財)에 해당하는 경우
  재성(財星)에 해당할 경우 부동산, 동산의 압류 및 금전에 대한송사 및 관련문제 재개발문제 재산권문제로 인한 송사 및 권리싸움 여자로 인한 문제로 이혼 및 구설수로 인한 관재수(官災數) 군, 검, 경 등을 상대로 한 사업은 좋고 납품 및 계약은 좋고 성사가 이뤄진다.

제 2 장   재난(災難), 질병(疾病)

정관(正官), 편관(偏官)에 해당 할 경우
 윗사람,상사,취직문제,승진문제,업무관계로 인한 문제발생으로 고민하고 자손문제로 인한 관재 및 송사발생. 여성의 경우는 남편문제, 내연의 관계 및 부적절한 관계로 인한 문제 발생.
전체적인 운의 관계를 대비하여 추명 하여야 한다는 점을 명심하기 바라며
 여자의 사주에 관(官)에 해당하는 육친이 수옥살(囚獄殺)과 연관되면 남편이 관재수(官災數)에 걸리고 자손 되는 글자가 연결되면 자손이 해당한다.
수옥살(파군살)이 중중하다함은 중복이니 확률은 더욱더 높아지고 월에 인수니 그 성향이 더욱더 힘차게 가중되고 완전한 반골에 하극상 기질도 보이니 남에게 오해받기 쉽고, 경제적인 면은 항상 있어도 나가기 바쁘다.

❖ (실전사주의 예)─될 듯, 될 듯, 안 된다.

壬	戊	丙	甲
子	戌	子	寅

자(子)월의 무(戊)토 일간(日干)이다.
수옥살(囚獄殺)의 연관성을 찾아라.

⬆ 현재 치안업무에 종사하고 계시는 분의 사주다. 경찰대학을 우수한 성적으로 졸업(卒業) 하였으나 승진(昇進)에서는 자꾸만 뒤로 쳐진다. 특별한 하자가 없는 데도 말이다. 왜 일까? 수옥살(囚獄殺)이 재성에 해당하는데 재살(財殺)이 자꾸 방해한다. 불꽃이 타오를 만하면 또 꺼진다.

& 화(火)가 인성(印星)이다. 그중 지지(地支)에 오(午)화가 온다면 인오술(寅午戌)하여 화국을 형성하는데 자(子)수가 둘이나 있어 항상 초친다. 사(巳)화 역시 인사(寅巳)형이요, 사술(巳戌)하여 파(破)가 된다. 장성살(將星殺)이 재살(財殺)을 이기지 못한다.

제 2 장
재난(災難), 질병(疾病)

| 46 수옥살(囚獄殺) | 辰戌日生
巳亥日生
진술인생
사해일생 | 命逢巽乾
柱逢巽乾
명봉손건
주봉손건 | 그도한번
亡命監禁
그도한번
망명감금 | 監禁있고
當해본다.
감금있고.
당해본다. |

巽方(손방)──── 辰,巳(진,사)
乾方(건방)──── 戌,亥(술,해)

➡ 巽,乾(손,건)은 辰,戌,巳,亥(진술사해)로 천라지망살에도 해당된다.

❖ 天羅地網殺(천라지망살)이란?
  우선 진(辰)부터 살펴보기로 하자
◉ 辰 ➡ 시간으로 보면 출근시간 이다. 모두들 바쁜 시간이다, 아는 사람을 만나도 그저 간단히 인사하고 지나갈 정도로 눈, 코 뜰 새 없이 부지런히 움직이는 시간이다. 빨리빨리 무조건 빨리다. 그러니 서두르게 되고 조급해 지는 시간이다. 중요한 일은 이 시간에는 결정을 미루어야한다.
◉ 辰-辰➡자형살이 있지 않은가?➡자기 성질에 못 이겨 스스로 매사를 망친다, 조급증이다. 매사를 순리대로 천천히 침착하게 처리하라.
◉ 戌 ➡ 귀가(歸家)하는 시간이다, 하루의 일을 정리하는 시간이다, 인간으로써 말이다. 피로하고 가는 과정이 나른하기만한 시간이다. 모든 것이 짜증이 나는 시간.

➡ 방위(方位)로 한 번 살펴보자
◉ 辰,巳는 巽方으로 바람이다 ──휙 휙 지나간다. 동남방이라 봄바람이다
◉ 戌,亥 는 乾方으로 하늘이다───────제일 높은 곳이다, 모든 것을 내려다 볼 수 있는 곳이다. 진사는 건방인 술,해와 반대편이므로 땅이다.
◉ 하늘과 땅을 오가니 매우 바쁘다,辰,戌은 이공계가 아니던가, 직업을 택해도 하늘과 땅을 오가는 구나 위성, 통신, 인터넷, I T계통의 직업이 어울린다. 바쁘니 노닥거릴 시간이 없다, 사람과 만나더라도 잠깐 잠깐이다 많은 사람을 상대하는 직업 또한 어울린다.

● 제 2 장   ☯ 재난(災難), 질병(疾病)

길(吉)로 작용하면 많은 사람을 거느릴 수 있는 경우도 된다. 흉(凶)으로 작용되면 전국적이다, 하늘에 그물 치니 지명수배다, 범법자가 되기도 한다. 천문성(天門星)에 대한 설명은 다음 기회에 하기로 하고----

❖(실전사주의 예)-천간이 중요하다. 각각 충(沖)이다.

庚	甲	辛	乙
午	戌	巳	巳

사(巳)월의 갑(甲)목 일간(日干)이다.
지지(地支) ➡합과 파(破)가 보인다.

⬆ 2005년에 상담한 사주이다, 당시 공금횡령으로 인하여 재판중인 사람이다, 갑(甲)목 일주(日主)이니 재(財)가 토(土)다. 공금횡령 액수는 얼마나 될까?
◉ 토(土)는 5,10이므로 5억.10억 어느 쪽일까? 10억이 답이다. 천라지망살이 어떤가? 2005년은 을유(乙酉) 년이고 2006년은 병술(丙戌) 년이다 과연 어떻게 될까? 일지(日支)가 진술사해(辰戌巳亥)일생이 주중에 진술사해(辰戌巳亥)를 만났을 때는 구속(拘束), 감금(監禁), 망명(亡命) 당해본다.

➡ 천라지망살을 놓고 있는데, 다시 사주에 진술사해(辰戌巳亥)를 놓고 있으면 이 살(殺)에 해당되기 쉽다.
◉ 재성(財星)에 해당-----경제사범, 금전문제, 여자문제로 사기도 해당
◉ 관성(官星)으로 연결---업무과실 남편이 해당, 남자문제야기 혼인사기,
◉ 비견(比肩), 겁(劫)---동업자간의 문제로 야기, 형제간 투서 모함.

🐚 잘못을 저지르고 또 저지르고, 후회하고 또 후회하고 알면서도, 모르고도 아! 하면서도 순간적인 판단이, 장기적인 계획 하에 내린 결정이 이리 허망할 수가? 기본적인 유전인자가 존재하면 항상 잠재적인 요소로 작용한다. 운(運)의 변화(變化)에 따라, 주변 환경의 작용에 의해 자의든 타의든 나타난다. 누구를 원망할 것인가? 결국은 자신이다. 그만큼 자기 자신을 누구보다 본인이 잘 안다했지만 그릇된 판단이요, 우물 안 개구리였던 것이다.

제 2 장　　　　　　　　　　　　　　● 재난(災難), 질병(疾病)

| **47**
노상(路上)횡액 | 癸丑癸未　癸巳日生　甲寅時를　만난者는
路上橫厄　負傷이니　酒色車馬　조심하소.
계축계미　계사일생　갑인시를　만난자는
노상횡액　부상이니　주색차마　조심하소. |

❖ 癸(계)일간에 甲寅(갑인)시는 刑合格(형합격)으로 연결해서, 주색(酒色)으로 사망(死亡) 또는 몸을 상하게 되어있다. 비진격으로 양인(兩刃), 칠살(七殺)이 같이 오면 路上黃泉(노상황천)은 정해진 사람이다.

⬇ 寅木(인목)이, 巳(사)를 불러와서 --寅,巳刑(인사형)으로, 巳(사)중 무(戊)와 병(丙)은 재(財) 와 관(官)으로 삼으니 貴格(귀격)인데귀격은 眞格(진격)과 非眞格(비진격)으로 나눈다.

⬇ 계(癸)수 일주(日主)라 하였는데 60갑자 중 몇 개나 있을까?

　　癸　癸　癸　癸　癸　癸
　　丑　亥　酉　未　巳　卯

⬆ 癸(계)수 일주에서 사용되는 지지는 6개가 소용이 되어 60갑자 중 6개가 사용된다. 설명에서 축(丑),미(未),사(巳) 3가지만 사용하였는데 형합격중, 비진격을 골라 진격(眞格)이 아닌 격(格)으로 좋지 못한 운명을 강조한 것이다.

❶

甲	癸	○	○
寅	未	○	○

未(미)중 己(기)토가 토극수 하여 편관, 칠살. 인미(寅未)는 귀문관살로 연결되어 주색(酒色)에 빠져 추락하는 인생으로 전락.

❷

甲	癸	○	○
寅	丑	○	○

癸丑(계축)은 일주 자체로 이미 백호살이다.

❸

甲	癸	○	○
寅	巳	○	○

寅巳(인사)형에 걸려 형합격이 아니더라도 역마(驛馬),지살(地殺),형(刑)이다.

❹

甲	癸	O	O
寅	酉	O	O

癸酉(계유)일주는 일주가 금생수 받아서 일간의 갑木으로 수생목으로 흐름이 좋아 강 하니 좋다.

❺

甲	癸	O	O
寅	亥	O	O

寅亥合(인해합)으로 從(종)한다.

❻

甲	癸	O	O
寅	卯	O	O

寅,卯(인,묘)로 從(종)하게 된다.

⬆ 앞의 1-3은 비진격의 설명이고, 뒤의 4-6은 진격의 설명이다.

◐ 제 2 장   ◐ 재난(災難), 질병(疾病)

| 48 횡사, 익사 | 地殺馬刑 戊己日生 지살마형 무기일생 | 食財殺旺 金水木旺 식재살왕 금수목왕 | 交通事故 橫死溺死 교통사고 횡사익사 | 두렵고요. 可憐하다. 두렵고요 가련하다 |

❖ 지살(地殺),역마(驛馬)-형(刑)이라함은 寅,申,巳,亥(인,신,사,해)가 모두 갖추어져 있음을 설명하고 寅,申,巳,亥(인,신,사,해)가 모두 갖추어지면 四猛之局(사맹지국)을 갖춤이라 좋은 면도 많지만 好事多魔(호사다마)라고 결코 그렇지만은 않다. 왜냐하면 육친으로 볼 때는 충(沖), 형(刑) 등을 모두 일일이 추명 하므로 그렇다. 건물의 외양은 튼튼하고 높고 보기는 좋으나 내부시설이 엉망이요, 부대시설하자 많고 건축법을 위반했구나.

▶ 식신, 상관이 많고 관살이 왕 하면 官食鬪戰(관식투전)이라 항상 시끄럽구나. 그 중 요즈음 시대로 보니 교통사고가 제일 두렵구나.

▶ 戊,己(무,기)일생 이라함은 土(토)일주라 金,水,木(금,수,목)이 왕 함은
　　　　金(금)----------식신, 상관
　　　　水(수)----------편재, 정재
　　　　木(목)----------정관, 편관

◐ 보탬이 되는 오행은 없고 부담이 되고 괴롭기만 한 오행들이다.
　　　　토(土) 일주에 재살(財殺)이 많은 경우
◐ 財(재)---水(수)---많을 경우-----익사, 알콜중독, 약물중독,
　　　흙이 물에 휩쓸려 가므로 흔적도 찾기가 힘들다.
◐ 官(관)---木(목)---많을 경우------구타사망, 목매자살,
　　　흙이 흩어지므로 엉기지 못한다.

❖ 재살(財殺)이 왕(旺)하면 토(土)가 힘을 못 쓰므로 토(土)가 제 기능을 발휘하지 못하므로 항상 내분기계통 주로 위장병 환자가 된다. 토(土)가 많아도 문제지만 너무 허약(虛弱)하니 말년에 암(癌)이 걱정된다. 또한 水(수) 자체가 역마(驛馬)에 해당이 되니 객사(客死), 횡사(橫死)로도 본다.

제 2 장   재난(災難), 질병(疾病)

❖ (실전사주의 예)-금융계통에 근무하고 있는 여성의 사주다

壬	戊	己	辛
子	辰	亥	亥

지지에 자진(子辰)➡ 수국과 월(月),년(年)으로 수기(水氣)가 시간(時干)으로 돌출한다.

⬆ 지지에 해(亥)수를 놓고 있다. 이 경우 객사, 횡사가 될까? 안될까?
무(戊)토 일간에 지지(地支)에 진(辰)토(土)가 있다. 해(亥)수, 자(子)수가 양옆에 있다, 자진(子辰)➡수국(水局)➡합(合)은 형성된다. 중간에서 제방 역할을 제대로 할까? 그것이 핵심이다. 무토(戊土)의 뿌리가 확실한가? 월간(月干)에 기(己)토도 있는데 과연 힘이 될까? 지금 책을 쓰고 있는 이 시간에도 생존해 계시는 분이다. 독자여러분의 실력을 발휘하시길

&. 왔다갔다 미치겠네! 갈매기―――――――――――――
왔다 갔다 아주 가는 것이 삶이다. 조용히 살다 조용히 가는 사람도 있고, 조용히 왔다 떠들다 가는 사람도 있고, 떠들기만 하다 떠나는 사람도 있고, 다양하다. 당신은 어찌 왔다가 어찌 갈 것인가?
울어 봐도, 물어봐도 알 수 없는 것이 가는 길이다.
당신의 길은?
여행을 다닌다 함은 움직이는 것이다. 지나치게 움직이다 보면 탈이 나는 것이다. 역마, 지살이다. 이동이다. 운이 안 좋을 경우는 외출조차 삼가는 것이 상례다.
왜?
굴러다니다 보면 밟거나, 부딪히거나 상하기 마련이기 때문이다.
그럼 아무것도 안하고 가만히? 말도 안 되는 소리!
때와 장소를 가리라는 말이다. 어떻게? 완급조절이다.
상담자의 자세도 중요하다. 어찌 표현을 할 것인가?

◐ 제 2 장   ◐ 재난(災難), 질병(疾病)

49 탕화살	日主湯火 刑穿殺은 彈丸破片 負傷있고 丙申日生 無格身衰 傷痍勇士 흔히본다. 일주탕화 형천살은 탄환파편 부상있고. 병신일생 무격신쇠 상이용사 흔히본다

❖湯火殺(탕화살)

　음독, 중독,비관자살, 폭발물,화공약품, 총상, 파편상 등으로 연결 직업으로는 약사, 위험물취급, 가스, 소방관련 업종, 화공약품취급.寅,午,丑(인,오, 축)을 탕화국으로 보는데 이중 하나만 있으면 가벼우나 둘이상이 형성되어 일주(日主)를 극(剋)하게 되면 본인이 피상 되고 손상된다. 六親 면으로도 연결시켜 추명하면 된다. 건강으로 보면 속에 불이 난다. 속 터지고, 염증(炎症)이 발병(發病)한다.

❖刑穿殺(형천살)--------刑殺 (형살)도 되고 상천살, 육해(六害)살도 된다.
　　　　　　　　　　子 未, 丑 午(자미,축오)가 된다.

❖丙申(병신)일주가 무격신쇠(無格身衰)라 격(格)이 없고 신약(身弱).
　　　파격(破格)의 예----財多身弱(재다신약)
　　　　　　　　　　　　傷食太旺(상식태왕)
　　　　　　　　　　　　官殺太旺(관살태왕)
　　　　　　　　　　　　財殺太旺(재살태왕)

❖ 丙申(병신)일주를 논하는 것은 丙(병)火일주가 지지에 재관(財官)을 갖고 있음이라. 상이용사라 함은 6.25동란으로 인한 피해자들 인데 어렸을 때 많이 볼 수 있었는데 지금은 세월이 많이 흘러서인지 그리 보기가 쉽지 않다.
전쟁으로 인한 아픔의 상처이리. 지금은 전쟁이 큰 원인이 아니라 각종 재해로 인한 사고가 너무 많다. 산업이 다분화 되다보니 그 재해의 종류도 다양하다. 베트남전의 고엽제 피해자 역시 그러하리라. 지금 현세에서는 상이용사로 해석 하지마라 시대에 맞추어서 해석해야 한다. 교통사고로 인한 피해, 산업재해로 인한 피해, 환경에 의한 피해, 자연재해로 인한 피해로 연결 해석

● 제 2 장					● 재난(災難), 질병(疾病)

하고 추명하면 된다. 월이나 시에 급각살(急脚殺) 단교관살(斷僑關殺)이 있으면 상이용사다 하는 해석은 없도록 하고 급각살(急脚殺)이나, 단교관살에 상응하는 해석을 시대에 맞게 하자.

◆ 急脚殺(급각살) ◆

1,2,3월생------亥(해),子(자)   4,5,6월생-------卯(묘),未(미)
7,8,9월생------寅(인),戌(술)   10,11,12월생-----丑(축),

◆ 斷橋官殺(단교관살)◆

월(月)	지지(地支)	월(月)	지지(地支)
1	인(寅)	7	진(辰)
2	묘(卯)	8	사(巳)
3	신(申)	9	오(午)
4	축(丑)	10	미(未)
5	술(戌)	11	해(亥)
6	유(酉)	12	자(子)

❖ 급각살(急脚殺)과 단교관살(斷僑關殺)은 각각 구성요건은 다르나 작용하여 나타나는 현상은 같다고 보아도 무방하므로 일일이 따로 구분하지 말고 같이 보는 것이 편안하다. 사주 중에 있음은 물론 운에서 만나도 작용되고, 1월(寅月생,2월(卯月)생은 그 자체로서 단교관살(斷僑關殺)이 작용되고 있으며 사주 원국 자체에 있으면 선천적으로 갖고 태어나므로 언제인가 한번 거쳐야 할 것이고, 특히 운(運)이 안 좋을 때 그 작용(作用)이 두드러지고, 운(運)에서 나타날 때는 그 운이 지나가고 나면 괜찮아진다. 그리고 이에 해당하는 현상은 고혈압(高血壓), 풍질(風疾), 팔다리 이상, 골절, 산후풍, 골절상, 낙상, 심하면 기형아일 확률이 높다. 옛 말에 자빠져도 코가 깨진다는 말을 생각하면 된다. 아이들의 경우, 소아마비 많이 보고, 신체기형 자주 보인다. 중년에서 말년으로 넘어가면서 자주 보게 되는데 특히, 노년기에는 건강 자체도 많이 부실하기 때문에 특히 더욱 신경을 써야 한다. 관살(官殺)이 되어 국(局)을 형성하면 더욱 조심해야 된다.

☯ 제 2 장   ☯ 재난(災難), 질병(疾病)

| 50 화상, 동상 | 巳午月生 夏冬月에 사오월생 하동월에 | 辛未日도 金水多旺 신미일도 금수다왕 | 火傷破片 凍傷水厄 화상파편 동상수액 | 負傷있고. 있어본다. 부상있고. 있어본다. |

◉ 巳午月(사오월)이라 ➡ 여름에 태어난 경우인데 辛未(신미)일주라 일(日)에 화기(火氣)가 왕 하니 금(金)일주가 맥을 못 추고 있다.

❖ (사주의 예)-지지(地支)가 문제다.

O	辛	O	O
O	未	巳	O

사(巳)월의 신(辛)금 일간(日干)이다.

🔼 火(화)가 기운이 강하여 金(금)을 녹이고 있다 불로 인한 상처나 후유증이 생기게 된다. 고로 화상에 관련된 상처가 생기게 된다.

☯ 辛(신)금 일주가 지지에 火(화)국이 이루어지면 관국(官局)이라 기술자로 연결되는데 기능(技能)직에서 두각(頭角)을 나타낸다.

☯ 항상 火(화)가 과도한 상태라 건강으로 보면 입안이 항상 건조하고, 입안의 침이 마르는 고갈(苦渴)증에 시달리게 된다.

❖ 금일주(金日主)가 피상(疲傷)이 되므로 치아, 피부계통에 문제가 발생하게 된다. 피부(皮膚)가 약(弱)해지니 습진(濕疹)으로 고생하게 되고 물집 또한 자주생기고 피부 자체가 아주 약하게 된다. 물갈이 할 경우, 피부(皮膚)에 이상이 오는 경우도 이에 해당된다.

❖ 夏冬月(하동월)이라 함은 巳,午(사,오)월과, 亥,子(해자)월을 설명하고 ,金水 (금수)가 많아 왕 하다 함은 사주가 냉하다는 말이니 동상, 한 냉증이다. 凍傷(동상),水厄(수액)이라 하였으니 얼음이 깨져서 물에 빠지는 형상과 같다.

❖ 동상(凍傷)도 여러 종류다.
상태에 따라 감각이 마비가 되고 화농(化膿)에 썩는 경우도 생기니 전체적인 것을 종합하여 상태의 가감(加減)을 판단할 수 있다.

제 2 장   재난(災難), 질병(疾病)

❖ (사주의 예)-겉 다르고, 속 다르다.

O	O	O	O
丑	O	子	O

지지(地支)의 역할이 중요하다.
천간(天干)만 보는 것이 아니다.

⬆ 子(자)월에 丑(축)시면 일주에 어떤 오행이 오더라도 꽁꽁 얼려지는 상태가 된다. 지나치게 심하면 여자는 냉증, 불감증이요, 냉방살이 독수공방이 된다. 사람은 겉만 보아서는 모른다. 외모가 예쁜 경우 오히려 이러한 경우가 심심치 않다. 불결한 냄새가 나는 경우도 생긴다. 주변을 잘 살펴보라 특히 가정적인 면을 자세히 살펴라.

❖ (실전사주의 예)----고생 끝에 살만하니 가는 사람이다.

壬	壬	乙	癸
寅	子	丑	亥

축(丑)월의 임(壬)수 일간(日干)이다.
수기(水氣)가 지나치게 강(强)하다.

⬆ 지나치게 신강(身强)하다. 목(木)의 기운이 제 역할을 어느 정도 할 것인가? 운(運)에서 흐름은 어떠한가?

🌀 수목(水木) 상관(傷官)격도 성립된다.

임(壬)수 일간(日干)이 강(强)하니, 가상관격(假傷官格)이다. 화기(火氣)가 부족(不足)하다. 산천초목이 꽁꽁 얼었다. 말년(末年)에 봄이 온들 무슨 소용이 있을 것이며, 완연히 따뜻한 것도 아니라 장담하기 힘들다. 운(運)에서는 과연 어떨까?

🌀 여름에는 땀이 많이 난다. 왜? 음기(陰氣)가 살기 위해 자꾸 세력을 형성한다. 겨울에는 몸이 자꾸 움츠러든다. 왜? 양기(陽氣)가 살기위해 음기(陰氣)를 자꾸 안으로 눌러대니까. 음양의 중화를 이루기 위한 신체의 반응이다. 사주 자체도 이런 기본적인 판단에 의한 통변이 필요하다. 평상시 땀이 많거나, 추위를 잘 타는 경우 응용을 해보는 것도 방법이다. 일의 사안에 따라 비교방법도 된다. 안에 염증이 발생한다? 음기의 자리에 화기가 침범한 것이다.

● 제 2 장   ☯ 재난(災難), 질병(疾病)

51 신경통	春生亥子 神經痛에 춘생해자 신경통에	夏卯未日 呻吟인데 하묘미일 신음인데	秋生寅戌 殺旺하면 추생인술 살왕하면	冬丑辰日 다리저네. 동축진일 다리저네

◉ 급각살(急脚殺)에 대한 설명이다.

❶ 급각살(急脚殺)이 되는 子(자)가 官殺로 변해서 나(我)를 극해 오면 다리를 전다고 하였는데

❷ 급각살(急脚殺) 자체로 항상 신경통으로 고생하고 있는데, 살(殺)로써 기운이 왕(旺)해 치고 들어오니 힘이 드는구나.

❖ 급각살(急脚殺)이란 갑작스런 상황으로 주로 다리 부분을 많이 이야기 하나, 신체 부분 중 아래의 부분을 말함이요, 사람의 연령(年齡)으로 본다면 유소년이나, 청소년층을 말한다.

❖ 상처(傷處)를 입거나, 해(害)를 당하고, 불미스러운 흉사(凶死)가 발생한다. 직장으로 본다면 아랫사람이요, 일의 진행을 본다면 기초공사(基礎工事)의 부실(不實)로 발생하는 흉사(凶死)다. 격각살(擊脚殺) 역시 다리를 다친다는 촌스러운 통변(通辯)으로만 임하면 안 된다.

❖ 급각살(急脚殺)의 구성(構成).

생월	인묘진 (寅卯辰)	사오미 (巳午未)	신유술 (申酉戌)	해자축 (亥子丑)
일시	해(亥),자(子)	묘(卯),미(未)	인(寅),술(戌)	축(丑),진(辰)

⬆ 급각살(急脚殺)은 감싸는 기운의 연속이다. 일종의 과잉보호로 생긴다.

🔍 급각살(急脚殺)은 생월(生月) 기준(基準),일(日)과, 시(時)에 대조(對照)

춘생(春生) 해자(亥子) ☞ 춘생(春生)이라 계절로 봄이다. 즉 음력(陰曆) 1,2,3,월 봄에 출생하고, 일(日)과, 시(時)에 해(亥), 자(子)를 형성하고 있다. 수목응결(水木凝結)의 형상이다.

● 제 2 장　　　　　　　　　　　　　　　　● 재난(災難), 질병(疾病)

❋ (실전사주의 예)-남성—금수(金水)인 음(陰)의 방해(妨害)가 심하다.

癸	丙	辛	丙
巳	子	卯	辰

묘(卯)월, 병(丙)화 일간(日干)이다.
목화(木火) 양(陽)이 많은 것 같은데--

⬆ 직장을 구하려고 많은 노력을 하지만 쉽지 않다.

❖ 여기에서 실전 상황은 이렇게 나온다. 겨울 내내 수도가 얼어서 사용을 하지 못하였다. 봄이 되고 날도 많이 풀려 이제는 다 녹았겠지 하고 마음 놓고 수도 꼭지를 돌리다 그만 터져버린다.

❖ 이런 사고가 발생하는 것이다. 이것이 급각살(急脚殺)이나 같다. 옆구리 터지는 소리다.

❖ **하생(夏生) 묘미(卯未)** ☞ 하생(夏生)이니 여름이다. 4, 5, 6월 사(巳), 오(午), 미(未)월 출생(出生)이다.☞일(日)과, 시(時)에 묘(卯), 미(未)를 갖추고 있다.

❋ (실전사주의 예)—남성——왕따가 심하다.

己	己	丙	壬
巳	卯	午	寅

오(午)월, 기(己)토 일간(日干).
화기(火氣)가 문제다.

⬆ 충무로에서 작은 인쇄소를 하고 나름대로 열심히 살고 있다. 오(午)월이라 여름인데, 일지(日支)에 묘(卯)가 있으니 해당되는 것이다. 지나친 화(火)의 기세(氣勢)로 인하여 기(己)토가 부스러기 흙으로 변한다. 일지(日支)의 묘(卯)목도 극(剋)하니 어렵다.

☯ **화생토(火生土)라? 자연스런 상생(相生)이다.**
생(生)이 지나치면 항상 문제가 발생하듯 생은 생(生)이로되 생(生)이 아니로다. 죽어라! 죽어라! 죽이는 것이다. 진정한 생이란? 셀프서비스가 정답이다. 사주에 인성이 실(實)하다고 무조건 좋다? 착각(錯覺)이다. 신강, 신약의 경우도 마찬가지다. 수생목(水生木)? 목극토(木剋土)? 산골 골짜기 범람의 원인은 썩은 나무와 나뭇잎이다. 그리고 흙이 원인이다. 흐름을 방해한다. 우기(雨氣) 범람시에 말이다.

● 제 2 장   ● 재난(災難), 질병(疾病)

52	正寅二卯	三申四丑	五戌六鷄	七龍八蛇
	九馬十羊	至亥臘子	이도또한	脚不具라
단교관살	정인이묘	삼신사축	오술육계	칠용팔사
	구마십양	지해납자	이도또한	각불구라

❖ 전부가 斷橋關殺(단교관살)에 대한 설명이다. 같은 내용이라도 선천(先天)과, 후천(後天)으로 구분하여 설명하고 연령(年齡)에 따라 판단해야 한다.

◉ 어려서는 잘 넘어지고, 20대는 다치고 상처 잘나고, 40-50대는 신경통, 60대 이후 관절 낙상으로 연결하도록 한다. 특히 운(運)이 안 좋을 때 그 작용이 두드러지고, 운(運)에서 나타날 때 그 운(運)이 지나고 나면 괜찮아진다.

◉ 이에 해당하는 현상은 고혈압(高血壓), 풍질(風疾), 팔다리 이상, 골절, 산후풍, 골절상, 낙상, 심하면 기형아일 확률이 높다.

◉ 옛말에 자빠져도 코가 깨진다는 말을 생각하면 된다. 아이들의 경우 소아마비(小兒痲痺) 많이 보고, 신체(身體)기형(奇形) 자주 보인다.

◉ 중년에서 말년으로 넘어가면서 자주 보게 되는데 특히 노년기에는 건강 자체도 많이 부실하기 때문에 특히 더욱 신경을 써야 한다. 관살(官殺)이 되어서 국(局)을 형성하면 더욱 조심해야 한다. 위치(位置) 별로 육친(六親)에도 응용(應用)된다.

❋ 단교관살(斷橋關殺)의 구성

월	인(寅)	묘(卯)	진(辰)	사(巳)	오(午)	미(未)	신(申)	유(酉)	술(戌)	해(亥)	자(子)	축(丑)
일시	인(寅)	묘(卯)	신(申)	축(丑)	술(戌)	유(酉)	진(辰)	사(巳)	오(午)	미(未)	해(亥)	자(子)

⬆ 월지(月支)를 기준으로 하여 일(日)과 시(時)를 대조(對照)하여 본다.

◉ 어린 시절 잘 넘어져서 무릎이 성할 날이 없는 자녀일 경우, 급각살(急脚殺)이나 단교관살(斷橋關殺) 작용(作用)이 심하다.

☯ 생월(生月) 기준하여 일(日),시(時)에 적용한다. 급각살(急脚殺)과 판단(判斷)하는 방법은 같다.

☯ 통변도 급각살(急脚殺)과 같은 요령으로 한다. 단교관살은 월별로 하여 판단하는 것이니 참고하시기 바라고, 월(月)과 일(日),시(時)가 합(合)을 이루는 것이 특성(特性)이다.

☯ 합(合)이라고 항상 좋지 않다는 이유를 여기서도 찾아본다. 호사다마(好事多魔)라는 경우도 성립된다.

✺ (실전사주의 예)——일(日)시(時)의 묘(卯)신(申)이 어떤 작용을 할까?

戊	丁	辛	甲
申	卯	未	子

미(未)월의 정(丁)화 일간(日干)이다.

묘미(卯未)가 급각살(急脚殺)이다.

⇧ 거기에 자묘(子卯) 형(刑)이 가중된 것이다.

☯ 일찍부터 한 쪽 다리를 절고 있는 사람이다. 신체적인 어려움에도 별다른 탈없이 열심히 살아가는 사람이다. 급각살(急脚殺)을 익히기 좋은 사주다.

☯ 순수한 급각살(急脚殺)에 자묘형(子卯刑)이라는 것에 착안하자.
원래 미(未)월이면 묘미(卯未)가 급각(急刻)인데, 묘(卯)는 자연 형(刑)을 부르는 사주(四柱)다.

☯ 어머니는 묘신(卯申) 귀문(鬼門)으로 연하(年下)의 남성에게 정신(精神)이 나가있다. 정(丁)화의 어머니가 일지 묘(卯)목중의 을목(乙木)으로 일지(日支)에 자리해 가정(家庭)사를 이끌어간다.

◉ 시지(時支)의 신(申)금이 있어 신(申)중 경금(庚金)과 합(合)이 들어 정화(丁火) 일간에게는 재성(財星)으로 활약한다.

◉ 정화(丁火)의 아버지는 월간(月干)의 신금(辛金)으로 확실하게 자리하고 있다.

◐ 제 2 장　　　　　　　　　　　　　　　◐ 재난(災難), 질병(疾病)

| 53 급각살 | 戊午日生
戊日生人
무오일생
무일생인 | 태어난몸
三傳三刑
태어난몸
삼전삼형 | 年月辰酉
자극자극
년월진유
자극자극 | 具全한者
절게되네
구전한자
절게되네 |

▶ 戊午(무오)일주에 년(年), 월지(月支)에 진(辰), 유(酉)를 갖추게 되면 자형살(自刑殺)이 된다.

◉ 自刑殺(자형살)이란?
　진,오,유,해(辰,午,酉,亥)를 말하는데 스스로가 스스로를 형(刑)한다 하여 자형살(自刑殺)이라 하는데, 다른 형살(刑殺)에 비하여 강도(强度)와 작용(作用)이 약간 뒤떨어진다.

▶ 지지(地支)에 모두 갖추고 있다면 타(他) 형살(刑殺)과 동일(同一)하게 취급하고 있는데, 이의 작용은 주로 수족이상(手足異狀)으로 본다. 수족이상은 주로 어떤 상황에서 많이 나오는가?

◉ 삼전(三傳)이라 함은 -----년(年), 월(月), 일(日)
◉ 삼형살(三刑殺)------축,술,미(丑,戌,未), 인,사,신(寅,巳,申)
◉ 무토(戊土)일간이 년, 월 ,일의 지지에 갖추고 있다면 다리를 절게 되는데, 꼭 무(戊)일주가 아니더라도 삼형살(三刑殺)을 놓고 있으면 해당된다.
☞ 삼형살 중에서도 인,사,신(寅,巳,申)은 역마(驛馬), 지살(地殺)이므로 더욱 더 강(强)한 작용(作用)을 한다. 요즈음은 교통수단의 발달로 인해 그로 인한 사고로 다치고 장애를 당하는 사례가 많으므로 해석에 있어서 세심한 배려가 필요하다.
◉ 또 다른 해석을 하게 되면 년, 월, 일에 인사신(寅巳申)➡삼형살(三刑殺)이 놓이게 되면 납치 감금, 등 흉사(凶死)로 연결되므로 불상사(不祥事)요, 요즈음의 시대적인 해석하면 택시강도, 강간, 구타, 등으로 해석이 가능하다. 이혼(離婚) 이야기 나오는 부부가운데 여성의 사주에 인사신➡삼형살(三刑殺)을 놓고 있다면 남편(男便)과 자식(子息)을 등지고 떠나는 경우가 많다. 주된 사항은 아무래도 급각살(急脚殺)과 단교관살(斷橋關殺)이다.

◎ 제 2 장　　　　　　　　　　　　　　　　◎ 재난(災難), 질병(疾病)

❖ 출산 후 병원에 입원 중이었던 아이였는데, 작명(作名)을 의뢰받았던 경우다. 부모와 아이의 사주를 한참보다 보니 이상하여 전화를 하여보니 자세한 이야기는 안하고 친척인데 부탁을 받고 하는 일이란다.
❖ 병원에 입원중인데 건강에 약간 이상이 있는지, 의사도 시원하게 이야기를 못하고 있는 중이란다. 상태를 보아가며 당분간은 입원을 하기로 하였단다.
❖ 인(寅)월이면 단교관살(斷橋關殺)은 기본적으로 갖고 태어난다. 그렇다고 무조건적인 이야기는 아니다. 조심하고 조심하는 것이 좋다. 그런데 지지에서 자묘(子卯)형(刑)이 중복해 나타난다. 관(官)기운 또한 지나치게 왕(旺)하다.

※ (실전사주의 예)-갑갑해서 어찌 할 건가?

乙	戊	甲	癸
卯	子	寅	卯

인(寅)월의 무(戊)토 일간(日干)이다.
사방(四方)이 꽉 막혀있다.

🔼 오래 전 보았던 사주다. 작명(作名)록을 뒤지다가 찾아낸 사주다.
　본문에서는 삼형살(三刑殺)과, 자형살(自刑殺)을 논하였는데 일반적으로 삼형살(三刑殺)하면 셋이 이루는 형살(刑殺)로만 자꾸 치우치는 경향이 많다. 그러다 보니 인사신(寅巳申), 축술미(丑戌未)로 나가는 것이다. 자묘(子卯)형(刑)이 중요하다는 것을 나타내는 사주다.

& 약간의 정신적인 문제로 하여 병원에 다녔거나, 치료중이거나, 정신과 의사와 상담치료 기타 심각한 경우도 있지만 이와 연관된 전력이 있는 사람들이 범법행위를 하고 처벌을 약하게 받는 경우를 우리는 종종 본다.
근본적으로 타인에게 피해를 준 경우인데 감형이 필요 없는 사람들이다. 왜? 진짜 심각한 수준이면 이미 병원에 있거나, 거동에 문제가 발생하는 것이다. 표시가 안 난다면 남이 모르는 것이다. 물론 이런 종류도 매우 많다. 판단은 가능하다. 문제는 판단력이다. 미비한 사람은 범법행위를 행하지 않는다. 감정이 폭발하지 않는다. 표출된다함은 구별한다는 것이다. 신경질적인 반응은 스스로에게만 하는 법이다.

제 2 장　　　　　　　　　　　　　재난(災難), 질병(疾病)

| **54**
귀문관살 | 子日酉年
亥帕辰兮
자일유년
해파진혜 | 丑日午年
戌帕巳는
축일오년
술파사는 | 寅未申卯
精神異常
인미신묘
정신이상 | 年日對立
걸려보오
년일대립
걸려보오 |

❖ 子酉(자유), 丑午(축오), 寅未(인미), 申卯(신묘), 辰亥(진해), 巳戌(사술)
➡ 귀문관살(鬼門關殺)에 대한 설명이다.
❖ 년(年)과 일(日)을 기준하여서 맞추어 놓았는데 실재로 상담 할 때에는 日支(일지)기준하여 年, 月 ,時 (년, 월, 시)모두를 본다.

▶ 귀문관살(鬼門關殺) 이란?
❷ 귀문관살(鬼門關殺)의 특징은 정신적인 스트레스, 신경쇠약, 변태성, 불감증 간질, 정신질환 엉뚱한 행동, 괴팍성, 약간은 정신이상 기질 등 여러 가지로 볼 수 있고 日支(일지)기준하여 사주원국에 있거나 또는, 운(運)에서 만나도 그 작용이 나타나며 怨嗔殺(원진살)과 비슷하나 寅,未(인,미), 子,酉(자,유)만이 다르다. 요즈음 청소년들 게임에 빠지거나 인터넷 중독도 귀문관살(鬼門關殺)로 본다.
☞ 운(運)에서 들어올 때 日主(일주)자체가 강(强)하다면 피해 가는데 대신에 타(他) 육친과의 관계를 주의해서 살펴보아야 한다.
❷ 원진살과 매우 비슷하므로 해석에 있어서도 비슷하게 미워하고 ,상대방 탓하고, 원망(怨望)하고 책임전가하고, 제 성질에 죽어나고 강짜, 투정이고 온 식구가 피곤해진다.

❖ (실전사주의 예)

丁	甲	辛	庚
卯	申	巳	申

사주에서 보면 알듯 체격이 우람하신 분이다.
운동을 했으면 하는 사주다.
성격이 까다로워 비위맞추기가 힘들다.
⬆ 국유지에 불법식당을 차려놓고 운영하는 사람이다. 보상비 문제로 인하여 다툼을 벌이고 있었다. 정상적(正常的)인 대화란 없다. 오직 주먹이나, 밀어붙이기다.

● 제 2 장   ● 재난(災難), 질병(疾病)

55 정신질환	木日主나 火日主가 甚히衰弱 하게되면 白日靑天 昏暗하여 精神衰弱 앓아본다. 목일주나 화일주가 심히쇠약 하게되면 백일청천 혼암하여 정신쇠약 앓아본다

❖ 맛이 갔다는 표현이 어떨지? 정신병력(精神病歷)을 이유로 범죄행위(犯罪行爲)를 단죄하는데 영향을 미친다니 글쎄다. 진짜 정신병력의 소유자는 범죄행위를 행하지 않는다. 왜? 다 이유가 있다.

❖ 오행(五行)으로 살펴보면 목(木)은 신경이요, 화(火)는 정신이라 목화(木火)가 심히 약하니 정신이 없고 깜빡하는 상황이 반복이 되고 자신의 심성을 추스르지 못한다. 가뜩이나 사주자체가 약한데 운(運)에서 또 약(弱)해지면 목(木),화(火)에 해당하는 여러 사항들이 위축되고, 핍박받게 된다.

✳ (실전사주의 예)-기준(基準)이 무엇인가?

癸	甲	癸	癸
丑	子	子	丑

자(子)월의 갑(甲)목 일간이다.
얼음이 얼은 호수에 한 그루 나무다.

🔼 우울증(憂鬱症)으로 심하게 고생하고 있는 분의 사주다.
갑(甲)목이 온통 물로 뒤덮혀 있다. 좋은 운(運)이 온다고 하여도 어느 정도 회복이 되려나 모르겠다. 부디 건강이나 하셨으면 하는 바람이다. 화(火)운이 온다 해도 쉽게 발복(發福)하는 사주가 아니다. 물론 죽으라는 법이야 없겠지만 이 정도이면 큰 기대는 하기 어려운 것이다. 일반적으로 발복 한다함은 건강(健康), 재관(財官)운 모든 것이 어느 정도는 기준치를 이루어야 한다.

💬 심신이 건강해야한다 하지만 모두 나약하면 병으로 연결된다.
　매우 신약할 경우 특히 정신질환 환자의 경우는 정신적인 면 보다 우선적으로 육체적인 치료를 우선해야 한다. 강제성이 동반된 움직임을 유도해야 한다. 고통을 느끼면서 치유가 되는 것이다.

● 제 2 장   ● 재난(災難), 질병(疾病)

| 56 재살신약 | 七八九月 甲日夏月 칠팔구월 갑일하월 | 木丑戌日 木枯操도 목축술일 목고조도 | 다시財殺 失明되어 다시재살 실명되어 | 身弱者와 더듬는다. 신약자와 더듬는다. |

❖ 7,8,9,월생 이라고 하면 신,유,술(申,酉,戌)월 생이고,
❖ 목(木)일주는 갑,을(甲,乙) 일간(日干)을 설명함이고

| O | 甲 | O | O |
| O | 戌 | ← O | |

신(申),유(酉),술(戌)

⬆ 甲(갑)목 일간(日干)에 월지(月支)가 신(申),유(酉),술(戌)일 경우인데 갑(甲)목일간(日干)에 축(丑)은 지지(地支)가 안 되므로 술(戌)이지지(地支)다.

| O | 乙 | O | O |
| O | 丑 | ← O | |

신(申),유(酉),술(戌)

⬆ 을(乙)목 일간(日干)에 월지(月支)가 신유술(申酉戌)인 경우인데 을(乙)목 일간(日干)에는 축(丑)이 지지(地支)가 된다.

❖ 갑(甲),을(乙)목일주에 토(土),금(金)이니 재살(財殺)이 왕(旺)해지는 경우이니, 목(木) 일주가 힘이 약해져 목생화(木生火)를 제대로 하지 못한다.
❖ 화(火)는 정신(精神)이요, 시력(視力)인데 목(木) 신경(神經)도 약해지고 시력(視力)도 제대로 나오지 않으니 실명(失明)이라 나무가 고사(枯死)되니 신경이 작용을 못하고, 눈은 살아있어도 제 기능을 발휘하지를 못하고 자동차가 있어도 기름이 없어 운행 못하는 형상이 되니 실명(失明)이 아닌가?
❖ 건조기 산불에 나무들이 흔적이 없구나. 사주에 목(목(木))이 신약(身弱)하여지게 되는 원인(原因)은 설기(泄氣)가 심할 경우와, 극(剋)을 심하게 받아 존립 자체가 허망(虛妄)할 경우요, 즉 금(金)에 극(剋)을 하도 당하다 보니 살려고 한다면 누가 도와주던가, 내 스스로 살길을 찾아야 할 것이 아닌가?

제 2 장 　　　　　　　　　　　　　　　　　재난(災難), 질병(疾病)

❖ 기(己)와 신경(神經)이 마비가 되니 거동조차도 힘이드니 자연 보조(補助) 도구나, 의탁(依託) 할 곳이 필요하니 거동 시에는 지팡이가 최고인데 오행(五行)으로 목(木)이라, 나를 도와주니 인수(印綬)가 된다.

❖ 목(木)일주 자신이 신약(身弱)하니 비겁(比劫), 인수(印綬)가 용신(用神)되고 지팡이는 길을 걸을 때 안내자 되니 인수(印綬)가 아니겠는가?

✹ (학습 사주의예)

辛	乙	○	○
巳	丑	酉	○

유(酉)월의 을(乙)목 일간이다.
지지의 금국은 어떤가?

⬆ 재살(財殺)이 태왕(太旺) 한 사주이다. 일시(日時)의 천간(天干)이 두렵다.

✹ (실전사주의예) -가끔씩 실수를 한다. 무슨 실수? 좋아하다—

辛	乙	甲	乙
巳	丑	申	亥

신월(申月)의 갑(甲)목 일간(日干)이다.
시각 장애인의 사주다.

⬆ 부분 맹인(盲人)으로 밝을 때는 조금 본다.
☙ 일지(日支)와 시지(時支)가 사축(巳丑) 금국(金局)으로 합(合)이 이루어지지만 알맹이가 빠져 제 역할을 못한다.
☙ 일지에 재(財)를 놓고 있어 금전(金錢)과, 여자(女子)를 꽤 밝힌다.
☙ 을(乙)목은 습목(濕木)이라 화(火)를 생(生)하기는 어렵다.
☙ 사(巳)중 병(丙)화가 있어도 엉뚱한 짓 하기에 정신없다. 천간(天干)과 합이요, 지지 암장(暗藏)합이라 변화해도 작용이 물이 되어 앞을 보는 것과 거리가 멀어진다.
☙ 금수(金水)➡음(陰)이 많고, 목(木),화(火)➡양(陽)이 적다. 목(木)일주가 신약(身弱)하고 사해(巳亥)➡충(沖)에, 사신(巳申)➡형(刑)으로 앞을 못 본다.

● 제 2 장　　　　　　　　　　　　　　　● 재난(災難), 질병(疾病)

| 57 시각장애 | 丙申子辰 四柱財殺 병신자진 사주재살 | 戌日生人 있게되면 술일생인 있게되면 | 다시辛壬 三脚行步 다시신임 삼각행보 | 하나보고 하게되네 하나보고 하게되네 |

❖ 시각(視覺)이란 화(火)다.

불이 꺼지면 빛이 사라지고 사방이 어두워진다. 불이란 재가 바람에 날리기도 하고, 물기가 많으면 열기가 주춤하면서 식어진다. 땔감이 지나치게 많아도 연기만 나고 꺼진다. 산소의 유통 부족이다. 흐름의 막힘이다. 솎아주어야 한다. 목(木)인 땔감을 줄여야 한다.

　　　　丙　丙　丙　丙
　　　　申　子　辰　戌

🔼 위의 일주(日柱)가 辛, 壬(신 ,임)중 하나가 천간(天干)에 하나 더 있고 사주에 재살(財殺)이 있게 되면 삼각(三脚)행보(行步) 즉 지팡이 짚고 걷게 되니 시각장애인이라는 설명.

❖ (학습 사주의 예)

辛	丙	O	O
卯	子	O	O

천간(天干)으로는 합(合)이요,
지지(地支) 형살(刑殺)이니 어쩔 수 없다.

🔼 丙辛(병신)합➡ 水(수)가 되어 수극화(水剋火)로➡ 回頭剋(회두극)으로 얻어 맞으니 失明(실명)이다.

❖ (학습 사주의 예)

壬	丙	壬	O
辰	申	寅	O

병신(丙申)일주가 임(壬)을 양쪽에서 보고

🔼 재살(財殺)이 있어서 맹인(盲人)이 되었다. 병(丙)화➡ 일간(日干)이 사방으로 물로 둘러있고, 월지(月支)➡ 인(寅)목은 일지(日支) 신(申)과 인(寅)-신(申)➡ 충(沖) 으로 깨져버렸다.

● 제 2 장   ● 재난(災難), 질병(疾病)

| **58**
허리통증 | 亥月生人
執杖叩地
해월생인
집장고지 | 戊己日生
하게되니
무기일생
하게되니 | 다시財殺
左往右往
다시재살
좌왕우왕 | 結局하면
걸음이라
결국하면
걸음이라 |

❖ 무,기(戊,己)일주라 함은 토(土)일주인데 해(亥)월생이면 재살(財殺)이 태왕 함이라 결국 57번과 같이
❖ 병(丙)화 日主와 토(土)日主가 재살(財殺)이 태왕(太旺)하면 실명(失明)으로 본다. 局(국)을 형성한다고 하였으니 그것 역시 많음이라.

◉ 집장고지(執杖叩地)에 대하여

  집장고지(執杖叩地)란 어른이 지팡이를 짚고(잡되 의지하여 잡다)머리를 약간 숙인 채로 땅을 두드리는 형상을 말하는데 이 곳, 저 곳을 두드리니 좌우로 살펴가며 걷는 형상인데, 앞을 보는 것이 불편하여 생기는 현상이라 고 볼 수도 있고, 기력(氣力)이 쇠하여 지팡이에 의존(依存)하여 중심을 잡아가며 걷는 모습이라고도 볼 수 있다. 요즈음은 지팡이를 짚고 다니는 노인들이 드물다. 의술의 발달이 지대한 것이다.

▶ 통변(通辯)에 있어서 어떻게 해석을 할 것인가?

☞ 일을 해도 혼자 독립적인 일을 추구하지 못하는 것이다. 무엇인가 기대고 의지해야만 일을 한다. 옆에서 도와주거나 운(運)의 도움을 받지 못하면 성취(成就)하기 어렵다. 남편이면 아내의 도움 없이는 아무 것도 못하는 사람이다. 자식이면 부모의 도움으로 연명(延命)한다.
☞ 독립정신(獨立精神)하고는 거리가 먼 사람이다. 부모의 재산(財産)이 많아도 결국 다 탕진(蕩盡)을 하고 만다. 이혼위자료로 다 날리고, 사업(事業)을 하여도 동업자(同業者)에게 이용당하고, 자식 뒷바라지에, 사고처리에 재산 다 날리는 것이다.

◐ 제 2 장   ◐ 재난(災難), 질병(疾病)

| **59** 시력장애 | 四柱中에 丁巳놓고 壬癸日主 太旺하면
眼昏日暈 하게되니 靑盲될까 염려되네
사주중에 정사놓고 임계일주 태왕하면
안혼일운 하게되니 청맹될까 염려되네 |

❖ 임,계(壬,癸)일주 태왕(太旺)➡수(水)일주가 태왕(太旺),
☞ 정,사(丁,巳)를 사주에 놓고 있으니 정사(丁巳)는 시력(視力)이라 왕(旺)한 수(水)기운에 견디지 못하니 눈에 이상이 오게 된다.

▶ **안혼일운(안혼(眼昏)일운(日暈))이란?**
☞ 시력(視力)이 약(弱)해져서 생기는 현상이다.
☞ 청맹(靑盲)이라 하였는데 겉으로 보기에는 멀쩡해도 기능을 상실함 이다.
☞ 요즈음 인터넷의 보급으로 인하여 컴퓨터와 접하는 시간이 많아지면서 안경 쓰는 것이 유행처럼 되어 버렸다. 심할 경우 신경의 마비도 오고 정신질환 까지도 연결 된다. 무서운 현상이다.
☞ 예전에는 텔레비전으로 인하여 시력을 버리더니 --- 시대의 흐름인가 보다 치부하기에는 너무나 안타까운 일이다. 치밀하게 사주를 분석하고 파악하여 사전에 미리미리 대비하도록 하자.

◉ 시력장해의 원인과 분석.
☞ 목(木), 화(火), 토(土)일주가 재살(財殺)이 태왕(太旺)한 자.
☞ 일주(日主)가 모두 약(弱)한 팔자(八字)로서 매우 신약(身弱)한 사주다.
☞ 목일주(木日主)가 목(木)이 약(弱)하면 목생화(木生火)를 못하고, 파일주(火日主)가 화(火)가 약하면 그 자체가 약하고, 토일주(土日主)가 토(土)가 약하면 화일주(火日主)가 화생토(火生土)하여 토(土)를 보살피느라 본인인 화(火) 자신이 약해질 수밖에 없다.
☞ 사주에서 화(火)가 깨져있고 화(火)가 약(弱)할 경우.
☞ 화(火)는 丙, 丁 火인데 병화(丙火)는 소장(小腸)이고, 정화(丁火)는 심장(心腸)인데, 눈과도 동격으로 취급한다.
   눈이 작은 사람은 심장이 좋고, 눈이 큰 사람은 심장이 약하다.

● 제 2 장　　　　　　　　　　　　　　　　　● 재난(災難), 질병(疾病)

60 낙정관살	甲己日에　見巳하고　乙庚子合　丙辛見候 丁壬見戌　戊癸水土　溺水之厄　있어본다. 갑기일에　견사하고　을경자합　병신견후 정임견술　무계수토　익수지액　있어본다

◉ 낙정관살(落井官殺)에 대한 설명이다.
사주 감정 시 중요한 것은 이러한 규격화된 용어의 정의 보다는 사주 전체를 보았을 때 금,수(金,水)가 왕(旺)한 사주는 항상 물을 조심해야 한다.

◈ 낙정관살(落井關殺)이란?
　주중(柱中)에서 지지(地支)에서 만나는 경우를 설명한 것이다.
　　❶ 갑(甲)일이나 기(己) 일생이-----사(巳)를 만나고
　　　 을(乙)일이나 경(庚) 일생이-----자(子)를 만나고
　　　 병(丙)일이나 신(辛) 일생이-----신(申)을 만나고
　　❷ 정(丁)일이나 임(壬) 일생이-----술(戌)을 만나고
　　　 무(戊)일이나 계(癸) 일생이-----묘(卯)를 만나고

❖ 주로 물과 연관된 사고로 우물, 강물, 맨홀, 등 또는 벼랑에서 떨어지고 계단추락사고, 미끄럼 사고 등과 연관된다. 성수대교 사고를 연상하면 된다.

☞ 금수(金水)태왕 한 사주, 토(土)일주에 수목(水木)이 많아 재살(財殺)이 태왕한 사주도 낙정관살(落井官殺)과 같이 작용하는 것으로 본다.

☞ 낙정관살(落井官殺)과 급각살(急脚殺) 그리고 단교관살(斷橋關殺)도 일맥상통(一脈相通)하는 면도 많으므로 구분이 필요하고, 낙정관살 놓은 자가 급각, 또는 단교관살이 가중되면 그 작용이 더 심해진다.

☞ 사주감정에 있어서 이 살(殺)과 연관이 되면 흉사(凶死)도 흉사지만 중상묘략 및, 함정(陷穽)에 빠진다, 사기(詐欺)를 당한다고 해석이 가능하다.

☞ 지나치게 욕심(慾心)을 내면 사고(事故)가 난다는 말이요, 함정(陷穽)을 조심하라는 말. 진정한 뜻은 넘보지 말라는 뜻이다. 옆에서 살짝 건드리기만 해도 위험(危險)에 봉착(逢着) 한다는 것이니, 위만 보고 걷다가는 아

◐ 제 2 장   ◐ 재난(災難), 질병(疾病)

래 부분에서 사고(事故) 당한다.
☞ 택지(宅地)를 골라도 아래쪽은 피하라는 말이요, 등잔 밑이 어둡다는 말이요, 보이지 않는 곳이라도 잘 살피라는 말이다. 하도 싸게 나온 택지가 있었다. 때마침 택지(宅地)를 구하던 사람은 이게 웬 떡 하고 아! "역시 임자가 따로 있는 모양이야!" 하면서 얼른 계약을 하였다. 후에 흉사(凶死)가 자꾸 생기자 웬일인가 하고 아는 사람들에게 자문을 구하였다. 그 택지(宅地)는 사람이 살 땅이 아니었던 것이었다.

✺ (실전사주의예)-본인도 못 견디고 행한다.

丁	壬	丙	甲
未	午	寅	寅

인(寅)월, 임(壬)수 일간이다.
사주(四柱)상 낙정관살(落井官殺)은?

🏠 사주(四柱)상에서 안 보인다면 아! 해당사항이 없는 것이구나!

◐ 방심할 때 항상 문제가 발생한다. 오래 된 사람도 가끔씩은 실수(失手)를 하는 것이 바로 이러한 것이다. 일단 보이지가 않으면 관심 밖으로 사라진다. 운(運)에서 오는 것을 알면서도 잊어버리는 경우도 생긴다.
◐ 병술(丙戌)년에 이혼(離婚)한 사람이다. 식신(食神)이 상관(傷官)으로 변(變)하고, 식상(食傷)기운이 강(强)해지니 관(官)을 극(剋)하는 것은 당연한 일, 원인(原因)을 찾아 통변(通辯)해야 한다. 악살(惡殺)과 함께 작용한다.

제 2 장　　　　　　　　　　　　재난(災難), 질병(疾病)

| 61 장질부사 | 卯寅夏月　그사람이　日柱庚寅　午戌이면
痔疾盲腸　腸窒扶斯　事前注意　必要하오
묘인하월　그사람이　일주경인　오술이면
치질맹장　장질부사　사전주의　필요하오 |

❶ 인묘(寅卯)하월(夏月)은 寅, 卯, 巳, 午(인,묘,사,오)월이라 오행(五行)으로는, 木火(목화)라 庚寅(경인)일주, 庚午(경오)일주, 庚戌(경술)일주의 예다.

❖(학습 사주의 예)

O	庚	O	O
O	寅	卯	O

⬆ 경인(庚寅)일주(日柱)에 지지(地支)에 목화(木火) 국(局)을 이루고 있다.

❖(학습 사주의 예)

O	庚	O	O
O	午	寅	O

⬆ 경오(庚午)일에 인(寅)월생으로 지지(地支)에 화국(火局) 이루고 있다.

❖(학습 사주의 예)

O	庚	O	O
O	戌	午	O

⬆ 庚戌(경술)일주에 午(오)월생으로 지지에 화국(火局)을 이루고 있다.

❖ 地支(지지)에 木火局(목화국)을 이루고 있으면 치질(痔疾), 장질부사 뿐 아니라 빈혈(貧血)환자도 해당된다.

☯ 여자는 골다공증(骨多孔症)도 위험하고, 관절염(關節炎)환자요, 피부병(皮膚病)도 유의, 특히 치아(齒牙) 관리에도 신경 써야한다.

◎ 제 2 장 ◎ 재난(災難), 질병(疾病)

62 치질, 맹장	辛卯巳未 亦是痔疾 신묘사미 역시치질	生日人이 盲腸으로 생일인이 맹장으로	寅卯夏月 呻吟함이 인묘하월 신음함이	出生해도 있게된다. 출생해도 있게된다

辛　　辛　　辛
卯　　未　　巳

⬆ 위의 일주 소유자들도 寅,卯,巳,未(인,묘,사,미)월에 출생해도 마찬가지다.

0	辛	0	0
0	卯	寅	0

0	辛	0	0
0	未	巳	0

0	辛	0	0
0	巳	未	0

⬆ 일주(日主)에 지지(地支)목화(木火)를 이루고 있음은 위와 같이 치질(痔疾)이 있게, 되는데 맹장(盲腸)도 급성(急性)과 만성(慢性)이 있으므로 이에 대한 판단도 유념.

❋ (실전사주의 예)-일 열심히 하고도 돈을 받기가 힘든 사주다.

乙	辛	甲	乙
酉	卯	寅	卯

인(寅)월의 신(辛)금 일간이다.
일, 시가 천충(天沖) 지충(支沖)이다.

⬆ 돈 받으러 갔다가 병원(病院)으로 직행해서 맹장(盲腸)수술 받은 사람의 사주다. 사장이 미안한지 수술비용을 다 지불하였단다. 낫으로 나무를 베다가 낫이 부러지는 것이다. 재(財)에 종(從)하는 것이 편한 것인데, 그것이 뜻대로 안되니 아쉬운 것이다.

제 2 장 — 재난(災難), 질병(疾病)

63 천식, 혈질

戊己日生	多水木金	脾胃弱해	걱정되고
庚辛日生	多逢火는	喘息血疾	咳嗽氣라
무기일생	다수목금	비위약해	걱정되고
경신일생	다봉화는	천식혈질	해수기라

❖ 무기(戊己)일생➡토(土)일주의 설명, 다(多)수목금(水木金)이라 함은 재(財))와 살(殺)이 많음이라, 재살태과(財殺太過)한 사주가 된다.

❖ 경신(庚申)일생 이라 함은 금(金)일주(日主)인데 다봉(逢) 화(火)라 함은, 극(剋)하는 관살(官殺)인 火(화)가 많고, 목(木)인 재(財)가 많아도 똑같은 현상이 나타나는데 천식, 혈 질환 신경통, 관절염 등의 현상이 나타나는데, 그 주된 원인(原因)은 피로(疲勞)와 스트레스다.

❖ 특히 작명(作名)시 아린아이의 사주에 이러한 성향(性向)이 포착되면 예방주사야 기본적(基本的)인 사항이지만, 기온(氣溫)의 변화에 각별히 신경을 써서 사전에 예방이 되도록 부탁드려야 한다.

✱ (실전사주의 예)-독립하여 보려고 생각중인 사람의 사주

戊	己	癸	甲
辰	卯	酉	辰

유월(酉月)의 기(己)토 일간(日干)이다.
지지(地支)에서는 목금(木金)상전(相戰)이다.

⬆ 현재 기업체에 근무 중인데 피로와 스트레스로 곤곤한 사주다. 상전(相戰)이 지속되니 피곤하다. 내가 안고 갈 사안이다.

◐ 제 2 장					◐ 재난(災難), 질병(疾病)

64 근통, 골통	壬癸日主 多逢火土 痔疾淋疾 鼻塞氣요 甲己日生 多逢金은 筋痛骨痛 呻吟있네 임계일주 다봉화토 치질임질 비색기요 갑기일생 다봉금은 근통골통 신음있네

❖ 임계(壬癸)일주(日主)➡수(水)일주, 다봉(多逢) 화토(火土)➡재(財)와 살(殺)이 많음이라 치질(痔疾), 성병(城兵) 중에서도 물(고름)이 나오는 임질(淋疾)에 걸려 고생해보고, 방광(膀胱)에도 이상이 생겨 소변보기도 힘들어지고 노년(老年)에는 특히 조심해야 한다. 전립선염, 방광염으로 고생이다. 암으로도 비화된다.

❖ 비색(鼻塞)이라 코에 관련된 설명. 금(金)은 얼굴에서 코에 해당된다. 코에 연관된 병(病)은 직접적으로 오는 병과, 그 여파(餘波)로 인해 생기는 병이 있는데 비색기(鼻塞氣)라 함은 水(수)기가 약(弱)해 생기는 병에 해당 된다.

▶ 그런데 수기(水氣)가 약한데 왜 금(金)인 코에 이상이 온단 말인가?

　사주감정에 있어서 초심자들이 제일로 많이 실수하는 부분이고, 핵심적인 사안이다. 눈에 나타나는 일차적(一次的)인 부분에만 집착마라. 바로 지금과 같은 이차적인 부분을 보아야 한다.

◐ 수(水)의 어머니는 인수(印綬)➡금(金)이 된다. 자식(子息)이 기력이 없어 골골하는데 가만히 보고만 있는 어머니는 없다. 자연히 발 벗고 나서게 되는데 온갖 정성을 다하다 보니 기력이 쇠해지게 되는데 병(病)이 생기게 된다.

◐ 비색기(鼻塞氣)의 증상으로는 코맹맹이 소리, 코가 막혀 숨쉬기가 힘들어지고 코의 전유물인 후각기능이 마비되고 축농증(蓄膿症), 코뼈가 휘어짐 등의 이상 증세가 보이게 된다.

❖ 甲,乙(갑을)일생➡목(木)일주다. 다봉(多逢)금(金)➡관살(官殺)이 많음이다.
　목(木)➡근육(筋肉)이요 살이다, 금(金)➡뼈, 관절(關節)이 된다. 금목상전(金木相戰)이면 어떠한 현상이 벌어질까? 서로가 동등하여 균형(均衡)이 이루어지면 다행인데, 아니니 문제가 발생(發生)한다.

◐ 제 2 장					◐ 재난(災難), 질병(疾病)

☞ 나무는 연약(軟弱)한데 무자비하게 전기톱을 들이댄다 생각 하여보자.
☞ 전기톱이 너무 심하다면 도끼로 바꿔보자 그래도 마찬가지다. 매사가 꼬이기만하고 되는 일이 없다, 될 만하면 문제가 생기니 환장할 노릇이다.
◐ 건강상으로도 문제가 생기는데 조금만 운동을 하여도 근육통이요 신경통이다. 금목상전(金木相戰)의 경우 건강상으로는 신경통(神經痛), 근육(筋肉)통, 관절염(關節炎), 치통(齒痛), 등 여러 증상(症狀)이 보이게 되는데 특히 통자 항렬의 병명(病名)이 많이 들어간다. 두통, 치통-등등 예외인 경우도 있지만.

✺ (실전사주의 예)- 재다신약이 많이 해당된다.-철이 늦어서

庚	壬	甲	甲
子	戌	戌	午

술(戌)월의 임(壬)수 일간이다.
지지 화국(火局)이 강(强)하다.

⬆ 젊은 시절 성병(性病) 앓아보고 혼이 난 사주다.

✺ (실전사주의 예)- 지나침도 화근이다.

丁	甲	辛	庚
卯	申	巳	申

사(巳)월의 갑(甲)목 일간이다.
사신(巳申)형으로 운동을 안 하면 더 아프다.

⬆ 과중하고 무리한 운동으로 관절(關節), 근육(筋肉) 이상으로 가끔씩 곤욕(困辱)을 치른다.

◎ 제 2 장   ◎ 재난(災難), 질병(疾病)

| **65**

해수, 천식 | 寅巳午未
咳嗽喘息
인사오미
해수천식 | 戌月生人
基疾病에
술월생인
기질병에 | 甲乙寅午
恒常골골
갑을인오
항상골골 | 巳未戌日
하게되오
사미술일
하게되오 |

❖ 인(寅)사(巳)오(午)미(未), 술(戌)월 ➡ 월지에 火(화)국을 형성하고 있다.
☞ 일(日)과 월(月)에서 합심하여 화국(火局)을 형성하는데 양(陽)의 기운이 강하다. 수기(水氣)는 타협(妥協)을 논(論)하지만, 금기(金氣)는 타협자체가 어려운 상황이다. 금수(金水) 음기(淫氣)가 맥을 못 추는 형상이다.

O	甲	O	O
O	午	寅	O

O	乙	O	O
O	未	巳	O

O	甲	O	O
O	戌	午	O

O	乙	O	O
O	巳	未	O

O	甲	O	O
O	寅	戌	O

🔼 위의 일주(日主)가 寅,巳,午,未,戌(인,사,오,미,술)월에 출생 하였다면 地支(지지)가 모두 火(화)국을 형성하고 있다. 목(木)일주에 지지가 화(火)국이므로 일간(日干) 나무는 항상 건조하고 메말라 항상 불에 타고 있는 형상이다.
❖ 사주에 木,火(목,화)가 많은 경우----여름이 지겨운 사람이다.
　　　　　　　　　　　　오뉴월 감기는 개도 안 걸린다고 했는데
❖ 金,水(금,수) 가 많은 경우----반대로 겨울이 무서운 사람이다.
　　　　　　겨울만 되면 추위와 해수(咳嗽), 천식(喘息)으로 고생한다.

❖ (실전사주의 예)– 지나친 활동이 문제다.

庚	甲	甲	丙
午	寅	午	午

　　　　　학원 업에 종사하고 계시는 분의 사주이다.
　　　　　　　　　기온이 차면 항상 피곤한 사주

🔼 노후(老後)에 건강이 염려되는 사주다.

● 제 2 장   ● 재난(災難), 질병(疾病)

| 66
중풍, 비색기 | 金木星이
鼻塞氣가
금목성이
비색기가 | 十至月은
있게되니
십지월은
있게되니 | 酒風中風
恒時過飮
주풍중풍
항시과음 | 滯症있고
注意하소
체중있고
주의하소 |

❖ 金,木星(금,목성)➡金,木(금,목)일주, 십지월은 10,11월➡겨울에 출생한 사람인데, 주풍(酒風)➡술로 인해 생기는 현상으로 손의 떨림이라던가, 안면 근육마비, 팔 다리가 힘이 없고, 주풍은 그 원인(原因)이 여러 가지 이지만 고혈압이 원인도 되고 기타 많은 데 추후 살피기로 하고,

❖ 체중은 소화불량이라 먹은 것이 항시 소화가 잘 되지 않아 나타나는 현상인데 다른 음식물도 분해가 잘 되지 않아 거북한 상태인데 거기에, 술까지 겹쳐서 부담을 주니 주독이 항상 몸에 있고 술은 물이라 물은 차가움 이니 한기(寒氣)가 더욱 기승을 부리고 증세가 더욱 심하여지니 항상 과음(過飮)은 주의해야 한다. 비색기(鼻塞氣) 역시 가중되어 증세(症勢)가 악화 될 뿐 이다.

❖ (실전사주의 예)-술이 원수.

己	辛	辛	壬
丑	巳	丑	辰

신금일주에 금수 왕 하여 주독이 풀리지 않은 채 지나친 과음으로 교통사고 있었다.

❖ (실전사주의 예)-반복된 사항이다. 놀랍지도 않단다.

丁	丁	辛	丁
未	未	丑	亥

축(丑)월의 정(丁)화 일주의 사주다. 항상 비색기(鼻塞氣)로 고생하였는데

⬆ 2003년 계미(癸未)년에 코 수술을 하였다. 왜? 지지(地支)로 축미(丑未) 충이라 견디기 어렵다. 누가 당하는가? 월간(月干)의 신(辛)금이 날아간다. 거기에 정계(丁癸)충이라 어쩔 수 없다.

✎ 65,66 같은 경우 순환의 원리로 논한다면, 숨을 쉴 때 코의 활용을 적극적으로 해야 한다. 입을 평시에 자주 벌리는 사람들의 경우 더 심하다. 멍 때림 하듯 멍청한 듯, 몸 안의 순환이 항상 중간에서 새는 것이다. 통로가 샌다. 코를 활용해라.

● 제 2 장   ● 재난(災難), 질병(疾病)

67 간질, 풍병	火旺四柱　金日主는　두드러기　腫氣之疾 木火日主　太弱하면　癎疾風病　두렵구나. 화왕사주　금일주는　두드러기　종기지질 목화일주　태약하면　간질풍병　두렵구나.

❖ 목화(木火) 일주 ➡ 갑(甲),을(乙)일주와 병(丙),정(丁) 일주사주(四柱).

☞ 자체가 신약(身弱)하게 되면 신경(神經)과 정신(精神)이 혼미(昏迷) 마치 정신 나간 사람 같아지고 간질(癎疾) 증세도 보인다. 기운이 처지거나 몸이 약해진 경우는 더욱 두드러진다. 불규칙적인 발작(發作)으로 인해 주위 사람들을 괴롭힌다.

❖ (실전사주의 예) -피부병환자의 사주다.

癸	丙	丙	丁
未	子	午	巳

오월(午月)의 병(丙)화 일간(日干)이다.

⬆ 물만 바꾸어 먹어도 탈이 나고 온몸에 두드러기가 잘 생기고 옷도 잘 탄다. 피부이상 증세. 피부에 관련된 사항을 참조,

☞ 오행(五行)상 화(火)의 분류(分類) 상세히 살펴보자. 화기(火氣)가 강한 경우.

🐍 간질이란 나타나는 형상이 발작으로 이어져 참으로 갑갑한 사태를 조장한다. 흐름이란 원만하고 정상적이어야 하는데 흐름이 갑자기 끊기거나 불규칙적인 활동을 한다. 의학적으로 신경세포의 이상 흥분 현상에 의해 발생하는 것이 라고 하는데 사주에서 천간과 지지의 흐름이 순환(循環)격(格)이 아니고 갑작스런 흐름이라면 이의 가능성을 생각한다.

🐍 순환격을 이룬다는 것도 어렵지만 천간 또는 지지의 흐름에 있어 아무런 연결됨이 나타나지 않으면 아무리 사주가 좋다한들 성격상 문제가 있는 사람이다. 심성을 파악하는 방법이기도 한 것이다. 우리가 상을 볼 때 선이 원만하지 않으면 괴상이라 하지 않던가? 다 그런 연유다.

● 제 2 장　　　　　　　　　　　　　　　　　● 재난(災難), 질병(疾病)

68 곤랑도화	四柱挑花　逢刑者와　滾浪挑花　만난자는 痔疾淋疾　梅毒膀胱　呻吟함이　있게되오 사주도화　봉형자와　곤랑도화　만난자는 치질임질　매독방광　신음함이　있게되오

❖ 도화(桃花)도 도화 나름이다. 삼형살(三刑殺)을 맞으니 온전하겠는가?
❖ 곤랑도화滾浪挑花란 무엇인가?
　곤랑도화란 天干(천간)은 합이 형성이 되고 地支(지지)에는 형살이 형성되는 것으로 지지에서 이루어지는 것은 자묘형(子卯刑) 뿐 이다.
● 도화(桃花)하면 제일 먼저 생각하는 것이 바람기가 아니던가?
　육친관계도 살펴보아야 하겠지만 우선은 본인이 먼저 가 아니던가?
　자유분방 하여진 성도덕으로 인하여 정조관념이 사라지는 세태가 아니던가?
● 예전부터 화류병이라 불리던 성병(性病)들이 사라지지 아니하고, 이제는 에이즈라는 무서운 공포의 대상이 온 지구를 시끄럽게 하지 아니하는가? 모든 것이 자업자득(自業自得)이요 업보(業報)인 것을----------

❖ (학습사주의 예)-강(强)한 것이 좋은 것이여!

O	丙	辛	O
O	子	卯	O

천간은 병(丙)과 신(辛)이 합(合)을 이루고
지지는 자(子) 와 묘(卯)가 형(刑)을 이루고

⬆ 특히 성병(性病)은 신약(身弱)한 사주(四柱)가 자주 걸린다. 보균(保菌)기간도 길다 .신강(身强)한 사주는 저항력(抵抗力)도 강하여 똑같이 외도(外道)하였어도 신강(身强)한 사주는 그 정도가 덜하다. 사주는 일단 강(强)하고 보아야 하나 보다. 포경수술의 유무와도 관련이 있듯 강약(强弱) 차이다.

❖ (실전사주의 예)-장작은 마른 장작이 좋다.

壬	壬	辛	辛
子	子	卯	卯

금수(金水) 냉(冷)한 사주이다, 자묘(子卯)
형살(刑殺)에 습목(濕木)이 되어
파격(破格)이 되어버린 사주다.

◐ 제 2 장   ◐ 재난(災難), 질병(疾病)

| 69
금수냉 사주 | 戊己日弱
四柱中에
무기일약
사주중에 | 地支刑은
金水冷은
지지형은
금수냉은 | 胃腸手術
小便자주
위장수술
소변자주 | 있어보고
보게된다.
있어보고
보게된다. |

❖ 토(土)일주가 신약(身弱)하여 생기는 현상이다. 거기에 형(刑)을 첨가하니 그렇고 지지형(地支刑)이므로 辰, 戌, 丑, 未(진,술,축,미)를 깔고 있는 상황이니 축술미(丑戌未) 형(刑)이므로 토(土)는 위장(胃腸)계통이라 형살(刑殺)이 가임되어 수술(手術)이 아니고 무엇인가?

O	戊	O	O
O	子	O	O

일주가 이러하니 지지의 어디 던 卯(묘)가 위치하게 되면 위장병으로 인한 고통이다.

O	己	O	O
O	卯	O	O

이것 역시 마찬가지다.
지지에 子가 오게 되면 똑같은 상황이 된다.

⬆ 여기서 한 번 생각 할 것은 자묘형(子卯刑)만 보지 말고 무기(戊己)즉 토(土)가 묘(卯)목에 극(剋)을 당한다고 보면 어떨 런지?

◐ 사주에 금수(金水)가 많으면 화장실 출입이 잦다. 왜? 금수(金水)가 많으니 우선 추우니까 움추린다. 추우면 피부가 거칠어지는 것은 당연한 일이지만 사주 자체가 냉(冷)한 경우는 또 달라진다. 반대로 수(水)일간이 화기(火氣)가 지나치면 당한다.

◐ 화기(火氣)가 많으면 금(金)은 수(水)에게는 꼭 필요한 존재(存在)가 되지만 화기(火氣)가 부족(不足)한 경우, 금(金)은 수(水)에게 오히려 화근(禍根)이 된다, 가뜩이나 서늘한데 오라는 화(火)는 안 오고 차가운 금(金)이 와서 더욱 춥게 만드니 오라는 딸은 안 오고 미운 애꾸눈 며느리만 오는 형상이다.

◐ 이로 인하여 수인 신장(腎臟) ,방광(膀胱) 기능이 제대로 작동이 안 된다. 오줌보가 수축(收縮)이 되어 오그라드니 찾는 곳이 화장실(化粧室)이다.

☯ 제 2 장   ☯ 재난(災難), 질병(疾病)

☯ 저수량이 적으니 자꾸만 물이 넘쳐 배설을 해야 한다. 이것 또한 따뜻한 여름에는 무난하나 겨울이면 힘들어진다. 그렇다면 이런 사주의 소유자의 어린 시절로 돌아가 보자. 대체적으로 밤에 잠자리에서 오줌을 자주 싼 경우가 많다. 그것이 도가 지나치면 늦게까지 가는 경우도 있고 ---

☯ 금일주(金日主)의 사주일 경우는 금(金)이 강(强)하니 목(木)이 맥을 못 추고 그러다보니 목(木)은 자율신경(自律神經)이라 조절이 뜻 데로 안 되니 아침에 잠자리에서 해가 중천에 올라도 나오지 못하게 되는 것이 아닌가?

☯ **수(水)일주의 사주(四柱)는 어떠할까?**

가뜩이나 물이 많은데 또다시 金까지 합세하니 여자라 하면 남편이 맥을 못 추게 된다. 다행이 남편인 火기가 어느 정도 건딜 만하면 괜찮은데 벌써 이정도면 힘들어진다. 자연 남자는 소식도 없고 손목을 잡아도 火인 전기가 오는 둥 마는 둥이 되고 지나치면 불감증이요,火기가 약발이 받으면 옹녀의 탄생이라, 경계선에서의 차이가 이토록 상반된 결과가 나온다.

☯ **(실전사주의 예)-목(木)의 분석.**

庚	壬	癸	癸
子	申	亥	卯

금수(金水)가 왕(旺)한 사주의 예이다
남편 덕(德)이 없는 여자의 사주.

⬆ 주식투자하여 개미군단의 일원으로 희생자가 된 사주다. 증권은 묘목(卯木)이 습목(濕木)이 되어 별로다. 해묘(亥卯)➡목국(木局)도 성립이 되나 종이자체가 젖어있어 증권(證券)과는 거리가 멀다.

☯ **(실전사주의 예)-수(水)의 재(財)란 불이다. 불꽃을 피워라.**

己	壬	庚	辛
酉	戌	子	酉

임수 일주에 금수(金水)가 냉(冷)한 사주다.
젊은 나이 이지만 이성(異性)에 대해 아직
너무 무감각하다.

⬆ 불이란 양(陽)이다. 물이란 음(陰)이고 음양(陰陽)의 조화(造化)란 어울려야 이루어진다. 편협(偏狹)되면 기울어져 균형(均衡)을 상실한다.

◎ 제 2 장　　　　　　　　　　　　　　　　◎ 재난(災難), 질병(疾病)

| **70**
오줌싸게 | 四柱炎上　水火相戰　水木日生　多水木은
늦게까지　잠자리에　오줌싸게　된답니다.
사주염상　수화상전　수목일생　다수목은
늦게까지　잠자리에　오줌싸게　된답니다. |

❖ 사주 염상격(炎上格)과, 수(水)와 화(火)가 대치국면인 사주의 상황에서는 염상격(炎上格)이니 화기(火氣)가 왕(旺)한 사주라, 그리고 지지(地支)에서 화국(火局) 즉 불기운이 주동하니 한 방울 물이라도 남아 있겠는가?

◎ 수(水) 역시 자기 기능을 완전히 상실할 수 밖에 없고, 그러니 방광(膀胱)이 문제되니 매일 오줌 싸고 키 쓰고 소금 얻으러 다닐 수 밖에 아이들 오줌 싼다고 야단 칠 것이 아니다. 사주를 한 번 분석을 하고 그것의 원인이 정신과, 자율신경(自律神經)인지 아니면 찬 기운으로 인한 것인지 판단을 하여 처방을 하라. 수(水)는 비뇨기계(泌尿器系)통이요, 목(木)은 신경(神經), 정신(精神), 자율신경(自律神經)이니 환경(環境)의 영향도 많은 것이다. 일단은 화목한 가정의 분위기가 우선이다. 최근 들어 요실금이라 하여 말도 못하고 있다가 병원 찾는 사람도 많은데 사주분석을 한번 하여보라 .

◎ 운(運)에서의 흐름이 어떠한 가도보고 갑자기 집안 분위기가 어떤가도 살펴보고 사주원국과도 비교하여 보라. 노쇠(老衰)하여진다고 무조건 생기는 것은 아니다. 물론 어느 정도 원인 제공도 있겠지만 그렇다면 중년 또는 청년에서 보이는 이유는 무엇인가? 곰곰 생각해보라. 실질적으로 화(火)일주는 오줌을 안 싼다. 잠귀가 밝아서 눈뜨고 자니 대낮에 이불에 왜 쉬하느냐고 일어나서 화장실로 직행 한다 . 금수(金水) 일주는 밤이니 마음 놓고 쉬하니 오줌 싸고 신약(身弱)한 목일주는 아침 인지, 밤인지 구별하다 쉬하고 만다.

❖ (실전 사주의 예)-피한다고 피할 수 없다.

壬	壬	甲	甲
午	戌	戌	午

오(午)술(戌)이 합(合)이되어 임수(壬水) 일주를 괴롭힌다.
13세 까지 오줌을 쌌던 사주다.

⬆ 재성(財星)이 강(强)해 평생(平生)을 휘둘리면서 산다.

● 제 2 장　　　　　　　　　　　　　　● 재난(災難), 질병(疾病)

| **71** 청각장애 | 三冬春生
四柱中에
삼동춘생
사주중에 | 壬癸日生
不見火는
임계일생
불견화는 | 其日主가
耳聾咳嗽
그일주가
이롱해수 | 甚冷한데
風疾이요
심냉한데
풍질이요 |

❖ 三冬春生(삼동춘생)--亥, 子, 丑 寅, 卯 月 生
  (해(亥),자(子),축(丑),인(寅),묘(卯) 월생--10,11,12,1,2월
❖ 임계(壬癸)일생➡수(水)일주. 사주(四柱) 중에 불견(不見)화(火)란➡사주
  중에 화기(火氣)가 극(剋)히 미약(微弱)하거나 없는 경우.
❖ 耳聾咳嗽(이롱해수)-----청각장애인을 말한다.
❖ 金,水(금,수)가 많은 사주는 이미 조후(調喉)를 상실하고 있는 사주인데 이
  비인후과(耳鼻咽喉科) 계통의 질병(疾病)이따라다닌다. 특히 심기가 약하
  면 귀가 울리는 것처럼 현상이 나타나고 정신적인 면으로 연결 되면 정신착란
  (精神錯亂) 증세도 나타난다.
❖ 몇 년 전 방송뉴스 시간에 돌발적인 사고로 뉴스 진행도중 횡설수설하며
  이끌려나간 사람도 이런 형태다.
❖ 금수(金水) 왕(旺)하면---화기(火氣)가 맥을 못 춘다. 화기(火氣)는 주로
  심장(心腸)계통이 되고 금기(金氣)가 폐(肺) 계통, 기관지(氣管支)가 찬
  기운에 수축(收縮)이 되어 해소(解消), 천식(喘息), 기침으로 연결된다.

❖ (실전사주의 예)-사면초가(四面楚歌)다.

乙	丁	辛	癸
巳	丑	酉	丑

　　　　　온갖 질병으로 시달리고 있는 사주이다.
　　　　　기력도 쇠하여 정신도 가끔 오락가락 한다.

🔼 정화(丁火)는 불이다. 등불로는 알맞지만 날이 추워 기름이 다 얼어버렸다.
심지고 딱딱하게 굳어버려 기름을 빨아 당기지 못한다. 불이 켜지지 않는다.
바람도 심하게 분다. 날은 춥고 밤은 깊어만 간다.

◎ 제 2 장　　　　　　　　　　　　　　　◎ 재난(災難), 질병(疾病)

72
설사, 당뇨

食神刑沖　財星逢沖　奇生虫이　많이있고
水土日柱　失道하면　便秘泄瀉　糖尿로다.
식신형충　재성봉충　기생충이　많이있고
수토일주　실도하면　변비설사　당뇨로다

❖ 식신(食神)과 재성(財星)이 형(刑), 충(沖), 파(波), 해(害) 등을 만나면 기생충이 많이 있고, 수일주(水日主)➡임계(壬癸)일주 토일주(土日主)➡(무기(戊己))일주가 실도(失道) 한다는 것은 자기의 기능을 상실함으로 변비(便秘), 설사(泄瀉), 당뇨(糖尿) 등의 원인(原因)이 된다.

☞ 예전에는 기생충이 기승을 부린 적이 꽤 오래 있었다. 학교 교실 벽 에도 큼직하게 포스터까지 등장하고 그랬었다. 이미 지나간 추억속의 이야기 이다. 요즈음 생각지도 않게 수입김치에서 기생충 이야기가 나오니 어처구니가 없다. 원래 기생충(寄生蟲)은 후진국(後進國)에서 나오는 이야기 인데 어찌 작금에 이르러 이런 일이 생기는지 모르겠다.

☞ 요즈음 사주 추명을 할 때 기생충 운운하는 것은 우스운 이야기 이고, 식신(食神)이 형충(刑沖)하면 여자는 그릇을 잘 깬다. 살림살이 가운데서 깨질 것이 무엇인가? 그릇이 아닌 가 그래서, 또 다른 면으로 살펴보자.

☞ 긍정적(肯定的)인 면으로 보면 구 모델을 신 모델로 교체 한다고도 볼 수 있는 면도 있다. 형충(刑沖)일 경우는 지출(支出)이 손해(損害)가 돼서 장만하는 것이요 합(合)이 들 경우는 웃으면서 기쁜 마음으로 장만하는 것이 된다. 재성(財星)은 음식(飮食)도 되니 추가하여 추명하면 될 것이다.

❖ 재성(財星)이 형(刑), 충(沖) 되면 음식에 체하기도 하고 심하면 상가(喪家)음식 잘못 먹고 기도(氣道)가 막혀 사망하는 수도 있다.

☞ 재다신약(財多身弱)일 경우 구토(嘔吐) 도중 기도(氣道)가 막혀 사망하는 수도 있으니(재다 신약일 경우) 재성(財星)이 형(刑), 충(沖)에 임할 때 항시 주의. 지나친 과음, 과식 주의하고 위경련, 위궤양도 주의 요.

❖ 변비는 화기(火氣)가 왕(旺)한 사람에 많이 생기는데 거의 다혈질(多血質)의 성격이 많다. 이런 사람은 아침에 일어나면 시원한 냉수 한 사발이 어떨 런지

제 2 장　　　　　　　　　　　　　　🜚 재난(災難), 질병(疾病)

❖ 사주에 수기(水氣)가 없다고 무조건 물 자꾸 마시면 큰일 난다. 전체적인 파악을 먼저 하고 결론을 내려라.
❖ (실전사주의 예―붓기란? 무엇인가

甲	己	己	癸
辰	未	卯	卯

조토(燥土)에 목기(木氣)가 왕(旺)하여 수기(水氣)가 맥을 못 춘다.

⬆ 물을 많이 먹으면 손과 얼굴 그리고 몸이 전체적으로 붓는 체질.
　❖ 설사(泄瀉)의 경우는 금수(金水)가 많아 사주가 냉(冷)한 사람이 많고
　❖ 당뇨(糖尿)의 경우는 토(土)가 많은 사람이 주의해야 하고.
↯ 당뇨(糖尿)는 이제 국민적인 병이요, 치료방법도 상식화 되어버렸다.

73
소화불량

火日柱가　融融한데　四柱無水　하게되면
咽乾口燥　唾不足해　消化不良　틀림없다.
화일주가　융융한데　사주무수　하게되면
인건구조　타부족해　소화불량　틀림없다.

❖ 화일주(火日主)는 병(丙)정(丁)일주를 말하고 융융하다 함은 왕(旺)함이요. 사주에 수(水)가 없으니 일단은 건조(乾燥)함이요, 입이나 목구멍이 건조하면 자꾸만 타액(침)이 마르게 되는데 타액(唾液)이 부족(不足)하면 이 또한 소화불량의 원인이 되어 소화에 지장(支障)이 오고 소화불량이 변비(便秘)로 바뀌게 된다.

❖ (실전사주의 예)-왜 이리 힘들까?

乙	丙	庚	甲
未	申	午	寅

오월(午月)의 병(丙)화 일간(日干)이다.
목화(木火) 기운(氣運)이 강(强)하다.

⬆ 병화(丙火) 일주에 수기(水氣)는 일지(日支) 신(申)금 속에 있는 임(壬)수다. 뜻은 있으나 이루기 어려움이다. 될 듯 보이나 아니다. 세상살이가 쉽지만 않은 것은 다 누구나 마찬가지다.

◐ 제 2 장   ◐ 재난(災難), 질병(疾病)

| **74** 파격사주 | 四柱中에 父母애를 사주중에 부모애를 | 刑沖殺은 태워주니 형충살은 태워주니 | 자라날때 父母勞苦 자라날때 부모노고 | 몹시울어 배곱이라. 몹시울어 배곱이라. |

❖ 사주 중에 형(刑), 충(沖), 살(殺)이 많으면 삶 자체가 많은 고난과 시련 그리고 역경(逆境)이 많다. 그만큼 순탄하지가 않다. 상대방의 어려움은 그만큼 많이 이해 해주는 장점이 있으나, 때로는 지독하다는 소리를 들을 정도로 일에 매진한다. 목적을 위해서는 물, 불을 안 가리는 경우도 있다. 대체적으로 두뇌는 명석한 편이나 빛을 보는 사람이 그리 많은 편은 못된다.

❖(실전사주의 예)-아궁이에 불을 지필 때는 솥의 물을 확인해라.

乙	丙	庚	甲
未	子	午	子

오월(午月)의 병화(丙火) 일간이다. 천간으로 갑경충(甲庚沖), 화극금에 합이 어렵다.

⬆ 지지로는 자오충(子午沖)에 자미(子未) 원진(元嗔)이다.

❖(실전사주의 예)

丁	庚	癸	乙
亥	戌	未	丑

천간(天干)으로는 정계(丁癸)➡ 충(沖)
지지(地支)로는
축술미(丑戌未)➡형살(刑殺).

⬆ 술(戌),해(亥)➡천문성(天門星)이 돋보인다. 무조건파격(破格) 사주라고만 보는 것도 위험하다. 오히려 파격(破格)이 되어야 吉(길)이 되는 사주(四柱)도 있다. 일단 형(刑)이나 충(沖)이 많은 사주는 파격(破格)사주로 본다.
◐ 아기가 유달리 보채고 울 때는 일단 건강의 문제를 처음으로 보나 환경을 잘 살펴보아야 한다. 집안의 기운(氣運)이 쇠(衰)하거나 기(氣)의 흐름이 원만하지 않으면 아기는 희한하게 그 기운을 감지(感知)하고 울어댄다. 자라면서도 아이들이 속을 썩이면 그 집안에 문제(問題)가 있는 것이다. 간접적인 원인일 수도 있고, 직접적인 원인일 수도 있지만, 아이의 환경에 무엇인가가 변화가 느낌이 올 정도로 오고 있다는 것이다. 그것이 작용하는 면에 있어서

● 제 2 장　　　　　　　　　　　　　　　　● 재난(災難), 질병(疾病)

부정적인 방향으로 흐르고 있다는 것이다.
☞ 수맥과도 연관을 지어서 생각을 해 볼 수도 있는데 아이들은 항상 환경이 정갈하고 깨끗한 곳에서 키워야 올바른 사고방식에 건전한 마음을 갖게 되고 또한 건강하게 자라게 되는 것이다.
☞ 아이들이 심하게 울 때는 여러 측면에서 두루 살펴보고 결론을 내려 현명하게 자녀를 키우도록 힘써야 할 것이다. 주로 그 원인은 어른에게 있음을 재삼 확인하도록 해야 한다.

◐ 제 2 장　　　　　　　　　　　　　　　　◐ 재난(災難), 질병(疾病)

75 유아건강	正四七十 小兒時에 정사칠십 소아시에	寅未時와 夜啼甚해 인미시와 야제심해	子午卯酉 父母걱정 자오묘유 부모걱정	未日時는 많았도다 미일시는 많았도다

❖ 정(正) 사(四), 칠(七), 십(十) 이란 순서를 이야기 하는 것.
☞ 정(正)이란 1이요, 나머지는 4,7,10을 설명하는데 인(寅),신(申),사(巳),해(亥)를 말한다.
➡ 지지(地支)의 순서대로
　　인(寅)---1,　　사(巳)----4,　　신(申)---7,　　해(亥)----10
　　　　숫자의 순서와 인(寅), 신(申), 사(巳), 해(亥)를 잘 구별하도록
◐ 인(寅),신(申),사(巳),해(亥)의 인(寅) 미(未) 시(時)에 출생한 자와
◐ 자(子),오(午),묘(卯),유(酉)의 미(未)일(日)이나 미(未)시(時)에 출생한
　　자는 夜啼(야제)가 심했다.

➡ 夜啼(야제)----밤에 많이 우는 것 그로 인하여 부모의 걱정이 매우 심하였다. 아기들이 밤에 많이 우는 것은 낮과 밤이 바뀌어 많이 우는데 환경의 변화와 연결해서 응용해보도록 하자.

❖(실전사주의 예)-영(靈)이 맑음이란?

乙	丙	戊	丙
未	午	戌	午

어학학원의 선생님의 사주다.
형제가 많은 탓 일까? 자랄 때 꽤나 울보였다.

⬆ 아이가 보채고 심하게 우는 것은 집안이 뒤숭숭하고 어수선하다고 보라, 진행하는 일이 신통치 않음을 감지해야 한다. 아이들은 영(靈)이 맑고 깨끗하여 상황을 암시하는 것이다.

제 2 장   재난(災難), 질병(疾病)

| 76 소아건강 | 四季節에 그도또한 사계절에 그도또한 | 酉日時와 잠자리에 유일시와 잠자리에 | 春午夏酉 몹시울고 춘오하유 몹시울고 | 秋子冬寅 자라났다. 추자동인 자라났다 |

❖사계절四季節이라 함은➡진술축미(辰戌丑未)月을 말한다.

▶ 사계절(四季節)이란?

큰 의미는 일 년 12달을 말하고, 글자 그대로 해석하면 춘하추동 각계절의 마지막 달 전환(轉換)시점인 진술축미(辰戌丑未)다.

☯ 맹(孟),-맏이, 처음 맹춘지절-인월(寅月)-봄계절의 첫달
☯ 중(仲),-둘째, 가운데 중추지절-유월(酉月)-가을의 둘째달
☯ 계(季)-막내, 마지막 동계지절-축월(丑月)-겨울의 끝달

  ❖ 진,술,축,미 ——————酉日 이나 酉時출생
   ☯ 春(춘)-----寅,卯(인묘) 월생----------午日 이나 午時출생
   ☯ 夏(하)-----巳,午(사오) 월생----------酉日 이나 酉時출생
   ☯ 秋(추)-----申,酉(신유) 월생----------子日 이나 子時출생
   ☯ 冬(동)-----亥,子(해자) 월생----------卯日 이나 卯時출생
       ⬆ 쉽게 암기하는 방법-----월(月)이 생(生)하는 시(時)

❖(실전사주의 예)

己	丁	乙	丁
酉	酉	巳	未

하(夏)월
◀ 사오(巳午)월에 유시(酉時)의 경우

辛	癸	癸	乙
酉	酉	未	巳

사계절(四季節)
◀ 진술축미(辰戌丑未)월에 유시(酉時)

丙	壬	庚	辛
午	午	寅	丑

춘월(春月)
◀ 인묘(寅卯)월에 오시(午時)인 경우

제 2 장　　　　　　　　　　　　재난(災難), 질병(疾病)

77 맹견주의	子午生人 개에한번 자오생인 개에한번	卯酉時와 물려보니 묘유시와 물려보니	卯酉生人 猛犬주의 묘유생인 맹견주의	子午時는 해야하오 자오시는 해야하오
78 개조심	寅申生이 개에한번 인신생이 개에한번	巳亥時와 물려보니 사해시와 물려보니	卯酉生人 猛犬注意 묘유생인 맹견주의	子午時는 해야하오 자오시는 해야하오
79 광견맹견	丑未生이 狂犬猛犬 축미생이 광견맹견	辰戌時와 물리우니 진술시와 물리우니	丑未戌日 恒時犬口 축미술일 항시견구	柱逢戌도 注意하소 주봉술도 주의하소

❖ 예전에는 개가 참 많이도 다녔다. 집집마다 개 키우는 집도 많았었고 그러나 지금은 그 형태가 완전히 다르다, 개를 키워도 애완용이다. 반려견. 개의 크기도 줄었고 종류도 애완견으로 거의가 변화하였다. 특별한 경우 외는 큰 개를 보기 힘들다. 삭용개도 있지만 예전에는 보신용 개도 많았었는데 지금은 그에 대한 논란 또한 적지 않다. 전문적으로 개를 키우는 농장이 있으니 반려견 농장도 있다.

❖ 광견병에 걸린 개들도 종종 볼 수 있었는데, 이제는 지난 추억의 이야기다. 현세는 조류독감이 창궐하고 있는데 이런 비유는 어울리지 않을 것 같고 가축에 의한 병 또는 가축을 조심하라는 시대적 이야기다. 가축의 털로 인해 건강을 해친 경우도 있다. 그럼 현세에는 어떻게 해석해야 옳을 것인가? 역시 개는 개인데 물릴 정도의 개는 접하기 힘들다. 그저 참고만 하기에는 뜻이 너무 아쉽고, 각자가 현세에 맞게끔 추명해보라. 지나치게 집착하면 개 반려자가 된다. 간혹 개를 전문적으로 키우는 곳에서 아이들처럼 약한 이를 공격하여 살상하는 경우가 있는데 가두어 키우는 것에 대한 스트레스가 쌓여 성격이 난폭해져 공격적이 되어버려 이런 일이 생긴 것이다.

제 ❸ 장
직업(職業), 적성(適性)

(80 ➡ 137) 항목

직업(職業)에 관하여

현시대에는 직업도 가지가지다.
크게는 남, 여 구분을 하여보기도 하지만 그 벽도 많이 허물어져가고 있다.
예전에는 직업의 직종이 사, 농, 공, 상 을 기준하여 그에 연관된 직종에서 국한된 정도였으나 지금은 상상도 못할 정도로 직종이 세분화 되어 세상 돌아가는 형세에 뒤지게 되면 상담 할 때 어려움이 따른다.
명리도 틀어 박혀서 하는 명리가 아니라 직접 실전에 실전을 거듭하여야 정확한 추명을 할 수 가 있을 것이다.
입시철에는 어느 학과가 인기가 있고 전망이 어떻고 추세가 어떠한지 증권에 있어서도 주가가 어찌되고 흐름이 어떠한지?
업종도 어떠한 업종이 뜨고 지는 지도 빨리 파악을 하여야 상담 시에 막힘없이 발 빠르게 상담을 할 수 가 있을 것이다.

그에 대한 제일 빠른 방법은 신문을 매일 매일 부지런히 읽고 필요한 부분은 스크랩도 하고 필요한 부분에 대한 책도 빠짐없이 필독을 해야 할 것이다.

대인 관계도 많아 많은 사연도 들어보고 직접 겪어도 보아야 진정한 상담의 희열을 느낄 것이다.

제 3 장
오행에 따른 직업의 분류

◎ 직업(職業), 적성(適性)

직종 오행	직종(職種)
목 (木)	목재,섬유,의류,농장,교육,출판,약초,이미용,악기,기예, 가구, 통신, 양재, 건축 인쇄, 의약, 카운슬링, 가공업, 번역 집필, 문화사업, 양로원, 놀이방, 학원 업, 문구판매, 괴목 공예, 원예업, 건재상, 분식업
화 (火)	화학 약품, 유류 및 제반상품, 화학계통, 전기, 전자, 통신사업및 인터넷 관련사업, 약품 취급 관련 직종, 교육관련 사업, 언론방송계통 및 관련 사업 열 가공 계통, 항공관련 사업 및 연관 분야.
토 (土)	농업관련 분야, 부동산 관련 사업 및 개발사업, 종교 및 관련 업종, 철학 및 관련 직종, 토지개발공사, 개발사업, 중개역할 관련 분야.
금 (金)	철강,광속,금속,제련,중공업분야,경공업 분야, 자동차 사업 및 관련분야,광산개발,지하자원개발,해저탐험,유전개발,기계조립, 공구,철물제조 판매, 군, 경, 검찰, 항공 및 관련 사업
수 (水)	수산물,주류업,해저개발,유전탐사,유흥업,관광업,냉동식품,해운 업,식품업,수도사업부,호텔,숙박업,법과계통,법무사,건강관리쎈 타,수영장 빙상계통, 물과 연관된 업종

● 제 3 장　　　　　　　　　　　　　　　● 직업(職業), 적성(適性)

80 해외근무	驛馬官財　印綬者는　國際機關　登名하고 重重地殺　驛馬多人　通譯官을　하여본다. 역마관재　인수자는　국제기관　등명하고 중중지살　역마인수　통역관을　하여본다.

❖ 역마살(驛馬殺)이 관성(官星), 재성(財星), 인수(印綬)에 해당하면 국제기관에서 출세(出世)하고 지살(地殺)과 역마(驛馬)가 많은데 인수(印綬) 또한 많으면 아는 것이 많으므로 통역관(通譯官) 되어본다. 요즈음 외국어가 기본이라 크게 의미를 부여할 필요는 없고 그래도 특성(特性)은 나타난다.

❖ 인신사해(寅申巳亥)가 역마(驛馬)인데 그 자체가 역마로써 재(財)나 관(官)이 되어 있을 때는 외교관으로써 해외출입이 잦고 외국기관에 근무도 하여보고, 해외지사 근무로 국익에 일조하고 이름을 날린다. 통역관에 어울리는 일주는 화일주(火日主)가 제격이다. 화일주는 다른 일주 보다 말을 잘한다. 어학계통에 발달이 되어있으니.

❖ (실전사주의 예)

癸	丙	甲	丙
巳	寅	午	申

오월(午月)의 병(丙)화 일간(日干)이다.
지지(地支)에 인사신(寅巳申)을 놓고 있다.

⬆ 현재 무관(武官)으로 해외에 파견근무중인 사람의 사주다.

● 제 3 장   ● 직업(職業), 적성(適性)

81 금융, 재정	四柱中에 財官合은 金融財政 出世하고 丑月生人 丁巳日은 支店長을 하여본다. 사주중에 재관합은 금융재정 출세하고 축월생인 정사일은 지점장을 하여본다.

❖ 재관(財官)이 합(合) ➡ 정경(政經)유착(癒着)이다. 긍정적인 의미로 보자.
☞ 재관(財官)이 합(合)을 하면 재(財)로 인해 관(官)으로 옮겨간다. 재정(財政)분야에 있더라도 관리 부서장이나 해당 직책을 맡는다.

❖(학습사주의 예)

O	丁	O	O
O	巳	丑	O

월지와 일지가 합하여 재국을 형성했다. 합을 해서 왔으므로 재정계, 금융계가 제격.

🔼 사업도 한 번 해 볼만 할 터인데 왜 월급생활을 할까?

   신약(身弱)으로 사주가 약(弱)하다. 일지(日支), 월지(月支)가 국(局)을 이루니 내 돈 벌려고 하는 것이 아니고 남의 돈 벌어주는 사주다. 요즈음은 연봉제,CEO 복잡하므로 다 장단점(長短點)이 있다. 사주에 재고나 관고(官庫)가 있는 사주는 금융계통에서 출세(出世)한다.

● 예전에는 주로 은행 쪽을 위주로 하였으나 지금은 그분야가 세분화되어 증권, 부동산 ,등 기타 타 분야라도 재산증식에 연관된 분야면 이에 해당 된다 보면 될 것이다.제2금융권, 사채 등등-중요한 것은 사주가 신강, 신약에 따라서 등급이 정해지는 것이다. 정사(丁巳) 일주가 재관격(財官格)으로 연결이 되면 정계도 넘보게 되는데 대체적으로 크게 성공하는 경우가 별로 없고, 결국에는 다시 그 밥을 먹게 되는데 그것도 다 타고나야 하는 것이지 과욕(過慾)으로 패가망신(敗家亡身)을 하는 사람을 우리 주변에서 자주 보지를 않는가? 금전적(金錢的)으로 얼마나 모았나 몰라도 개같이 번 것이다.

● 사람의 욕심은 끝이 없는 법 재(財)는 관(官)을 생(生)하지만 인(印)까지는 못한다. 그래서 관(官)으로 연결이 되어도 빛을 못보고 그럭저럭 끝나는 것이다. 또다시 재(財)로 돌아오게 되는 이유다.

● 송충이는 솔잎을 먹는 법이 바로 그런 연유다.

❋(실전사주의 예)

丁	辛	戊	乙
酉	酉	寅	未

모 은행의 지점장의 사주이다.(2005년) 학창시절 친척집에서 거하면서 공부 하였다.

⬆ 통솔력과 두뇌의 우수성을 인정받으며 성실한 생활. 신강(身强)하고, 재(財)와 관(官)도 확실하여 충분히 다스려 나간다.

● 제 3 장									● 직업(職業), 적성(適性)

| 82 공무원 | 丑月庚日
身傍官庫
축월경일
신방관고 | 出生者와
놓았으나
출생자와
놓았으나 | 庚日生人
亦是銀行
경일생인
역시은행 | 丁丑時도
公務로다.
정축시도
공무로다. |

❖ **축월(丑月)의 경(庚)일생** 이라고 하면 축(丑)은 지장간(地藏干)에 계(癸), 신(辛), 기(己)로서 경(庚)의 입장에서 보면 관고(官庫)는 아니다. 고(庫)로 보면 자고(自庫)가 된다.

❖(학습사주의 예)

O	庚	O	O
O	O	丑	O

다시 한 번 관계를 잘 살펴보도록 하자. 관고(官庫)가 되려면 어떻게 해야 할까?

⬆ 관고(官庫)가 되려면 술(戌)이 되어야 한다. 戌----辛,丁,戊 (지장간) 그러므로 술(戌)월 경(庚)日이 되어야 문장이 옳다.
● 경(庚)日生人 정축(丁丑) 時도 경(庚)일 생(生)인 술(戌)시로 바뀌어야 하는데 경(庚)일에 술(戌)시는 경(庚) 日에 병술(丙戌)時가 된다.
➡ 종합하여 보면 술(戌)月 경(庚)日, 경(庚)日 병술(丙戌) 時가 맞다.

❖(실전사주의 예)

己	庚	庚	壬
卯	寅	戌	寅

술월(戌月)의 경(庚)금 일간(日干)이다.

& 공무원이란? 국가의 록을 받아 생활하는 사람이다. 국민의 편의를 도모하고, 때로는 지도하고, 관리, 통솔하기도 한다.

● 제 3 장　　　　　　　　　　　　　　　● 직업(職業), 적성(適性)

83 기명종재	四柱中에 財政機關 사주중에 재정기관	財旺格과 錄을타서 재왕격과 록을타서	棄命從財 財務銀行 기명종재 재무은행	놓은者도 稅務로다. 놓은자도 세무로다.

❖ 재물(財物)과 명예(名譽)를 타고난 사주라고 할 것이나, 결여(缺如)된 부분을 잘 살펴라. 자손(子孫), 주변을 잃는 경우 많으니 무슨 연유인가?

❖ 재정(財政)기관이라 함은 은행(銀行), 재경부, 국세청, 국영기업체, 세무관련 등 여러 기관이 있다. 사주(四柱)에서 재왕격(財旺格)이라도 주의 할 것이 있는데 정재(正財)와 편재(偏財) 구별이 되어야 한다. 정재(正財)로 되어 있으면 금융(金融), 재경(財經) 공무원이지만 편재(偏財)로서 신왕재왕(身旺財旺) 일 경우, 사업가나 재벌 금융계의 거두로써 두각을 나타낸다.

❖ 사채시장(社債市場), 투기(投機)의 큰손으로도 두각(頭角)을 나타내고 이것이 편재(偏財)와 정재(正財)의 차이다.

❖ 정재(正財)는 안정된 수입에 기반을 두지만 편재(偏財)는 통이 크다. 고로 적은 돈은 눈에 안차고 일확천금식의 큰돈과 게임을 한다.

❖ 기명종재(棄命從財)는 종재격(從財格) 인데 자신(自身)을 버리고 삶 하여야 하는 사주(四柱)인데 종(從)할 수 있으므로 기명(妓名) 이라는 소리가 나온다. 종재격(從財格)도 삼합(三合)局이 되면 큰손 이거나, 재벌이 된다.

癸	戊	戊	庚
亥	申	寅	戌

인월(寅月)의 무(戊)토 일간(日干)이다.

🔺 고인이 되신 S 재벌 창업주의 사주이다.

丁	庚	丁	乙
丑	申	亥	卯

해월(亥月)의 경(庚)금 일간(日干)이다.
작고하신 H그룹 창업주의 사주이다.

🔺 신왕(身旺), 재왕(財旺)하여 재벌이 된 사주이다. ➡정치인이나 재벌, 유명인들 사주가 가끔은 조작되어 나오는 경우도 있다. 시상에 정관이 있으나, 습목이 되어 관을 생하기는 약간 무리가 따르게 된다, 재는 관을 생하나 정치까지는 무리수인 것. 대선에서의 패배(敗北)는 이러한 연유다.

제 3 장　　　　　　　　　　　　　직업(職業), 적성(適性)

| 84 사법, 법무 | 寅日生人 申日生人 인일생인 신일생인 | 巳或見申 寅或見巳 사혹견신 인혹견사 | 巳日生人 子日見卯 사일생인 자일견묘 | 寅或見申 卯日見子 인혹견신 묘일견자 |

| 85 경찰, 검찰 | 丑日生人 未日生人 축일생인 미일생인 | 戌或見未 戌或見丑 술혹견미 술혹견축 | 戌日生人 名登警察 술일생인 명등경찰 | 丑或見未 하여본다. 축혹견미 하여본다 |

* 84,85의 종합 설명이다.

O	O	O	O
O	寅	O	O

O	O	O	O
O	寅	巳	O

O	O	O	O
O	寅	申	O

🔼 이와 같이 인(寅)일생이 사(巳) 와 신(申)을 타지(他支)에서 만나거나

❖(사주의 예)

癸	壬	戊	丁
卯	寅	申	酉

◀ 윤보선 대통령의 사주다.

🔽 사(巳)일생이 인(寅) 과 신(申)을 타지(他支)에서 만나는 경우
❖(사주의 예)

甲	己	丙	丙
子	巳	申	子

◀ 김구 선생님의 사주다.

🔽 신(申)일생이 인(寅) 과 사(巳)를 타 지지(地支)에서 만나는 경우
(사주의 예)

戊	庚	辛	丁
寅	申	亥	巳

지지에 인,신,사,해를 모두 갖추고 있다.
　　　사주 또한 강하여 귀격의 사주다.

🔼 초년(初年)부터의 이주(移住)가 심하였다. 박정희 대통령의 사주다.

● 제 3 장								● 직업(職業), 적성(適性)

❖ 자(子)일생이 묘(卯)를 다른 지지(地支)에서 만날 경우.

癸	丙	辛	丙
巳	子	卯	辰

묘월(卯月)의 병화(丙火) 일간(日干)이다.
합(合)과 형(刑)이 이어진 사주다.

⬆ 무직(無職)이고 미혼(未婚)인 여성이다. 설명처럼 일방적인 판단은 금물이라는 예를 들어보는 것이다. 항상 이런 면에 주의해야 한다.

❖ 묘(卯)일생이 자(子)를 다른 지지(地支)에서 만날 경우.

戊	丁	辛	甲
申	卯	未	子

미월(未月)의 정화(丁火) 일간(日干)이다.
다리가 불편한 사람이다.(남성)

⬆ 지지(地支)가 복잡(複雜)하다. 여러 흉살(凶殺)이 갖추어져 있다. 묘(卯)와 자(子)가 어울린다는 것은 긍정적(肯定的)인 면보다는 일반적으로 부정적(否定的)인 사항이 많다. 사주가 건강(健康)하고 흐름이 좋을 경우는 본 설명과 어울리나 안 좋을 경우는 대체적으로 다르다. 이상은 84번의 예이고

❖ 丑일생인이 타지지에서 戌 혹 未를 만나거나,
  戌일생인이 타지지에서 丑 혹 未를 만나거나,
  未일생인이 타지지에서 戌 혹 丑을 만나거나, 하는 경우인데

● 이상은 모두 인(寅) ,사(巳), 신(申), 축(丑) ,술(戌), 미(未), 자(子), 묘(卯)형살(刑殺)에 해당이 되는데, 형살(刑殺)은 법관,군계통,정보계통,경찰,의약계통등으로 연결되고, 의사일 경우 똑같은 의사(醫師)라도 형살(刑殺)을 놓으면 찢고, 꿰매고, 두들기고, 맞추고 외과(外科)계통의 집도(執刀)의로 수술(手術) 전문의다.

❖ 축월(丑月)의 기토(己土)일간 여성이다.

戊	己	乙	戊
辰	丑	丑	戌

갑갑한 삶을 영위하고 있다.

⬆ 외국(外國)에서 바쁘게 살고 계시다. 일반인(一般人)들일 경우 상황(狀況)이 안 좋다는 것을 명심하자. 특수(特殊)직종(職種)설명이다. 착오 없으시길.

제 3 장　　　직업(職業), 적성(適性)

86
시상일위귀격

時上一貴	中格者는	警務課長	흔히보고
時上一貴	上格者는	內務長官	흔히본다.
시상일귀	중격자는	경무과장	흔히보고
시상일귀	상격자는	내무장관	흔히본다.

❖ 귀격(貴格)과 천격(賤格)의 차이(差異)가 어렵다. 어떤 기준이 필요한가?
❖ 時上 一位 貴格(시상 일위 귀격)이란 時上에 편관(偏官)격을 말하는데 중격자(中格者)와 上格者에 대한 차이의 설명인데 경무과장, 내무장관 한 것은 서열에 있어서 차이를 설명한 것이다. 일주가 얼마나 강하느냐 차이에 따른 설명이다.

❖(중격의 사주)

戊	庚	丙	甲
寅	午	寅	午

인월(寅月)의 경금(庚金) 일간이다.
지지(地支) 관국(官局)이 형성.

❖(상격의 사주)

辛	庚	癸	癸
巳	申	亥	巳

해월(亥月)의 경(庚)금 일간(日干)이다.
지지 삼형살(三刑殺)과 충(沖)이 있다.

⬆ 8.15후 수도 경찰총장과 국무총리를 역임한 장택상 씨의 사주. 이 사주(四柱)에서는 왜 상급(上級)일까? 흐름이다. 합(合)도 흐름을 이어준다. 변화(變化)이다. 변화가 무쌍하면서 통일을 이룬다. 승천하는 흐름이다.

❖천격(賤格)의 사주.

乙	己	甲	庚
亥	亥	申	寅

사주 자체가 보기만 해도 안타깝다.
충(沖)과 형(刑)으로 얼룩진 사주다.

⬆ 초년에 위험한 사주였는데 일(日),월(月)천간(天干) 합으로 인해 이어졌다. 일지(日支)와 시지(時支)가 위험하다. 자형(自形)살까지 겸하고 있다. 시지(時支) 편관(偏官)도 나름이다. 급작사한 사주다. 타살(他殺)도? 글쎄? 생각에는 가능성이 많은 것 같기도 한데--사망의 원인은?

● 제 3 장　　　　　　　　　　　　● 직업(職業), 적성(適性)

| 87 종격인수 | 乙日庚日 四柱中에 을일경일 사주중에 | 支金局은 從格印綬 지금국은 종격인수 | 內務次官 政治家에 내무차관 정치가에 | 흔히보고 많이있다. 흔히보고 많이있다 |

❖ 乙(을)일주가➡地支(지지)에 金局(금국)➡從殺格(종살격)
❖ 경(庚)일주가➡地支(지지)에 金局(금국)➡從革格(종혁격)

☞ 왜? 내무차관이라고 하였을까? 예전에는 내무부가 치안관리에는 선봉이었다. 그렇다고 지금은 아니라는 이야기가 아니다, 6.25전후의 상황이므로 그 당시에는 막강한 권세가 있었다. 그 후로 정권이 많이 바뀌면서 소위 실세라는 눈에 안 보이는 자리들이 생기면서 인식이 많이 달라진 것 뿐 이다. 전시의 병권과도 같을 정도로 막강하다는 표현으로 해석하면 된다. 지금은 청와대 수석, 보좌관들, 검찰, 내각의 수반들-----

❖ 금(金)이라는 오행의 성격을 견주어 생각하면 될 것이다. 종격인수(從格印綬)라 함은 인수(印綬)로서 종(從)하는 사주를 말하는데 인수(印綬)에 인수국을 깔고 있으면 대학교수 학, 총장인데 정치가에 많이 있다 함은 교수나 학자출신으로 정치에 입문을 한다는 것인데 이것은 예전의 조선시대에나 통하는 유교적인 생각에서 나온 것이라 생각되는데 틀린 설명은 아니다.

❖ 예전에는 공부를 잘해 학문도 깊어야 벼슬을 했다, 과거라는 시험을 거쳐 등용이 되었으니 그리고 벼슬을 하면 자연 백성을 다스리는 위치에 앉게 되어 모든 것 관장하였으니 맞는 말이다. 그러나 현세는 모든 것이 구분 되어 있다.

❖ 정치(政治)와 학문(學問)은 연결이 힘든 것이다. 정치(政治)는 관(官)으로 인(印)을 생(生)하는 역할이다. 순서로 보면 거꾸로 인생(人生)을 사는 것이다. 인수로 국을 이룰 정도면 만인을 가르치고 선도하는 지도자가 되는 것이 정도이거늘 術(술)로 가득 찬 정치와 연계된다는 것은 명예를 존중하고 생명처럼 여기는 분들에 대한 모독이다. 인수(印綬)는 원래가 청(淸)격 이므로 까마귀 노는 골짜기에는 백로가 가는 것이 아닌데 종종 정치판에 끼어들었다가

◐ 제 3 장   ◐ 직업(職業), 적성(適性)

결국 거의 대부분이 개망신 당하고 결국에는 다시 제자리로 들어와서 인생무상 -----운운하는 것을 보면 아무것도 아닌 것을 오행의 원리만 알아도 그리 어리석은 행동은 그러나 문제는 있다.

❖ 아는 놈이 면장(面長)을 해야 할 것이 아닌가?
교육부장관? 요즈음은 부총리로 승격이 되어 참으로 높은 자리다. 행정은 행정가가 하는 것이다. 학자는 학자고 어디 팔방미인 아닌 사람이 하나 둘인가? 위에서 노는 것 쳐다보는 것도 낙이다, 즐거움 또한 되는 것이다.

☞ 청빈(淸貧)하여 입바른 소리 잘하고 융통성 없어 왕따다. 정치판에서 술객들과는 동화가 잘 안 된다.이용만 당하고 허탈한 것을--------------
선생님 소리 아무나 듣는 것이 아니다. 인수에 종하는 사주의 성격은 굳이 설명이 필요 없다. 내 맘 같겠지 하고 나가는 것이다, 바보같이 말이다.

● 제 3 장 　　　　　　　　　　　● 직업(職業), 적성(適性)

| 88 병경(丙庚)성(星) | 日主標準 水木日에 일주표준 수목일에 | 丙庚星은 戌亥日時 병경성은 술해일시 | 警檢察에 法官中에 경검찰에 법관중에 | 出世많고 흔히본다. 출세많고 흔히본다. |

❖ 일주(日主) 기준하여 병(丙),경(庚) 성(星)들은 성격들이 다부지다.

☞ 병(丙)은 화(火)로써 질서(秩序)와 순서(順序)를 중시하고, 예(禮)를 우선으로 하고 경(庚)은 금(金)으로써 의리(義理)를 최우선으로, 병경(丙庚)은 사회질서 기강과 의로써 불의를 단속하니 경찰과 검찰의 표상이 되는 것이다.

❖(학습 사주의 예)

O	丙	庚	O
O	O	O	O

경(庚)금은 병(丙)화에게 편재(偏財)로써 환경(環境)의 지배(支配)로 해석이 된다.

O	庚	丙	O
O	O	O	O

병화(丙火)는 경(庚)금에게 편관(偏官)으써 그릇, 됨됨이로 통을 말한다. 통이 크다.

⬆ 병(丙), 경(庚)은 대체적으로 검찰, 경찰, 법무계통, 정보계통 등 두루 쓰인다. 운(運)에서의 흐름이 원할 할 시 정치(政治)에도 연결이 된다. 요즈음 정치판을 보면 검사출신이 상당히 많음을 보면 알 것이다. 항상 금일주(金日主)가 왕(旺)하고 화(火)를 잘 만나고 있으면 잘 제련된 쇠로써 명검(名劍)이 되어 두고두고 가보(家寶)로서 보관이 될 것이요, 에밀레종과 같은 유명한 종이 되어 후세까지 추앙을 받는 귀한 보물이 된다.

🔖 수일주(水日主)는 원래 그 자체로 법관(法官)도 되는데, 다른 분야도 있지만 여기서는 법관(法官)을 위주로 한다. 특히 술(戌)이나 해(亥)는 천문성이라 법관 또한 많다.(여기서는 일(日)과 시(時)로 논하였음.)

❧ 제 3 장　　　　　　　　　　　　　　　　❧ 직업(職業), 적성(適性)

❖ 목일주(木日主)는 어떻게 될까?
☞ 목(木)은 인정(仁情)이고, 교육(敎育)이다. 목일주(木日主)면 같은 법관(法官)이라도 교육 분야로 보면 된다. 해(亥)는 목(木)에 있어서 인수(印綬)가 되고 술(戌)은 식상(食傷)으로 고(庫)가된다.

❖ 술(戌)과 해(亥)를 두루 갖추었다면 인수(印綬)와 식상(食傷)을 겸비함이라, 수(水)목(木),화(火)가 고루 갖추어짐이니 아는 것도 많고, 교육(敎育)도 으뜸이라 법원(法院)연수원이 제격. 술(戌)이나 해(亥)가 일(日),시(時),월(月)에 두루 갖추어지면 같이 보면 된다. 그럼 년(年)은 어떨까?
❖ 년(年)은 실제로 그 사주의 사람의 어린 시절이므로 가정 쪽으로 해석한다.

❖ 월(月)은 주된 환경(環境)의 표상(表象)
　　❖ 해(亥)월, 술(戌)월------------법관가문
　　❖ 묘(卯), 유(酉), 술(戌) 월-------의술관련, 의학 관련 가문

제 3 장 　　　　　　　　　　　직업(職業), 적성(適性)

89 비천록마

丁己日生	財官格도	法權掌握	많이보고
飛天祿馬	갖춘者는	檢察廳長	흔히본다.
정기일생	재관격도	법권장악	많이보고
비천록마	갖춘자는	검찰청장	흔히본다.

❖ 정화(丁火), 기토(己土) 일주(日主)가 재관격(財官格)을 갖추면 법권장악을 많이 본다함은 법권(法權)도 법권 나름이다. 판검사(判檢事)에서 끝으로 가는 것은 결국 변호사(辯護士)가 아닌가?

◉ 정화(丁火)는 ————혀요

◉ 기토(己土)는————입이 아닌가?

　판사 검사도 입으로 혀 놀려서 먹고 사는 것이요, 변호사도 입과 혀 놀려서 먹고 사는 직업이 아닌가? 요즈음은 전관예우 힘으로 일부 소수의 비행으로 인해 사회적문제로 대두되고 로스쿨로 인해 많은 수의 변호사가 양산되어 재미가 있다. 비천록마도 이무기가 있고, 구렁이가 있고, 미꾸라지도 있다.

❖ 사주에서 재(財)와 관(官)이 고루 갖추어지면 상격사주인데 그 중에서도 정(丁), 기(己) 일생이 유달리 강한 면모를 갖추고 있다는 말이다.

◉ 비천록마를 갖춘 자는 검찰청장 흔히 본다하였는데 과연 이유는 무엇일까?

◆ 비천록마(飛天祿馬)란?

◉ 飛天(비천)이란?—————암충(暗沖)을 이야기 한다.

◉ 암충이란?——지장간(地藏干)이 충(沖)되는 것을 뜻하고 ,

☞ 祿(록)——————국가의 록을 먹으므로 관료니 정관을 의미하고 ,

☞ 馬(마)—————말이므로 내가 수족(手足) 같이 부리는 존재이므로 財(재)를 의미하고 충(沖)이 된다는 것은 밖으로 튕겨져 나오게 되므로 일단은 성분 분석이 필요하고 충(沖)이된 장간(藏干)이

　　　　◉ 正財, 正官, 正印(정재, 정관, 정인) ———셋이 되고 또는
　　　　◉ 正財 ,正官(정재, 정관)——————둘이 되고
　　　　◉ 正官, 正印(정관, 정인)——————둘이 되고

◎ 제 3 장   ◎ 직업(職業), 적성(適性)

❖ 정재(正財)와 정관(正官) 둘을 설명하나 정인(正印) 까지 포함시켜 응용
◎ 암충(暗沖)이 되는 것은 지지(地支)에 같은 자(字)가 셋 이상일 경우 성립.
◎ 지지(地支)전체에서 성립(成立)이 된다면 그 이상 더 좋을 수가 없고 하여
  튼 충(沖)을 해서 밖으로 끄집어내서 나에게 절실하게 필요한 재(財), 관
  (官), 인(印)으로 사용하는데 이에도 갖추어야 할 조건들이 있다.
◎ 사주원국 자체에 암충(暗沖)에 해당하는 자(字)가 없어야 한다. 그러니 조
  건이 까다롭다. 암충(暗沖) 된 장간(藏干)이 일간(日干)에게는 정재(正財),
  정관(正官), 또는 정관(正官), 정인(正印)이어야 하고 또는 정재(正財), 정관
  (正官), 정인(正印)이 되어야 한다.
◎ 충(沖)이된 장간(藏干)이 정(正)과 편(偏)을 논할 때 偏(편)이 되지 말아
  야 한다. 재(財), 관(官), 인(印) 모두가 정도(正道)를 행하는 정(正)이 되
  어야 하는 것은 당연한 것. 편(偏)이 된다면 그것은 그릇된 것이요, 항시 위험
  요소를 안고 있으므로 부정적이다.
◎ 암충(暗沖) 하는 자(字)를 합거(合去)하거나 충(沖)을 하여도 묶이거나 파
  괴되어 진정한 진격(眞格)으로 안 본다. 위의 요건들이 운에서의 작용도
  같이 본다.
☞ 지지에 子(자)가 많을 때
                    午(오)를 자오충(子午沖) 하여--재, 관, 인으로 사용
                        오(午)--병(丙), 기(己), 정(丁)-(지장간)
☞ 지지에 午(오)가 많을 때
                    子(자)를 자오충(子午沖) 하여--재, 관, 인으로 사용
                        자(子)-----임(壬), 계(癸)--(지장간)
☞ 지지에 寅(인)이 많을 때
                    申(신)을 인신충(寅申沖) 하여---재, 관, 인으로 사용
                        申(신)---무(戊),임(壬),경(庚)-(지장간)
☞ 지지에 申(신)이 많을 때
                    寅(인)을 인신충 하여-----재, 관, 인으로 사용
                        인(寅)---무(戊), 병(丙), 갑(甲)-(지장간)

제 3 장   직업(職業), 적성(適性)

❖ 육십갑자(六十甲子)에서 비천록마(飛天祿馬)격에 해당하는 것.

辛   癸   壬   庚   丁   丙
亥   亥   子   子   巳   午

🔼 원서에서는 이상의 6가지를 설명하였는데 원칙적 측면에서 본다면 신해(辛亥), 계해(癸亥) 2가지만이 비천록마(飛天祿馬)격에 들어간다.

     辛
     亥 -------지지에 亥가 많으면 비천록마가 되는 것은

   ☺ 亥가 巳를 沖해와서   巳(사)---戊, 庚, 丙 (지장간)

   ☺ 巳중 丙과 戊가 각각 辛에게 丙은 -정관(正官) 戊는--정인(正印)

🔼 이와 같이 정관(正官)과 정인(正印)이 되어 쓰이고 있어서 인데 굳이 그렇게 보지 않아도 되는 측면이 있는데 천라지망살➡진술사해(辰戌巳亥) 인데 게다가 술(戌), 해(亥)➡천문성인데 해(亥)가 많으니 얼마나 명석 하겠는가?
거기에다 술(戌), 해(亥) 두 가지를 다 갖춘다면 더 설명이 필요 없다.

☞ 해(亥)자체가 수(水)이므로 자연 법관(法官)이다.

❖ 지지(地支)에 해(亥)가 전부 있어 종아격(從我格)이라고 볼 때

O	辛	O	O
亥	亥	亥	亥

해월(亥月)의 신금(辛金) 일간(日干)이다.

🔼 이렇게 된다면 용신(用神)은 자연히 甲木(갑목)이 된다.
금생수(金生水)-수생목(水生木)하여 종아격(從我格)이 변해 종재격(從財格).

❖ 계해(癸亥) 일주이면 어떻게 될까?

O	癸	O	O
亥	亥	亥	亥

해월(亥月)의 계수(癸水) 일간(日干)이다.
계해(癸亥)일주가 지지에 해수를 놓고 있다.

🔼 완전한 윤하(允下)격이다. 비천록마(飛天祿馬)격이 되는데 수일주(水日主)에 천문(天文)성을 놓고 있으니 얼마나 영리하고 또한 온통 청수(淸水)로 가

◐ 제 3 장   ◐ 직업(職業), 적성(適性)

득하니 얼마나 청렴하겠는가? 해(亥)중 갑목(木)이 용신(用神). 원래 해(亥)가 넷 이면 삼합(三合)과 동일하다 보아도 된다.
❖ 다른 예도 한 번 분석을 하여보자.

O	庚	O	O
子	子	子	子

자월(子月)의 경(庚)금 일간(日干)이다. 지지(地支)에 자(子)수가 지나치게 왕(旺)하다.

⬆ 금수(金水)쌍청(双淸)인 사주(四柱)다. 오(午)화를 충(沖)해서 와도 사주가 너무 깨끗해 혼탁한 속세(俗世)와는 크게 인연(因緣)이 없어 보인다. 결국에는 수도자(修道者), 구도자(求道者)의 길을 걷는 사람이 어울린다.

❖ 정재(正財), 정인(正印)이 없으므로 아무 쓸모가 없다.

O	丙	O	O
午	午	午	午

오월(午月)의 병화(丙火) 일간(日干)이다. 지지(地支) 전체가 화국(火局)이다.

⬆ 지지(地支)에 오화(午火)가 많은데 자(子)를 충(沖)하여 와도 자(子)중 계(癸)수 하나이므로 힘을 못 쓴다. 방합(方合)이고 염상격(炎上格)으 본다.

❖ 지지(地支)에 자(子)수가 많다.

O	壬	O	O
子	子	子	子

자(子)는 양인(兩刃)이고 방합(方合)이고 또한 동합(同合)이다.

⬆ 오화(午火)가 충(沖)이 되어 와도 힘을 못 쓴다.
❖ 완전한 염상격(炎上格)의 사주다.

O	丁	O	O
巳	巳	巳	巳

지지(地支)에 사화(巳火)가 놓여 있고

⬆ 해수(亥水)가 와서 충(沖)하더라도 해중(亥中) 갑(甲)목, 임수(壬水)가 연결되어도 좋은 팔자 못된다.

🔱 오행(五行)과 육친(六親)으로 연결해서 좋아야 좋은 사주가 되는 것이다. 생극제화(生剋制禍)가 항상 우선이고 격(格)에만 너무 집착(執着)하지 마라. .

제 3 장 　　　　　　　　　　　　　　　　　　직업(職業), 적성(適性)

90
무역, 요식업

水日格局	事業家는	貿易事業	많이보고
壬日火財	놓은자는	飮食物業	많이한다
수일격국	사업가는	무역사업	많이보고
임일화재	놓은자는	음식물업	많이한다.

❖ 수일주(水日主)➡임계(壬癸)일생. 일주(日主) 자체가➡ 역마(驛馬), 지살(地殺)☞ 거기에 격(格)을 이룸이니 그 성향이 더욱 확실해진다. 사업을 한다면 흘러야 하니 이리저리 왔다갔다 무역업(貿易業), 유통이 제격이다.

☞ 수일주(水日主)에 화(火)-재(財)라 하였으니, 재(財)는 음식(飮食)으로도 연결이 되니 식품, 요식업 계통이다.

☞ 화(火)가 재(財)이니, 음식이라 불과 연관이 되니 끓이는 것과도 연관된다. 요식업(料食業) 중 에서도 탕류가 어울린다. 장국 종류도 괜찮다.

& 수일주(水日主)가 음식을 하면 조금 짜다, 수일주는 소금과 연관이 되므로 수일주(水日主)는 바닷물을 생각하면 된다. 수(水)는 짜다. 곧 소금이다.

❖(사주의 예)-사업(事業)이란 영원한 것은 아니다.

| 丙 | 乙 | 辛 | 壬 |
| 戌 | 亥 | 亥 | 戌 |

◀ 해운업(海運業)으로 대성하신 분의 사주다.

| 乙 | 辛 | 辛 | 辛 |
| 未 | 亥 | 卯 | 卯 |

◀ 식품(食品)업으로 성공한 분의 사주 재산(財産) 분규가 일어난다.

| 庚 | 壬 | 甲 | 丙 |
| 子 | 申 | 午 | 寅 |

오월(午月)의 임수(壬水) 일간(日干)이다. 오행이 갖추어져 있다. 인수의 위치를 보라.
◀ 다른 사주와의 차이다.,

⬆ 식품가공업으로 시작 대성하고 종업원 지주제로 하여 직원의 후생(厚生)복리에 관심이 많으셨던 분의 사주.

◎ 제 3 장　　　　　　　　　　　　　　　◎ 직업(職業), 적성(適性)

| **91**
물장사 | 庚申子辰　寅日낳고　申亥子月　태어난자
事業길로　나선다면　釀造業을　많이하고
경신자진　인일낳고　신해자월　태어난자
사업길로　나선다면　양조업을　많이하고 |

❖ 물을 이용한 사업이다.

　　　　　庚　庚　庚　庚
　　　　　申　子　辰　寅

⬆ 경신(庚申) 경자(庚子) 경진(庚辰) 경인(庚寅) 일주(日柱)가 월주(月柱)에 신(申),해(亥),자(子) 월(月)에 출생(出生)을 하게 되면 사업 길로 나설 경우 양조(釀造)업을 많이 한다고 하였는데 이유는 무엇일까?

◎ 예전의 양조업하면 쉽게 생각해서 막걸리가 생각이 나는데 지금은 다르다.
　　위스키, 포도주, 특별제조주 이름도 기억하기 힘들 정도의 종류도 다양하다. 소주, 맥주는 기본이고 금일주(金日主)가 지지(地支)에 수국(水局)을 이룬 형상이 연출되고 있다. 일주(日主)가 금일주(金日主)인데 재능(才能)이 물 흐르듯 흐른다. 기능을 발휘하는데 물로 흐르고 있으니 사업을 하여도 물과 연관되어 양조계통 지금은 생수, 음료, 주류 등 다양하게 변화하고 있으니, 시대(時代)에 맞춘 해석(解釋)이 필요하다.

❖(실전사주의 예)-수신제가(修身齊家)가 필요하다.

甲	庚	辛	壬
申	辰	亥	辰

⬅ 주류도매로 현재 성업 중인 분의 사주

⬆ 해월(亥月)의 경(庚)금 일간(日干)인데 노년(老年)에 금전(金錢)으로 인해 고민하게 된다. 과욕(過慾)은 항상 대가(代價)를 치르는 법이다.

● 제 3 장   ● 직업(職業), 적성(適性)

| 92 수국(水局) 사주 | 壬申壬子 무 역 계 임신임자 무 역 계 | 壬辰日生 아니면은 임진일생 아니면은 | 事業길로 여관업을 사업길로 여관업을 | 나설때면 많이한다 ·나설때면 많이한다 |

❖ 진출을 하게 되면 무역업이나 여관업을 한다고 하였는데 시대적인 감각으로 해석해보자. 유통사업, 해외진출, 관광, 레져, 스파산업, 생수, 염전, 무역중개업, 펀드, 무기상------------------

❖ 무역업은 당연한 흐름이고 지금으로 얘기하면 수출산업에 종사하거나 운영하며, 국가의 일익을 담당하고 있는 것이고, 여관업이라 하면 호텔급 정도가 되겠다. 부드러운 표현을 하자면 관광업으로 해석하는 것이 좋겠다.

❖ 한 발 더 나가면 레저산업도 괜찮고----그것도 그릇에 따라 차이가 난다, 큰 그릇은 대형 호텔이요, 중간급은 숙박업으로 모텔이 적합하고 그릇이 워낙 적으면 그 아래 급 ,그것도 안 될 경우는 그 업에 종사하는 것이고 이에 해당하는 업종을 보면 여행, 숙박업, 주류, 음료, 양조계통, 생수, 주유업도 되고 수산업 ,양식업, 직장으로 치면 해양수산부 ,수자원 개발 공사 등이 되겠다. 임수(壬水) 일주(日主)가 지지(地支)에 수국(水局)을 이루는지지 (地支)가 형성되기 쉬우므로 선택 된 것이다.

❖(실전사주의 예)-진(辰),진(辰)➡자형살(自刑殺)이 앞을 가린다.

甲	壬	戊	乙
辰	辰	子	亥

자월(子月)의 임수(壬水) 일간(日干)이다.
지지(地支) 수국(水局)의 형성은 좋다.

⬆ 현재 대형 사우나를 운영하고 계신분의 사주.

제 3 장　　　　　　　　　　　　　　직업(職業), 적성(適性)

| 93 생재(生財),합재 | 食神生財 得財億金 식신생재 득재억금 | 食神合財 하게되니 식신합재 하게되니 | 飲食食品 五行之理 음식식품 오행지리 | 그事業에 어길손가 그사업에 어길손가 |

❖ 식신(食神)이 생재(生財) 한다 함은 식신(食神)은 재능(才能), 기능(技能)으로 기술로 열심히 일을 해서 로또를 바라는 마음이 아닌 성실과 근면으로 부를 축적한다는 설명.

❖ 식신(食神)이 재(財)와 합(合)이 되는 것은 적성(適性)에도 맞고, 천성(天性)이고 재(財)라 함은 사람이 입으로 취하되 선택하여 내 마음대로 하므로 음식(飮食)계통이라 식품(食品)도 되니 사업을 한다고 하면 식품계통, 농산물가공업,식품가공,자연식품,건강보조식품도 해당하고 역마(驛馬), 지살(殺)이 임하고 있으면 식품유통업도 아주 길하다. 요즈음 유행하고 있는 식품체인점 같은 것도 권장 할만하다. 음식점 체인점도 가능하고, 식품과 연관된 조미료, 간장, 된장, 고추장등 부수로 들어가는 종류도 괜찮다. 생선가공업, 유제품도 좋고 축산가공업도 좋다.

❖ [실전사주의 예]-잃는 것이 너무 많다.

癸	乙	庚	己
未	巳	午	未

오월(午月)의 을(乙)목 일간(日干)이다.
지지(地支)화국(火局)이 아름답다.

⬆ 요리사 자격증을 취득하여 일하고 있는 분. 양(陽)의 기운(氣運)이 지나치게 강하니 음기(陰氣)가 맥을 못 춘다. 종(從)하면 다행인데 거부반응을 나타내면 문제가 발생한다. 운(運)과 변화(變化)를 살펴야 한다.

● 제 3 장　　　　　　　　　　　　　● 직업(職業), 적성(適性)

| 94
토성적성 | 注中土星
建築土石
주중토성
건축토석 | 食神財는
被服纖維
식신재는
피복섬유 | 米穀土地
紙物業에
미곡토지
지물업에 | 農業좋고
成功한다
농업좋고
성공한다. |

❖ 사주(四柱)에서 토성(土星)이 재성(財星)에 해당하고 식신(食神)이 생(生)하는 경우를 살펴보자.

❖ 토(土)가 재성(財星)이므로 토(土)에 관련된 부분에 관한한 일가견(一家見)이 있다고 볼 수 있다.

❖ 식신(食神)이 토(土)를 생(生)하므로 식신(食神)은 자연히 화(火)가 되는 것이고 그러면 토(土)에 관련된 것은 어떤 종류가 있을까?

● 토성(土星)은 흙과 돌을 포함한다. 이것과 연관이 되는 것은 농업계통으로 연결되는 것이다. 농업(農業) 쪽으로 보면 농사요,원예,하우스,버섯재배,약초재배,특용작물도 해당되고, 흙이나 돌로 연결하면 골재요 레미콘사업도 좋고,벽돌 연탄, 탄광업, 금광업도 좋고 건축업과도 연관 지어 볼 수 있다.

● 재성(財星)이 토(土)이니 일주(日主)는 자연 목일주(木日主)가 되고 그러다 보니 목일주(木日主)와 연관이 되는 섬유, 피복, 지물과도 연관된다.

▶ 여기서 참고 할 것은 일주가 식신생재가 제대로 이루어지는 가를 살펴보아야 한다. 일주가 왕(旺)하여 식신(食神)이 제대로 능력을 발휘하면 금상첨화(錦上添花)이나 일주가 허약(虛弱)하기 이를 데 없어 골골하면 식신(食神)이 생재(生財)를 하여도, 내가 취하기가 힘들어 남 좋은 일만 시키는 것이다. 결국 월급쟁이 밖에 안 된다.

❖(실전사주의 예)-자손을 위하는 것이, 다 내 복이다.

癸	甲	丙	丙
酉	申	申	戌

신월(申月)의 갑(甲)목 일간(日干)이다.
갑(甲)목 일주의 사주인데 신약(身弱)이다.
큰 욕심 없이 무난히 생활을 하신 분이다. 재성이 관으로 합하여 직장생활 욕심 없이 하고 현재 아들만 세 명이 있다.

● 제 3 장　　　　　　　　　　　　　　● 직업(職業), 적성(適性)

95 인재일덕	地殺驛馬　印財日德　運輸事業　하게되고 傷官食神　太旺無格　雇人이나　屠牲로다 지살역마　인재일덕　운수사업　하게되고 상관식신　태왕무격　고인이나　도고로다.

❖ 지살(地殺)이나 역마(驛馬)가 인수(印綬)나 재성(財星) 그리고 일덕(日德)에 해당할 경우 운수업계통을 하게 되는데 상관(傷官)이나 식신(食神)이 태왕(太旺)하고 격(格)이 성립이 되지 않을 경우, 남의 품팔이를 하거나 고기 잡는 일에 종사하는 하거나 육축(六畜)을 다루는 업에 종사하게 된다.

❖ 지살(地殺)이나 역마(驛馬)가 인수(印綬)에 해당할 경우---인수(印綬)는 공부도 하고 귀인(貴人) 취급을 받게 되는데 똑같은 역마(驛馬) 지살(地殺)이라 해도 재성(財星)에 놓은 것 하고는 약간 차이가 있다. 돌아다니면서 구경하고 기획하면서 하는 운수업이니 관광계통이다. 금강산 관광사업 식으로 국가적인 사업도 생각해 볼 수 있다.

❖ 관광계통도 규모가 큰 것이다. 이정도의 사업을 할 정도면 국이 형성되는 정도는 되어야 할 것이다. 재(財)에 해당 할 경우, 천직처럼 매달려서 하는 직업이 된다. 이도 또한 즐겁고, 괜찮은 것이다. 일덕(日德)이라 함은 일덕격(日德格)을 칭하는데 일덕격(日德格)을 살펴보자.

　　　　일덕격(日德格) ➡　甲　丙　戊　庚　壬
　　　　　　　　　　　　　寅　辰　辰　辰　戌

🔼 갑인(甲寅), 병진(丙辰), 무진(戊辰), 경진(庚辰), 임술(壬戌) 일주를 설명하는데 대체적으로 이공계통이다.

☞ 일지(日支)에 복덕(福德)을 갖추고 있다하여 붙여진 이름인데 형충파해(刑沖破害) 공망(空亡) 등이 없어야 제대로 인정받는다.

☞ 이공계 계통이므로 운수계통 운수업이란 현재로 보면 자동차회사 근무도 가능하고 그와 연관이 된 직종에 종사하는데 특히 인수에 해당하면 자동차 디자이너가 딱 어울린다.

☯ 제 3 장   ☯ 직업(職業), 적성(適性)

☞ 식상(食傷)이 태왕(太旺)한 사주는 인수(印綬)가 맥을 못춘다, 자손(子孫)이 너무 많다보니 어미가 허리가 휘어진다. 뒷바라지하기도 힘들어지고 너무 많으니 챙겨주지 못한다. 그러다 보니 자손은 제 멋대로 자라기 마련이니 커서 문제아가 되는 것이다.

☞ 학교를 다닌다쳐도 일진회 같은 불량 써클에도 참여하게 되고 골치다.
  그나마 사주가 신왕(身旺)한 기운이 흐르면 완전 문제아에 골수분자요 반항아다. 윗사람 알기를 우습게 알고 항상 하극상(下剋上)의 기질이 풍부하여 관리가 불능. 상태다. 다자무자 식으로 재주가 너무 많다보니 정작 써먹을 재주가 없다. 한 우물을 파야 하는데 그것이 흠이 된다.

☞ 반대로 일간(日干) 자체도 약(弱)하고 상식(尙食)이 태왕(太旺)한 경우는 쉬지 않고 부지런히 일을 하여도 인정받지도 못하고 바닥에서 헤매이게 된다, 인수(印綬)가 힘을 못 쓰니 아는 것이 있어야 면장을 할 텐데 가방끈이 너무나 짧다. 그러다 보니 남들이 기피하는 업종을 선택하게 되는데 천(賤)한 직종이 된다.

☞ 지금은 직업에 귀천(貴賤)이 사라진지가 한참이다, 어느 분야이던 전문가가 되면 그것이 귀한 직종이 되는 것이다. 본인에게 말이다. 현재의 업으로 인하여 모든 행복을 누리게 된다면 그것이 실로 행복이니까. 부지런하면 모든 복은 본인의 것이 되는 것이다. 누구는 노숙자가 되고 싶어 되겠는가? 잘못되면 조폭도 되고 범법자가 되기도 한다.

❖(실전사주의 예)─욕심(慾心)이란 한이 없는 것이다.

癸	戊	戊	丁
丑	辰	申	酉

신월(申月)의 무(戊)토 일간(日干)이다.
일주가 무진(戊辰)으로 일덕격(日德格)이다.

⬆ 견겁(肩劫)이 왕(旺)하여 동업(同業)하다 망(亡)했다.(2003년)

● 제 3 장   ● 직업(職業), 적성(適性)

96 인사,신해,역마	四柱中에 寅巳驛馬 航空界에 職業이요. 申亥驛馬 臨財하면 水産漁獵 成財하네. 사주중에 인사역마 항공계에 직업이요 신해역마 임재하면 수산어렵 성재하네.

❖ 사주(四柱) 중에 역마(驛馬)에 따른 직종의 분류를 설명한 것이다.
● 역마(驛馬)는 인(寅), 신(申), 사(巳) ,해(亥)를 말하는데
● 인, 사-----화기가 많아 증발되므로 날라 가므로 ---항공 즉 비행기
● 해------수기(水氣)가 많음으로 물이 되므로----수로 즉 배, 잠수함
● 신-----금기(金氣)가 많으므로 쇳소리가 난다------철도나 자동차

❖ 사람이 행방이 묘연하다 이릴 때의 표현을 빌려보자.
● 인(寅)사(巳)가 역마인 사람-------날라갔군 ,안개처럼 사라졌군
● 해(亥)가 역마(驛馬) 이거나 운(運)이 그럴 때-----잠수했나 봐
● 신(申)이 역마(驛馬) 이거나 운(運)이 왔을 때---줄행낭쳤군, 뺑소니치다
❖ 사주에 인(寅)이나 새(巳)가 있는 사람의 직종---항공계와 인연 깊다.
            우리나라에서는 KAL ,ASIANA
            외국일 경우---외국의 항공회사
● 여성(女性)의 경우-----스튜어디스나 공항판매 항공운수 관련업
● 역마가 없을 경우는 화기(火氣)가 많은 사람이 관련 업종에 종사하게 된다.

❖ 상관(傷官)으로 나쁘게 작용을 할 경우 ----항공기내에서 음주 소란행위
      공항 내에서 풍기문란 행위 항공기 피해사고, 밀수 심부름 잘못 구속
❖ 신(申)과 해(亥)가 역마(驛馬)로 작용을 할 경우
● 신(申)중의 임수(壬水) ,그리고 해중(亥中)의 임수(壬水)가 큰 작용한다.
● 수산, 어업 쪽에 종사를 하게 된다 직장을 갖게 되면 해양수산부나 이와 유
      사한 업종과 연관된 회사에 근무하게 된다.
● 식품업에 연관된 회사 일 경우---참치가공, 생선어묵 ,황태, 수산물 시장

☯ 제 3 장　　　　　　　　　　　　　　　　☯ 직업(職業), 적성(適性)

☯ 유통에 연관된 경우----------활어유통 ,수산물 가공 및 유통 기타 업종도 연관된 부분이 물과 연관이 된다, 선박은 쇠와 물이므로 당연히 연관된 업종에 포함된다.-----선박, 해운회사 ,항만 해운청

❖ 상관(傷官)으로 나쁘게 작용을 할 경우 ----해양 오염사고 ,양식장 피해
　　　　　　　　　　　　　　수산물사고,폐수사고,해상밀수.어선납치
❖ 좋게 작용을 할 경우-----해저탐험, 유전발견, 온천개발, 수상도시구경,
　　　　　　　　　　　　　　해저박물관 구경

❖ (실전사주의 예)―바쁘다, 바뻐!

辛	壬	辛	庚
亥	寅	巳	申

사월(巳月)의 임수(壬水) 일간(日干)이다. 지지에 인,신,사,해 를 전부 갖춘 사주이다.

🔼 해병대를 제대하고 현재 일본에서 열심히 생업에 종사하고 있는 분의 사주다. 지금쯤은 귀국(歸國)해서 무엇인가 하고 있을 것이다.

● 제 3 장							● 직업(職業), 적성(適性)

97 백호살(白虎殺)	戊辰丁丑 巳卯未戌 무진정축 사묘미술	丙戌乙未 其日主는 병술을미 기일주는	甲辰癸丑 牧畜業을 갑진계축 목축업을	壬戌日生 하지마소. 임술일생 하지마소.

❖ 백호살(白虎殺)

甲 乙 丙 丁 戊 壬 癸   ➡   백호살(白虎殺)
辰 未 戌 丑 辰 戌 丑

❖ 백호대살(白虎大殺) 이란?

● 7종으로 사주원국에 어디에 있던 해당이 되는데 육친으로 어디에 해당 하는가 살펴서 추명을 하는데 이 살(殺)의 작용(作用)을 살펴보면 횡사, 급사, 흉사, 수술사고, 교통사고, 출산사고, 불의의 사고, 해난사고 ,자연 재해 등 바람직하지 않은 사고로 인한 여러 상황 등을 말한다.

❖ 백호(白虎)일주(日主)를 갖춘 사람은 목축(牧畜)과 연관된 업종은 하지 말라는 설명이다. 생업(生業)에 종사하는 사람은 어찌하는가? 잘되고 있어도 항상 조심을 하고 안 될 경우는 가능하다면 다른 직종(職種)을 택하라 이유는 본인이 백호대살(白虎大殺)인데 잘 될 이유가 없다.

● 동물과 연관을 시켜보자. 지지(地支)의 12지와 연관을 시켜보면 될 것이다. 꼭 해야 할 경우는 본인의 지지와 연관된 동물은 피하라.

❖ (실전사주의 예)-백호(白虎)가 이름값을 한다.

甲	壬	甲	壬
辰	午	辰	寅

진월(辰月)의 임수(壬水) 일간이다.
백호(白虎)에 자형살(自刑殺)이다.

⬆ 월지(月支)에 진(辰)중 계수(癸水)가 백호살(白虎殺)에 임하여 사촌이 교통사고로 사망하였다.

98
임산, 전기

四柱中에	木財星은	林産造林	成財하고
寅卯夏月	庚辛日生	電氣工業	致富한다.
사주중에	목재성은	임산조림	성재하고
인묘하월	경신일생	전기공업	치부한다.

❖ 목(木)이 재(財)이므로 금일주(金日主)의 사주다. 일주(日主) 자체가 금(金)이므로 나무와 연관된다. 자연 목재(木材)와 관련된 사업을 하면 적성(適性)에 딱 어울린다. 임산(林山), 조림(造林)도 당연히 좋고, 가구업, 목재업, 조경산업, 육림, 원예도 좋고, 분재---

❖ 인(寅), 묘(卯), 하(夏) 월이라 함은 인(寅), 묘(卯), 사(巳) 오(午)月이라 경신(庚申)일생 이면 월지(月支)에 재(財)를 놓고 있는데 그 재(財)가 화(火)니 전기, 통신 계통인데 인터넷, 컴퓨터 IT분야도 추가 하고, 같은 직업이라도 자기 사주(四柱)에서 재성(財星)이 어우러지면, 다른 사람보다 성공하는 비율이 훨씬 높다. 남이 부장이면, 나는 사장을 하게 된다.

❖(실전사주의 예)---아쉬움은 추풍낙엽이요, 그리움은 안식포식.

| 戊 | 辛 | 丁 | 己 |
| 丁 | 巳 | 卯 | 未 |

묘월(卯月)의 신(辛)금 일간(日干)이다.
지지(地支) 묘미(卯未) 목국(木局)도 참조.
관(官)의 기운(氣運)을 살펴라.

◩ 대학졸업 후 군입대로 2006년 이제 막 제대. 현재 취업을 준비하고 있는 분이다. 목화(木火) 양쪽을 다 겸하고 있다. 연상(年上)의 여인(女人)과 인연(因緣)이 있었고 헤어졌다.

99 목화통명(木火通明)

甲乙日生	水印놓고	火星에다	泄精하면
라디오와	電氣業에	成工함이	있으리라.
갑을일생	수인놓고	화성에다	설정하면
라디오와	전기업에	성공함이	있으리라.

❖ 목일주(木日主)이니 인성(印星)은 자연 수성(水星)이 되고 식상(食傷)은 화(火)가 된다. 흐름이 원만하여야 목화통명(木火通明)이 이루어진다. 흐름에 있어서 문제가 생기면 이야기는 달라진다.

☞ 화성(火星)이 식상(食傷)이므로 재능(才能)을 전자, 전기 ,통신 분야에 펼친다. 직장인일 경우 정통부,통신공사,과학기술처,우체국,전화국,이동통신사업부 과학기술분야에서도 IT분야도 이것에 속하게 된다. 목화통명(木火通明)이므로 화(火)는 그림에도 일가견이 있으므로 그래픽분야도 어울린다. 라디오라는 소리는 사라진지 벌써 오래다.

❖(실전사주의 예)—흘러야 길조(吉兆)다.

丙	甲	癸	癸
寅	午	亥	酉

해월(亥月)의 갑(甲)목 일간(日干)이다. 년(年)에서부터 금, 수, 목, 화 흐름이 좋다.

⬆ 갑목(甲木) 일주(日主)에 인성(印星)인 수(水)가 왕(旺)하여 일찍이 공부에 전념하였고, 화성(火星)인 식신(食神)이 왕(旺)하여 공대 교수다.

제 3 장　　　　　　　　　　직업(職業), 적성(適性)

100 철물, 목공	四柱中에　金財星은　鐵物金屬　利益있고 丙日日德　木印星은　木工木手　많이본다, 사주중에　금재성은　철물금속　이익있고 병일일덕　목인성은　목공목수　많이본다.

❖ 사주(四柱)가 금(金)이 재성(財星)이면 일주(日主)는 당연히 화(火)다.
☞ 인수(印綬)는 목(木)이 되고 금(金)이 재성(財星)일 경우 적합한 직종은 금속,기계,기구철강,산업기자재,자동차생산,선박제조,주물,금은세공업,악세사리,경금속 비철금속 ,제련업 ,광산도 가하고 ,광업, 금은 돈과도 연관이 된다 소위 쇳가루 하지 않던가? 금전을 이용한 사채업이나 고리대금업, 전당포 ,금융기관도 연결이 되고 사금융, 증권, 채권, 주식업----
☞ 병일(丙日)에 일덕격(日德格)이라 함은 병진(丙辰)일 하나다. 목(木)이 인수(印綬)니 나무를 다루는데 일가견이 있다. 조림 ,육림도 해당이 되고 목공예, 토목분야, 건축, 실내인테리어,--나무를 이용한 모든 분야에 어울린다.
☞ 건축으로 연결이 되면 설계도 된다 건축가이다.

❖(실전사주의 예)—합(合)이 되면 어찌되나? 걱정이다.

辛	丙	甲	辛
卯	辰	午	酉

오월(午月)의 병화(丙火) 일간(日干)이다.

🔼 병진(丙辰) 일주(日主)의 사주다. 현재 건축설계 사무실에 근무 중이다.
병(丙)화 일주(日主)이므로 재성(財星)은 금(金)이 된다.

◎ 제 3 장　　　　　　　　　　　　　　　　◎ 직업(職業), 적성(適性)

101 교육직

春生丙丁	夏生戊己	秋生壬癸	冬甲乙은
敎壇올라	敎鞭잡고	呼名萬人	芬走하다.
춘생병정	하생무기	추생임계	동갑을은
교단올라	교편잡고	호명만인	분주하다.

❖ 춘(春)생 병정(丙丁)이라 함은 병정 화일주(火日主)가 봄에 출생(出生)이고
　　　　　　　➡ 인묘(寅卯) 월 출생에 화일주(火日主)
❖ 하(夏)생 무기(戊己)라 함은 무기(戊己) 토(土)일주가 여름 출생(出生)이고
　　　　　　　➡ 사오(巳午) 월 출생에 토일주(土日主)
❖ 추(秋)생 임계(壬癸)라 함은 임계 수일주(水日主)가 가을에 출생(出生)이고
　　　　　　　➡ 신유(辛酉) 월 출생에 수일주(水日主)
❖ 동(冬) 갑을(甲乙)이라 함은 갑을 목일주(木日主)가 겨울에 출생(出生)이고
　　　　　　　➡ 해자(亥子)월 출생에 목일주(木日主)

⬆ 공통점은 전부가 월(月)에 인수(印綬)를 만난 것이다. 월지(月支)는지지(地支)자체는 하나이지만 그 기운(氣運)은 곱이다. 선천적(先天的)으로 인수(印綬)를 갖고 태어나면 성품이 선비이다, 만인의 존경의 대상이 되는 전형적인 교사(敎師)요, 사도(士道)요, 인생의 안내자다. 교단(敎壇)에 올라 만인의 이름 부르기에 바쁘다. 선생님은 항상 학생들의 출석부를 갖고 다니면서 수업시작 시 항상 이름을 부르니까, 해마다 각 교실 다니면서 부르니 그 인원수가 얼마나 되겠는가? 이제 세상은 가르치는 교사(敎師)만 있는 것이 아니라 연구하면서 명성도 쌓아가는 시대다. 항상 존경받는 분들이 선생님이다.

❖ (실전사주의 예)―아무나 하는 것이 아니다.

戊	丙	丙	己
戌	寅	寅	亥

인월(寅月)의 병화(丙火) 일간(日干)이다. 지지(地支) 목화(木火)가 어울린다. 어디로 가는가? 토(土)로 이어진다.

⬆ 한국 교육계에 한 획을 그으신 분의 사주다. 병화(丙火) 일주에 월지(月支)에 인수(印綬)놓아 득령(得領), 식상(食傷)으로 이어지니 금상첨화(錦上添花)다. 일지(日支)에 인중 병화라 득지(得地)요 인(寅)과 해(亥)➡목국 이루니 인수(印綬)국 득세(得勢)되고, 대학교수요, 총장 역임하신 분의 사주다.

제 3 장 　　　　　　　　　　직업(職業), 적성(適性)

102 교육자

三六九臘	庚辛日과	申酉月에	戊己日生
三冬月에	庚辛日生	그도또한	敎育家라
삼육구랍	경신일과	신유월에	무기일생
삼동월에	경신일생	그도또한	교육가라.

❖ 三六九臘(삼육구랍)-3,6,9,12월
☞ 경신(庚申) 일생---금일주(金日主) 월지(月支)에 토(土)인 인수(印綬)를 갖고 태어난 것이다. 신유(辛酉) 월에 무기(戊己) 일생 이라함은 무기(戊己) 토일주(土日主)가 가을에 출생(出生)함이다.

❖ 삼동(三冬)월에 경신(庚申)일생➡경신(庚申) 금일주(金日主)가 겨울에 출생함이요. 이들 역시 교육자(敎育者) 사주인데 월(月)에 인수(印綬)를 갖추고 있거나 식상(食傷)을 갖추고 있으면 교육자의 사주인데 인수(印綬)를 갖추고 있는 것이 더욱 확실하다.
❖ 요즈음은 교육자의 분류가 상당히 다양하다 업종(業種)이 세분화가 되다보니 각종 분야에서 교육의 장이 생기고 있다.
❖ 교육자의 위치에 서게 되면 항상 몸과 마음을 다스려 만인의 모범이 되도록 각자가 더욱 신경써야한다. 지도자로써의 자질도 중요하고---

🙵 예전에는 학교 교육만이 교육인 줄 알았으나 이제는 여러 분야에서 전문적인 전문인을 양성하는 기관도 많이 생겨 흔한 것이 선생님처럼 되었으나 귀하고 귀하신 분이 선생님이다. 일부 직업으로만 생각하는 분들이 많아 물의를 일으키는 경우도 있어 안타까울 뿐이다. 교육(敎育)도 직업(職業)이다? 맞기는 맞는데----사명감이 결여된 직업은 끈 없는 신발이다.

● 제 3 장   ● 직업(職業), 적성(適性)

| 103 설단생금 | 春夏月에 酉月生人 춘하월에 유월생인 | 甲乙日生 丁丑日生 갑을일생 정축일생 | 三冬月에 舌端生金 삼동월에 설단생금 | 壬癸日生 敎育家라. 임계일생 교육가라. |

❖ 춘하(春夏) 월에 갑을(甲乙)일 생이라 함은 목일주에 인,묘,사,오 월생이고
❖ 삼동(三冬) 월에 임계(壬癸)일 생이라 함은 수 일주에 해,자,축 월생이고
☞ 유월(酉月)생에 정축(丁丑)일생은 **舌端生金(설단생금)**이라 하였는데 혀끝이라 한 것은 혀를 놀린다, 즉 움직여서 그것은 집에서 어머니가 맛을 보는 것을 의미하는 것 같으나 또 다른 의미로 보면 금전 즉 돈맛을 보는 것이니 돈을 버는 것 즉 방법, 생활수단이다.

☞ 교사들도 전공과목이 있는데 오행으로 구분, 일주별로 살펴보도록 하자.
● 목일주(木日主)----전형적인 선생님이시다.음악,동양화,서양화,조각,서예
　　　　　　　　　등 주로 예능 쪽의 선생님, 원예계통, 밴드부
● 화일주(火日主)----말이 많다, 웅변 주로 전공보다는 활동적인 분야,
● 토일주(土日主)----주로 듣는 쪽. 카운슬링, 윤리 도덕,국어, 한문,역사학
● 금일주(金日主)----체육학계통, 정형외과
● 수일주(水日主)----법정계열, 상경계열

❖(사주의 예)──계속적으로 지속성(持續性)이 강하다.

戊	甲	戊	庚
辰	子	子	申

자월(子月)의 무(戊)토 일간(日干)이다.

⬆ 갑목(甲木) 일주(日主)의 사주이다. 지지(地支) 전체가 인수(印綬) 국(局)을 형성하고 있다. 사주 전체의 기운이 일주(日主)인 갑목(甲木)으로 모여 인수(印綬)인 물이 솟구치는 형상을 이루고 있다. 학원 설립자의 사주.

제 3 장　　　　　　　　　　　　　　직업(職業), 적성(適性)

104 스승의 길

亥月丁亥　卯未日生　戌月壬癸　透辛金과
戊己日에　寅月出生　口呼萬人　스승이라.
해월정해　묘미일생　술월임계　투신금과
무기일에　인월출생　구호만인　스승이라.

❖ 세상이 변하고 있다. 입시위주의 교육이 모든 것을 혼란하게 만든다. 진정한 교육의 의미를 되새겨야 할 것이다. 직업만이 아닌 참다운 스승이 그립고 자식 같은 제자가 그립다.

O	丁	O	O
O	亥	亥	O

O	丁	O	O
O	卯	亥	O

O	丁	O	O
O	未	亥	O

⬆ 정화(丁火)가 지지(地支)에 해묘미(亥卯未) 목국(木局)을 형성하고 있다. 亥(해)는 갑목(甲木)으로 보면 된다 원래 정화(丁火)는 그 자체가 교육계와 일맥상통 한다. 지지(地支)에 인수국(印綬局)을 놓고 있으니 자연 교육자가 된다. 정화(丁火)는 목소리도 크고, 구설에 휘말리지 않도록 해야 한다.

❖ 학습사주의 예

辛	壬	O	O
O	O	戌	O

O	癸	辛	O
O	O	戌	O

⬆ 천간(天干)으로 신금(辛金)이 투출(投出)하고 임계(壬癸)일주가 술월(戌月)에 출생하였다. 지장간(地藏干)에 술(戌)중 신금(辛金)이 있고, 천간(天干)으로 신금(辛金)이 있어 인수격(印綬格)을 이룬다.

❖ 학습사주의 예

O	戊	O	O
O	O	寅	O

O	己	O	O
O	O	寅	O

⬆ 무(戊)토, 기(己)토 일주가 월지(月支)에 인(寅)중 병화(丙火)를 깔고 있다. 자연 인수(印綬)가 되고 있다. 인(寅)목은 지장간(地藏干)에서 목생화(木生火), 화생토(火生土)로 병화(丙火)를 중심으로 잘 흐른다.

◐ 제 3 장   ◐ 직업(職業), 적성(適性)

| 105 교사호칭 | 申酉月에 人人指曰 신유월에 인인지왈 | 甲申日과 教師라고 갑신일과 교사라고 | 四柱印局 呼稱함이 사주인국 호칭함이 | 또는透印 있으리라 또는투인 있으리라. |

❖ 신유(辛酉)월이라 함은 가을이요 금(金)의 기운(氣運)인데 갑목(甲木) 일 주에 월지(月支)에 금(金)이면 일단은 실령(失領)을 하여 제대로 기운을 못 쓰고 갑목(甲木)에 신금(辛金)은 칠살(七殺)이고, 유금(酉金)은 정관(正官)이 되나 교육(教育)과는 약간 거리가 생긴다.

❖ 신월(申月)은 신자진(申子辰)하여 수국(水局)을 이룰 가능성은 있지만 유금(酉金)은 수(水)로 바뀔 근거가 없다. 고로 천간(天干)에 임계(壬癸)수가 투간(透干)이 되어 인수(印綬)로 흐름이 이어지면 다행이지만 일단은 관망(觀望)이다. 금(金)이 와서 인수(印綬)로 이어진다면 체육계의 지도자로 볼 수 있다. 선수생활 한 후 지도자로 나서는 경우가 많으므로 굳이 본다면 그렇다.

❖ 인수(印綬)가 형성된다.

O	甲	壬	O
O	申	申	O

신(申)중 임수(壬水)로 보고 천간(天干)에 임수가 투간(透干)되어

❖ 체육교수나 ,체육선생님이 맞겠다.

O	甲	癸	O
O	申	酉	O

일지(日支)와 월지(月支)에 금(金)이 막강. 천간에 계수가 투간(透干)되어 갑목(甲木) 일주(日主)에게 기운이 몰린다.

⬆ 이 경우는 체육계의 지도자 또는 교육자로 봐야 할 것 같다.

◎ 제 3 장　　　　　　　　　　　　　　◎ 직업(職業), 적성(適性)

| 106
교육, 언론 | 以上五局
言論機關
이상오국
언론기관 | 태운몸이
文藝從事
태운몸이
문예종사 | 敎育界에
文敎行政
교육계에
문교행정 | 안나서면
進出이라.
안나서면
진출이라 |

❖ 이상 오국(五局)이라 함은 101--105 까지를 말하는데 여기에 해당하는 사주(四柱)를 가진 사람이 교육계(敎育界)에 종사를 안 하게 되면 월지(月支)와 일지(日支)가 연관이 되므로 배우자, 가족 중 있게 된다.

☞ 선생님소리 듣는 직책(職責)에 종사하게 되고, 그 외로는 언론기관, 문예계 종사, 교육부, 검정시험, 기타교육과 연관이 있는 직종에 종사하게 된다.

❖ (사주의 예)---발표력을 선천적(先天的)으로 타고난 사주이다.

| 乙 | 甲 | 癸 | 丁 |
| 亥 | 寅 | 卯 | 巳 |

묘월(卯月)의 갑목(甲木) 일간(日干)이다.
신왕(身旺)하니 좋기는 좋다만

⬆ 언론사의 사장을 역임하신 분의 사주이다. 갑목(甲木) 일주(日主)에 기운(氣運)이 왕(旺)하고 식상(食傷) 기운도 좋으나, 희생(犧牲)이 뒤 따르니 아쉽다.

◐ 제 3 장　　　　　　　　　　　　　　　◐ 직업(職業), 적성(適性)

107 곡직격(曲直格)	曲直格과　戊日印局　四柱多金　寅日丑時 그림그려　名畵되고　글씨쓰면　名筆이라. 곡직격과　무일인국　사주다금　인일축시 그림그려　명화되고　글씨쓰면　명필이라.

❖ 여기서는 곡직격(曲直格)에 대한 설명이 필요할 것 같다.

◐ 곡직격(曲直格)이란 목일주(木日主)가 지지(地支)에 전체적으로 목(木)으로 구성이 된다. 본래 목(木)은 기운이 있고 많으면 곧고 바르게 되나, 그 기운이 약(弱)하고 작으면 굽어지기 때문에 曲(곡)자를 쓴 것이다.

❖ 곡직격(曲直格)을 인수(印綬) 곡직격(曲直格)이라 고도 한다. 목일주(木日主)는 성품자체가 온화하고 인정도 많고, 예술적인 감각이 풍부하여 그림, 글씨, 노래 등 소질이 다양하다.

❖ 목일주(木日主) 사주(四柱)가 인성(印星)국(局)을 이루고 있으면 인성인 화(火)가 왕(旺)한 것인데 화는 예지(銳智)력이요, 스크린이라 글과 그림에는 재능(才能)을 보이게 된다. 화기(火氣)가 너무 지나치다 보면 기인(奇人)소리 듣기도 한다. 사주(四柱)에 금(金)이 많고 인(寅)일 축시(丑時) 생 역시 글과 그림에 소질이 풍부하다.

❖(사주의 예)──매우 드문 형태의 사주로 귀격(貴格)에 속한다.

辛	丁	辛	癸
丑	酉	酉	丑

유월(酉月)의 정화(丁火) 일간(日干)이다.

⬆ 정화(丁火) 일주(日主)가 지지 전체에 금국(金局)을 이루고 있다. 천간(天干)으로도 일간(日干)을 제외하고는 금(金)이다.

● 제 3 장   ● 직업(職業), 적성(適性)

| 108
화가, 연예 | 木火旺局
傷官格局
목화왕국
상관격국 | 庚辛日生
印星旺은
경신일생
인성왕은 | 그도또한
演藝人에
그도또한
연예인에 | 名畫家요
많이본다.
명화가요
많이본다. |

❖목화왕국(木火旺局)

목(木),화(火)의 연계(連繫)성이다, 목과 화의 기운이 어우러져서 작품을 만드는 것이다, 그야말로 목화통명(木火通明)이다.

● 나무가 아무리 많아도 쓰임새가 없으면 소용이 없고 불이 있어야 휘어지기도 하고 타기도 하는데 국(局)을 형성할 정도로 왕성하다면 필히 이루어지는 것이 아닌가? 목(木)도 음목(陰木)의 경우는 유연성에서는 타(他)의 추종을 불허하니 운동을 하게 되면 기계체조선수도 어울리고 리듬체조도 좋고-

❖ 상관(傷官)이 격국(格局)을 이루고 인수(印綬)도 왕(旺) 하다면 아는 것도 많고 발표력도 좋으니 남 앞에 나서서 부족함이 없으니 팔방미인(八方美人)이라 연예계진출이라 그중에서도 연기를 앞세우는 쪽이 어울린다,

요즈음의 연예인들은 전부다 팔등신(八等身)에 팔방미인들이다. 어설픈 연기로 하다가는 금방 낙오되기 십상이다.

❖ 금일주(金日主)들은 대체적으로 결실(結實)의 계절 가을이므로 마무리가 좋은 편이다. 야무지고 판단력(判斷力)도 우수하다.

❖(실전사주의 예)-여성

丁	庚	壬	辛
卯	午	辰	酉

진월(辰月)의 경(庚)금 일간(日干)이다.

⬆ 경금(庚金)일주(日主)의 사주(四柱)로 현재 가수 겸 탤런트로도 활약하고 있는 분의 사주다. 아버님의 적극적인 도움과 본인의 부단한 노력으로 성공한 경우다.

◐ 제 3 장   ◐ 직업(職業), 적성(適性)

109 서예, 문방	丁丑酉日 印刷文房 정축유일 인쇄문방	丙戌辰日 書藝家니 병술진일 서예가니	更逢財星 筆耕紙業 갱봉재성 필경지업	或印星은 분명하다. 혹인성은 분명하다.

丁 丁 丙 丙   ◧ 왼쪽의 일주가 재성(財星)이나 혹은 인성(印星)이
丑 酉 戌 辰   있다면 인쇄, 문구계통 서예, 필경, 지업사 한다.

☞ 필경은 이미 없어진 업종이다, 예전에 학교에서 시험 볼 때가 생각이 난다, 토시를 팔에 하고 지금은 복사, 제본집이고 인쇄소, 종이 파는 지업사, 벽지, 집, 문방구, 등등이다.

☞ 화일주(火日主)에 관한 설명으로 지지(地支)에 재성(財星)을 놓고 또 재성이 있거나 인성(印星)이 있으면 상기업종에 종사하게 된다는 설명이다.

❖ (실전사주의 예)

辛	丁	辛	辛
丑	酉	卯	亥

묘월(卯月)의 정화(丁火) 일간(日干)이다.
합(合)과 충(沖)이 이루어진다.

◧ 정유(丁酉) 일주인데 지지(地支)에 인성(印星)과 재성(財星)을 놓고 있다. 재성(財星)의 기운이 워낙 강하다.

● 제 3 장　　　　　　　　　　　　　● 직업(職業), 적성(適性)

| 110 이공계 | 日德印星　놓은자는　化學科學　技術者요
甲丙戊庚　戌日壬辰　工業界가　많이된다.
일덕인성　놓은자는　화학과학　기술자요
갑병무경　술일임진　공업계가　많이된다 |

| 丁 | 丁 | 丙 | 丙 |　◀ 일덕인성日德印星
|---|---|---|---|
| 丑 | 酉 | 戌 | 辰 |

⬆ 일주(日主)가 재성(財星)이나 혹은 인성(印星)이 있다면 인쇄, 문구계통, 서예, 필경 지업사 한다. 필경은 이미 없어진 업종이다, 예전에 학교에서 시험 볼 때가 생각이 난다, 토시를 팔에 하고 ---------

● 지금은 복사, 제본집이고 인쇄소. 지업사 ,벽지 집, 문방구, 등이다.
☞ 화일주(火日主)에 관한 설명으로 지지(地支)에 재성(財星)을 놓고 또 재성(財星)이 있거나 인성(印星)이 있으면 상기업종에 종사하게 된다는 설명이다.
❖ 현세의 상황으로 본다면 디자인 쪽으로 보면 된다. 기획부문, 컴퓨터디자인 등 주로 기획, 그래픽 등등
❖ 일덕격(日德格)인 사주(四柱)에 또다시 인성(印星)을 갖추고 있으면 이공계로 화학 기술자요, 갑술(甲戌), 병술(丙戌) ,무술(戊戌), 경술(庚戌) ,임진(壬辰) 등 일덕격(日德格)을 갖추면 공업계로 진출이 활발해진다.
● 구체적인 설명을 추가한다면 화학, 공업 과학 등 이공계 쪽에 대한 설명이다. 대체적으로 진일(辰日) 술일(戌日)이면 이공계다 하고 보면 편하다.

❖ 경술(庚戌)일주를 예로 보자

O	庚	O	O
O	戌	O	O

⬆ 이미 지지에 술(戌)중 무(戊)토를 갖고 있으므로 인수(印綬)를 갖고 있다.

◐ 제 3 장　　　　　　　　　　　◐ 직업(職業), 적성(適性)

O	丙	O	O
O	辰	O	O

병진(丙辰) 일주(日主)를 살펴보자.

⬆ 병진(丙辰)일주의 경우는 진(辰)중 을(乙)목으로 인수가 갖추어져있다.

❖(실전사주의 예)

壬	庚	辛	癸
午	辰	酉	卯

유월(酉月)의 경금(庚金) 일간(日干)이다.

⬆ 경진(庚辰) 일주의 사주이다. 현재 건설계통으로 공무원으로 재직 중.

제 3 장   　　직업(職業), 적성(適性)

| 111 행림지업 | 卯酉戌中
亥子丑月
묘유술중
해자축월 | 二字相逢
辛丑未亥
이자상봉
신축미해 | 百草試嘗
杏林之業
백초시상
행림지업 | 醫業하고
活人한다
의업하고
활인한다 |

❖ 묘유술(卯酉戌)중 이자(二字) 상봉(相逢)이라 함은 두 글자 이상이 사주 (四柱)에 있음을 이야기 하는데
❖ 백초시상(百草試嘗)이라 함은 백 가지의 풀을 이로운지 해로운지 맛을 보니 의술(醫術)과 관련된 업종에 종사(從事)하거나 본인이 직접 해당업무에 종사하게 된다는 뜻.
❖ 해자축(亥子丑)월 삼동(三冬)월에 출생한 신축(辛丑), 신미(辛未), 신해(辛亥) 일주를 갖춘 사람은 의약업(醫藥業)에 뜻을 두고 활동을 하니 인명(人命)을 구하는 일에 종사하게 된다.

❖ 묘(卯), 유(酉), 술(戌)에 관하여

❖ 卯(묘)
묘(卯)는 봄에서도 가운데인 중춘(仲春)에 해당되고 시간으로는 오전5시에서 7시까지이다, 습목(濕木)이고 활목(活木)으로 살아있다 연약한 목(木)이라 풀, 뿌리, 약초(藥草), 묘목(苗木) 등에 해당이 된다. 사주(四柱)에 묘(卯)가 많으면 약손이라고 한다. 천파살 이고 바람인 풍(風)에 해당한다.

❖ 酉(유)
가을 중에서 제일 맑고 깨끗한 중간의 가을이다, 금(金)중에서도 귀(貴)한 금(金)이다.

❖ 戌(술)
저녁7시에서 9시까지이다. 술(戌)은 산(山)으로 치면 화산(火山)이다.

◐ 제 3 장　　　　　　　　　　　　　　　　◐ 직업(職業), 적성(適性)

❖ 천라지망살, 鐵鎖開金殺(철쇄개금살)

　묘유술(卯酉戌) 은 철쇄개금살(鐵鎖開金殺) 이라 하여 남의 고민이나 ,고통을 해결하여 주는 마치 해결사와 같은 역할을 하는 것으로 굳게 잠긴 쇠자물통을 열어주는 열쇠와 같은 역할을 한다하여 붙여진 명칭으로 연관되는 업종은 의술(醫術)과 연관되는 것이고, 정신적인 상담도 하여주는 카운슬링이나 역학자도 포함되고 시간상으로 보면 묘(卯)시는 아침의 일출(日出) 시간이고 유(酉)는 일몰(日沒)이 되는 시간이고, 술(戌)은 하늘이 열리는 시간이므로 이에 해당하는 자는 의술(醫術), 종교(宗敎), 역학(易學), 상담역에 나선다면 일가견을 이루게 된다.

☞ 행림(杏林)이란 의약업(醫藥業)을 말한다.

❖(실전사주의 예)──현재 무속(巫俗)업에 종사.

甲	己	乙	癸
戌	未	卯	卯

묘월(卯月)의 기(己)토 일간(日干)이다.

⬆ 기(己)토 일주(日主)에 년(年)과 월(月)의 지지(地支)에 묘(卯), 술(戌) 갖추고 있다.

- 199 -

제 3 장　　　　　　　　　　　　　　　직업(職業), 적성(適性)

112 군신좌사	夏月辛未 手執藥秤 하월신해 수집약칭	巳卯日更 하게되니 미사묘갱 하게되니	逢月時 君臣佐使 봉월시 군신좌사	辰或戌은 製藥이라 진혹술은 제약이라.

❖ 하(夏)월 ➡ 사(巳),오(午),미(未)월

　하(夏)월 신(申),해(亥) ➡ 사오미(巳午未)월의 신해(辛亥), 신미(辛未),신사(辛巳) ,신묘(辛卯)일을 말하고 봉경월시 진(辰) 혹 술(戌)은 월지(月支)나 시지(時支)에 진(辰)이나 술(戌)이 있음을 설명한다.

☙ 수집약칭(手執藥秤)이라 함은 ---손에 잡은 약을 저울에 달아본다는 뜻
☙ 군신좌사(君臣左使)라 함은 ----약의 처방을 내는데 쓰는 말로써 약의 사용하는 용도의 정도에 따라 주된 약을 군약(君藥),보조역활의 경중에 따라 신약(臣藥),좌약(左藥),사약(使藥)으로 나누어 구별하였다.
☙ 제약(製藥)이라 함은 약재(藥材)를 필요에 따라 배합을 하여 필요한 약(藥)을 짓는 행위를 말한다. 여기에 술(戌), 해(亥) 천문성(天門星)이 더하여 지면 더욱 확실하다고 본다.

　　　　　　　　辛　辛　辛　辛
　　　　　　　　亥　未　巳　卯

⬆ 각각의 일주에 月이나 時에 辰이나 戌을 만남을 설명한다.

❖ (실전사주의 예)

壬	辛	癸	壬
辰	巳	丑	辰

축월(丑月)의 신금(辛金) 일간(日干)이다.

⬆ 현재 약국을 운영하고 계시는 분의 사주다.

● 제 3 장　　　　　　　　　　　　　● 직업(職業), 적성(適性)

| 113 의약직업 | 甲申日生 丁未日生 갑신일생 정미일생 | 逢寅巳와 逢庚戌도 봉인사와 봉경술도 | 五陰巳日 醫藥之業 오음사일 의약지업 | 逢寅申과 分明하다 봉인신과 분명하다 |

❖ 갑신(甲申) 일생이 인(寅)과 사(巳)를 만나면 인(寅)-사(巳) 형(刑)이요 오음사일五陰巳日이라 함은 을(乙),정(丁),기(己),신(辛),해(亥)일인데 지지(地支)에 사(巳)를 놓고 있음이요, 정미(丁未)일생이 경(庚), 술(戌)을 만나도 의약업(醫藥業)에 종사(從事)하게 된다는 설명이다.

❖ 일지(日支)에 신(申)을 놓고 있으면 인(寅)이나 사(巳)를 만나면 인사형(寅巳刑)이 이루어지는데 다른 일간(日干)들도 많은데 꼭 갑목(甲木) 일주를 택하였을까? 갑목(甲木) 자체가 仁術(인술)이므로 확률이 더 높기 때문이다.

| 乙 | 丁 | 己 | 辛 | 亥 |
| 巳 | 巳 | 巳 | 巳 | 巳 |

◨ 이 일주(日主)들은 인(寅)목, 신(辛)금이 연결되면 인사신(寅巳申) ➡형살. 그렇기 때문에 의술(醫術)이나 그와 연관된 직종(職種).

❖정미(丁未)일생이 월(月)이나 시(時)에 경술(庚戌)과 연결되면 어떻게 될까?

| O | 丁 | 庚 | O |
| O | 未 | 戌 | O |

　　　　　미술(未戌)형이 의업과는 연관되나 재(財)가 강하다, 진정한 의사라면 인성 또한 강해야 한다.

◨ 재성(財星)이 강하므로 돈이 우선 앞선다, 약재상(藥材商)이 어울린다.
☞ 꼭 의술(醫術)로 연결한다면 재대로 배운 의술이 아니라, 보조역활의 의술로 돈을 번다, 야매로 하는 의사 즉 돌팔이 의사가 된다.
☞ 사람 잡는 의술(醫術)과도 연관된다. 왜냐하면 형살(刑殺)이 있기 때문.

❖(실전 사주의 예)-불길이 좋으면 젖은 나무도 태운다.

| 庚 | 丁 | 己 | 乙 |
| 戌 | 巳 | 卯 | 卯 |

　　　　　정화(丁火) 일주(日主)의 사주다.
　　　　　현직의사로 개원을 준비 중이다.

제 3 장   직업(職業), 적성(適性)

| 114 의업(醫業) | 戊申日生 亦是醫業 무신일생 역시의업 | 逢寅巳와 因緣이니 봉인사와 인연이니 | 戊寅日生 萬人救活 무인일생 만인구활 | 逢巳申도 하리로다 봉사신도 하리로다 |

❖ 무신(戊申)일주가 인(寅)이나 사(巳)를 만나면 인사형(寅巳刑)이 성립되고 무인(戊寅)일생이 사(巳)와 신(申)을 만나도 역시 인사형(寅巳刑)이 성립되고 결국은 인사신(寅巳申)➡삼형살(三刑殺)이 성립되면 의업(醫業)에 종사한다는 설명이 되는데, 직접 의술을 행하거나 그에 연관된 직업에 종사하게 된다는 설명.

O	戊	O	O
O	申	O	O

O	戊	O	O
O	寅	O	O

인(寅)이나 사(巳)를 만날 경우   신(申)이나 사(巳)를 만날 경우

❖(실전사주의 예)

甲	甲	辛	乙
子	申	巳	未

갑목(甲木) 일주의 사주(四柱)로 현재 의업(醫業)에 종사하고 있다.

◎ 제 3 장　　　　　　　　　　　　　　◎ 직업(職業), 적성(適性)

| 115 활인공덕 | 庚壬申日 醫藥界에 경임신일 의약계에 | 逢寅巳와 入身하여 봉인사와 입신하여 | 庚壬寅日 活人功德 경임인일 활인공덕 | 逢巳申도 하게되네 봉사신도 하게되네 |

❖ 경신(庚申)일주와 임신(壬申)일주 역시 주중(柱中)에 인(寅)이나 사(巳)를 만나거나, 경인(庚寅) 임인(壬寅)일주가 주중에 사(巳)나 신(申)을 만날 경우 의약업(醫藥業)에 종사하게 된다는 설명이다. 요즈음은 의술(醫術)이라고 꼭 사람만 지칭하는 것이 아니라 동물을 상대하는 수의(獸醫)도 연결된다. 세상이 그만큼 다변화가 되었다는 설명이다.

◎ 근래에는 애견업도 하나의 직종으로써 자리매김이 된 듯 하기도 하다. 관련된 직종으로는 훈련업, 미용업, 관리 업종이다.

❖ 파격(破格)으로 본다면 도축(屠畜) 관련업이 연결되고, 역마(驛馬)에 연결이 되면 육류(肉類) 유통(流通)도 좋고, 지금은 직업에 대한 귀천(貴賤)이 사라진지도 오래다, 내가 열심히 하면 그것이 천직(天職)이요, 올바른 직업이다. 긍지(矜持)가 필요한 것이다. 의약업에 종사하는 경우는 그에 대한 긍지와 책임감 또한 막중함을 알고 열심히 해야한다.

O	庚	O	O
O	申	O	O

O	壬	O	O
O	申	O	O

O	庚		
O	壬	O	O
O	寅	O	O

신(辛)-인(寅), 사(巳)　　신(申)-인(寅),사(巳)　　　寅 --- 申이나 巳

🔺 인사신(寅巳申) 삼형살(三刑殺)이 형성되는 경우다.

제 3 장 　　　　　　　　　　　　　　　　　　직업(職業), 적성(適性)

| 116 의약지업 | 寅戌夏月
冬月生人
인술하월
동월생인 | 庚寅火局
壬辰日生
경인화국
임진일생 | 卯月生에
醫藥之業
묘월생에
의약지업 | 甲子日生
從事하고
갑자일생
종사하고 |

❖ 인술(寅戌) 하(夏)월(月) ➡ 인(寅),술(戌),사(巳),오(午),미(未)월
❖ 경인(庚寅) ➡ 경인(庚寅)일주가 지지(地支)에 화국(火局) 이룬 것.

O	庚	O	O
O	寅	戌	O

◀ 경인(庚寅)일주가 월지에 술(戌)토를 놓아 화국(火局)을 이룸.

O	庚	O	O
O	寅	午	O

◀ 경인(庚寅)일주가 월지에 오(午)화를 놓아 화국(火局)을 이룸.

O	庚	O	O
O	寅	巳	O

◀ 경인(庚寅)일주가 월지에 사(巳)화를 놓아 인(寅)중 병화(丙火), 사(巳)중 병화(丙火)로 화국(火局)형성 인사형(寅巳刑)을 이루고 있다.

◘ 묘월(卯月) 생에 갑자(甲子)일생은

O	甲	O	O
O	子	卯	O

일지와 월지가 子,卯 刑殺을 이루고 있다.
게다가 월지에 양인을 놓고 있다.

◘ 동월(冬月)생에 임진(壬辰)일 생은 해,자,축 월생이요 임진(壬辰) 일생.

O	壬	O	O
O	辰	子	O

임진(壬辰) 일주가
월지(月支)에 양인(羊刃)을 놓고 있다.
진(辰)은 이공계로 연결된다.

● 제 3 장　　　　　　　　　　　● 직업(職業), 적성(適性)

| 117　도규지업 | 甲戌日과　戊戌日生　甲乙日生　月或時乾
戊己日生　時或月乾　刀圭之業　하게된다.
갑술일과　무술일생　갑을일생　월혹시건
무기일생　시혹월건　도규지업　하게된다 |

❖ 갑술(甲戌),무술(戊戌), 갑을(甲乙) 일생이 월(月)이나 시(時)에 乾(건)이라 하였으니 술(戌), 해(亥)라 천문성(天門星)이고 무기(戊己)일생이 시(時)나 월(月)에 건(乾)이니 술(戌), 해(亥)이고 건(乾)이라 함은 구궁(九宮)도에서 설명하는 건방(乾方)의 술(戌), 해(亥) 즉 천문성(天門星)이라 의업(醫業)에 종사하는 일을 하게 된다. 역술(易術) 및 상담역이요 어려움을 해결하니 아픈 사람 치료하는 의술이 제격이라, 이것도 다 팔자(八字)다.

❖(실전사주의 예)- —술(戌)해(亥) 천문성(天門星)이 돋보인다.

　　　　　　　　　　　신월(申月)의 무(戊)토 일간(日干)이다.

癸	戊	壬	甲
亥	戌	申	午

🔼 현재 내과병원을 운영하고 계신 분의 사주다.

제 3 장 　　　　　　　　　　　　직업(職業), 적성(適性)

118 활인

夏月戌亥	出生人이	生日에다	壬午癸未
甲寅日生	逢巳或申	그도또한	活人이라.
하월술해	출생인이	생일에다	임오계미
갑인일생	봉사혹신	그도또한	활인이라

❖ 하(夏)월(月)에 술(戌)해(亥) 출생인 ➡ 사(巳)오(午)미(未)술(戌)해(亥)월에 출생(出生)하고 생일(生日)에다 임오(壬午),계미(癸未)일 ➡ 임오(壬午)일, 계미(癸未)일에 출생(出生)이라 갑인(甲寅)일생이 지지(地支)에 사(巳), 신(申)을 놓고 있으면 그도 또한 활인(活人) 즉 사람을 활동할 수 있도록 아픈 사람 치료하는 의술인 의업에 종사하게 된다.

O	癸	O	O
O	未	戌	O

형살(刑殺)로 연결된다.

O	甲	O	O
O	寅	巳	O

갑인(甲寅)일주,지지에 사신(巳申)으로 형살.

🔼 갑인(甲寅)일주는 교육(敎育)에도 해당이 되는데 의학(醫學)과 연관된 교육 즉 學(학)으로 연결을 하여보면 될 것이다.갑인(甲寅) 자체가 목화통명(木火通明)이므로 신경(神經), 정신질환(精神疾患)계통, 정신의학(精神醫學). 등으로 해석하면 될 것이다.

❖(실전사주의 예)──개업의로 현재 대학에 출강 중 이신 분의 사주.

戊	甲	庚	癸
辰	寅	巳	申

사월(巳月)의 갑목(甲木) 일간(日干)이다.
지지에 인사신(寅巳申) ➡ 삼형살(三刑殺)

제 3 장 ☯ 직업(職業), 적성(適性)

119 활인가

寅卯夏月	甲乙日生	丙日生人	戌亥逢과
丙申寅日	逢刑殺도	活人家에	흔히본다.
인묘하월	갑을일생	병일생인	술해봉과
병신인일	봉형살도	활인가에	흔히본다

❖ 인묘(寅卯) 하(夏)월이라 함은 인(寅)묘(卯)사(巳)오(午)미(未)월이라, 갑을(甲乙) 일생과 병(丙)일생이 지지(地支)에 乾(건)즉 술(戌),해(亥) 천문성(天門星)을 갖추고 병신(丙申)일, 병인(丙寅)일이 형살(刑殺)을 갖추고 있으면 사람을 고통에서 구해주는 의업(醫業)에 종사(從事)하게 된다. 본인이 아니면 식구들 중 이업에 종사하게 된다.

☯ 목일주(木日主)가 목(木)이 많거나 목화통명(木火通明)으로 연결되면.
☞ 목(木)------신경(神經)
☞ 화(火)-------정신(精神)---------신경(神經)정신(精神)과로 연결
☞ 금(金)은 폐(肺),피부(皮膚),골격(骨格),---피부과, 정형외과, 성형외과
☞ 수(水)는 --신장(腎臟), 방광(膀胱)계통이니----비뇨기계통이 좋고

☯ 화일주(火日主)가 술(戌), 해(亥)로 연결되면
화(火)자체가 보는 것, 스크린이니 안과(眼科)도 좋고, 식상(食傷)으로 연결이니 소아과(小兒科)계통도 좋고 ,내과(內科)계통도 괜찮다. 일주 별로 그 특색을 살펴보면

● 제 3 장   ● 직업(職業), 적성(適性)

| 120 역술가 | 以上九局 先親妻子 이상구국 선친처자 | 태어난몸 期業있고 태어난몸 기업있고 | 萬若自身 아니면은 만약자신 아니면은 | 아니면은 易術家라. 아니면은 역술가라 |

❖ 이상 구국九局 이라 함은 앞서 설명한 111-119까지의 내용이라 그와 같은 사주를 갖추고 있으면 본인이나 혹 집안의 가업일 수 있고 ,아니면 연관된 직종이요, 본인이 직접 하기도 하고 가족 중 누군가가 이업을 하게 되고 이업과 연관 없으면 역술가라 볼 수 있다.

❖ 사람의 정신적인 면 육체적인 면을 도와 그 사람이 활동하는데 큰 힘이 되어주는 역할이라 이것이 활인이 아니고 무엇이겠는가? 여기서 제일 중요시 되는 것이 술(戌). 해(亥) 건(乾)이요 즉 천문성(天門星)이 된다.

❖ 시(時)에 술(戌), 해(亥)가 있거나, 일지(日支)가 시지(時支)를 형(刑)하면
―――――― 법관 판사, 의사, 종교가, ―――

❖ 술(戌), 해(亥) 천문성이 육친(六親)으로 볼 때 어디에 해당하는가를 보고 그것이 누구인가도 확인을 하여보라. 그러면 연관성에 대한 답이 나온다.

● 제 3 장　　　　　　　　　　　　　● 직업(職業), 적성(適性)

121　명리철학	四柱身旺　官不足은　命理哲學　名聲높고 丙辰日生　身旺無官　亦是占術　이름높네 사주신왕　관부족은　명리철학　명성높고 병진일생　신왕무관　역시점술　이름높네

❖ 사주에 신왕(身旺) 관(官) 부족(不足)이라 함은 신왕(身旺)하여 관(官)이 부족(不足)하다는 말이고, 관왕신왕(官旺身旺)의 경우도 있지만 이 경우는 지금의 설명과는 판이하게 다르다. 사주가 한 쪽으로 치우쳐 신왕(身旺)하니 자연 관(官)이 부족(不足)하게 된다.

❖ 관(官)이란 직업(職業)이요, 권력(權力)인데 그것이 너무 약(弱)하니 취직하기 힘들어 결국은 자영(自營)업을 하여야 하는 팔자인데, 너무 신왕(身旺)하니 재(財) 역시 부족이라 경제활동과는 인연(因緣)이 없다. 상업(商業)도 아니다, 그렇다고 재복(財福)까지야 없겠는가?

❖ 신왕(身旺)하니 학문(學文)과는 인연(因緣)이 되고, 돈 욕심 안 내도 재운(財運)이 오면 취할 것이고, 직업(職業)으로는 역술(易術)가가 제격이라 돈 욕심 안내면 이름나고, 여자 멀리하면 그 명성(名聲)이 오래 가리라.

❖ 병진(丙辰) 일생은 관고(官庫)를 깔고 있으니 직장(職場)과는 연이 없고 인수(印綬)와 식상(食傷)이 있으니 신왕(身旺)하고 무관(武官)이니 점술이 역시다. 진(辰)은 그 자체로 부처님이니 법사(法師)로써 이름 날린다.

❖(실전사주의 예)

甲	丙	丙	丁
午	辰	午	丑

오랫동안 역학에 몸을 담았던 분의 사주다.

● 제 3 장   ● 직업(職業), 적성(適性)

122 인생상담	甲戌日生 月或時乾 丁巳酉日 逢財或印 甲乙日生 寅巳午未 四柱哲學 名聲이라 갑술일생 월혹시건 정사유일 봉재혹인 갑을일생 인사오미 사주철학 명성이라

❖ 갑술(甲戌)일주는 자체가 천문성(天門星)을 놓고 있어서 재(財)를 깔고 있으므로 식상(食傷)도 갖추고 있어 그 자체로 역학과 인연이 깊어지게 된다. 여기서는 역학을 논했지만 그것은 극히 일부분이다. 지금은 상담역, 사회봉사, 복지관련 업무, 적십자 업무관련 부서 및 연관사업 등등

O	甲	O	O
O	戌	O	O

술(戌)의 지장간은 신(辛), 정(丁), 무(戊)다.

⬆ 지지(地支)에 식상(食傷), 재성(財星), 관성(官星)을 모두 갖추었다.
❖ **통변(通辯)은 시대적(時代的)인 융통성(融通性)이다.**

O	丁	O	O		O	丁	O	O
O	巳	O	O		O	酉	O	O

사(巳)☞무(戊), 경(庚), 병(丙)   유(酉)☞경(庚), 신(辛)

⬆ 본문에는 위의 일주(日主)가 재성(財星)이나 인성(印星)을 놓고 있으므로 사주 철학이다. 라고 설명하는데 국한된 통변은 하지 말고 현시대에 어울리는 업종(業種)을 선별, 통변(通辯)해야 한다.

❖ 갑을(甲乙)일생이라 함은 목일주(木日主)인데 인(寅),사(巳),오(午),미(未) 월에 출생하면 목화통명(木火通明)으로 연결된다, 더불어 목분비회木焚飛灰라하여➡식신(食神), 상관(傷官)이 많은 팔자로 관(官)이 약(弱)하여 지므로 일주(日主)가 식상(食傷)으로 흐르니 더구나 목일주(木日主)가 화(火)로 흐르니 영락없는 사주, 철학 팔자다.

❂ 제 3 장   ❂ 직업(職業), 적성(適性)

❖(사주의 예)- -지지(地支)의 수국(水局)이 아름답다.

丙	乙	甲	癸
戌	丑	子	亥

자월(子月)의 을(乙)목 일간(日干)이다.

⬆ 일(日)과 시(時)의 형(刑) 작용은 어쩔 수가 없다. 을목(乙木) 일주의 사주로 명리(命理)계에 큰 족적을 남기신 분의 사주다.

제 3 장　　　　　　　　　　　　　　　　　직업(職業), 적성(適性)

| 123 인생운명 | 戊申子日 九宮八卦 무신자일 구궁팔괘 | 多逢金水 묶어내서 다봉금수 묶어내서 | 五陰亥丑 人生運命 오음해축 인생운명 | 乾或丑寅 鑑定한다 건혹축인 감정한다 |

O	戊	O	O
O	申	O	O

O	戊	O	O
O	子	O	O

⬆ 무신(戊申),무자(戊子)일주(日主)가 금수(金水)를 접하면 식상과 재성이 많음이다. 식상(食傷)은 누기(漏氣), 도기(盜氣)요, 재성(財星)은 많아야 배푸는데 물질적인가? 정신적인가? 일단 물질적(物質的) 여유와, 정신적(精神的) 여유가 갖추어져야 형성된다. 마음만 있다고 되는 것이 아니다. 다스림과 깨달음이 선행(先行)되야 한다. 다스림이란? 굳굳함, 지속성, 굴복되지 않는 청빈(淸貧)함도 요구된다.

❖ 오음해축(五陰亥丑)이란 무엇일까?
➠ 오음(五陰)이란 ? ☞ 을(乙), 정(丁), 기(己), 신(辛), 계(癸)
　　　　　　　　⬆ 해(亥)와 축(丑)을 갖추고 있는 경우.

乙 乙 丁 丁 己 己 辛 辛 癸 癸
亥 丑 亥 丑 亥 丑 亥 丑 亥 丑

⬆ 이 일주들이 건(乾)즉 술(戌) 해(亥)와 축(丑)과 인(寅)을 놓고 있는 경우 공통점은 모두가 천문성인 술(戌), 해(亥)를 놓고 있다.
☞ 오행(五行)으로 보면 어느 오행(五行)이 잘할까? 다 각각의 특색(特色)이 있다. 대체적으로 우선 집히는 것이 화(火)이다. 일단은 명랑(明朗)하고 화끈하여 속 시원히 일을 잘 처리 하니까 그럼 다른 오행은 아닌가? 결코 그렇지는 않다, 대외적(對外的)면으로 보는 것이니까, 일단은 답답하고 잘 풀리지도 아니한데 상담자도 말수가 적고 밝은 상이 아니면 상담하러온 손님의 입장에서 편하겠는가? 상담자의 표정부터 읽고 상담되어야 답이 나올 것이 아닌가?

● 제 3 장　　　　　　　　　　　　　● 직업(職業), 적성(適性)

124
점술

水日子酉	月或時東	更加水木	만난사주
五陽戌日	乾或丑寅	그사람도	名卜이라
수일자유	월혹시동	갱가수목	만난사주
오양술일	건혹축인	그사람도	명복이라

O	壬	O	O
O	子	O	O

O	癸	O	O
O	酉	O	O

❖ 수일주(水日主)라 함은 임(壬),계(癸) 일주인데 지지(地支)에 자(子)와 유(酉)를 놓고 있으니 수일주(水日主)가 금수(金水)기운이 강함이라 월(月)이나 시에 동(東)이라 하였으니 인(寅),묘(卯)라 결국은 수(水)와 목(木)이 강한 사주라 보여 진다.

☯ 수일주(水日主)에 자(子)와 유(酉) ➤ 임(壬)➡자(子), 계(癸)➡ 유(酉)

❖ 오양술일五陽戌日 이라 하였으니

```
甲　丙　戊　庚　壬
戌　戌　戌　戌　戌
```

⬆ 건(乾) 혹 축(丑) 인(寅) 이니 술(戌) 해(亥) 축(丑), 인(寅) 이라 명복(名卜)이라 하니 명 점사(占辭)인 것이다.

☞ 역학(易學)을 하는 사람도 상담 시 그 성격이 그대로 나온다, 오행에 따른 성격이다. 말이 많은 상담, 조용하면서도 신뢰를 주는 상담, 은근한 상담, 동적인 상담. 말수가 적은 상담. 모두가 장단점이 있으나 중요한 것은 상담자에 대한 예의와 신뢰와 믿음이 중요하리라. 업(業)으로 설명하지만 편파적인 말이고 실생활에 있어서 누구나 올바른 역(易)의 원리(原理)를 접목하는 것이 중요하다. 각자 자기 분야에서 일하지만 성향(性向)이 역(易)의 추구하는 바를 실천하면서 사는 사람이라는 것이다. 역술인에 한정하지마라.

● 제 3 장   ● 직업(職業), 적성(適性)

| 125
다인무관 | 四柱中에
偏官弱에
사주중에
편관약에 | 多印無官
重重受制
다인무관
중중수제 | 寒門貴客
皓首書生
한문귀객
호수서생 | 누가알며
이아니냐
누가알며
이아니냐 |

❖ 사주(四柱)에 인수(印綬)는 많은데 관(官)이 부족(不足)하다. 배우기는 많이 배웠는데 써먹을 관 즉 일할 곳이 없음이라 외국유학까지 갔다 왔는데 박사학위 취득하고 왔건만 정작 받아주는 곳이 없으니 답답하구나.

☞ 편관(偏官)이 약(弱)하고 극(剋)을 하는 식상(食傷)이 난무하니 써먹어보지를 못하는구나. 힘들여 자본 투자해서 기술을 개발하였더니 하루아침에 쓸모없는 기술이 되어버린 것과 똑같다.

☞ 기술 유출인지 ,경쟁자가 한 발 빠른 것인지 구별이 안 되는구나, 중소기업이 부도나는 경우 이런 것이 비일비재하다. 기술이 완전하지 못한 것인지, 바로 이런 경우다. 편관(偏官)은 약한데 그해가 식상(食傷)운이면 식상(食傷)이 극성이라 부도(不到)요 써먹지 못하는 구나.

❖ (실전사주의 예)=─지지(地支)의 합(合)과 충(沖)을 보라.

사월(巳月)의 무(戊)토 일간(日干)이다.

壬	戊	癸	辛
子	午	巳	丑

🔼 현재 가구(家具)업 분야에 종사하시는 분의 사주이다. 사업의 부도로 인한 휴유증으로 고생하고 있는데 그래도 열심이시다. 사주(四柱) 자체에 관이 보이지가 않는다. 월지(月支)의 사(巳)는 식상(食傷)도 되고 인수(印綬)도 되고 양다리다. 재(財)가 있는데 말년(末年)이라 운(運)에서 오게 되면 언제인가 다시 일어 설 수 있을 것이다.

● 제 3 장　　　　　　　　　　　● 직업(職業), 적성(適性)

| 126　성악,외국어 | 四柱中에
四季之月
사주중에
사계지월 | 偏正多印
丙丁土日
편정다인
병정토일 | 外國語에
聲樂界에
외국어에
성악계에 | 能通하고
人氣로다
능통하고
인기로다 |

❖ 사주 중에 정인(正印)과 편인(偏印)이 많으면 인수가 많으면 외국어 계통에 능통하여 외국어를 잘하는데 공부는 생각만큼 잘하지는 못한다.

● 편인(偏印)은 외국어로 보라, 방위(方位)별로 오행(五行)과 각국의 언어(言語)를 연결해 보면

● 목--동쪽--일본이니 일본어　● 화--남쪽-아랍, 스페인, 에스파니아어 계통　● 토--중앙--중국--중국어　● 금--서쪽--미국, 캐나다---영어　● 수---북쪽----러시아----러시아어

❖ 사계지월四季之月 이라 함은 토(土)에 해당이 되는데 진(辰), 술(戌), 축(丑), 미(未) 월이라 병정(丙丁)토(土)일 생이니 화토(火土)가 많음이라 왜 성악(聲樂)이라고 했을까?

● 을(乙)목------감기는 소리다. 간드러지고 혼이 실린다. 민요, 가요
● 정(丁)화------소프라노 불같다. 기운이 강렬하다. 날아간다. 목소리가 유달리 크다, 그로 인해 구설에 휘말리기도 한다.
● 경(庚)금------테너 쇳소리 울림이 강하다.
● 토(土)가 많으면 허스키한 소리 많이 난다---베이스도 어울린다. 토생금이라 흙이 암석으로 암석이 쇠 같아진다.
● 병(丙) 화일주(火日主)가 토(土)가 많으면 허스키한 저음이 된다. 흙이 굳어져 돌같이 딱딱해지므로 일(日),월(月)이 형살이라 소리가 매끄럽지 못하고 ◀ 찢어지는 소리를 낸다. 허스키에 해당된다.

0	丙	0	0
0	戌	未	0

0	丁	0	0
0	未	戌	0

정(丁)화일주로 큰소리에 탁음이다.
고음(高音)에 째지는 소리다.
◀ 악쓰는 데는 일가견이 있다.

● 제 3 장   ● 직업(職業), 적성(適性)

| 127 귀인(貴人) | 春夏月에
秋冬月生
춘하월에
추동월생 | 甲寅日生
丙申子日
갑인일생
병신자일 | 時逢亥時
格이루면
시봉해시
격이루면 | 大貴하고
宰相이라
대귀하고
재상이라 |

❖ 춘하(春夏)월에 갑인(甲寅)일생이라 함은 인(寅),묘(卯),사(巳),오(午),미(未) 월에 출생하고 갑인(甲寅) 일주라 시(時)에 해(亥)를 갖추고 있으면 수생목(水生木) ➡목생화(木生火) 하여 목화통명(木火通明)으로 연결되니 귀한 인물이 되겠고, 갑인(甲寅) 일에 해(亥)시이므로 을해(乙亥)시주(時柱)가 되겠다.

❖ 수(水)➡목(木)➡화(火) 로 이어진다.

乙	甲	○	○
亥	寅	午	○

인(寅),묘(卯),사(巳),오(午),미(未) 월에
⬅ 출생(出生)일 경우다.

❖(학습사주의 예)

○	丙	○	○
○	申	子	○

⬅ 병신일주에 자 월에 출생하여 지지에 수국이 형성 된다 ,지지에 관국을 이루니 일국의 재상감이라는 설명이다.

○	丙	○	○
○	子	申	○

⬅ 병자(丙子)일주에 신(申)월 출생 , 역시 지지(地支)에 관국(官局)이다.

⬆ 추동(秋冬)월생 병(丙)신(申)자(子)일이라 함은 신(申),유(酉),술(戌),해(亥),자(子),축(丑) 월에 출생(出生)하고 ,병(丙)신(申)자(子)일 이라하면 병신(丙申), 병자(丙子) 일을 가르치고. 추동(秋冬)이면 금수(金水)인데 일주가 병화(丙火) 일주라 화(火)가 금(金),수(水)를 만남이니 신자(申子)이니 수국(水局)이라 병화(丙火)에 수(水)가 되면 관살(官殺)이라 지지(地支)에 국(局)을 형성하는 형국이니 종살격(從殺格)에 해당된다.

◎ 제 3 장   ◎ 직업(職業), 적성(適性)

128 용루봉각	春三月에 衡稱之材 춘삼월에 형칭지재	甲乙日生 되었으니 갑을일생 되었으니	時上庚午 龍樓鳳閣 시상경오 용루봉각	辛巳逢은 호강하고 신사봉은 호강하고

❖ 춘삼월(春三月)에 갑을(甲乙)일생이라 ➡ 목일주(木日主)가 봄에 출생함을 설명하는데 목(木)은 인묘진(寅卯辰) 이라 목(木)이 왕(旺)한 사주다.

☞ 형칭지재(衡稱之材):공평, 굳건함으로 인재, 재목감으로 인정을 받고

☞ 용루봉각(龍樓鳳閣):군주 부럽지 않은 호사를 누림이라

◎ 시상(時上)에 경오(庚午),신사(辛巳)봉(逢) ➡ 시(時)에서 경오(庚午), 신사(辛巳)를 만남이라 갖추었다 함이다.➡지지(地支)에 목화(木火)가 왕(旺)함이라 거기에 시상(時上)에 관(官)인 금(金)이 오니 시상일위귀격(時上一位貴格)의 의미다. 여기서 문제점이 노출된다. 시상(時上)에서 천간(天干)에 금(金)이 있으나 주변에 목화(木火)가 왕(旺)하여 금(金)이 견디기 힘들다. 근거(根據)가 없어진다. 그럼 어찌 판단할 것인가?

❖(학습사주의 예) - 갑(甲)목 일간에는 경오(庚午)시가 해당된다.

庚	甲	O	O
午	O	寅	O

갑목(甲木) 일주가 인(寅) 월에 출생한 경우다. 일주 갑목(甲木)의 지지(地支)로 올 수 있는 자(子),인(寅),진(辰),오(午),신(申),술(戌),이다.

⬆ 이중 경금(庚金)에 도움이 되는 것은 신(申)금뿐인데 역시 견디기 힘들어진다. 양쪽의 협공이다. 문제는 천간(天干)의 충(沖)이 어찌 될 것인가?

◎ 경금(庚金)은 관(官)으로써의 역할은 큰 기대를 할 만하지 못하다. 오히려 목화통명(木火通明)으로 보는 것이 더 현명하다. 생각할 사항이 많아진다.

❖(학습사주의 예) -을(乙)목 일간에는 신사(辛巳)시가 해당된다.

辛	乙	O	O
巳	O	寅	O

을목 일간에 지지로 올 수 있는 경우는 축(丑), 묘(卯), 사(巳), 미(未), 유(酉), 해(亥).

유(酉)축(丑)➡금국(金局)화(化), 사(巳)는 이중잣대,

- 217 -

● 제 3 장　　　　　　　　　　　　　　　　　● 직업(職業), 적성(適性)

| 129 시상일위귀격 | 夏三月에 出入王庭 하삼월에 출입왕정 | 丙丁日生 하게되니 병정일생 하게되니 | 壬辰이나 子和樂之 임진이나 자화낙지 | 癸卯時는 이아니냐 계묘시는 이아니냐 |

❖ 하삼(夏三)월에 병정(丙丁)일생이라 함은 사오미(巳午未)월에 출생하고 화(火)일주라 임진(壬辰)시나, 계묘(癸卯)시 경우는 출입왕정出入王庭 이라 하였으니 지금으로 치면 청와대 및 요소의 출입이라 화일주(火日主)에 시상(時上)에 관(官)이라 시상일위귀격(時上一位貴格)이 성립. 그러나 무조건적인 시상일위귀격(時上一位貴格)만 생각하면 위험해진다.

❖(학습사주의 예)

壬	丙	O	O
辰	O	巳	O

癸	丁	O	O
卯	O	未	O

☞ 병화(丙火)일주에 지지(地支)는 ➡ 자(子),인(寅),진(辰),오(午),신(申),술(戌)
☞ 정화(丁火)일주에 지지(地支)는 ➡ 축(丑),묘(卯),사(巳),미(未),유(酉),해(亥)
☞ 월지(月支)에도 각각 사(巳),오(午),미(未) 월을 대입하여 분석해보라.

❖(학습사주의 예) - 시상(時上)에 임수(壬水)가 관(官)으로 있다,

壬	丙	O	O
辰	寅	午	O

그러나 ,이 상황에서는 어떨까?
임수(壬水)가 진(辰)토에 입묘(入墓)가 되고 있다.

⬆ 설상가상으로 토극수(土克水)하여 극(剋)을 받고 있다. 일지(日支)와 월지(月支)가 인(寅),오(午)로 합(合)을 하여 화국(火局)을 형성하여 임수(壬水)를 더욱 곤혹스럽게 만들고 있다. 거기에 인(寅)과 진(辰)은 목국(木局)을 형성하여 임수(壬水)를 한없이 피곤하게 하고 있다.

◐ 목(木)과 화(火)가 한없이 형성되니 임수(壬水)는 흔적도 없이 사라질 판이다. 완전히 코너에 몰린 임수(壬水)가 되고 말았다 .

◉ 제 3 장					◉ 직업(職業), 적성(適性)

이럴 경우 임수(壬水)는 시상일위귀격(時上一位貴格)이 될 수가 없다.
그러나 각각 대입 하다보면 이 글이 성립되는 부분이 있다. 고로 시상일위귀격은 항상 주변과 전체를 보고 판단해야 한다.

130 구호십만	秋三朔에 十斛之器 추삼삭에 십곡지기	庚辛日生 되었으니 경신일생 되었으니	丙子丙戌 口呼十萬 병자병술 구호십만	丁酉時는 하리로다 정유시는 하리로다

❖ **추삼삭**(秋三朔)이라 함은 가을의 계절을 말하니 신(申),유(酉)월이고 경신(庚申) 일주니 금(金)기운이 매우강한 것이다. 시상(時上)에 관(官)이 오므로 귀격(貴格)으로 십만인에게 이름이 불리워진다는 것이다.

◉ **십곡지기**(十斛之器) --- 열 섬의 쌀을 담을 수 있는 그릇으로, 사람의 됨됨이와 인물됨이 크다는 것을 말함이다.

❖(학습사주의 예)

丙	庚	O	O
子	申	酉	O

유월(酉月)의 경금(庚金) 일간(日干)이다.

⬆ 경(庚)일주가 지지(地支)에 올 수 있는 것은 양(陽)의 지지(地支)가 오면 된다, 신(辛)일주의 경우는 음(陰)의 지지(地支)가 오고 경금(庚金)일주에 지지(地支)가 금수(金水)로 냉기(冷氣)가 강(强)하다, 시상(時上)의 병화(丙火)가 맥을 못 추고 있다. 이런 경우 시상일위귀격(時上一位貴格)이 되지 않는다. 틀은 그럴 듯하지만 제 그릇이 아니다.

제 3 장   직업(職業), 적성(適性)

131 잠영관대

冬三朔에	壬癸日生	戊申己未	出生時는
廊廟之材	되었으니	潛纓冠帶	宰相이라
동삼삭에	임계일생	무신기미	출생시는
랑묘지재	되었으니	잠영관대	재상이라

❖ 동삼삭(冬三朔)➡해(亥),자(子),축(丑)월 겨울의 계절이라 수기(水氣)가 왕(旺)한 것이고 임계(壬癸)일생이니 수일주(水日主)라 시(時)가 무신(戊申)시, 기미(己未)시, 경우 이와 같은 사주를 갖추면

◉ 랑묘지재(廊廟之材)---조정의 재목으로 나라의 큰 일꾼이라

◉ 잠영관대(潛纓冠帶)------조정에서 예전에 머리에 의관을 갖추게 되면 의관 밑으로 하여 구슬이 꿰어진 장식을 하였는데 직급에 따라 구슬의 숫자가 달랐으므로 상하(上下) 구별이 되었다.

❖(학습사주의 예) - 자월(子月)의 임수(壬水) 일간이다.

己	壬	O	O
未	申	子	O

시(時)는 기미(己未)

🔼 일지(日支)와 월지(月支)가 합(合)이 되어 수국(水局)을 이루고 일간(日干) 자체도 임수(壬水)라 수기(水氣)가 왕(旺) 하다. 시상(時上)으로 관(官)이 투출(投出)되어 시상일위귀격(時上一位貴格)으로 보아도 무난하다. 왕(旺)한 물을 기미(己未)토(土)로 둑을 이루어 충분히 감내 할 만하다.

◉ 각각 대입하다보면 성립(成立)이 조금 어려운 경우도 생기는데 일일이 대조하여 확인하는 것이 좋겠다. 시상일위귀격(時上一位貴格)을 갖추면 능히 한 자리할 인물이라는 것이다.

◉ 예전에는 오직 과거급제만이 인재의 등용문(登龍門)이었으나 시대가 많이 바뀌었다, 각 분야에서 두각을 나타내는 것이 곧 등과 하는 세상이다.

◉ 꼭 관(官)으로만 출세(出世)라고 보지마라 경제적(經濟的)인 면도 있고 직능분야도 그에 못지않은 대우를 받는 세상이다, 뒤고 앞서는 것이 성공하는 것이요, 출세하는 것이다. 분수를 모르고 설피다가는 개망신이고--

ⓧ직업(職業), 적성(適性)

| 132 권존육조 | 三六九臘 鴻毛之客 삼육구랍 홍모지객 | 戊己日生 될것이니 무기일생 될것이니 | 時上甲寅 權尊六曹 시상갑인 권존육조 | 乙丑亥는 하게되오 을축해는 하게되오 |

❖ 삼육구랍(三六九臘) ➡ 3,6,9,12 ➡ 진(辰), 미(未), 술(戌), 축(丑) 월이다.

☞ 무기(戊己)일생이니 월지(月支)에 토(土)를 갖추고 있으니 토(土)기운이 강(强)한 사주다.

❖ 시상(時上)에 갑인(甲寅), 을축(乙丑), 을해(乙亥) ➡ 재관(財官)이 연결

◐ 홍모지객(鴻謨之客)
기러기의 깃털을 일컫는 말로 머리의 의관 앞에 상징으로 착용도 하였다.

◐ 권존육조(權尊六朝) ➡ 예전에는 육조(六曹)가 있어 각각 그 수장(首長)이 있었는데 그 역할을 하게 된다는 이야기다. 판서(判書)라는 직책이 있었는데 지금으로 치면 장관(長官)급이다.

❖(학습사주의 예)-시(時)는 을해(乙亥)다.

乙	己	壬	戊
亥	未	戌	申

술월(戌月)의 기토(己土) 일간(日干)이다.

⬆ 신왕관왕(身旺官旺)의 사주(四柱)이다. 국무총리(國務總理)를 역임하신 분의 사주다.

● 제 3 장　　　　　　　　　　　　　　　● 직업(職業), 적성(適性)

| 133 용문출입 | 春生丙丁 四季庚辛 춘생병정 사계경신 | 夏生戊己 時單偏官 하생무기 시단편관 | 秋生壬癸 亦是龍門 추생임계 역시용문 | 冬生甲乙 出入하리 동생갑을 출입하리 |

❖춘생병정春生丙丁 ➡ 인(寅), 묘(卯)월 출생 ➡ 병정(丙丁) 화일주(火日主)
❖하생무기夏生戊己 ➡ 사(巳), 오(午)월 출생 ➡ 무기(戊己) 토일주(土日主)
❖추생임계秋生壬癸 ➡ 신(申), 유(酉)월 출생 ➡ 임계(壬癸) 수일주(水日主)
❖동생갑을冬生甲乙 ➡ 해(亥), 자(子)월 출생 ➡ 갑을(甲乙) 목일주(木日主)
❖사계경신四季庚辛 ➡ 진술축미(辰戌丑未)월출생 ➡ 경신(庚申) 금일주(金日主)
❖시단편관時單偏官 ➡ 시상(時上)에 편관(偏官)이 자리한 시상일위귀격(時上
　　　　　　　　　　　　　　　　　　一位貴格)을 말한다.

⬆ 이와 같은 사주(四柱)의 소유자(所有者) 역시 용문(龍門)에 출입을 한다 하니 그 역시 국가(國家)의 큰 인물이 된다 함이라.

❖(사주의 예)-장관(長官)을 지내신 분의 사주.

甲	戊	戊	己
寅	辰	辰	巳

진월(辰月)의 무토(戊土) 일간(日干)이다.

⬆ 신왕(身旺)하고 관(官) 또한 왕(旺)하다. 사계(四季)월에 출생(出生)하고 금일주(金日主)는 아니나 시상(時上)에 편관(偏官)을 놓아 시상일위귀격(時上一位貴格)이 성립된다.

ⓧ직업(職業), 적성(適性)

134 윤하,염상,종혁	潤下格과 炎上格과 윤하격과 염상격과	六乙鼠貴 從革格은 육을서귀 종혁격은	文學聰明 그威風을 문학총명 그위풍을	자랑하고 자랑한다 자랑하고 자랑한다

◈ **윤하격(潤下格)이란?**

　수일주(水日主)가 지지(地支)에 수국(水局)을 형성하여 흐름이 물과 같음이라 두뇌가 총명(聰明)하고, 발상(發想)이 기발하여 스토리의 전개와 사고의 깊이가 타의 추종을 불허하니, 문필 쪽에 재능이 탁월하다.

◈ **육을서귀격(六乙鼠貴格)**이란 을목(乙木) 일주가 수목(水木)을 많이 갖추고 자시(子時)에 출생(出生)한 경우를 말한다. 인수(印綬)와 견겁(肩劫)을 좋아하고 식상(食傷) 재관(財官)을 싫어한다.

◈ **윤하격(潤下格)**은 수일주(水日主)로써 수일주(水日主) 자체가 물이라 비쳐지므로 화(火) 못지않은 투시(透視)력을 갖고 있다. 사물을 관찰함에 있어서 그 탁월성은 타의 추종을 불허하기도 한다. 간혹 단점(短點)이라고 하면 약간의 허구성(虛構性)이 지나치면 자칫 거짓과 임기응변(臨機應變)으로 흐를 것이 염려가 되기도 한다. 시간이 조금 늦다. 대체적으로 심성은 악한 편이 못 되어 간혹 남에게 이용당하는 경우도 종종 생긴다.

◈ **육을서귀격(六乙鼠貴格)**은 을목(乙木) 일주가 자시(子時)를 만나는 것인데 이 격(格)이 이루어지면 귀격(貴格)사주(四柱)로 본다. 이유는 자(子)수 중에는 지장간에 계수(癸水)가 있는데 자(子)수가 사화(巳火)를 불러들여 사(巳)중 무토(戊土)와 무계합(戊癸合)으로 들어간다, 사화(巳火)는 지장간(地藏干)에 경(庚)금이 있어 을목(乙木)의 정관(正官)으로 불로소득 하게 된다.

◈ 을목(乙木) 일주에 있어서 병자(丙子)시의 경우 시상(時上)에 병화(丙火)는 상관(傷官)이 되는데 **시상상관격(時上傷官格)**으로 활동이 두드러지는 직업이라 좋게보면 연예(演藝)계통으로 보는데 사업 쪽으로 보면 두루두루 필요한 업종이라, 남에게 얼굴이 널리 알려지는 사람이 되기도 하고, 잘못 형성되면 도망자(逃亡者) 신세가 되기도 한다.

◎ 제 3 장   ◎ 직업(職業), 적성(適性)

❖ 육을서귀격(六乙鼠貴格)

❶   乙 乙 乙   ◀ 일주(日主)에서 격(格)이 성립(成立)된다.
     亥 未 巳

❷   乙 乙 乙
     丑 酉 卯   ◀ 파격(破格)으로 격(格)이 성립 안 된다.

🔼 이유는 축(丑)과 유(酉)는 금(金)이 있고 묘(卯)는 자묘(子卯) 형살(刑殺)이 성립(成立)되기 때문이다.

◎ 염상격(炎上格)은 화일주(火日主)가 지지(地支)에 화국(火局)을 형성하여 성립. 화(火)가 많으면 ➡ 염(炎) ➡ 화기(火氣)가 상승(上昇) ➡ 염상격(炎上格)이라 한다. 이 경우 화일주(火日主)가 득국(得局)이 되어야 길하고 일주(日主)를 극(剋)하는 관(官)이나 재(財)를 싫어한다, 파국(破局)으로 몰고 가기 때문이다. 교육(敎育)계통 이나 첨단 산업 쪽에 어울린다.

❖ 종혁격(從革格)이란?

금일주(金日主)가 지지(地支)에 금국(金局)을 형성하여 성립(成立) 되는 격(格)으로 금(金)은 숙살지기(肅殺之氣)요, 변혁(變革)이요, 강권(强權) 이므로 국(局)을 형성(形成)하여야 좋고 ,이 역시 재(財)나 관(官)을 아주 싫어한다. 이 격의 소유자는 정보계통, 군, 검, 경찰, 법무계통 등 기계, 금속공학등과 인연이 있다. 이와 같이 염상격(炎上格)이나 종혁격(從革格)은 그 위세(威勢)와 위풍(威風)이 타의 추종을 불허하는 권위와 품위가 있다.

☞ 간혹 틀은 범 틀인데 하는 행세는 쪽제비라는 말을 많이 하는데 이는 이 격이 이루어지면서 파격(破格)인 경우다.(종혁격(從革格)의 경우)

☞ 머리는 기가 막힌데 나사가 풀린 것 같다는 말은 염상격(炎上格)이 파격이 된 경우다.

❖(실전사주의 예)

乙	丙	戊	丙
未	午	戌	午

염상격(炎上格)사주. 현재 학원의 강사로 재직 중이신 분의 사주다.

㉠직업(職業), 적성(適性)

135	年月日時	三重印星	純粹하게	格이루면
	大學敎授	學總長에	高尙學者	분명하다
	연월일시	삼중인성	순수하게	격이루면
교수 학총장	대학교수	학총장에	고상학자	분명하다

❖ 연월일시年月日時 삼중인성三重印星
❖ 지지(地支)에 인수국(印綬局)이 형성. 형충파해(刑沖破害) 없이 순수하게 격 (格)을 이루면 인품(人品)도 고고하고 존경받는 교육자(敎育者)라 교육의 상급청인 대학(大學)의 학장 또는 총장이라는 설명.

☞ 국(局)이 형성이 되는 것도 종류가 있다. 삼합(三合)으로 이루어진다면 진정한 국(局)이 성립된 것이고, 계절(季節)의 합(合)인 방합(方合)으로 이루어진다면 삼합(三合)과는 약간의 격차(隔差)가 생긴다. .

☞ 자동차로 따지면 신형 차와 오래된 중고차 정도로 보면 될 것이다 합(合)도 양(陽)과 음(陰)의 합(合)이 있는데 일주(日主)가 양(陽)이면 양(陽)의 합이 좋고, 일주(日主)가 음(陰)일 경우는 음(陰)의 합(合)이 좋은 것이다.

❖ 인수(印綬)의 경우 문제가 되는 경우 ➡ 대표적인 것이 모다멸자(母多滅子)

☞ 인수는 어머니의고향이 아니던가? 나의 보살핌의 근원지인데 지나친 보살핌은 과잉보호요, 자립정신을 망각시킨다. 그리하여 생겨나는 것이 마마보이가 생기고, 지나친 공주병도 생긴다. 이것은 해로운 경우의 예이나 합이나 제대로 형성이 될 경우는 다르니 그 구별 또한 중요하다.

☞ 일단 인수(印綬)가 오합지졸(烏合之卒)로 많은 사람은 안목(眼目)을 넓혀야 한다, 스케일이 큰 사람 밑에서 생활하도록 유도하는 것이 필요하다.

● 제 3 장   ● 직업(職業), 적성(適性)

❖(학습사주의 예)─일할 생각은 없고 잠만 자고 있는 형국이다.

O	甲	O	O
子	子	子	O

갑(甲)목 일주에 지지에 자(子)수가 널려있다.
지나친 수생목(水生木)이다

⬆ 목(木)의 입장에서 보면 수입은 많은데 목생화(木生火)를 할 겨를이 없다, 배부른데 자꾸만 먹으라고 하니 과식(過食)이요, 소화불량(消化不良)이다,
☞ 목(木)은 신경(神經)인데 신경이 둔화(鈍化)가 되니 마비(痲痹)가 온다,
☞ 화(火)의 입장에서는 도움을 못 받으니 화(火)가 제 기능을 발휘하지 못한다. 혈압도 자꾸만 올라간다. 인수가 이와 같이 배만 불러서는 안 된다. 운동을 해서 조절해야 한다. 설기(泄氣)다.
☞ 배만 부르면 기형아(畸形兒)가 된다. 삼합(三合)국 정도가 되어야 한다. 그런데 그것이 어디 그리 쉬운가? 준삼합(準三合) 정도만 되어도 어느 정도는 성공이다. 덩어리도 덩어리 나름이다 귀인(貴人)이 되는가? 천인(賤人)이 되는가 구별해야한다.

❖(실전사주의 예)─현재 대학교수로 재직 중이신 분의 사주다.

癸	癸	乙	丁
丑	巳	巳	酉

년(年),월(月),일(日),시(時) 에
인수국(印綬局).을 형성하고 있다.

제 3 장 　　　　　　　　　　　　　　　　◐ 직업(職業), 적성(適性)

136 생생인수	四柱中에 四柱身旺 사주중에 사주신왕	多印無虧 泄精英은 다인무휴 설정영은	四柱傷官 博士燈明 사주상관 박사등명	從兒格과 하게된다 종아격과 하게된다.

❖ 사주(四柱)에 인수(印綬)가 많음에도 불구하고 인수(印綬) 자체에 아무런 하자가 없을 때, 그 인수(印綬)는 살아서 생생한 인수가 되므로 인수(印綬)로써 그 역할을 충실하게 할 수 있음으로 귀인(貴人) 사주(四柱)가 된다.

❖ 지지(地支) 삼합(三合)이다.

O	癸	O	O
巳	酉	丑	O

축월(丑月)의 계수(癸水) 일간(日干)이다.

🔼 인수(印綬)가 삼합국(三合局)을 이루고 있다, 충분히 교육(敎育) 분야 및 학문(學文), 연구(硏究) 분야에서 제목소리를 낼 수 있다.

❖ 사주 상관(傷官) 종아격(從我格)이란 무엇인가?
종아격(從我格)이란 식상관(食傷官)에 종(從)하는 사주인데 어떠한 성격으로 종(從)하는 가에 따라 해석(解釋)이 여러 가지로 가능해진다.

❖ 종아격(從我格)이란?
지지(地支)가 전체적(全體的)으로 식신(食神)과 상관(傷官)으로 구성(構成)되어 일주(日主)가 한없이 약(弱)해져 스스로 행동을 할 수가 없어 식신(食神)과 상관(傷官)의 기운에 동조(同調)하여 합류(合流)함으로 종아격(從我格)이라고 하는데 兒(아)는 아이 즉 자손(子孫)으로 늙으면 자손에 의존함을 생각하라. 종아격(從我格)의 종류는 오행별로 구분하면 쉬울 것이다.

❖ 종아격(從我格)의 특징은 문예(文藝), 교육(敎育), 육영사업(育英事業) 등에 탁월한 능력을 보이게 된다. 매사 양(陽)이 있으면 음(陰)이 있는 법, 식상

◎ 제 3 장   ◎ 직업(職業), 적성(適性)

(食傷)이 왕(旺) 하니 극(剋)하는 자손(子孫) 궁이 힘들어지니 자손(子孫)에 대한 어려움이 생기게 된다.
☞ 여성(女性)의 경우는 관인 남편궁(男便宮)이 극(剋)을 받음으로 인하여 부궁(夫宮)이 부실(不實)할 수 밖에 없음이 아쉽고, 식신(食神), 상관(傷官), 재운(財運)에는 길하여 좋으나, 식상(食傷)을 극(剋)하는 인수(印綬)운이나, 식상(食傷)이 극(剋)하는 관운(官運)에는 힘들어진다.
▣ 식상(食傷)이 관(官)을 극(剋)하는데 식신(食神)이 극(剋)하는 관(官), 상관(傷官)이 극(剋)하는 관(官) 구별하라.➡정관(正官),편관(偏官)을 구별.

❖ 사주신왕 설정영(泄精英)이란?
일주(日主)가 강왕(康旺)하고, 설기(泄氣) 또한 왕성(旺盛)하게 잘하고 있음이라 신체적 조건으로 보면 건장하고 잘 먹고, 소화도 잘 시키고 활동도 왕성함이라 어떤 조건도 문제없다.

❖ 일주가 왕하고 식상이 여건이 충족되었을 경우
◎ 목일주(木日主)일 경우---화(火)식상(食傷)을 만나면 나무에 꽃이 활짝
                          피는 격. 목화통명(木火通明)으로 귀인 사주가 된다.
◎ 화일주(火日主)일 경우----토(土)가 식상(食傷)이 되는데 토(土)에는
    ☞ 조토(燥土)일경우---흙이 너무 메말라 흉(凶)으로 보게 되고
    ☞ 습토(濕土)일 경우---흙이 제 기능을 발휘하여 옥토(沃土)가 된다.
              ▣ 토(土)의 경우는 항상 조(燥), 습(濕)을 항상 구별.
◎ 토일쥬(土日主)일 경우----금(金)이 식상(食傷) 흙속에 즉 산에서 광맥
                          을 발견함이라 산이 노다지요, 또 일하면
                          할수록 능률이 오르니 결과는 대만족이다.
◎ 금일주(金日主)일 경우-----수(水)가 식상(食傷)이라 관(官)인 화(火)를
              죽이므로 아무런 저항 없이 칼을 휘두룰 수가 있으므로 장애
              물이 없으니 탄탄대로라 매사 모든 일이 순탄하게 진행된다.

● 제 3 장   ● 직업(職業), 적성(適性)

➡ 수일주(水日主)일 경우-----물이란 많으면 항상 넘치고 고이면 썩기 마련이라 목인 나무에 생명줄인 나 자신인 수(水)를 공급하니 물이 마를 염려도 없고, 썩을 염려도 없고, 흐름이 계속 이어지니 지속적인 활동이라 토의 가로 막음을 염려할 필요가 없어지니 적재적소라 명석함을 빛낼 수 있어 더욱 좋아진다. 이같이 일주가 왕하고 식상이 건강하면 어느 분야든 자신을 내세울 수 있어 귀인 사주가 되는 것이다.

❖(학습사주의 예) - 내 뜻 데로 하고자 하는 의사가 강하다,

O	丁	丁	戊
O	巳	巳	辰

정화(丁火)일주가 화기(火氣)가 강하여

⬆ 무토(戊土)와 진토(辰土)가 설기(泄氣)를 잘 하도록 하여 귀격(貴格) 사주로 된다, 화기(火氣)가 왕(旺)하여 토금(土金)운이 좋은데 재운(財運)에 돈도 벌고, 성공(成功)하는 귀격이다.

| **137** 지략성 | 이런四柱
議政壇上
이런사주
의정단상 | 태운몸은
燈明하여
태운몸은
등명하여 | 政界또한
指曰某某
정계또한
지왈모모 | 關心있어
손꼽힌다
관심있어
손꼽힌다 |

❖ 사주(四柱)가 신왕(身旺)하고 식상(食傷) 또한 왕(旺)하여 기운이 넘치고 넘쳐 발산할 곳을 찾느라고 몸부림이다. 이런 사주를 갖춘 사람이 정계(政界)에 진출하게 되면 과연 어떠한 역할을 할까?

☞ 식상(食傷)이 많으니 관(官)을 극(剋)하므로 지략(智略)에는 일가견(一家見)이 있어 원내총무(院內總務)진에 합류하여 지략을 활성화하고 브리핑에 일가견이 있어 대변인(代辯人) 또한 유력해진다. 매사 적극적인 성격으로 활동성(活動性)은 인정받는다.

제 ❹ 장

성정(性情)

(138-173)항목

무릇 심성과 생김의 변화를 읽어 보는 것이다.
사주상에 나타나는 특성을 파악하는 것이 핵심이다.
방법도 여러 방법이 있는데, 결코 서두르지는 말아야 할 것 이다.
전체를 파악하는 것이 우선이다.

● 제 4 장   ● 성정(性情)

| 138 만인신망 | 甲乙日生 始終一貫 갑을일생 시종일관 | 태운性格 不變하여 태운성격 불변하여 | 意志곧고 萬人信望 의지곧고 만인신망 | 뚝뚝하나 얻어지네 뚝뚝하나 얻어지네 |

❖ 갑을(甲乙)일생이라 하면 목일주(木日主)인데 목일주(木日主)가 강하면 금(金)으로도 제어하기가 힘들어진다. 대쪽 같은 강인함과 절개로 하여 굳건 하기는 하나 부드러움이 부족하기는 하나 한번 마음먹으면 변함이 없어 많은 사람으로 부터 신망(信望)을 얻는다.

❖ 목일주(木日主)에 대한 설명이다.
　갑목(甲木)은 천간(天干)의 시작으로 우두머리가 된다. 계절(季節)로는 봄에 해당하고, 항상 시작을 의미하고 만물(萬物)생육(生育)에 주재가 된다. 나무이지만 금(金)과 같아 쉬 꺾이지 아니하고 꿋꿋하다.

❖ 갑목(甲木)은 우뢰요, 용(龍)이다 .다 자란 나무이므로 이제는 활용(活用)해야 한다.
❖ 을목(乙木)은 음(陰)으로 바람인데 살아 있는 나무 생목(生木)으로 본다.
☞ 을목(乙木)이 많은 사람은 청,장년기 부터 일찍이 바람을 피운다. 금기(金氣)가 약(弱)해지므로 얼굴색이 하얗게 되고, 호흡이 가빠 건강의 이상으로 고생 하게 된다. 노년(老年)에 풍질(風疾)로 고생(苦生)하는 경우가 많다.
☞ 여자가 을목(乙木) 일주 라고하면 늘어진 수양버들 같아 애교와 교태로 남자를 녹인다. 착 감기면 아 떨어진다. 한 번 테찍을 맞으면 자국이 오래간다. 통증을 동반하고 말이다.

제 4 장　　　　　　　　　　　　　　　　성정(性情)

| 139　소진,장의 | 丙丁日生　口辯有能　蘇秦張儀　닮게되고
好禮多讓　明朗한데　感情偏重　되기쉽네.
병정일생　구변유능　소진장의　닮게되고
호례다양　명랑한데　감정편중　되기쉽네. |

❖ 병정(丙丁)일생이라 함은, 화일주(火日主)라 화일주(火日主)의 특색중 하나는 언변(言辯)이 좋아 상대방을 설득(說得)하고 내 편으로 끌어드리는 데 일가견이 있다.

☞ 협상(協商)의 명수요, 설교(說敎)에는 일등(一等)이다, 투시력이 월등하여 사람을 즉시 즉시 잘 판단하고 하나를 배우면 열의 효과를 내고 비밀(秘密)을 감추지 못하는 단점(短點)도 있다.

☞ 옆에 있으면 시간 가는 줄 모른다. 금방 적응하나 쉽게 싫증을 느끼는 단점이 아쉽다.

☞ 예의를 중시하나 의리가 약한 것이 흠. 장기전보다는 속전속결에 능하고 상대방을 금방 내 사람으로 만들지만 관리의 허점이 자주 보인다.

▶ 소진, 장의 (蘇秦,張儀)
중국역사상 말 잘하기로 타의 추종을 불허한다고 하는 사람들로 구변(口辯)이 좋은 사람을 가르치는 말이다. 예의(禮儀)가 바르므로 때로는 지나친 양보(讓步)로 오해를 사기도 한다.

◎ 제 4 장   ◎ 성정(性情)

| 140 군자지풍 | 戊己日生 君子之風 무기일생 군자지풍 | 태운자는 있지만은 태운자는 있지만은 | 恒常言行 時機逸失 항상언행 시기일실 | 回顧하고 많이한다 회고하고 많이한다 |

❖ 무(戊)토, 기(己)토 ,토일주(土日主)의 특성(特性)을 나타내는 말이다.
☞ 토일주(土日主)는 항상 과거 일을 회고(回顧)하는데 일가견이 있다, 지난 시절 회상하며 금송아지 애기에 열을 올리기도 한다.
☞ 군자(君子)로써의 위풍과 근엄함은 있어도 항상 신중한 자세로 중용을 고수하다보니 애늙은이 소리도 듣고 이것저것 재다보느라 차 떠나는 수가 많다. 요즈음 같은 스피드를 요하는 세태에서는 적응하기 힘든 스타일로 보여지기 쉽다. 순간적 판단력과 순발력이 요구되기도 한다.

➡ 아버지 돌 굴러와 유----- 벌써죽었다.
➡ 점심식사 하려고 식당 고르다 보니 벌써 저녁이다.
➡ 망건 쓰다가 장 파 한다, 아침에 눈떠 생각하다 보니 해가 진다.

❖ (실전사주의 예) - 기회가 여러 번 있었는데 매 번 실기다.

己	戊	甲	丁
未	申	辰	未

현재 운수업에 종사하고 있는 분의 사주다

🔼 아내가 가출 후 다시 돌아왔다. 비견과 겁재가 너무 많다 보니 많은 여성이 거쳐 간다. 바늘방석이 되어서.

141 상관용재

戊己日生	허약하고	傷官用財	못이루면
그中心을	못잡아서	事事件件	虛實하다
무기일생	허약하고	상관용재	못이루면
그중심을	못잡아서	사사건건	허실하다

❖ 일주(日主)인 토일주(土日主)가 신약(身弱)하여 허약(虛弱)할 경우 거기에 상관(傷官)이 재(財)를 생해주지 못할 경우를 설명했는데, 꼭 토일주(土日主)만이 아니라 다른 일주(日主)일 경우도 마찬가지다, 일주(日主)가 허약(虛弱)하면 흔들리기 쉬우므로 항상 어렵다. 이리저리 휩쓸리기가 다반사요, 중심이 없으니 줏대가 약하다.

❖ 상관(傷官)이 재(財)를 생(生)해 주지 못한다고 하는 것은 상관(傷官)이 일주(日主)의 기운만 빼먹고 자기는 정작 일을 하나도 안함이 아닌가? 받아먹을 줄만 알지 남에게 베풀지 못하는 형상이라 자기의 역할을 못하니 일주(日主)만이 힘이 드는 것이다. 그러다보니 일주는 내가 할 일이 무엇인가 모를 정도로 정신(精神)이 없다.

❖ 토일주(土日主)는 신중(愼重)하고 자기의 중심은 잘 잡는데, 그것이 흔들리니 하는 일이 모두 흔들릴 수 밖에 없다.

❖(실전사주의 예)-남성 −지지(地支) 목국(木局)이 어떤가?

庚	己	己	癸
午	卯	未	卯

미월(未月)의 기토(己土) 일간(日干)이다.

🔼 기토(己土) 일주의 사주인데 신약(身弱)이다. 매사 일이 뜻대로 잘 되지 않는다, 2005년 직장을 접고 방향을 모색 중이다. 아내가 가계를 꾸리고 있다.

제 4 장　　　　　　　　　　　　　　　　성정(性情)

▼ 목일주(木日主)이면 어떨까?

목일주(木日主)는 간(肝), 담(膽)이라 화(火)로 생(生)해주기만 한다면 간, 쓸개 기운이 다 빠진다. 매사 하는 일이 간도 쓸개도 없는 사람처럼 보이는 것이다. 박력도 없고 오기도 없어지는 것이다 왜? 내가 기운이 없으니까.

❖ (실전사주의 예) - 지지(地支)화국(火局)은 어떨까?

辛	甲	丙	庚
未	午	戌	寅

술월(戌月)의 갑목(甲木) 일간(日干)이다.

▲ 갑목(甲木)일주의 사주인데, 지지(地支)에 화국(火局)을 이루어 종아격(從我格)이 된 경우다. 내가 약(弱)하면 차라리 이리 종(從)하는 것이 낫다. 인정만 많았지 변변한 직업(職業)도 없다. 국(局)이 형성은 되었으나 내가 너무 신약(身弱)하다.

◎ 제 4 장   ◎ 성정(性情)

| **142** 과감용단 | 庚辛日生 堅實한氣 경신일생 견실한기 | 태운몸은 固有하여 태운몸은 고유하여 | 果敢勇斷 冷情한편 과감용단 냉정한편 | 하지만은 性格이라 하지만은 성격이라 |

❖ 경신(庚申)일주는 금일주(金日主)라 의리(義理)를 중시하기에 결실이라 결과를 중요시하기에 항상 완벽함을 추구하는데 지나친 완벽위주로 인해 기회를 놓치는 경우가 자주 발생 한다. 돌다리 두드리다 지팡이가 부러진다.

❖ 항상 냉정(冷靜)을 잃지 않음으로 인해 감정(感情)에 치우치지 않는다.
☞ 일단 결정을 내리면 과감하고 무섭게 추진하는데 살기마저 감돌 정도다.
☞ 주변에서 쉽사리 근접하기 힘들어 대인관계에 있어서 융화가 힘들어 때로는 주변에 사람이 모이지 않는 단점이 있다.

❖(실전사주의 예)- 지지(地支)충(沖)이다.

庚	庚	甲	戊
辰	申	寅	申

인월(寅月)의 경금(庚金) 일간(日干)이다.

⬆ 현재 인테리어업에 종사하는 분의 사주다. 돈에 대한 지나친 용단으로 인해 가끔 언쟁이 발생하기도 한다. 현재 아내와는 별거 중이다. 월지(月支) 인목(寅木)이 양쪽에서 공격(攻擊)을 받으니 월간(月干)의 갑목(甲木)이 흔들리고 천간(天干)에서 갑경충(甲庚沖)이라 아래, 위가 흔들린다. 대책(對策)이 없다. 금전 압박은 당연한 일이고 운(運)에서 도움이 없으면 자력(自力)은 어렵다. 대박이 터지는 경우가 나온다. 언제일까?

제 4 장　　　　　　　　　　　　　　성정(性情)

| 143 아독청청 | 辛丑卯未
我獨靑靑
신축묘미
아독청청 | 己日生인
할려하니
기일생인
할려하니 | 너무堅實
普通交際
너무견실
보통교제 | 特性있어
難하도다
특성있어
난하도다 |

❖ 신축(辛丑), 신묘(辛卯), 신미(辛未) 일주를 갖춘 사람은 너무 외곬 성질이 심해 혼자 똑똑하고 잘나서 남의 충고나 잔소리 듣는 것 싫어하고, 옷을 입어도 싸구려는 싫고 꼭 명품이나 메이커를 선호하여 비위 맞추기 여간 힘든 것이 아니다. 무엇을 하던 본인이 스스로 하도록 내버려두는 것이 상책이다.

❖ 스스로 실패하고 낙담(落膽)을 해야 그제 서야 굽히고 들어오는 스타일 이다. 친구를 사귀면 믿고 오래 사귀려하는 심리가 강하고, 믿으면 물, 불을 안 가리므로 실패하는 경우가 많다, 특히 까다로우면서도 대인관계는 원만한 편이다. 항상 앞장서서 튀려고 하는 기질이 매우 강하다.

❖ 단점(短點)은 원만하면서도 까다롭다는 것이다. 고집도 세고, 남에게 간섭 받기 싫어하고 한 번 싫으면 죽어도 싫어하는 스타일이다.

❖ (실전사주의 예)

0	辛	庚	丁
0	丑	戌	卯

술월(戌月)의 신금(辛金) 일간(日干)이다.

⬆ 신축(辛丑) 일주(日主)의 사주다. 일찍부터 자립하려 하고 개성이 강하다. 부모가 초등학교 때 이혼 하였다.

제 4 장　　　　　　　　　　　　　　　성정(性情)

144
허비만전

壬癸日生	그 性質은	털털하고	절약없어
虛費萬錢	하게되나	圓滿性과	慈悲로다
임계일생	그성질은	털털하고	절약없어
허비만전	하게되나	원만성과	자비로다

❖ 임계(壬癸) 일주니 수일주(水日主)라 털털하고 절약(節約)이 없는 것이 수일주(水日主)특성의 하나이다.

☞ 옷을 입어도 맵시 있게 입기도 잘하나 관리에는 허술하다. 새 옷을 입어도 며칠 못 간다. 장부정리나 자기관리에 필요성은 항상 느끼면서도 자기의 두뇌를 믿고 소홀히 하는 경향이 강하다, 특히 재다신약(財多身弱)인 경우 그 특성이 심하게 나타난다.

☞ 수(水)는 물이라 흐르므로 주머니에 돈이 남아나지 않는다.

☞ 심성(心性)이 독한면도 보이나, 원만하고 타협 잘하는 성격이라 심성 또한 악하지 못해 어려움을 보면 그냥 지나치지 못한다. 없어서 못쓰지 있으면 아끼지 않는 스타일.

☞ 외모(外貌)에 크게 신경 안 쓰고, 음식도 반찬 없어도 타박하는 스타일이 아니다.

❖(실전사주의 예)

庚	壬	甲	甲
子	戌	戌	午

술월(戌月)의 임수(壬水) 일간(日干)이다.

⬆ 사주(四柱)가 순환(循環)격이다, 천간(天干)에 식신(食神)이 둘이다.
　편관(偏官)이 정재(正財)와 합(合)이 되어 재다신약(財多身弱)으로 형성.

● 제 4 장　　　　　　　　　　　　　　　　● 성정(性情)

| 145 실중화 | 壬癸日生　失中和는　明朗性이　缺陷하여
第三者가　對할적에　어리석어　보이도다
임계일생　실중화는　명랑성이　결함하여
제삼자가　대할적에　어리석어　보이도다 |

❖ 임계(壬癸)일주는 수일주(水日主)라 일주가 중화(中和)를 실패할 경우 즉 균형(均衡)을 잃었을 경우 사람이 물에 물탄 듯 술에 술탄 듯 이래도 흥 저래도 흥하니 사람이 줏대도 없고, 약간 모자란 약간은 기가 허(虛)한 사람처럼 보인다.
❖ 수일주(水日主)라 그래도 임기응변(臨機應變)의 탁월한 재능(才能)이 있다.
❖ 사람은 겉만 보아서 모른다, 매사 불여튼튼이다.
❖ 굼벵이도 꿈틀하는 재주는 있다 하였다. 어리숙해 보인다고 경거망동 하지마라 다 지하기 나름이다. 허나 일단은 남이 볼 적에 어리숙하고 순진해 보임은 어쩔 수 없다.
❖ 단점이라면 철이 늦게 든다는 것이 결점(缺點)이 된다. 해는 서산에 지는데 이제 밭 갈려하니 어쩔 것인가?

❖ 실전사주의 예)

己	壬	乙	戊
酉	戌	卯	戌

묘월(卯月)의 임수(壬水) 일간(日干)이다.

🔼 임수(壬水) 일주의 사주인데 신약(身弱)으로 주체가 약(弱)하다.

癸	癸	辛	壬
亥	丑	亥	子

사주가 금수로 형성이 되어 균형이 허물어진 사주가 되어 파격이 되어버린 사주다.

辛	癸	癸	癸
酉	酉	亥	卯

일주가 너무 신강하여 균형을 잃은 사주다.
많은 풍파로 인하여 지금은 종교기관에 머물고 있으며 마음을 추스르고 있는 중이다.

● 제 4 장   ● 성정(性情)

| 146 비만체구 | 丙丁日生
丙丁日生
병정일생
병정일생 | 食神格은
財殺多는
식신격은
재살다는 | 肥滿体軀
神經質이
비만체구
신경질이 | 好人이나
두렵도다
호인이나
두렵도다 |

❖ 병정(丙丁)일생은 화일주(火日主)라 식신격(食神格)이니 화(火)에 식신(食神)은 토(土)라 결국은 **화토(火土)식신격(食神格)**이 된다.

◆ 토(土)는 인체로 보면 살, 근육이 된다. 화(火)가 식신(食神)인 토(土)를 생(生)해주니 살이 찌고 비만(肥滿)이 된다. 대체적으로 비만체격은 사람은 호인(好人)이나 신체적인 율동감이 부족하여 자연 바지런함은 없다. 비만을 방지하는 방법은 한 템포 빠르게 움직이면 해결된다.

❖재다신약(財多身弱)인 경우는 어찌될까?

☞ 화일주(火日主)의 재(財)는 금(金)인데 금(金)이 너무 많아 화(火)가 제 기능을 발휘하지 못하면 화(火)는 온기(溫氣)를 잃고, 거기에 관(官)인 수기(水氣)가 가세하면 금수(金水)가 왕(旺)하여 냉기(冷氣)가 천지(天地)를 감싸게 된다. 화(火)는 정신(精神)인데 정신이 없어 항상 해매이니 똥, 오줌 못 가린다. 자연 고문관(顧問官)이 되고 만다.

O	丙	O	O
O	子	申	O

일과 월이 병화일주의 재,관이 성립되어 있는데 일주는 아무 기능을 하지 못하고 발만 동동 구르게 된다, 멍해지고 만다.

⬆ 그러다 보니 생기는 것은 신경질이요, 짜증이 극성을 부린다.

❖ (실전사주의 예)

己	丁	甲	庚
酉	亥	申	辰

신월(申月)의 정화(丁火) 일간(日干)이다. 지지(地支)에 음기(陰氣)가 강(强)하다.

⬆ 금수(金水)인 재관(財官)이 왕(旺)한 사주다. 정화(丁火) 일주(日主)가 항상 조바심이다. 매사가 불만이고 짜증만 난다. 왜? 온기(溫氣)가 필요한데 지지(地支)는 냉기(冷氣)가 심하다.

● 제 4 장　　　　　　　　　　　　　　　　　● 성정(性情)

| **147**　중정심 | 四柱中에　甲己合은　中正心이　있었으니
奸邪之心　排擊하여　萬人間에　師表되고
사주중에　갑기합은　중정심이　있었으니
간사지심　배격하여　만인간에　사표되고 |

❖ 사주(四柱)에 갑기(甲己)합이 성립되면 토(土)가 형성이 되는데 토(土)는 중정(中正)심이라 흔들리지 않고 주체의식(主體意識)을 확립한다, 일을 처리함에 있어 항상 신중(愼重)을 기하니 대인관계(對人關係)에 있어서도 커다란 실수가 없으므로 처세(處世)에 있어서도 원만함을 보인다 .기토(己土)의 입장에서 갑목(甲木)은 횡재(橫財)다. 더욱더 기름진 옥토(沃土)가 되니 이아니 좋을손가?

➡ 기토(己土)는 음(陰)인데 갑목(甲木)과 합(合)이 되어 양토(陽土)를 또 하나 형성하니 토(土)가 음(陰)과 양(陽)이 갖추어지는 형상이라 건강한 토(土)의 탄생이니 경사(慶事)가 되고 판단에 항상 옳고 그름을 확실히 하니 만인의 사표(師表)라는 말이 나온다.

❖ (실전사주의 예)

甲	己	癸	丁
子	丑	卯	亥

묘월(卯月)의 기토(己土) 일간(日干)이다.
재관(財官)이 각각 합(合)을 형성하고 있다.
재(財)가 합(合), 충(沖)으로 얼룩진다.

⬆ 일찍부터 여성과는 인연이 박한 편이다. 갑기합으로 힘이 되고 매사 정도로 가려 노력한다. 합이란? 무조건 좋은 것이 아니다. 변화다. 잘못되면 사라진다. 형질이 변하니 쓸모없어지기도 한다.

❖(학습사주의 예)

甲	己	乙	壬
子	未	巳	戌

사월(巳月)의 기토(己土) 일간(日干)이다.
천간(天干)은 합(合)이 보이나
지지(地支)로는 까다로운 형상(形象)이 나타난다.

⬆ 아직은 젊은 나이임에도 매사 일처리가 시원하나 냉정함이 보인다. 관(官)과의 합(合)이 나타내는 특징 중 하나다.

제 4 장　　　　　　　　　　　　　　　성정(性情)

| 148 인의구무 | 乙日生人 甲乙日生 을일생인 갑을일생 | 四柱金多 多逢水火 사주금다 다봉수화 | 仁義具無 慈善心을 인의구무 자선심을 | 하게되고 품게된다 하게되고 품게된다 |

❖ 을(乙)일생이면 음목(陰木)일주다. 사주원국에 금(金)이 많으니 관살(官殺)이 과다라, 더구나 을(乙)목은 경(庚)금을 만나면 ➡ 금(金)으로 변한다.

❖다자무자(多子無子)라 금(金)은 의리인데 너무 많다보니 없는 것과 같으니 그것이요, 을목(乙木)은 목(木)인데 금(金)으로부터 핍박을 받고, 제 본성(本性)인 인정(仁情)을 베풀지 못하니 인정(仁情)도 없어지고 매정한 사람이 되고 결국 금목상전(金木相戰)의 형상도 이루어진다.

❖이와는 반대로 갑을(甲乙)일주라 목일주(木日主)인데 수(水)인 인수(印綬)와 화(火)인 식상(食傷)이 많으니 배움도 많으니 가르치기도 잘하고, 경제면(經濟面)으로 수입(收入)과 지출(支出)이 균형(均衡)을 이루니 원만하고 흐름이 시원하고, 막힘없으니 자연 자비(慈悲)와 선심(善心)을 베풀게 된다.

❖ (실전사주의 예)

甲	甲	丙	丙
子	子	申	午

현재 학원을 운영하고 계시는 분의 사주다. 학원의 강사로 수년간 근무하다 일찍 성공하신 예이다.

● 제 4 장　　　　　　　　　　　　　　　　　　● 성정(性情)

| 149 사기성 | 四柱中에
四柱中에
사주중에
사주중에 | 傷官格은
日主弱은
상관격은
일주약은 | 侍己俊人
弄하기를
시기능인
농하기를 | 自尊心요
좋아한다
자존심요
좋아한다 |

❖ 사주(四柱) 중에 **상관격(傷官格)**이라 함은 상관(傷官)이 많음이라 상관(傷官)은 인수(印綬)를 극(剋)하므로 인수(印綬)가 힘을 못 쓴다. 배우지는 못했는데 아는 척은 우라지게 한다. 공부도 못하는 자가 원래 수업시간에 더욱 설친다. 아는 것이 없고 교양(敎養)이 없는 사람은 그것을 감추기 위해 더 잘난 척하기 마련이다. 벼도 익을수록 고개를 숙이는 법이다. 그러다 보니 자기보다 약하다 싶으면 한없이 못살게 굴고 자존심(自尊心)을 내세운다.

☞ 상대방을 떠보는 데는 일가견이 있다, 그래야 자기가 어찌할 것인가를 결정을 내리니까. 상관(傷官)이 많은 여자는 관(官)인 남편(男便)을 극(剋)하므로 남편 알기를 우습게 안다. 약간의 사기성(詐欺性)도 보인다.

☞ 돈거래하면 떼먹는 데는 혀를 내 두른다, 임기응변이 능하여 사람속이고 둘러치는 데는 타(他)의 추종(追從)을 불허(不許)한다.

☞ 재주 또한 많아 만물박사 이다. 모르는 것이 없다, 자기 자신만 빼놓고 그러다보니 자기 꾀에 자기가 빠지는 경우가 생긴다.

☞ 일주(日主)가 강(强)하면 그런 데로 자기의 자리를 지키려고 애를 많이 쓰는데 일주가 허약(虛弱)할 경우, 체신 없다보니 말이 많아지고, 그러다보니 자연 농담도 할 소리 안할 소리, 때와 장소를 가려서 적절히 사용하지 못해 망신도 당하고 실없는 사람으로 취급받기도 한다.

☞ 좋게 말하면 권모술수가 능란하다. 잘못되면 사기꾼이 되는 수가 많다.

❖ (실전사주의 예)-거짓말이 커지면 사기로 변한다.

庚	甲	辛	乙
午	戌	巳	巳

현재 교육자재 분야의 일에 종사하는 분의 사주.
갑목(甲木) 일주에 식상(食傷)이 왕(旺)하다.
여성편력이 심하고 약간의 사기성도 있다.

⬆ 관이 충으로 인해 다 망가졌다. 합(合)과 사술(巳戌)의 관계를 살펴라.

제 4 장　　　　　　　　　　　　　　　성정(性情)

| 150
오지랖 | 日月沖剋　되는者는　厭世生覺　많이하고
四柱中에　食傷多는　남주기를　좋아한.
일월충극　되는자는　염세생각　많이하고
사주중에　식상다는　남주기를　좋아한다 |

❖ 일(日)과 월(月)이 충(沖)한다 함은 부모(父母), 형제(兄弟), 이웃 간에 의(義)가 안 좋다. 그러다보면 자연 주변을 원망하고 탓하고, 정치가 어떠니, 누가 어떠니, 언쟁하다보면 싸우는 사람들이 바로 이런 사람들이다.

❖ 일주(日主)가 약(弱)할 경우는 스스로 이기지 못하여 세상을 비관(悲觀)하고, 자기도취에 빠져 주변과의 타협(妥協)을 싫어하므로 염세주의(厭世主義), 허무주의(虛無主義)로 흐르기 쉽다. 여기에 탕화(湯火)라도 굳세게 있다면 약 먹고 스스로 목숨도 끊는다.

❖ 사주에 상식이 많으면 남 퍼주기 좋아한다 하였는데 수입은 생각지 않고 지출하는 데는 일 등이다, 그러니 카드 연체되고 신용불량이 된다.

❖ 깊이는 없고 항상 밑 빠진 맥가이버다. 동네 소식통 이다. 내 집에 수저 숫자는 몰라도 남의 집 일은 훤하다. 남 일에 앞장 잘 서고 동네 이장이다.

❖ (실전사주의 예)- -지지(地支)합의 결과(結果)를 살펴라

丁	丙	己	己
酉	申	巳	巳

사월(巳月)의 병화(丙火) 일간(日干)이다.

🔼 학생의 사주이다. 학업관계로 고민이 많은 편이나 약간 심하다. 사신형은?

癸	己	庚	癸
酉	亥	申	巳

신월(申月)의 기토(己土) 일간(日干)이다.
여성(女性)의 사주다.

🔼 기토(己土) 일주가 신약(身弱)하고 식상(食傷)인 금(金)이 많다. 자신의 부동산을 동생 명의로 해놓고 팔리지가 않아 고민하고 있다. 오지랖의 결과다. 똑똑한 척하다 제 꾀에 넘어간다. 동생이 입맛을 다신다?

제 4 장   성정(性情)

151 재다신약

四柱八字	財多身弱	그 사람은	吝嗇하고
戊己日生	火土다는	厚重하고	妥協쉽다
사주팔자	재다신약	그 사람은	인색하고
무기일생	화토다는	후중하고	타협쉽다

❖ 재다신약(財多身弱) 사주

항상 금전적(金錢的)인 면에는 여유가 없다 들어와도 나가기 바쁘고 벌리기는 잘하지만 끝에 꼭 자금난에 시달린다.

❖ 남 주고 싶어도 마누라 눈치 보기 바쁘다. 가권은 이미 마누라에게 있으니 설사 도와주어도 좋은 소리 못 듣는다. 본의 아니게 인색(吝嗇)하다 소리 들을 수 밖에.

❖ (실전사주의 예)-지지(地支) 전체가 재국(財局)을 형성.

己	庚	癸	丁
卯	寅	卯	未

묘월(卯月)의 경금(庚金) 일간(日干)이다.

⬆ 재다신약(財多身弱)의 사주이다. 아직 미혼(未婚)이다. 12년 전에 감명한 사주다. 지금은 결혼(結婚)을 했을까?

➡ 무기(戊己)일생은 토일주(土日主)라 모난 면이 들하고 그저 둥글둥글 그렇다고 쉽게 생각하다가는 큰 오산. 묵은 소리 잘하고 급하게 결론 내리지 아니하고 이해심이 깊으니 남의 사정 잘 들어 주고 속내를 금방 내보이지 않으니 시끄러운 일 생겼을 때 나서면 조용해지고 화해(和解)를 잘 시킨다.

❖ (실전사주의 예) -전반의 인생, 후반의 인생을 보라.

丁	戊	壬	庚
巳	午	午	申

오월(午月)의 무토(戊土) 일간(日干)이다.
인성(印星)이 강(强)하다.

⬆ 무토(戊土) 일주의 사주인데 인중용재격의 사주다.

● 제 4 장   ● 성정(性情)

| 152 결단,즉결 | 丙日主에 그性品이 병일주에 그성품이 | 木火旺과 果敢勇斷 목화왕과 과감용단 | 庚日主에 臨事卽決 경일주에 임사즉결 | 丙丁火는 잘도한다 병정화는 잘도한다 |

❖ 꼭 금(金), 화(火) 일주가 아니라도 일주(日主)가 강(强)한 사람은 매사 일 처리가 시원시원 하게, 결론(結論)도 미적미적 미루지 않는다.

☞ 특히 병화(丙火) 일주는 글자 그대로 불같은 성격인데 신강하면 오죽하겠는가? 한 술 더 떠서 목(木)기운까지 보태지니 더욱 기운이 강해지고 화(火)는 스크린이라 보이기도 잘 보이고 말 또한 타의 추종을 불허하고 가만히 있어도 갈급증이 생긴다.

☞ 일주가 경금(庚金)일주 하면 의리(義理) 중시하고 결단도 과감성이 앞서는데 거기에 병정(丙丁) 화(火)가 관(官)으로 자리하고 있으니 과감하다.

☞ 臨事卽決(임사즉결)----사안에 대하여 결론을 내림에 있어 망설이거나 우물쭈물이 없고 시원시원하게 일을 처리하고 즉시즉시 결단을 내린다. 화끈함의 대명사다.

❖ (실전사주의 예)- 관성(官星)의 기운(氣運)이 강(强)하다.

庚	庚	丙	丁
辰	午	午	未

오월(午月)의 경금(庚金) 일간(日干)이다.

⬆ 경금(庚金) 일주에 병화(丙火) 관성(官星)이 펄펄 살아있다.
관(官)이 너무 왕(旺)하다 보니 결혼(結婚)이 늦어진 사주.

❖ 갑을(甲乙) 일주면 목일주(木日主)인데 설정미(泄精微)라 함은 들어오는 데는 많은데 나가는 곳이 적음이라 많이 배워서 아는 것은 많은데, 그것을 써먹지 못하니 답답하구나.

◐ 제 4 장　　　　　　　　　　　　　　　　　　　◐ 성정(性情)

| 153 석독두용 | 甲乙日强 戊寅午戌 갑을일강 무인오술 | 泄精微는 多火者는 설정미는 다화자는 | 石讀斗用 남의批評 석독두용 남의비평 | 답답하고 잘합니다 답답하고 잘합니다 |

▶ 石讀斗用(석독두용)

☞ 사주에서 인수가 많고 상식이 부족 할 경우. 섬 글 배워서 말글 밖에 못 써먹는다는 표현(表現)을 쓰는데 쉽게 이야기 하면 차(車)는 좋은데 운전(運轉)을 못 해 굴리지도 못하고 썩히는 것과 무엇이 다른가?

☞ 인(寅)오(午)술(戌) 화국(火局)자는 아는 것이 너무 많아서 탈 이다. 그러니 남 비평 잘하고 평론에도 일가견이 있는 것이다. 그리고 가슴속에 있는 이야기를 담아 두기가 힘들다. 비밀을 누설할 가능성이 농후하다. 이러한 사람에게는 일급비밀 이란 없다. 언제 발설이 되기 때문이다.

❖ (실전사주의 예)-천간(天干)합과 지지(地支)의 충(沖) 및 기타변화

庚	壬	丁	己
戌	辰	丑	酉

축월(丑月)의 임수(壬水) 일간(日干)이다.

⬆ 임수(壬水) 일주에 금(金)인 인수가 왕한 사주이다. 결혼 할 시기가 늦어져 서두르고 있는 중이다. (2005년 상담.)

◉ 제 4 장   ◉ 성정(性情)

| 154 신앙, 도의 | 正夏秋生 三冬月에 정하추생 삼동월에 | 戊己日生 庚辛日生 무기일생 경신일생 | 正通信仰 愛國愛族 정통신앙 애국애족 | 道義崇尙 淸廉하다 도의숭상 청렴하다 |

❖ 무기(戊己)日生은 토일주(土日主)라, 토일주(土日主)가 인(寅), 사(巳), 오(午), 신(申), 유(酉) 월에 출생하면 정통(正統)신앙, 도의(道義)숭상이라 하였는데 이는 정하(正夏)월은 화토(火土)로 보고 신유(辛酉)월 보다도 진(辰),술(戌),축(丑),미(未) 화개(華蓋)로 보고 술(戌), 해(亥) 천문성(天門星)에 더 비중을 두어 보는 것이 옳을 듯하다.

❖ 삼동(三冬)월에 금일주(金日主)이면 금수쌍청(金水双淸)
청백리(淸白吏)의 대명사라 금일주(金日主) 또한 강(强)하면 저 혼자 애국애족 다하는 인물이라 쇠도 너무 강하면 쉬 부러 지는 법, 항상 중도(中道)가 필요하다.

❖ (실전사주의 예)

壬	戊	辛	乙
戌	戌	巳	未

사월(巳月)의 무토(戊土) 일간(日干)이다.

🔼 정통신앙과 도의에 심취하신 분의 사주다. 지지(地支)가 화토(火土)라 무엇인가 그럴 듯한데 조화(調和)가 문제로 대두한다. 년(年)월(月)이 천충(天沖)이라 뜻은 있어도 성립 안 된다. 일시(日時) 지지(地支)가 천문성(天門星)으로 좋아 보이나 사술(巳戌)을 살펴야 한다.

제 4 장 성정(性情)

155 청귀지사

| 正二夏月 宗教哲學 정이하월 종교철학 | 甲乙日生 思想家로 갑을일생 사상가로 | 三冬月에 淸貴之士 삼동월에 청귀지사 | 甲乙日生 分明하오 갑을일생 분명하오 |

❖ 정이(正二)월은 목(木)이요, 해(夏)월은 여름이니 화(火)

갑을(甲乙)일생은 목일주(木日主)니 목화통명(木火通明)을 일컫는 것이요, 삼동(三冬)월에 갑을(甲乙) 일생은 목일주(木日主)에 인수(印綬)인 수(水)가 왕(旺)함이라 인수(印綬)에 수기(水氣)가 왕(旺)하니 종교, 사상가 틀림없으니, 학문과 그의 종교적인 철학 또한 깊이가 심오하구나.

❖ (실전사주의 예)-인성(印星)이 국(局)을 이루고 일주가 탄탄하다.

甲	甲	乙	己
子	寅	丑	亥

축월(丑月)의 갑목(甲木) 일간(日干)이다.

⬆ 현재 종교 철학을 연구하시는 분의 사주다.

◐ 제 4 장   ◐ 성정(性情)

156 철학, 신앙	秋冬月에 正二月에 추동월에 정이월에	金水日生 丙丁日生 금수일생 병정일생	宗敎哲學 그도또한 종교철학 그도또한	關心깊고 信仰깊다 관심깊고 신앙깊다

❖ 추동(秋冬)월이면 금수쌍청(金水双淸)이니 얼마나 청렴(淸廉)하고 깨끗한가? 거기에 금수(金水)일주면 더 이상 볼 것이 무엇인가?

☞ 이러한 성격의 소유자가 종교(宗敎)에 심취하면 그 신앙심(信仰心)이 대단하다. 설득을 하려다 설득을 당할 정도다.

☞ . 정이(正二)월에 병정(丙丁)생 이다 함은 목(木)월에 화일주(火日主)니 목화통명(木火通明)이라 월(月)에 인수(印綬)를 놓았으니 그것도 목(木) 인수(印綬)에 화일주(火日主), 정신력(精神力)이 대단하다.

☞ 이런데 종교 쪽으로 연관이 되면 설교, 설법하게 되면 감동한다. 원래 화일주(火日主)가 말문이 터지면 감당 못한다.

☞ 청산유수요, 활력이 넘치고 박력 또한 대단하다. 같이 동화되어 온몸이 움찔 움찔 해진다. 특히 정사(丁巳)일주는 더더욱 그렇고

❖ (실전사주의 예)- 지지(地支)화국(火局)과 형(刑)은?

丙	丁	甲	壬
午	巳	寅	寅

인월(寅月)의 정화(丁火) 일간(日干)이다.

⬆ 현재 기업체를 대상으로 특강을 전문으로 하시는 분의 사주

◎ 제 4 장   ◎ 성정(性情)

| 157
수도팔자 | 戊寅午戌
다시柱逢
무인오술
다시주봉 | 己未巳日
巳午戌亥
기미사일
사오술해 | 甲寅午戌
敬信神祇
갑인오술
경신신기 | 乙巳未日
修道한다
을사미일
수도한다 |

         戊   戊   戊   乙   乙
         寅   午   戌   未   巳

⬆ 지지(地支)에 사(巳),오(午),술(戌),해(亥) 만나면 화토중탁(火土重濁)사주.

         甲   甲   甲   乙   乙
         寅   午   戌   巳   未

⬆ 지지(地支)에 사(巳),오(午),술(戌),해(亥) 만나면 목화통명(木火通明)사주.

☞ 위의 사주들의 특성은 종교인의 사주로 특히 스님, 신부님, 수녀, 비구니 등 많은데 사주에 재(財)가 없을 경우는 더더욱 그렇고 그런데 이런 사주가 재(財)가 많을 경우 신도(信徒)와 신자(信者)들이 전부다 돈으로 보인다.
결국에는 떠나는 사람도 생기게 되는 이유가 되는데. 원인은 여러 가지---

❖ (실전사주의 예)

己	丙	甲	丁
亥	寅	辰	未

진월(辰月)의 병화(丙火) 일간(日干)이다.

⬆ 현재 지방에 조그마한 사찰을 갖고 계신 스님의 사주다.

제 4 장　　　　　　　　　　　　　　　　　　성정(性情)

158 종교인팔자	以上四局 四柱財局 이상사국 사주재국	태어난몸 無依者도 태어난몸 무의자도	僧侶生活 空門僧房 승려생활 공문승방	많이하고 스님이라 많이하고 스님이라

❖(학습사주의 예)

O	己	O	O
O	卯	O	O

기(己)일간 ⇦ 천간➡甲 세운(世運)천간(天干)
묘(卯)일지 ⇦ 지지➡戌 세운(世運)지지(地支)

🔺 기묘(己卯)일주가 갑술(甲戌) 년(年)을 만난다면 어떻게 될까?

☞ 종교인으로써 무척이나 힘든 한 해(년) 였을 것이다. 왜? 천간(天干)과 지지(地支)가 합(合)이 형성되니까. 합(合)이 형성 되면 어떤가? 천간(天干)합, 지지(地支)합이다. 합이란? 변화다. 결과(結果)가 길(吉)과 흉(凶)으로 나뉜다. 자신의 정체성(正體性)이 흔들린다. 상하(上下)가 모두 합(合)이 된다면 더욱 심하다. 일주(日主)이니 뿌리가 흔들린다. 지진(地震)이다. 천지(天地)가 진동한다. 흔들릴 수밖에 없다. 세운(世運)이라 그나마 견딜 것이고, 대운(大運)이면 심각하다. 묘수(妙手)를 찾는 사람이 슬기로운 사람이 된다.

☞ 사주(四柱)에 일단 재(財)나 관(官)이 없거나, 있어도, 효용가치도 없고 의지할 공간이 없다면 그 사주는 부(富)와 귀(貴)가 이미 물 건너 간 사주다.

☞ 운(運)에서 어느 정도 힘이 된다 해도 운(運)이 지나가면 또다시 원위치가 되니 일찌감치 자신의 갈 길을 정하는 것이 나을 것이다.

☞ 인연(因緣)이 없는데 자꾸 미련을 갖는 것도 부질없다.

제 4 장　　　　　　　　　　　　　　　성정(性情)

| 159 자살기도 | 丙寅午日 自打自命 병인오일 자타자명 | 丁巳卯未 促壽하니 정사묘미 촉수하니 | 春夏月生 自殺企圖 춘하월생 자살기도 | 焦燥하여 있어보고 초조하여 있어보고 |

☞ 병인오(丙寅午)일 ➡ 병인(丙寅), 병오(丙午) 일생이요

☞ 정사묘미(丁巳卯未) ➡ 정사(丁巳), 정묘(丁卯), 정미(丁未)일 생이요

⬆ 위의 일주(日主)들이 춘하(春夏)월 생이라 봄, 여름에 출생(出生)이니 화기(火氣)가 하늘을 찌른다.

☞ 화일주(火日主)는 지지(地支)에 화기(火氣)를 갖고 있는 자체만 하여도 뜨겁다 게다가 뜨거운 계절에 태어났으니 불씨를 안고 화약고에 들어가는 형상이다.

☞ 약간의 수기(水氣) 정도는 오히려 갈증만 더 유발한다. 엄마, 엄마 엉덩이가 뜨거워 다! 더구나 인(寅),오(午)는 탕화(湯火)니 약사발 정도는 기본이다. 잘못하면 동반자살도 기도해본다.

☞ 요 근래 인터넷 자살 사이트의 문제가 사회적으로도 문제가 되었는데 이 사람들이 바로 이러한 사주의 소유자들이다.

☞ 밤과 낮의 구별이 어중간하다 밤도 낮이고 낮도 낮이다. 그러니 이러한 사람 보면 낮에도 눈이 풀려있을 때가 많다, 밤 인줄 아니까- 밤에는 잠도 별로 없다. 이 생각 저 생각 그러니 적응이 힘들어 진다.

☞ 성격적인 면으로 보면 차분하지 못하고 항상 떠 있는 듯한 성격이다. 일처리도 충동구매 스타일이고 털고 나면 개뿔도 남는 게 없다.

☞ 성격도 급하다 보니 앞뒤가 없다. 일단 벌리고 보자 식이다. 항상 초조한 기운이 역력하다보니 침착성도 결여되어 용두사미다. 남 앞에 나서기 좋아하니 지고는 못 견딘다, 잘난 척하고 싶어서

☞ 다자무자라고 예를 숭상해야 하는데 거꾸로다, 성질에 안 맞으면 위, 아래도 없이 막무가내다. 주변으로부터 왕따 당하기 일쑤요 그러니 속상해 잠 못자고 그러다 열 받으면 사고나치고 후회하고 -

◐ 제 4 장   ◐ 성정(性情)

❖ (실전사주의 예)

甲	丙	戊	庚
午	戌	子	寅

자월(子月)의 병화(丙火) 일간(日干)이다.

⬆ 춘하(春夏)월에 출생(出生)하신 분은 아니다. 그럼 왜 예를 드는가? 가끔 비포장길을 달려봐야 운전솜씨가 는다. 자월(子月)에 출생하여 일단 화기(火氣)가 가라앉는 듯한 형상이 지지(地支)에 화국(火局)을 이루어 성격(性格)이 불덩이에 고집이다. 3형제 중 맏인데 자기의 말이 법이다. 월지(月支)에 자수(子水)가 있어 자살은 안한다. 성향을 분석하는 것이다. 화기(火氣)가 많다고 무조건 자살(自殺)로 보다가는 낭패를 본다. 특징은 깊은 병(病)이 항상 따라다닌다. 지장간(地藏干)을 잘 봐야한다.

● 제 4 장   ● 성정(性情)

160 자살(自殺)	丑日生人 戊日身弱 축일생인 무일신약	午未戌과 寅巳申逢 오미술과 인사신봉	午日生人 自殺計劃 오일생인 자살계획	逢丑辰午 있어본다 봉축진오 있어본다

❖ 축일(丑日)생 ➡ 오(午), 미(未), 술(戌)이라 함은

O	O	O	O
O	丑	O	O

● 축(丑), 오(午)➡탕화, 육해 살
● 축(丑), 미(未)➡충(沖), 형(刑)
● 축(丑), 술(戌)➡형(刑)

⬆ 일지(日支)에 축(丑)을 놓고 있고, 다른 지지(地支)에 오(午),미(未),술(戌)을 놓고 있음이니 또 운(運)에서도 만날 수 있다.

❖ 오일(午日)생➡봉(逢)➡축(丑)진(辰)오(午)라 함은 일지(日支)에 오(午)를 놓고 다른 지지(地支)에 축(丑), 진(辰), 오(午)를 만남이고, 또 운(運)에서도 만날 수 있다.

O	O	O	O
O	午	O	O

● 오(午),축(丑)➡탕화(湯火), 육해(六害)
● 오(午),진(辰)➡격각살
● 오(午),오(午)➡자형살(自刑殺)

⬆ 결국은 일지(日支)에 탕화살(寅,午,丑)놓고 있음이요, 귀문관살이나 원진살을 놓고 있는 자로 보면 된다. 무토(戊土) 일주가 신약(身弱)한데 지지(地支)에 삼형살을 깔고 있으면 자살기도 있어 본다했는데, 인(寅),사(巳),신(申) 형살(刑殺)에 가뜩이나 신약(身弱)이니 자기중심을 잡지 못하고 방황하다 결국에는 불상사(不祥事)를 초래하기도 한다.

☞ 남자나 여자나 일지(日支)에 탕화(湯火)를 놓고 있는 사람은 언어(言語)의 표현부터 질적으로 다르다. 그저 속상하다 하면 될 것을 극단적(極端的)인 표현으로 나온다.

● 제 4 장					● 성정(性情)

☞ 욕 잘하고 다혈질인 사람은 일단 탕화(湯火)를 하나 이상은 갖고 있다고 보라. 말이 씨가 되고 화근(禍根)이 된다는 것은 바로 이런 성향을 가진 사람에게 어울리는 사항이다.
☞ 운(運)이 좋을 때는 누구나 다 마찬가지겠지만 잠복하고 있다가도 운(運)의 흐름이 이상 할 때는 사람이 마치 이상한 사람처럼 변하기도 한다.
☞ 여성의 경우 한 달에 한 번씩 이루어지는 행사시 성격이 유달리 이상해지는 경우, 드문 경우지만 도벽이 발동하거나 어디론지 자꾸 돌아다니는 경우도 다 탕화의 영향이라고 보아도 된다. 심한 경우 병원치료를 요하는데 정신치료. 중요한 것은 기(氣)가 약(弱)해서는 안 된다.

제 4 장 　　　　　　　　　　　　　　　　성정(性情)

| 161 스트레스 | 寅日生人
寸時悲哀
인일생인
촌시비애 | 逢巳申도
克服하여
봉사신도
극복하여 | 自打自命
明郞生活
자타자명
명랑생활 | 注意하고
하여보소
주의하고
하여보소 |

❖ 인일(寅日)생인 이라면 지지(地支)에 인(寅)즉 탕화(湯火)를 놓고 있다.
☞ 만약에 사주 원국(原局)에 놓고 있던, ☞ 운(運)에서 만나던,
☞ 사(巳), 신(申)을 만나면 탕화(湯火)를 건드리는 형상이 된다.
☞ 자기도 모르게 염세주의(厭世主義) 기질이 발동하고 갑자기 우울해지고 외로움 느끼는 등 성격의 급작스런 변화가 온다.
☞ 매사 모든 것은 순간적인 판단의 잘못으로 기인하여 생기는 일이므로, 슬픔과 기쁨은 항시 백지장 하나 차이다.
☞ 순간적인 비통에 눈앞을 흐리지 말고 항시 침착하게 행동하고 이성(理性)을 찾도록 해야 한다.
☞ 웃음은 죽은 자식도 살려내는 생활요소다. 항상 웃음을 잊지 말고 상대의 잘못도 항상 감싸주는 아량을 갖고 생활 하도록 해야한다. 요즈음은 병도 웃음으로 치료를 한다고 하지 않던가?

제 4 장　　　　　　　　　　　　　　　성정(性情)

| 162 식성(食性) | 戊己日生 壬癸日生 무기일생 임계일생 | 官不足은 官不足은 관부족은 관부족은 | 생것신것 甘味飮食 생것신것 감미음식 | 좋아하고 좋아하오 좋아하고 좋아하오 |

❖ 식상(食傷)에 관한 사항이다.
☞ 무기(戊己)일생이라 함은 토일주(土日主)를 이름이라 토일주(土日主)가 관(官)부족(不足)이라 함은 목이 부족(不足)하니 필요한 것이 된다. ➡ 목(木)은 생 것, 신 것 이라 자연히 즐겨 먹게 되고
☞ 임계(壬癸)일주라 함은 수일주(水日主)인데 관(官)이 부족(不足)하니 토일주(土日主)가 부족이라, ➡ 토(土)인 달짝지근 한 것 좋아하니 감미(甘味)음식 좋아하게 된다.
➡ 원래 수일주(水日主)는 짠 음식이므로, 사주가 신강(身强) 할 때 짠 음식 피하는 것이 좋고, 토일주(土日主)가 관(官)이 강하면 금(金)이 필요라
➡ 비린내 나는 생선 좋아하고, 인수(印綬)인 화(火)도 필요하므로 고기를 구워 먹어도 약간 탄듯해야 좋아하니 등심보다는 갈비나 삼겹살 쪽을 선호하게 된다.

❖ 중요한 접대(接待)에서 상대방의 식성을 모를 때 사주를 보고 그에 맞추라.
요즈음 중요한 자리에 앉힐 사람들은 필요사항으로 기입하여 대기업에서도 활용을 하고 있다. 그에 못지않게 주요한 것이 있으니 그것은 관상이다. 상(相)을 보고 그 사람의 인품(人品)을 읽는 것이다.

☞ 정치, 사회적으로 물의를 일으키는 사람들의 상을 보라----------
☞ 지금은 중요한 요직에 있지만 눈이 균형을 잃고 있는 사람, 입의 기울기 또한 그렇고 투쟁적인 요소에 자수성가 한 사람들은 높은 자리에 앉으면 항상 고집 때문에 모든 것 잃어버린다.
☞ 날카롭고 청빈해 보여도 폭이 적어 항상 다된 밥에 코 빠트리고 오행(五行)으로 분류되는 요소들을 다시 한 번 분석하시기를

제 4 장 　　　　　　　　　　　　　　　성정(性情)

| 163 호주가 | 三冬月에
斗酒辭讓
삼동월에
두주사양 | 庚辛日生
하지않아
경신일생
하지않아 | 寅夏戌月
好酒家의
인하술월
호주가의 | 戊寅午戌
名稱이라
무인오술
명칭이라 |

❖ 술을 지고 가지는 못해도 마시고 갈 수는 있다는 사람들의 사주이다.
술도 자기의 체력이라든가 몸에 맞아야 술을 할 수가 있다. 한 두 잔만 마셔도 얼굴이 벌게지는 사람, 온 몸에 두드러기처럼 알레르기 현상이 나타나는 사람 웬만큼 마셔도 까딱없는 사람, 적당한 선에서 끝내는 사람 여러 종류다.

☞ 예로부터 술은 어른에게서 배워야 한다고 하였는데 지금은 주법문제 떠나서 그 자체도 사라져 가는 기분이 들기도 한다. 여성들의 음주가 늘어나다 보니 무어라고 형언하기도 그렇다. 세상이 옛날이 아니니까?

☞ 술이란 물이다, 이것을 잘 해석하면 된다. 사주자체가 꽁꽁 얼어있는 사주는 술에 대하여 감각이 둔하다. 삼동(三冬)월은 겨울이요, 경(庚)신(辛)일생이니 이 또한 금(金)이 아닌가?

☞ 금수(金水)가 어울리니 위에는 얼음이 얼어있고 밑으로는 물이 흐른다.

☞ 인(寅)하(夏)술(戌) 월이라 봄, 여름, 가을하여도 폭염(暴炎)이 기승을 부린다.

☞ 한여름을 중심으로 앞뒤가 온통 열기로 뒤 덥혀 있다. 비가 와도 웬만큼 와서는 후끈 달아오른 대지를 적시기가 어렵다. 그러니 술을 웬만큼 마셔 가지고는 취기가 오르지 않는다. 자연 술 상무 하기에는 적격이다. 술 상무 아무나 하나? 사주에서 주량(酒量)을 보는 것은 수(水), 화(火)가 기준인데 금(金)과 목(木)은 보조 역할을 한다.

❖ 예를 들어 일주(日主)가 목(木)일 경우

O	甲	O	O
巳	午	午	午

오월(午月)의 갑목(甲木) 일간(日干)이다.

⬆ 사주(四柱)가 신약(身弱)하니 바람을 피울 능력이 없다. 사주가 건조(乾

燥)하니 술로 세월 보내다 말년(末年)에 객사(客死)하는 운명으로 사주가 전개된다.

O	丙	壬	壬
O	O	子	子

자월(子月)의 병화(丙火) 일간(日干)이다.

⬆ 병화(丙火) 일주(日主)가 물속에 빠져있다. 술이 들어가면 테이프가 끊어진다. 불이 꺼지니까? 일주(日主)가 강(强)하면 어느 정도 버티나 이 경우는 아니다.

⬇ 사주가 신약(身弱)하고 화기(火氣)가 많은 사주는 특히 수일주(水日主)에서 관(官)인 토(土)가 있고 화기(火氣)를 어느 정도 설기(泄氣)하도록 된 사주는 취하기도 금방 취하고, 깨기도 금방 깬다. 오행(五行)이 고루 갖추어진 경우는 과음(過飮)이나 폭주(暴酒)는 하지 않는 편이다.

❖(학습사주의 예)- 화기(火氣)가 말년(末年)까지 이어진다.

O	壬	O	O
寅	戌	戌	午

술월(戌月)의 임수(壬水) 일간(日干)이다.

⬆ 임수(壬水) 일주이다. 지지(地支)에 화국(火局)이 형성되어 수기(水氣)가 견디지를 못한다. 술을 마시면 이 경우도 마찬가지, 암만 들어가도 화기(火氣)가 왕(旺)하니 괜찮을 것 같으나 금방 취한다. 일주(日主)가 워낙 약하니 깨는 것도 빠르다. 화기(火氣)가 많으니까

제 4 장　　　　　　　　　　　　　　　　성정(性情)

| 164 좌우 가마 | 子寅辰과
巳酉丑과
자인진과
사유축과 | 午申戌時
亥卯未時
오신술시
해묘미시 | 바른便에
右便가마
바른편에
우편가마 | 머리가마
있게되오
머리가마
있게되오 |

☞ 자(子), 인(寅), 진(辰), 오(午), 신(申), 술(戌) 은 양(陽) ➡ 오른쪽 ➡ 우측
☞ 사(巳), 유(有), 축(丑), 해(亥), 묘(卯), 미(未)는 음(陰) ➡ 좌측 ➡ 왼쪽

　예전에는 머리에 가마가 몇 개 인가 하고 할머니께서 무릎에 눕히고 보시던 기억이 새롭기만 하다.

☞ 왜? 가마의 숫자를 세어보고 그랬을까? 예전에는 결혼 할 때 신랑은 말을 타고 신부는 가마를 탔었다. 가마의 횟수에 따라 결혼의 횟수를 보았던 것이다. 보통 편의상 신랑, 신부 구별 없이 결혼 하는 것을 가마 탄다고도 표현을 했었다. 그래서 가마를 보는 걸까?

◐ 제 4 장						◐ 성정(性情)

| 165 머리가마 | 四仲月에
四孟月에
사중월에
사맹월에 | 辰戌丑未
四仲時는
진술축미
사중시는 | 四庫月에
쌍가마를
사고월에
쌍가마를 | 寅申巳亥
타고났네
인신사해
타고났네 |

◐ 사중(四仲)월이란 ➡ 자오묘유(子午卯酉)월, 진술축미 시(時)를 말한다.
◐ 사고(四庫)월이란 ➡ 진술축미(辰戌丑未)월, 인신사해 시(時)를 말한다.
◐ 사맹(四孟)월이란 ➡ 인신사해(寅申巳亥)월, 자오묘유 시(時)를 말한다.

◐ **사중월(四仲月)**이란? 仲(중)은 버금가다, 으뜸이다. 라는 뜻
  ❖ 봄 ➡인묘진(寅卯辰)➡ 묘(卯)   ❖ 가을➡신유술(申酉戌)➡유(酉)
  ❖ 여름➡사오미(巳午未)➡ 오(午)   ❖ 겨울➡해자축(亥子丑)➡자(子)
   ⬆ 자(子),오(午),묘(卯),유(酉)월을 말한다.

◐ **사맹월(四孟月)**이란? 孟(맹) 처음이라는 뜻이다. 즉 계절의 첫 달.
  ❖ 봄 ➡인묘진(寅卯辰)➡ 인(寅)   ❖ 가을➡신유술(申酉戌)➡신(申)
  ❖ 여름➡사오미(巳午未)➡ 사(巳)   ❖ 겨울➡해자축(亥子丑)➡해(亥)
   ⬆ 인(寅),신(申),사(巳),해(亥) 월을 말한다.

◐ **사고월(四庫月)**이란? 사계(四季)월이란 뜻으로 끝을 말한다.
  ❖ 봄 ➡인묘진(寅卯辰)➡진(辰)   ❖ 가을➡신유술(申酉戌)➡술(戌)
  ❖ 여름➡사오미(巳午未)➡미(未)   ❖ 겨울➡해자축(亥子丑)➡축(丑)
   ⬆ 진(辰),술(戌),축(丑),미(未)월을 말한다.

⬆위 사주 갖고 태어나면 해로(偕老) 못하고 두 번 이상의 인연이 맺어진다.

제 4 장   성정(性情)

❖ 사중월(四仲月)에 사고(四庫)시(時)

癸	乙	戊	庚
未	卯	子	申

자월(子月)의 을목(乙木) 일간(日干)이다.
적정기의 나이인데도 아직 뚜렷한 이성이 없단다.
너무 몰라도 걱정이다.(자 월에 미시다.)--

❖ (사맹월(四孟月)에 사중(四仲)시(時)

辛	戊	癸	辛
酉	申	申	亥

신월(申月)의 무토(戊土) 일간(日干)이다.

⬆ 가정이 그리 부유하지 못하였다. 항상 금전에 대한 집착이 클 것이다.

❖ 사고월(四庫月)에 사맹(四孟)시(時)

己	甲	庚	壬
巳	戌	戌	子

무월(戊月)의 갑목(甲木) 일간(日干)이다.

⬆ 현재 체육관을 하고 있는 분의 사주다.

● 제 4 장   ● 성정(性情)

| 166
가지각색 | 寅日寅時
夜半三更
인일인시
야반삼경 | 눈동자는
亥時生은
눈동자는
해시생은 | 黃色으로
首傾左側
황색으로
수경좌측 | 光彩나고
걸음이네
광채나고
걸음이네 |

❖ 보통 황색(黃色) 이라하면 빨강과 노랑의 혼합형으로 볼 수 있다.
☞ 오행(五行)을 색(色)으로 비교하면 빨강은 화(火)요, 노랑은 토(土)라 결국은 화토중탁(火土重濁) 이요, 약간은 화(火) 쪽으로 기운(氣運)이 더 기운다. 황색(黃色)계통의 눈은 대체적으로 화일주(火日主)가 많다.
☞ 동양인 이면서 눈동자가 황색(黃色)계통 이거나 노란색이 심하면 그 사람의 성격이 되게 급하다. 마치 염상격(炎上格)과 비슷하다 보면 된다.
☞ 인일(寅日) 인시(寅時)니 목화통명(木火通明)도 되고 기운(氣運) 또한 화기(火氣)가 만만치가 않다.
☞ 총기(聰氣)가 넘쳐 눈동자 또한 빛이 나고 광채가 서린다. 해시(亥時)는 자시(子時) 직전이라 왼편의 끝이라 앞으로 진행을 하여도 자연 왼편으로 축을 이루어 걷는 형태가 된다.
☞ 지구의 축이 중심 직선에서 기울어진 각도의 시간이라 자연 왼편 성향이다.

❖ (실전사주의 예)-내용과 상관이 없다.

戊	庚	癸	丁
寅	寅	卯	未

아직 미혼(未婚)인 분의 사주이다.(2005년)
경인(庚寅)일(日)에 무인(戊寅) 시(時)이다.

⬆ 많은 시간이 흐른 뒤 과연 결혼을 했을까? 지지(地支)가 재국(財局)이다. 결혼하더라도 만만치 않은 여성을 만날 것이다.

● 제 4 장   ● 성정(性情)

| 167 오만상 | 子午卯酉
辰戌丑未
자오묘유
진술축미 | 出生時는
出生時는
출생시는
출생시는 | 그顔面이
그얼굴이
그안면이
그얼굴이 | 길죽하고
둥글넓다
길죽하고
둥글넓다 |

❖ 출생(出生) 시(時)에 관한 상법의 설명인데 보통 상담하다 보면 출생 시를 모르는 상태에서 상담하는 경우가 종종 있게 되는데 오행(五行)별로 구분하여 보는 방법으로 참고하여 응용하면 많은 도움이 될 것이다.
일주로 보는 상법도 있는데 그 근본은 동일하므로 다른 설명 시 추가하기로 하고

❖ 오행(五行)별로 보는 방법
   ☞ 무슨 색을 좋아 하는가?
   ☞ 어떤 종류의 음식을 좋아 하는가?
   ☞ 멋 부리기를 좋아 하는가? 외모가 화려한가?
   ☞ 얼굴의 형태를 보고 오행을 분류하여 시와 연관하여 추리한다.
   ☞ 움직임에 있어서 정적인가, 동적 인가를 구분하고
   ☞ 목소리는 어떤가?
   ☞ 손의 형태를 살펴본다.
   ☞ 자세라든가 기타 움직임을 살핀다. 시선------
   ☞ 기타 여러 방법을 응용하면 될 것이다.

● 제 4 장   ● 성정(性情)

| 168 허우대 | 寅申巳亥
水木日生
인신사해
수목일생 | 出生時는
更多水木
출생시는
갱다수목 | 威猛있어
그体格이
위맹있어
그체격이 | 보이고요
壯大하다
보이고요
장대하다 |

❖ 인신사해(寅申巳亥) 출생 시(時)는 왜? 위맹(威猛)이 있어 보인다고 하였을까? 수목(水木)일생이 사주가 신강(身强)하고 연결이 잘 되어 있으면 체격이 장대하다 크다 한 이유는 무엇일까?

☞ 위맹(威猛)이 있다 함은 움직임과 그 행동에 있어 민첩함도 포함되고, 인신사해(寅申巳亥)는 역마(驛馬)와 지살(地殺)로써 시(時)에 있음으로 가만히 앉아서 남의 신세지는 것 싫어하고, 늙어서도 자식의 신세지는 것을 원치 않으므로 본인이 움직여 행동하는 것을 원칙으로 삶 하는 사람이다.

☞ 우선은 부지런하여 바지런하다. 그러다 보니 산전수전 다 겪고 산다, 작은 고추가 맵다는 표현도 해당하고,

☞ 시원시원하고 서글서글함도 해당되고, 성격도 화통하니 매사 모든 일에 적극적인 형태로 나타나니 자연 용맹스러움도 자꾸 생겨난다. 주변에서의 느낌은 용맹(勇猛) 그 자체가 되어 버린다.

❖ 수목일(水木日)생이라 함은 생각의 깊고 사려에 깊이가 있고 우뚝 선 고목(古木)과도 같아 항상 우두머리 역할에는 적격이다.

❖ 목일주(木日主) 특히 갑목(甲木) 일주는 보스 기질이 강한데 영양공급이 원활하면 그 능력을 백분 발휘하기 쉽고 한번 뿌리 내리면 쉽사리 흔들리지 않으니 영원한 보스 스타일이라 그 역시 체격 또한 큰 편이 많다. 여성의 경우는 여걸(女傑) 스타일이라 일컬어진다.

❖ 167,168을 종합하여 얼굴의 형태를 살펴보면
   ☞ 자 ,오 ,묘, 유――――――눈 목자 형
   ☞ 인, 신, 사, 해――――――각이 진 형으로 사각형이요
   ☞ 진, 술, 축, 미――――――둥글둥글 원형이 많고
   ⬆ 상법(相法)으로 보는 형(形)을 분류한 것이다,

◐ 제 4 장   ◐ 성정(性情)

좀 더 세분화 하여 보는 방법도 있으나 관상 편에서 논하기로 하고-----

❖ (실전사주의 예)—덩치 값은 하는지?

庚	丙	丙	乙
寅	申	戌	巳

술월(戌月)의 병신(丙申) 일간(日干)이다.
충(沖)이 확연히 눈에 띈다.

⬆ 신장이 190에 육박하고 목소리 또한 우렁차다. 체격이 건장하여 전형적인 장사 타입이다.

● 제 4 장   ● 성정(性情)

| **169**
꼴 값 | 四柱丙丁
그얼굴은
사주병정
그얼굴은 | 出生人은
上廣下尖
출생인은
상광하첨 | 쌍이마가
炎上之象
쌍이마가
염상지상 | 튀어났고
分明하다
튀어났고
분명하다 |

❖ 사주 병정(丙丁)일 생이라 함은 화일주(火日主)에 대한 설명인데, 쌍이마가 튀어 나왔다 함은 이마가 그만큼 넓다는 이야기. 얼굴의 형태가 상광하첨(上廣下尖)은 위는 넓고 아래는 좁으니 자연 역 삼각형 형태를 이룸이요, 炎上之象이니 성격이 매우 불과 같다는 설명. 상법(相法)에서 얼굴의 상에 대한 설명인데 화일주(火日主)에 대한 설명.

❖ 상법(相法)에서 사람의 얼굴을 삼등분(三等分)하여 상(上), 중(中), 하(下)로 구분(區分)위로부터 천(天),인(人),지(地)로 구분, 삼정(三停)이라 한다.

☞ 상정(上停), 중정(中停), 하정(下停)으로 구분. 상정(上停)은 인당(印堂)위로부터 이마전체를 말하고 보통 15세부터 30세까지의 운을 본다. 이마가 넓고 깨끗하면 그만큼 초년의 운이 좋음이라 부모의 덕이 있고 윗사람의 사랑을 받고 자라게 된다.

☞ 하정(下停)은 주로 턱을 많이 보는데 말년 운으로 보통 51세부터 사망 시까지를 보고 자녀의 덕과 아랫사람의 덕을 본다.

☞ 상광하첨(上廣下尖) 이란 이마는 넓고 이래 하관 쪽이 좁은 것을 말한다.

☞ 염상지상(炎上之象)이라 함은 이해심이 부족하고 인자함과 너그러움에 있어서 표현을 적시에 못하니 오해도 많다, 본디 내 마음은 아닌데-----

● 제 4 장　　　　　　　　　　　　　　　　　　　● 성정(性情)

| 170　　몸짱 몸매 | 丙丁日生
冬月金日
병정일생
동월금일 | 傷官食神
逢丁火도
상관식신
봉정화도 | 그体格이
그의몸매
그체격이
그의몸매 | 短軀肥大
단단하다
단구비대
단단하다 |

❖ 병정(丙丁)일생 상관(傷官)식신(食神)이라 함은 화일주(火日主)가 토(土)를 만나서 화생토(火生土)를 잘해주고 있음을 설명인데― 체격이 단구비대해 진다. 화일주(火日主)가 토(土)를 생해주니 화일주(火日主)는 자연 기력(氣力)이 쇠(衰)하여 질 수 밖에 없게 되는데 비대하여진다니 소위 비개살이구나.

❖ 대체적으로 토일주(土日主)를 보면 간혹 큰 경우도 있겠지만 대체적으로 다부지고 통통한 편이다. 공통점은 심폐(心肺)기능이 강하다.

☞ 토일주(土日主)가 화(火)가 많으면 토(土)가 근육(筋肉)이므로 화생토(火生土)받아 살이 찌는데 근육이 살찌는 것은 근육이 발달하는 것이니 힘이 있고 단단하다. 동월(冬月)金日이니 겨울의 金이니 오죽 단단하겠는가?

☞ 금(金)자체가 각지고 모난 형(形)인데 어지간해서는 해체가 힘들어진다. 몸으로 먹고사는 직업도 많겠지만, 덩치로 먹고 사는 사람들 중 이런 사주 가진 사람들이 많다.

☞ 금(金)이 화(火)를 만나 잘 제련(製鍊)되면 다행이지만 여의치 않을 경우 잘못 연결되면 약한 사람 괴롭히거나 하는 천박한 인생으로 전락한다.

❖ (실전사 주의 예)-체력(體力)은 국력(國力).

庚	辛	戊	甲
寅	丑	辰	寅

　　　　　　　　　진월(辰月)의 신금(辛金) 일간(日干)이다.

⬆ 경금(庚金) 일주의 사주인데 진월(辰月)에 태어나고 인진(寅辰) 목국(木局)을 형성하고 ,인(寅)중 병화(丙火)가 있어 몸이 탄탄하기 이를 데 없다.

제 4 장　　　　　　　　　　　성정(性情)

171
코, 입 크기

戊己日이	身旺하면	鼻大方口	하게되고
庚申日과	羊刃日은	眉高眼深	强髮로다
무기일이	신왕하면	비대방구	하게되고
경신일과	양인일은	미고안심	강발로다

❖ 무기(戊己)일생이라 함은 토일주(土日主)인데 신왕(身旺)하면 코가 크고 입도 크다. 토(土)는 중앙(中央)이요, 인체(人體)에서 안면(얼굴)을 보게 되면 중앙 부위에 해당이 되고, 그 중에서도 중심에 위치한 코의 비중이 커지니 재백궁(財帛宮) 이라 하여 그의 중요성에 건강(健康)으로는 폐(肺)에 연결이 되고 입은 말하는 문인데 토(土)는 입이라 신왕(身旺)하니 클 수밖에-, 경신(庚辛)일은 금일주(金日主)요, 일(日)에 양인(羊刃)을 놓고 있으면

☯ 眉高眼深(미고안심)-----눈 섶은 높고 ,눈은 들어가 깊이가 보이고-
　　　　　　이러한 형태는 유럽 쪽이나, 아랍계통을 연상하면 될 것이다.
☯ 强髮(강발)---모발계통, 수염 등 음부 털 등이 거칠고 억센 형태를 말함.
　　　　　　원래 금일주나 양인을 깔고 있으면 성격이 만만치가 않다.
　　　　　　자연 인체의 모발(毛髮)계통이 거의 억센 편이다.

❖ (실전사주의 예)-나이는 숫자에 불과하다.

甲	庚	辛	癸
申	寅	酉	酉

유월(酉月)의 경금(庚金) 일간(日干)이다.
일(日)월(月)이 천충(天沖)지충(地沖)이다.

🔼 털보 할아버지로 소문이 자자한 분의 사주다. 부드러움보다는 억셈이 더 어울린다. 부디 장수하시기를.

172
언어유희

春冬月에	甲乙寅卯	言語發音	굳게하고
春夏月에	丙丁日生	言語早急	하게되네
춘동월에	갑을인묘	언어발음	굳게하고
춘하월에	병정일생	언어조급	하게되네

❖ 춘(春)동(冬)월➡인(寅),묘(卯),해(亥),자(子)월인데 갑(甲)을(乙)인(寅)묘(卯)라 함은

　　　甲　乙
　　　寅　卯

🔼 일주(日主)가 해(亥), 자(子), 인(寅), 묘(卯)월생이니 냉기(冷氣)가 아직 가시지 않아 춥다. 게다가 수목(水木)응결(凝結)로 습기(濕氣)가 많아 목생화(木生火)가 어려워 얼어붙은 느낌을 주기 딱 이다.

☞ 고로 말을 할 때 늦게 하게 되고, 더듬이가 된다. 아기의 경우 말을 늦게 한다, 발음 또한 부정확하여 상대방으로 부터 오해 받기도 한다.

☞ 이런 사주의 주인공은 대중 연설과는 거리가 멀다 어린 자녀의 경우 이런 사주는 일찍 웅변학원을 보내 교정하라.

☞ 춘하(春夏)월이라 인(寅),묘(卯),사(巳),오(午)월 인데 병정(丙丁)일 생이니 화일주(火日主)라 화끈한 말솜씨, 열이 많이 나니 말이 빠르다. 화는 특히 혀인데 기운을 더 받으니 더더욱 이다.

☞ 아나운서들이 말이 빠르고 발음이 정확한데 그중에서도 경마나, 경윤 아나운서들의 말솜씨는 타의 추종을 불허한다. 언어구사가 아니라 쏟아 붓는다.

☞ 그들의 하는 말 ➡ 말이 많으니 말로써 말을 말 을까 하노라.

❖ (실전사주의 예)- 얼떨떨이

丙	乙	甲	乙
子	卯	申	卯

신월(申月)의 을묘(乙卯) 일간(日干)이다. 지지(地支)가 형(刑)과 귀문으로 정신 혼란하다. 목(木)기능의 문제다.

🔼 선 볼 때 마다 언어구사의 능력이 부족하여 곤욕을 치루는 사람의 사주다.

● 제 4 장 　　　　　　　　　　　　　　　　　　　● 성정(性情)

| 173
매혹음성 | 丙日逢之
그음성이
병일봉지
그음성이 | 庚金星과
우렁차니
경금성과
우렁차니 | 庚日逢之
찌를찌룽
경일봉지
찌를찌룽 | 丙丁火는
울리운다
병정화는
울리운다 |

⬆ 사주(四柱)의 병경성(丙庚星)에 대한 설명이다.

☞ 병일(丙日)생이 천간(天干)에서 경금(庚金)을 만나고 경금(庚金) 일생이 병(丙),정(丁) 화(火)를 만남을 설명한다.

☞ 그 음성(音聲)이 힘이 있고 우렁차서 듣는 이로 하여금 위압(威壓)감을 느끼도록 한다. 위의 경우는 사주(四柱) 자체가 약(弱)하지 않아야 한다.

☞ 사주가 신약(身弱)하면 기운이 쇠(衰)하여 제소리가 안 난다.

☞ 탁음(濁音)에 째진 소리가 나서 차라리 작은 소리만도 못하다. 파격(破格)이면 소리도 파음(破音)이다.

☞ 또한 지지(地支)에서 삼형살(三刑殺)을 이루고 있으면 소리가 크기만 하지 음색이 전혀 보이지 않는다. 간이 덜된 음식과 진배없다.

❖ (실전사주의 예)-충성!-사주의 기운이 화금(火金)이 주류(主流)다.

　　　　　　　　　　　　　술월(戌月)의 경금(庚金) 일간(日干)이다.

乙	庚	戊	丙
酉	申	戌	午

⬆ 현재 군에 몸을 담고 계시는 분의 사주다. 멀리서 이 분의 음성을 듣기만 해도 절로 감탄사가 나올 정도다, 힘찬 기상이다.

◐ 제 5 장　　　　　　　　　　　　　　　◐ 부부(夫婦), 이성(異性)

제 ❺ 장

부부, 이성관계

(174-207)항목

요즈음 세상이 예전과는 많이 바뀌었다. 가부장적인 사고방식은 이미 물 건너 간지 오래고 그것 역시 고쳐져야 할 부분 중의 하나였는데 그 강도가 심하니 이것 역시 문제가 되고 있다.
당사자가 아니면 모르는 제일 까다롭고 힘든 부분이 바로 부부간의 문제 아니 겠는가? 이혼하려 하는데 남자의 사주에 이혼수가 있나요? 참으로 곤란한 답변중의 하나다. 이혼의 원인도 문제지만 그 해결보다 엉뚱한데 관심이 있다.
남편 복이 있겠는가? 자식 덕은 있겠는가? 답변이야 왜 못하겠는가?
남자가 문 밖에서 기다리고 있네요. 그냥 그러려니 하고 자식 봐서 사십시오. 다 그놈이 그놈이고 그 년이 그 년입니다. 하고 말하고도 싶지만 인연이 박한 것을 어이하나, 다 제 멋에 제 인생사는 것을 ------
웬만하면 서로 시간을 갖고 좀 더 생각해 보시는 게 어떨 런지요? 속 모르는 소리 그만 하시오------참으로 복잡하고 미묘한 것이 부부간의 문제다.
어떻게 답을 내려야 명쾌한 답이 될 런지?

◉ 제 5 장　　　　　　　　　　　　　　　　　　　　　　　◉ 부부, 이성관계

◐ 제 5 장   ◐ 부부, 이성관계

| **174** 백복지원 | 異性之合　百福之原　그누구가　아니라며
家和하면　萬事成을　또한누가　부인하랴?
이성지합　백복지원　그누구가　아니라며
가화하면　만사성을　또한누가　부인하랴? |

| **175** 가정불화 | 棄妻喪妻　하고싶어　그할사람　누구이며
家庭不和　누가좋아　그리밤낮　싸우겠나
기처상처　하고싶어　그할사람　누구이며
가정불화　누가좋아　그리밤낮　싸우겠나 |

| **176** | 여보세요　벗님네여　夫婦編을　기록하니
仔細仔細　읽어보고　남의말을　하지마소
여보세요　벗님네여　부부편을　기록하니
자세자세　읽어보고　남의말을　하지마소 |

⬆ 서로 다른 사람이 그것도 남과 여의 만남이니 새로운 가정의 탄생이니 이 또한 만복(萬福)의 시작이요, 근원(根源)이 되고 인간종족의 순수하고 고귀한 자손 생산하고, 가정(家庭)이 화합(化合)하면 모든 일이 순조로이 이루어짐을 모를 이 그 누구인가?

● 제 5 장　　　　　　　　　　　　　　　　　● 부부, 이성관계

| 177 백년해로 | 明月山下　叩盆之嘆　時上傷官　탓이고요
時上偏財　日時相沖　鏡破釵分　落淚하네
명월산하　고분지탄　시상상관　탓이고요
시상편재　일시상충　경파채분　낙루하네 |

❖ **월명산하**(月明山下)

　월명(月明)이라 달빛이 밝음을 설명하고, 산하(山河)라 하니 밝은 달빛이 초목을 밝히고 있음이라.

❖ **고분지탄**(叩盆之嘆)

　옛 부터 부모가 돌아가시면 하늘이 무너지는 아픔이라하여 이르기를 천붕지통(天崩之痛)이라 하였고, 아내가 죽으면 물동이를 두드리고 탄식한다고 하여 이르기를 고분지탄(叩盆之嘆) 이라는 표현을 쓴다.

❖ **경파채분**(鏡破釵分)

　거울을 깨고 비녀를 가른다는 뜻

☞ 밝은 달빛아래에서 마누라 잃은 것을 탄식하는 것은 시간(時干)에 상관이 있는데 원인이 있는 것이라고 했는데 왜? 남자사주에서 왜 시상(時上)에 상관(傷官)이 있으면 상처(喪妻)를 하게 될까?

☞ 식상(食傷)은 재(財)를 생(生)하는데 재(財)가 있는데 자꾸 재(財)를 만드니 자리에 있는 재(財)가 명퇴를 하던 가 없어져야 새로운 재(財)가 자기 자리를 찾을 것이 아닌가? 그러니 지금 있는 재(財)는 자리를 비켜주어야 하지 아니 하겠는가 사주에서 자리를 비켜 준다는 것은 사라지고 없어짐이니 이혼(離婚)이나 상처(喪妻)인데 시상(時上)에 있어 말년이라 상처 확률이 높구나.

☞ 요즈음은 황혼(黃昏) 이혼(離婚)도 있으나 ,중 말년 이후의 이혼은 서로가 불행한 것이다. 세상 살만큼 살았으면 이제는 자신의 과업을 반성하고 수양하라. 이승에서의 지나친 욕심은 버려야 후세가 편안하다.

☞ 일(日)과 시(時)가 서로 상충을 하는데 재와 상충이니 중 말년에 처와 충

◎ 제 5 장   ◎ 부부, 이성관계

하니 본처와 해로하지 못함이니 이혼이나, 상처가 아니겠는가? 나이 들어 이러한 경우 직접 느껴보지 아니한 사람은 모른다. 제일 가까운 가족들에게 끼치는 누가 얼마나 심한가?

☞ 누구에게나 다 사정은 있는 것 이다, 오죽하면 이혼 하겠는가?
그것은 당사자 들 만이 아는 것이다. 말할 수 없이 할 수 없이 속 썩으면서 사는 사람들이 하나, 둘인가? 남 이혼 한다 손가락질 하지 말고 옆에 있을 때 잘들 하시오.

☞ 부모님께도 마찬가지이고 떠난 후에 후회한들 무슨 소용이 있나 거의 다 후회하고 눈물 흘리더이다. 그러나 악연(惡緣)의 경우는 예외다. 이러한 인연은 말려도 헤어진다. 그럴 때 도와주어라 주변의 도움이 절실하니까.

❖ (실전사주의 예)-어쩔수 없는 팔자.

癸	己	甲	甲
酉	酉	戌	辰

술월(戌月)의 기토(己土) 일간(日干)이다.

⬆ 이혼(離婚)하신 분의 사주이다. 시상(時上)에 편재(偏財)가 있는데 유유(酉酉) 자형살(自刑殺)이 있다. 상충(相沖)과는 어떤 차이가 있을까?

❖ (실전사주의 예)-살아, 말아!

壬	戊	癸	辛
子	午	巳	丑

사월(巳月)의 무토(戊土) 일간(日干)이다.
합(合)과 충(沖)이 두드러진다.

⬆ 월주(月柱)에 정재(正財)가 있고 시주(時柱)에 편재(偏財)가 있다, 시상(時上)에 편재(偏財)가 있는데, 지지(地支)로는 일(日)과 월(月)이 상충(相沖)이다. ◆ (현재 부도로 인하여 모든 것을 아내의 명의로 하고 있는 분의 사주인데, 자녀는 딸 한 명이 있다.) 이로 인해 아내는 이혼(離婚)을 염두에 두고 남편(男便)의 장래(將來)와 본인(本人)의 장래를 상담한 것이다. 힘든 상황보다 참고 참은 그간의 사연이 더 작용한다. 누구를 탓하고 누구를 원망 할 것인가? 당신의 판단은? 딸의 장래는? 어찌하는 것이 현명한 판단일까? 조언(助言)을 한다면 어떻게 할 것인가?

◈ 제 5 장   ◈ 부부, 이성관계

| 178 원앙귀림 | 時上逢空
干與之同
시상봉공
간여지동 | 羊刃重은
時肩劫은
양인중은
시견겁은 | 鰥者됨을
鴛鴦歸林
환자됨을
원앙귀림 | 어길거며
孤啼한다
어길거며
고제한다 |

❖ 시상(時上)공망(空亡)을 설명(說明)하는데 시(時)는 자손(子孫) 아니던가?
◊ 예전의 관습은 여성을 한 단계 낮추어 보아 시(時)를 아내로 보았는데 지금은 남, 여가 동격(同格)이므로 일(日)을 처(妻)로 본다.
☞ 부부관계에 대한 설명이므로 시상(時上) 공망(空亡)이 아니라 일지(日支) 공망(空亡)이 요즈음 추명으로 보아 맞는다.

❖ 양인(羊刃)중(重)➡중복(重複)
☞ 양인(羊刃)은 겁재(劫災)인데, 겁재(劫財)는 처(妻)를 극(剋)하는 존재(存在)인데 거듭 있으니 처(妻)가 있을 자리가 없게 되니 있어도 항상 바늘방석이다.
❖ 코너에 몰려 고민하다 결국 나는 인내심이 부족하여 떠나요! 이별을 고하게 되니 홀로 있는 홀아비 신세가 되는 처지가 된다.
     ☞ 鰥(환)—홀아비 라는 뜻이다.
☞ 홀아비도 홀아비 나름이다, 요즈음은 금전만능 시대가 되어 그저 사람의 마음은 금전으로는 이루어지는 것이 아니다.
☞ 금전(金錢)이나 처(妻)도 같은 재(財)이므로 하나 잃으면 똑같이 사라지는 것이다. 그러나 이에도 차이는 있다. 나이가 충분히 재혼(再婚)하여 극복(克復) 할 수 있다면 재혼(再婚) 할 수 있다. 이른 나이에 혼자되고 팔자가 그렇다고 그러려니 하는 사람은 없을 것이다. 운에서 충분히 감당할 수 있으면 되는 것이다.
☞ 내리막길이 있으면 반드시 오르막길이 있다. 운(運)에서 상승세(上昇勢)의 운을 이어 간다면 충분히 감내 할 수 가 있다. 운에서 하락세의 운이요 건강도 자연 하락 선을 긋고 있으면 홀로 가는 팔자가 된다.

제 5 장　　　　　　　　　　　　　　　　　부부, 이성관계

간여지동(干如支同)이라함은 천간(天干)과 지지(地支)가 같은 오행(五行)으로 일간 자체가 뿌리가 든든한데 시(時)에서 또다시 같은 오행이라면 기운이 넘친다.
☞ 균형이 허물어져 한 쪽이 이별을 고해야 한다. 왕따의 형국으로 자리 지키기 힘들어진다.

❖ 원앙귀림鴛鴦歸林 고제孤啼

원앙(鴛鴦)은 부부의 금슬이 좋기로 유명한 새 인데 귀림(歸林)이라 하면 세상을 등지는 것이라 죽음으로 보는 것이 아닌가? 짝을 이루어야 하는데 외로이 홀로 우니 배필(配匹)이 없음이라 배우자가 세상을 하직함이구나.

❖ (실전사주의 예)-홀아비 팔자

己	戊	丙	庚
未	子	戌	寅

술월(戌月)의 무토(戊土) 일간(日干)이다.

⬆ 년주(年柱)를 기준하여 처궁(妻宮)에 공망(空亡)이 들었다. 일주(日主) 기준하여 시(時)에 공망(空亡)이 있고, 시주(時柱)가 견겁(肩劫)이 왕(旺)하다. 신묘(辛卯) 대운(大運)에서 상처(喪妻)하여 현재 홀로 있다.

● 제 5 장   ● 부부, 이성관계

| **179**
불륜지상 | 兩家之壻
日時六害
양가지서
일시육해 | 되는者는
亡身劫은
되는자는
망신겁은 | 日支偏財
夜半三更
일지편재
야반삼경 | 그탓이고
妻逃走다
그탓이고
처도주다 |

❖ 兩家之壻(양가지서)--------두 집안의 사위 노릇 하는 것
☞ 일지(日支)에 편재(偏財)를 놓고 있으면 여자(女子)가 줄줄이 알사탕이다. 사탕이 녹으면 또 달콤함이 유혹을 한다. 이미 달콤함에 길들여진 상태라 유혹을 이겨내기가 힘들어진다.
☞ 업무(業務)로 인하여 또는 주변(周邊)의 관계로 인하여 생각지도 않게 자꾸 연결되고 본인 자신도 그것을 마다하지 않는다. 그러다 보니 자연 이성관계가 복잡해지고 이혼(離婚)도 서슴없이 행한다. 자식(子息)에 대한 정성은 그래도 변함없음이 재생관(財生官)의 이치다.

❖ 일시(日時)에 육해(六害)라 함은

➡ 일(日)과 시(時)에 자(子)-미(未), 축(丑)-오(午), 인(寅)-사(巳)
                   묘(卯)-진(辰),   신(申)-해(亥), 유(酉)-술(戌)

➡ 12신살(神殺)의 육해(六害)살하고는 다르니 혼동이 있어서는 안 된다.
  12신살의 육해살➡삼합의 끝 자 바로 앞 자

◆ 자, 오, 묘, 유 비견(比肩)과 비겁(比劫)이 많으면 처(妻)를 빼앗기거나 처(妻)가 나가는데 결국은 그 소리가 그 소리고 거기에 망신(亡身)살이 겹치면 처(妻)로 인해 망신(亡身)수인데 돈 잃고 처 잃고 겸장이다. 왜 처(妻)가 도망가나 ? 비견(比肩) 겁(劫)이 많으니 처(妻)의 입장에서 보면 도처(到處)에 남편과 같은 사람이 꽉 이다. 그러니 헷갈려 혼동을 한다. 구별을 못한다. 결국에는 사고가 난다.

◑ 제 5 장   ◑ 부부, 이성관계

☞ 망신살(亡身殺)이란 글자 그대로 망신스러운 일이 발생된다는 것을 말한다.
  ❋ 년주(年柱)에 있으면 ➡ 선조로 인하여 망신이요
  ❋ 월주(月柱)에 있으면 ➡ 부모, 형제로 인하여 망신이요 ➡ 후처소생, 모가재취
  ❋ 일주(日柱)에 있으면 ➡ 배우자, 이성으로 인하여 망신이요 ➡ 부부 궁이 부실
  ❋ 시주(時柱)에 있으면 ➡ 자손, 말년에 망신이요

❖ 육친별로 보면
  ❋ 인수 -- 부모 ❋ 견겁 --- 형제, ❋ 식상 --- 자손, 손아래 사람, 학생
  ❋ 재성 - 여자, ❋ 관성 -- 남자로 인하여 각각 해당 육친으로 인하여 발생.
☞ 망신살(亡身殺)은 삼합(三合)의 가운데 글자 바로 앞 자(字)다.
   삼합(三合)의 가운데 자는 삼합하여 화(化)된 오행중 제일 왕(旺)한 기운
   을 갖고 있는데 바로 그 앞에 있으니 쑥스럽고 기(氣)를 못 펴니 그게 바
   로 망신(亡身) 아닌가?

❖ (실전사주의 예)-못 말리는 팔자.

戊	戊	丁	戊
午	子	巳	戌

사월(巳月)의 무토(戊土) 일간(日干)이다.

⬆ 일지(日支)에 편재(偏財)를 깔고 있다. 호적상으로 벌써 2번이나 이혼(離婚)을 하고 배우자와의 편안한 삶을 계획을 하고 있다. 시주(時柱)에 공망(空亡)이 있어 말년(末年)에 형제간 덕(德)이 없다. 신유(辛酉)대운 을유(乙酉) 세운 모친사망.

❋(실전사주의 예)-이혼(離婚)도 팔자(八字)다.

癸	丙	己	己
巳	申	巳	亥

사월(巳月)의 병화(丙火) 일간(日干)이다.
지지(地支)가 분주하다
. ⬅ 일지(日支)에 편재(偏財)를 놓고 있다.
사신(巳申)-형(刑)이 되어 이혼(離婚)한 사주

● 제 5 장   ● 부부, 이성관계

180

칠거지악

偏財星이	得位하니	妾이家權	쥐게되고
正財星이	得位하니	妻가억세	妾못얻네
편재성이	득위하니	첩이가권	쥐게되고
정재성이	득위하니	처가억세	첩못얻네

❋ 첩(妾)이 똑똑하고 실권을 쥐게 되면 본마누라가 밀려나고, 마누라가 억세고 똑똑하면 서방이 한눈을 팔 여유도 없으니 첩(妾)이라는 단어 자체가 사라지게 된다. 요즈음 세상에 이런 이야기가 동화 속 이야기 같다. 불과 몇 십 년 전의 일이지만 세상이 그만큼 빠르게 변화하고 있다.

☞ 요즈음 식으로 해석을 하여보자. 남편이 밖으로만 나다니고 집안의 아내는 등한시 하고 심지어는 잠자리도 언제 했는지 기억조차 없는 형편이 되고 만다. 몸 걱정해서 보약 먹여놓았더니 엉뚱한 데 봉사하고 있는 식이다.

☞ 처(妻)가 몸이 약해 그럴 수도 있고, 뜻이 안 맞아서 그럴 수도 있고, 본인이 집토끼 보다는 산토끼 잡으러 다니는 형상이요. 그러다보면 집토끼 놓치고, 산토끼도 못 잡고 결국 이래저래 망신살에 패가망신이다.

☞ 숨겨둔 애인이라도 있으면 자연 이런 현상이 생기고 집에 생활비도 넉넉히 조달이 안 되니 자연 가정불화가 잦게 된다, 그로인해 직장 또는 사업도 영향을 받게 되니 부도는 불 보듯 훤한 일이다. 이혼(離婚)이라는 수순이 기다리고 있다.

☞ 모름지기 수신제가 치국평천하 아니던가? 마누라가 억세면 남편이 피곤하다. 좋은 말로 공처가요, 애처가요, 기처가다. 바람은 생각지도 못한다. 재다신약(財多身弱) 사주니 마누라가 약간의 의부증도 있다. 가권(家權)이야 마누라가 쥐고 있으나 어디 정상적인 가정인가? 그렇다고 무조건 남편이 모든 것을 다해야 한다는 것은 아니다. 지금은 모든 것이 합의하에 이루어져야 한다.

◐ 제 5 장   ◐ 부부, 이성관계

재다신약(財多身弱)사주는 항상 끼가 있어서 억센 마누라 만나야 좋긴 한데
병화(丙火) 일간의 기운(氣運)이 만만치가
않다.

庚	丙	辛	O
寅	午	酉	O

⬆ 병신(丙申)- 합(合)이다,---정재(正財)와의 합(合)이고 정재(正財)의 뿌리가 확실하다. 편재(偏財)인 경금(庚金)에게는 안 간다. 경금(庚金)은 인(寅)중 병화(丙火)가 있어 복잡한 여자다. 편재(偏財)와 정재(正財) 중 어느 것이 더 확실하게 자리를 하고 있는 가에 따라 비중을 두게 된다.

❀(학습사주의 예)-선착순-기토(己土)는 힘이 약해 무토(戊土)에 가려지고 만다

O	甲	戊	己
O	O	辰	O

정재(正財)인 기(己)토를 중간에서
갑목(甲木)에게 근접을 방해하고 있다.

⬆ 편재(偏財)인 무토(戊土)가 지지(地支)에 진토(辰土)를 놓고 있어서 뿌리가 확실하다

❀(학습사주의 예)-너무 먼 당신--재(財)가 널려있다.

O	甲	戊	己
O	戌	辰	卯

이럴 때는 어느 재(財)가 승자(勝者)가 될까

?

⬆ 선착순이다. 멀리 있는 친척보다 이웃사촌이 급할 때 더 낫다고 했던가? 처(妻) 자리에 있는 재(財)가 우선이다. 자기자리 얌전히 지키고 있으니 항상 내 마누라라고 생각을 하게 된다. 술(戌)-토(土)가 승리자다.

❀ (실전사주의 예)-희소성의 남자.

乙	辛	丙	己
未	亥	戌	未

술월(戌月)의 신금(辛金) 일간(日干)이다.
합(合), 형(刑), 충(沖)이 보인다.
재(財)가 왕(旺)한 사주다.

⬆ 다재(多財)➡무재(無財)에 해당된다. 아직 제대로 연애 한 번 못해본 노총각이다. 결혼(結婚)하더라도 처(妻)가 억센 것이 염려된다.

● 제 5 장　　　　　　　　　　　　　　　● 부부, 이성관계

| 181 독수공방 | 癸年壬月
戊己日生
계년임월
무기일생 | 戊己日生
壬癸年月
무기일생
임계년월 | 本妻偕老
獨守空房
본처해로
독수공방 | 못하고요
凄凉하다
못하고요
처량하다 |

❖ 무기(戊己)일생 이라함은 토일주(土日主)인데 계(癸)년, 임(壬)월생 이라

	己		
O	戊	壬	癸
O	O	O	O

	己		
O	戊	癸	壬
O	O	O	O

⬆ 무(戊)기(己)일주가 년(年)과 월(月)에 각각 정재(正財)와 편재(偏財)를 놓고 있다. 천간(天干)에 본처(本妻)와 후처(後妻)가 있으니 진퇴양란이다. 이럴 때 일수록 줏대가 있어야 하는데 대체적으로 흔들린다.

년(年), 월(月)에 있으면 그래도 일찌감치 겪으니 그래도 다행인데 말년(末年)에 이런 운(運)이 오면 참으로 괴롭다. 본인의 의사와 상관없이 치르는 경우도 있으니 답답할 뿐이다 꼭 무(戊), 기(土)일주만 그런 것이 아니다.

	乙		
O	甲	壬	癸
O	O	O	O

	乙		
O	甲	戊	己
O	O	O	O

　　　⬆ 목일주(木日主)의 경우다

	丁		
O	丙	庚	辛
O	O	O	O

	丁		
O	丙	辛	庚
O	O	O	O

　　　⬆ 화일주(火日主)의 경우다.

✿ 꼭 년(年), 월(月)만이 아니다. 시상(時上)에 있어도 이루어진다. 물론 전체적인 사주를 보아 판단도 하겠지만 시(時)나, 월(月)에 정재(正財)나 편재(偏財)가 놓여 있으면 일단 그렇게 볼 수 있다. 배에 선장이 둘이니, 산으로 밖에 더 가겠는가?

● 제 5 장 　　　　　　　　　　　　　● 부부, 이성관계

182 정력대왕	丁未日과　戊午日生　무슨性慾　그리强해 單妻生活　不滿하여　무슨성욕　그리강해 정미일과　무오일생　무슨성욕　그리강해 단처생활　불만하여　이처삼처　거느리뇨

❖ 양인(陽人), 음인(陰人)이 필요 사항이다. 화(火)와 토(土)를 동격(同格)으로 보므로 음(陰)과 양(陽)의 구별이 필요해진다.

☞ 성욕(性慾)이 강하다는 것은 일단 사주(四柱)가 강(强)하다는 전제 조건이 앞선다. 사주가 신약(身弱)하면 정반대의 현상이 나온다. 강하기 보다는 나는 밤이 무서워하고 잠자리에 자신이 없어진다. 특히 재다 신약으로 연결이 되면 더더욱 그렇다. 꽃향기에 취하기 때문이다.

✿ 정미(丁未)일은 음(陰)일주인 정(丁)일주에 지지(地支)에 미(未)토를 깔고 있으므로 음인(陰人)이다. 무오(戊午) 일주(日柱)를 보면 무(戊)일간에 지지(地支)에 오화(午火)를 깔고 있으므로 인수(印綬)도 되고 양인(羊刃)도 되어 인수(印綬)-양인(羊刃)이다.☞ 일지(日支)에 일단 양인(羊刃)을 깔고 있으니 일단은 신강(身强)으로 보고 자신이 신왕(身旺)하고 또 조토(燥土)이므로 멀리 있는 수분(水分)도 사정없이 빨아드린다.

☞ 물은 무토(戊土)에 재(財)가 되므로 여자(女子)를 죽인다. 피곤하게 한다는 이야기다. 그 중의 하나가 극처(剋妻)현상으로 방종(放縱)하기 쉽다.

☞ 결과적으로 주색(酒色)을 탐하게 되는데, 사주가 구성이 잘되었으면 괜찮은데 천격(賤格)으로 흐르면 고용살이에 남들이 기피하는 직업에 종사한다.

☞ 공통점은 사주가 강(强)하고 화토(火土)가 많은 것이 공통점이 된다.

❀(실전사주의 예)-관(官)의 변신(變身)

己	戊	己	乙
未	午	卯	卯

무오(戊午) 일주로 신강. 관(官)도 약한 것은 아니나 전부 음(陰)으로 이루어져 있다. 갑신(甲申)년에 소송에 휘말려 고생하고 있다.

⬆ 을유(乙酉)년 까지 끌다가 병술(丙戌)년이나 되어야 해결이 될 것 같다.

제 5 장 　　　　　　　　　　　　　　　 부부, 이성관계

183
탐화여색

戊寅午戌	己未巳日	更逢寅巳	午未戌은
美姬隨多	하게되니	探花女色	注意하라
무인오술	기미사일	갱봉인사	오미술은
미희수다	하게되니	탐화여색	주의하라

❖ 무토(戊土),기토(己土) 일주가 지지(地支)에 화국(火局)을 놓고 있거나 조토(燥土)일 경우 너무나 건조하여 수분이 있으면 사정없이 빨아드리니 수(水)는 재(財)라 가만히 있어도 여성 팬들이 난리다. 젊어서는 아가씨요 성인이 되어서는 아줌마다. 모든 것이 지나치면 화근(禍根)이 되듯 여자가 많이 붙어도 오래 못 간다. 지나치게 강하니 처(妻)가 있을 곳이 없다. 여자의 입장에서 보면 비견(比肩),비겁(比劫)이 많다 보니 눈에는 다 서방으로 보인다.

☞ 그러다 보니 이혼(離婚)도 불사하게 되고 인연(因緣)이 금방 끊어진다. 화토(火土) 일주만이 그런 것은 아니다. 다른 오행의 사주도 마찬가지.

☞ 사주(四柱)가 너무 강하다 보면 자연 재(財)가 부족하게 되고 그러다보니 찾는 것이 재(財)인 여자(女子)인 것을 어찌하겠는가?

☞ 필요하고 귀(貴)한 줄 알면서도 부족(不足)하니 자꾸 찾으니 그것이 문제다. 그래서 사주를 알고 자신을 되돌아보는 것이다.

❖ (실전사주의 예)-홧김에 서방질

己	壬	壬	丁
酉	申	子	酉

자월(子月)의 임수(壬水) 일간(日干)이다.
합(合)과 파(破)가 나타난다.

⬆ 지나치게 사주가 강하다. 남편이 바람을 피우니 여자도 바람을 피우다 결국은 이혼. 자식과 노모와 함께 살고 있는 분의 사주.

癸	戊	庚	戊
亥	寅	申	寅

무인(戊寅)일주,지지 인신(寅申)- 충(沖)이다.
재관(財官)➡합(合)➡관(官)으로 작용한다.

⬆ 신약(身弱)의 경우이다. 연령의 차이가 많은 부인과 재혼 후 급작사하여 경찰의 수사까지 받았던 분의 사주다.

◐ 제 5 장   ◐ 부부, 이성관계

| **184** 여자의 한(恨) | 申酉戌臘
丙戌日弱
신유술랍
병술일약 | 丁丑日弱
七八九臘
정축일약
칠팔구랍 | 妻妾中에
亦是細君
처첩중에
역시세군 | 自殺있고
恨死있네
자살있고
한사있네 |

❖ 臘(랍)이란?-----축월(丑月)로 12월을 뜻한다.
❖ 細君(세군)-----처(妻)를 비유하는 말로 연약(軟弱)한 가장 즉 아내다.
☞ 丁丑(정축)일주를 살펴보면 일주(日主) 자체로만도 문제성이 제기된다. 게다가 사주가 신약(身弱)이니 문제가 발생 할 수 밖에 없다.

丁
丑----(癸,辛,己)---정화(丁火) 일주에 財庫(재고)다.

🔼 고(庫)는 집합체로 둘로 본다. 신약(身弱)일 경우는 밑에서 처(妻)가 용을 쓰니 견딜 재간이 없다.

🔼 일주 자체가 백호(白虎)인데다 탕화(湯火)니 어찌할 것 인가? 결국에는 순 악질 여사를 만나게 되는 것이요, 뻑 하면 너 죽고 나죽자 하는 판이다. 그런데 왜 자살로 연결을 하였을까?

☞ 신(申), 유(酉), 술(戌) 자체가 금(金)으로 연결되니 처(妻)가 너무 많다. 고로 다재무재(多財無財)로 연결

☞ 가뜩이나 재고(財庫)를 깔고 있는데 또 여자가 있으니 한 많은 내 팔자가 된다. 상처(喪妻)해야 또 다른 여자가 올 것이 아닌가?

❖ 丙戌(병술)일주를 살펴보자.

丙
戌 ----(辛,丁,戊)---辛(신)--정재 즉 본마누라, 戌(술)은 백호(白虎)
　　　　　　　　　　　흉사(凶死)로 연결되니 세상을 떠나게 된다.

🔼 게다가 申, 酉, 戌, 丑(신, 유, 술, 축)을 또 지지(地支)에서 만나니 財(재)가 또 극성을 부리게 된다. 여자 판이다.

☯ 제 5 장					☯ 부부, 이성관계

☞ 꽃밭에서만 살다보면 향기에 취해 후각(嗅覺)이 마비된다. 결국 판단력이 흐려 선과 악을 구별 못하고 악처 쪽으로 흐르게 되는 것이다. 병술(丙戌) 자체가 백호니 이 또한 문제다.
☞ 대체적으로 재다 신약의 사주 중에 성공하는 사람은 그리 흔치않다.
☞ 여자와 금전 문제로 인해 중년까지 대체적으로 부단히 노력해 재물도 제법 만져보나 결국 다 공중분해 되고 만다. 독창적인 일보다는 리바이벌 하는 쪽으로 두뇌를 쓰면 성공한다.
☞ 어느 분야던 손대면 스승을 잡아먹는 형태다, 타고난 감각은 높이 사줄 만 하다. 항상 욕심을 자제하면 성공한다.
☞ 여러 여성을 거치다보니 업보가 쌓인다, 게다가 유산도 여러 번 경험하니 어찌 여인의 한(恨)만 있겠는가? 영가(靈駕)의 한(恨)도 같이 있다.

❖(실전사주의 예)-부딪히면 깨지기 마련이다.

乙	丙	庚	辛
未	戌	寅	亥

인월(寅月)의 병화(丙火) 일간(日干)이다. 합(合)과 형(刑), 극(剋)등 복잡한 형상이다.

⬆ 정편재(正偏財)가 혼잡 된 사주다, 처궁(妻宮)이 형살에 있다. 병술(丙戌) 일주와, 을미(乙未)-시주(時柱)가 백호(白虎), 이혼(離婚)한 사주다.

● 제 5 장   ● 부부, 이성관계

| **185**
출산사고 | 戊己水日　柱逢子未　更逢肩劫　하는자는
産死妻魂　呼哭하니　産裡産後　注意하라
무기수일　주봉자미　갱봉견겁　하는자는
산사처혼　호곡하니　산이산후　주의하라 |

❖ 戊己水日(무기수일)------무(戊), 기(己), 임(壬), 계(癸) 日主(일주)
❖ 日主와 日柱의 차이점
☞ 日柱(일주)----사주원국에서 일에 해당하는 천간과 지지를 통칭(전체를
　　　　　　　　　　　놓고서 논함.
☞ 日主(일주)-----사주원국에서 일에 해당하는 천간만을 설명.
　　　　　　　　　　기둥의 윗부분---지붕을 논함.
☞ 柱逢子未(주봉자미)-----일지에 자(子), 미(未)가 놓임.
☞ 産死妻魂 呼哭(산사처혼 호곡)---처(妻)가 출산(出産) 중 또는, 출산(出産)을 전후해 죽음에 그 혼령이 귀신이 되어 소리 내어 슬피 곡(哭) 한다.

☞ 子-未(자미)➡六害殺(육해살)

O	癸	O	O
子	未	子	O

O	癸	O	O
未	子	未	O

　　　　　❶　　　　　　　　　　　　❷

❶---미토(未土)가 사방 전부 물로 뒤 덥혀 물에 휩쓸려 나가는 형국이다.
　　게다가 자미(子未) 육해(六害)살이 겸해지니 아야 소리도 못한다.
　　미(未)중 정화(丁火)가 아내다. 정(丁)은 심장(心腸)➡심장병환자다.
　　암합(暗合), 암충(暗沖)으로 눈 녹듯 사라진다.
❷ ---자수(子水)가 사방으로 둘려져 있어 흔적도 안 보인다. 게다가 전부
　　조토(燥土)가되어 건조(乾燥)하기 그지없다. 수분이 빨려들기 바쁘다.
　　자(子)중 계수(癸水)➡아내가 된다. 출산전(出産前) 사망(死亡)이다.

제 5 장 　　　　　　　　　　　　　　　부부, 이성관계

| 186
부부호상 | 壬庚寅日　逢巳或申　財多身弱　하게되면
妻妾中에　自殺있어　基家庭이　沒落이라
임경인일　봉사혹신　재다신약　하게되면
처첩중에　자살있어　기가정이　몰락이라 |

❖ 임인(壬寅)일주, 경인(庚寅)일주가 봉(逢)사(巳)혹 신(申)

　인사신(寅巳申)삼형살(三刑殺)을 만남이라, 게다가 재다신약(財多身弱)으로 연결되면 다재무재(多財無財)의 원리에 걸리고, 처궁(妻宮)에 형살(刑殺)이 걸리므로 그의 처(妻)가 호상(好喪)소리 못 듣고 세상을 하직한다.

庚　　　　　　　　　壬
寅 ➡ 寅 木이 財가 된다　寅 ➡ 지장간(戊 ,丙 甲)-병화(丙火)가 재(財)다.

❖(학습사주의 예)-줏대가 없다. 치마만 두르면 여자로 보인다.

O	壬	O	O
O	寅	巳	午

　　　　　　　　사월(巳月)의 임오(壬午) 일간(日干)이다.
　　　　　　　　신약(身弱)이 문제로 대두된다.

⬆ 寅巳刑(인사형)에 걸려있고, 인오(寅午) 화국(火局)이다. 게다가 인(寅)은 탕화(湯火)다. 더불어 재다신약(財多身弱)이다. 그 누구도 마누라 못 건드린다. 약 먹고 죽는다고 난리다. 이런 사주는 결혼할 때 여자사주 꼭 보고가라.

❖ (실전사주의 예)-모든 것은 본인의 탓이다. 죽을 때 까지 깨닫지 못한다.

癸	壬	戊	丙
巳	寅	戌	午

　　　　　　　　술월(戌月)의 임수(壬水) 일간(日干)이다.
　　　　　　　　지지(地支) 합(合)과 형(刑)이다.

⬆ 2006년 경인(庚寅)월에 부인이 사망하신 분의 사주다. 지나친 여성편력과 무능력이 원인이다.

◐ 제 5 장   ◐ 부부, 이성관계

| 187 처첩산화 | 戊己日生 妻妾産禍 무기일생 처첩산화 | 壬戌逢이 있게되니 임술봉이 있게되니 | 財多身弱 受胎되면 재다신약 수태되면 | 或은身强 주의하라 혹은신강 주의하라 |

❖ 무기(戊己)일생이 임술(壬戌) 봉(逢)이라 함은

壬	戊	O	O
戌	O	O	O

O	戊	壬	O
O	O	戌	O

O	己	壬	O
O	O	戌	O

☞ 무토(戊土)나, 기토(己土)에 있어서 임(壬)수는 재(財)가 된다.
☞ 임술(壬戌)은 그 자체가 백호(白虎)로써 임(壬)이 토극수(土克水)로 심하게 곤혹스럽다.
☞ 재(財)인 임수(壬水)가 아래위 옆에서 두들겨 맞으니 견디기가 힘들다.
☞ 산화(産禍)라는 뜻을 폭넓게 해석하도록 해야 한다.

제 5 장　　　　　　　　　　　　　　　　부부, 이성관계

| 188 엄처시하 | 日主强에
時上七殺
일주살에
시상칠살 | 時上七殺
財多身弱
시왕칠살
재다신약 | 妻德자랑
其妻惡毒
처덕자랑
기처악독 | 하지만은
하게된다
하지만은
하게된다 |

❖ 일주(日主)가 강하고 시상(時上)에 칠살(七殺), 관(官)이 있으니 용신(用神)으로 사용함이다. 처덕(妻德) 자랑한다는 것은 관(官)인 용신(用神)을 재(財)가 생(生)해 줌이라 대체적으로 사주가 신강(身强)하고 관(官)이 용신(用神)일 경우는 대개 처덕(妻德)도 있다. 재(財)인 처(妻)가 용신(用神)인 관(官)을 생해주니 어찌 자랑스럽고, 사랑스럽지 않은가?

☞ 남편이 똑똑하여 잘나가고 있는데 처가 물심양면으로 팍팍 밀어주니

☞ 옛날에 과거급제 하면 가난한 집안의 자식도 팔자피고 여기저기서 딸 준다고 난리법석 이요, 아직도 그 잔재가 남아서 고시합격하면 마담뚜들이 설치면서 양가집 규수 앞세우고, 돈이야 당연 지사고, 의사 사위면 병원 차려주고, 기본이 열쇠가 몇 개씩은 되어야하고 역학에서 보는 관점은 일주가 일단은 강(强)하고 그러니 자연 관(官)이 용신(用神)이 되고 물론 전체적인 흐름이 좋아야하고 여기서 설명하는 것은 시상일위귀격(時上一位貴格)이다. 그런데 반대로 사주가 별 볼일 없이 약하기만 하다고 보자. 꼭 시상에 칠살이 있고 없고가 문제가 아니다, 신약하고 재살이 태왕하면 처자식 모두 속 썩인다, 한 수 더 떠서 합심해 아비를 괴롭힌다.

☞ 본인은 무엇인가 해보려고 노력은 부지런히 하지만 속 빈 강정이요, 빛 좋은 개살구고 죽 써서 개주는 형상이다. 그러니 마누라 눈치를 안 볼 수 없게 된다. 결국 악처(惡妻)가 되고, 그런 사주는 악처를 만나는 팔자다.

❖ (실전사주의 예)-직업도 다양해진다. 그것 역시 재성(財星)이다.

戊	壬	乙	戊
申	戌	卯	戌

편의점을 운영하고 계시는 분의 사주다
얼마나 지속 할 수 있을까?

제 5 장　　　　　　　　　　　　　　　　　부부, 이성관계

| 189 부부가권 | 時上七殺
夫婦家權
시상칠살
부부가권 | 時上偏財
싸움잦아
시상편재
싸움잦아 | 日主虛弱
其妻飮毒
일주허약
기처음독 | 財殺旺은
있어본다
재살왕은
있어본다 |

❖ 재살(財殺)이 태왕(太旺)하여 신약(身弱)한 사주가 시상(時上)에 칠살(七殺)이나 편재(偏財)가 떠있으면 대체적으로 악처(惡妻)를 만나는 팔자인데 시상(時上)에 있으니 나이가 들어서도 계속 이어지는 팔자가 아니던가?

❖ 부부가권으로 인하여 싸움이 잦아진다는 것은 너 가 잘났니? 내가 잘했나 결국은 도토리 키 재기 인 것을 ----재다신약(財多身弱)이니 처(妻)의 입장에서 보면 비견(比肩)과 겁재(劫財)가 중중이라 아내의 모든 처신이 손금 보듯 훤해지는 이야기다.

❖ 남편 알기를 우습게 알고 고집으로 망하는 여자다. 윈-윈 이라는 단어가 새삼 필요하게 느껴진다. 남편의 경제력도 문제가 되고, 여성편력 또한 문제가 될 것이고 무엇 하나 속 시원히 해결하는 것도 별로 없다. 여성편력이 많으면 힘도 좋을 것 같으나 실제로는 밤이 무서워지는 남자다.

❖ 음독(飮毒)도 어지간히 독하지 않고서는 못한다. 여자가 그 정도면 악질중의 순악질이다. 남편 편드는 이야기가 아니라 일치감치 접어야 한다. 서로를 위해 요즈음 같으면 싸우고 자시고도 없다, 법원 향하여 앞으로 간다. 음독(飮毒)은 재(財)에 탕화(湯火)가 연결되야 이어진다. 여자의 입장에서 보면 결국 그 팔자가 그 팔자다, 다른데 가도 또 -----

❖ (실전사주의 예)-팔자대로 삽니다.

癸	丁	辛	癸
巳	巳	酉	丑

유월(酉月)의 정화(丁火) 일간이다.
시주(時柱)에서의 변화가 중요하다.

⬆ 지지가 사유축(巳酉丑)➡ 금국(金局)으로 재국(財局)을 형성하여 차라리 재(財)에 종(從)하여 종재격(從財格)으로 변하였다. 그러면 사주가 달라진다.

● 제 5 장　　　　　　　　　　　　　　　● 부부, 이성관계

이같은 원리로 가정에 충실하라. 그러면 차라리 행복하다. 사는 것이 별 것인가? 운(運)에서의 변화를 살펴야 한다. 결국 팽(烹) 당하는 우를 범하지 말아야 한다.

일지(日支)와 시지(時支)의 사화(巳火)를 정화(丁火) 일주에 힘이 될 것 같으나 정계(丁癸)➡충(沖)으로 인해 힘들고 신금(辛金)➡재성(財星)이 워낙 강해 힘들다. 조상(祖上)에서 이미 충(沖)을 하고 들어오니 무슨 일이 제대로 풀리겠나? 시간(時干)의 편관(偏官) 역시 사방이 불기운이나, 사(巳)중 경금(庚金)이 있어 죽지 않는다. 금국(金局)이 형성되어 사화(巳火)보다는 금기운(金氣運)이 강하다.

☞ 사(巳)의 특징➡ 화(火)도, 금(金)도 된다. 주변(周邊)과 운(運)의 변화에 따라 변한다.

❖ (실전사주의 예)-다 그 놈이 그놈이고, 그 년이 그년이다.

丙	壬	己	甲
午	戌	巳	寅

사월(巳月)의 임수(壬水) 일간(日干)이다.

⬆ 임수(壬水) 일주가 재(財)에 종(從)하는 사주인데, 형(刑), 파(破)하여 파격(破格)이 되었다. 가정(家庭)이 복잡해진다. 여파는 본인에게 나타난다.

☞ 재성(財星)을 여러 가지로 보는 방법.

❶ 금전(金錢)이 좋아지면 인간사가 흉(凶)이요,
❷ 금전(金錢)이 좋아지면 인간사도 길(吉)이요
❸ 금전(金錢)이 나빠지면 인간사가 길(吉)이요,
❹ 금전(金錢)도 나빠지고 인간사도 흉(凶)이요,

⬆ 양쪽이 다 좋아지면 얼마나 좋을까? 하는 것이 사람의 마음이다. 여기서 판단 기준이 나타난다. 물론 전체를 파악하고 운(運)이나 기타 변화도 살펴야 한다. 기본적인 사항은 일단 사주가 강(强)해야 여러 부작용이 덜 나타난다. 신약(身弱)일 경우, 일시적 드러남으로 인해 엉뚱한 결과가 나타난다. 결국 강약으로 간다.

제 5 장 — 부부, 이성관계

190 고부(姑婦)지간

四柱中에	財多旺은	印受逢을	좋아마라
母妻싸움	새중간에	속상해서	嘆息이라
사주중에	재다왕은	인수봉을	좋아마라
모처싸움	새중간에	속상해서	탄식이라

❖ 사주에 재(財)가 왕(旺) 한데 인수(印綬)가 얼마나 힘을 쓰겠는가?
❖ 재인투쟁(財印鬪爭)--처(妻)와 어머니, 처가(妻家)와 본가(本家)의 다툼.
❖ 인수(印綬)가 왕(旺) 할 경우
☞ 인수(印綬)가 많으니 정작 본인은 결정권(決定權)이 약해 질 수밖에 없다. 목일주(木日主)라 하면 많은 물위에 둥둥 떠다니는 나무다.
☞ 어머니의 입김이 그만큼 세다는 이야기다. 마마보이가 아니던가? 며느리요 아내인 재(財)가 발버둥 쳐보지만 왕성한 인수 어머니에게는 역부족이다.
☞ 아들이 결혼(結婚)하려면 어머니 눈에 며느리 감이 마음에 들어야 O. K사인이 떨어진다. 인수(印綬) 많은 사주➡결혼 할 때 어머니는 뒷전으로 비켜야 한다. 매사 기준의 잣대를 어머니 입장에서 보기 때문이다.
☞ 여성이 목일주(木日主)면 친정어머니는 인수(印綬)인 수(水)다. 사위인 관(官)이 아무리 잘해도 마음에 안찬다. 관(官)이 금(金)인데 물이 많으니 잠겨서 보이지 않는다. 남편입장에서 처(妻)인 목(木)은 부목(浮木)이나 같다. 친정어머니 꼭두각시다.

❖ (실전사주의 예)-얼키고 설키지 않는다.

丁	丁	辛	辛
未	亥	卯	未

묘월(卯月)의 정화(丁火) 일간(日干)이다.

🔼 외국에 조기유학 중인 학생의 사주다. 지지에 인수국(印綬局)이 형성이 되어 있다. 년(年), 월(月)에 편재(偏財)가 양립이다.

◐ 제 5 장　　　　　　　　　　　　　　　　　　◐ 부부, 이성관계

| 191
모처불화 | 四柱中에
亦是母妻
사주중에
역시모처 | 印旺者가
不和하여
인왕자가
불화하여 | 重重財星
立場困難
중중재성
입장곤란 | 相逢하면
많게된다
상봉하면
많게된다 |

❖ 사주(四柱)에 인수(印綬)가 왕(旺) 하면 자연 일주가 강(强)해지게 된다.
☞ 중중(重重) 재성(財星) 상봉(相逢)➡재성(財星)도 강하다는 이야기가 된다.
☞ 일간(日干)이 인수(印綬)의 도움으로 강(强)해 재성(財星)이 어느 정도 강해도 충분히 감내 할 수 있게 된다.
☞ 그런데 여기서는 모처(母妻)가 불화(不和)하여 입장곤란 이라고 하였는데 인수(印綬)가 왕(旺)하고 재성(財星)도 중중(重重)하니 어느 정도는 균형(均衡)이 되는 문제는 이런 것 같다, 서로의 힘이 만만치가 않으니 중간에 서의 입장곤란으로 해석이 가능하다, 차라리 어느 한쪽이 약(弱)하면 문제가 될 것이 없는데 서로가 막상막하이니 줄다리기다.
☞ 심판관(審判官)의 입장에서 어느 한 쪽의 손을 들어주면 그 쪽은 승자가 되는 것이니 진퇴양난(進退兩難)의 입장이 된다. 일간 본인 하기 나름.
☞ 재성(財星)과 인수(印綬)가 서로 불목(不睦)하고 원진(元嗔)이나 형충파해(刑沖破害)가 형성되면 문제는 심각해진다. 다툼이 자주 생기면 과연 어느 쪽 손을 들어야 할 것인가?

❖(실전사주의 예)-편파적인 판단은 항상 괴롭다.

己	己	丙	壬
巳	卯	午	寅

오월(午月)의 기토(己土) 일간(日干)이다.
문제는 재성(財星)이다.

🔼 현재 조그마한 인쇄소를 운영하고 계신 분이다. 인수(印綬)가 왕(旺)하다. 재성의 역할은 미비하다. 얼굴도 내밀지 못한다. 왕따다. 일찍 시야(視野)에서 사라진다.

● 제 5 장   ● 부부, 이성관계

| 192 국제결혼 | 四柱驛馬 地殺重重 사주역마 지살중중 | 臨財合은 暗財者도 임재합은 암재자도 | 異邦女性 亦是國際 이방여성 역시국제 | 作配하고 女婚이라 작배하고 여혼이라 |

❖ 국제결혼에 관한 사항이다. 우선 이것도 팔자가 그런 것이다. 제일 무난한 것은 같은 혈통끼리의 합이 일단은 최고다. 지금은 다문화시대다. 얼마나 잘 적응하고 있는가? 약간의 불협화음도 나타나지만 긍정적이다.

❖ 사주에서 역마(驛馬)와 지살(地殺)은 타향(他鄕)인데 결혼(結婚)으로 연결된다하면 먼 거리에 있는 배우자와의 만남이 된다.

☞ 요즈음은 결혼의 적령기를 놓친 농촌 및 도시의 총각들이동남아, 중국, 동남아, 유럽, 소련 등 국제결혼도 다양하다. 국제결혼의 시대인지 모르겠다.

☞ 재(財)가 역마(驛馬)나 지살(地殺)에 임할 경우 또는 일지(日支)로 합(合)하여 들어올 경우는 해외(海外)결혼(結婚)이요, 연애(戀愛)다. 본인이 해외에 나가거나, 출장, 외국근무 등도 이에 해당이 된다. 여기서는 결혼의 예를 든 것이다. 사주 중에 인신사해(寅申巳亥) 중 한 자만 있어도 역마(驛馬)나 지살(地殺)로 본다.

❖(학습 사주의 예)-열심히 노력한 결과다.

0	庚	0	0
0	寅	亥	0

해월(亥月)의 경금(庚金) 일간(日干)이다

◨ 월지(月支)와 일지(日支)가 합(合)이다. 지살(地殺)이 재(財)에 임하여 있고 일지(日支)에 합이 들어 국제결혼이다. 여성의 경우, 관(官)이 역마(驛馬), 지살(地殺)일 경우다.

& 여성의 경우 식상(食傷)은 자손(子孫)인데 역마, 지살에 해당하면 이국태생, 또는 혼혈아로 볼 수 있다. 암재자暗財者라 함은 지장간에 들어있는 財(재)라도 같다.

◐ 제 5 장   ◐ 부부, 이성관계

❖ (실전사주의 예)➡ 나는 나대로 즐겁다.

丁	癸	己	庚
巳	亥	丑	子

축월(丑月)의 계수(癸水) 일간(日干)이다.

🔺 일지에 해중 갑목(甲木) 정관(正官)이 있는데 년(年), 월(月), 일지(日支)가 전부 합(合)이 이루어지고 있다. 해외결혼 하신 분의 사주다.

제 5 장   부부, 이성관계

193	三冬月에	壬癸日은	色難逢着	注意하고
	暗財合에	財殺旺은	情死怪變	있게되네
색난, 정사	삼동월에	임계일은	색난봉착	주의하고
	암재합에	재살왕은	정사괴변	있게되네

❖ 삼동(三冬)월➠해자축(亥子丑)월 임계(壬癸)일➠임일(壬日), 계일(癸日)생
❖ 색(色)을 탐하므로 인하여 곤란(困難)에 처하게 되니 주의가 필요하다.

☞ 일간(日干)자체가 차가운 물인데 태어난 시기(時期)가 겨울이니 너무도 추워 당장이라도 얼어붙을 것만 같은 사주다.
☞ 수일주(水日主)에 재(財)는 화(火)라 가뜩이나 추우니 재(財)인 화(火)가 얼마나 필요 하겠는가? 기운이 넘쳐 주체 못하고 있으니 어디선가 발산을 해야 하는데 미치고 환장할 노릇이다. 옆에서 누가 말리지도 못 한다.
☞ 치마만 둘러도 눈이 빙 돈다, 마치 이세상의 여자가 전부 마누라 같아 보인다. 암장(暗藏)으로 재(財)가 합(合)이 드니 떳떳한 사랑이 아니다. 현세에서 못다 이룬 사랑 내세에서 이루자며 극단적인 방법도 불사하는 경우가 생긴다.
☞ 암장(暗藏)에서 합(合)이 과(過)하고 재살(財殺)이 왕(旺)하니 뿌리치지도 못한다. 그저 못난 사내자식이 된다.

❖ (실전사주의 예)-엉뚱한 놈이 차지한다.

壬	癸	丁	庚
戌	卯	亥	申

해월(亥月)의 계수(癸水) 일간(日干)이다.
합(合)과 충(沖)이 복잡하다. 분석하자.

🔼 천간(天干)과 지지(地支)로 합(合)이 많이 이루어지고 있다. 정작 본인은 충(沖)이 되고 있다.

◑ 제 5 장   ◑ 부부, 이성관계

❖ (실전사주의 예)-죽으라는 법은 없다.

壬	壬	壬	壬
寅	寅	子	辰

자월(子月)의 임수(壬水) 일간(日干)이다.
지지(地支) 수목(水木)이다.

⬆ 임수(壬水) 일주가 수기(水氣)가 너무 왕 하다. 그나마 일과 월에 인목(寅木)이 있어 다행.

❖ 합(合)과 형(刑)의 연속이다.

壬	癸	戊	庚
戌	卯	子	寅

자월(子月) 계수(癸水) 일간이다.

⬆ 계수(癸水) 일주인데 자월(子月)에 출생하여 일단은 냉(冷)하다. 일지(日支)와 형살(刑殺)이 형성되어 불화(不和)가 심하다.

제 5 장　　　　　　　　　　　　　　　　부부, 이성관계

| 194　어부인 접대 | 四柱財多　身弱者는　偏聽內語　하게되고
日主强에　時上偏財　其妻虐待　심히한다
사주재다　신약자는　편청내어　하게되고
일주강에　시상편재　기처학대　심히한다 |

❖ 편청내어(內語)

상대방의 말을 귀담아 듣고 명심한다는 뜻인데 재다신약(財多身弱) 사주는 처(妻)의 말을 귀담아 듣고 명심해야 매사가 원만해 가정(家庭)이나 사업(事業)이 순탄하고 신강(身强)사주에서 시상(時上)에 편재(偏財)가 있으면, 그의 처(妻) 알기를 우습게 알고 심하게 구박하고, 멸시하며 학대한다.

☞ 원래 재다신약(財多身弱) 사주는 지지리도 처복(妻福)이 없다, 재혼(再婚)을 해도---그렇고 생전에 무슨 업(業)이 저리 많아 그런지 하고 한탄도 해보지 그래도 그렇다고 주저앉을 수 없는 노릇이다.

☞ 마누라가 워낙 강하니 항상 꼼짝 못한다, 능력이 출중하여도 빛을 보기가 어렵다, 게다가 자식 까지 겹치면 더더욱 꼼짝 못한다. 처갓집 기피증에 때로는 밤이 무서워지기도 한다.

☞ 싫어도 할 수 없이 사는 팔자다. 자식 때문에------운(運)에서 힘이 되어 금전(金錢)이나 여건이 좋아져도 내 수중에는 돈이 없다. 기다리고 있는 곳이 줄을 섰다.

❖ 반대로 일주(日主)가 강(强)한 경우다.

☞ 힘이 모든 면에서 남아도니 마누라를 우습게 안다. 일주(日主)가 강하고 재(財)가 약(弱)한데 시상(時上)에 재(財)가 있다면 사주원국에 위치를 보면 완전 구석이다. 떨어지기 일보 직전이 버틸 기운이라도 있으면 홀로라도 편안할 터인데 아니다. 워낙 장벽이 가려져 운에서 힘이 되어도 잠깐이다.
이런 사주의 소유자들은 처가(妻家) 알기를 우습게 알고 안 간다.

☞ 일주(日主)가 강(强)하니 아내의 입장에서 보면 견겁이 많다, 그러다보니

제 5 장   부부, 이성관계

남편은 아내의 주변에 자기와 같은 사람(남자)이 많다보니 아내를 더더욱 꼼짝 못하게 한다. 어쩌면 의처증(疑妻症) 증세(症勢)도 있다.

❖ (학습 사주의 예)-이미 게임은 끝났다. 답이 없다.

O	壬	O	O
O	子	亥	O

해월(亥月)의 임수(壬水) 일간이다.
요직(要職)은 수기(水氣)가 장악했다.

🔺 너무나 기운이 넘쳐 꽁꽁 얼어붙는다. 당장에라도 동사 할 것만 같다. 불이 필요해서 쉬지 않고 뛴다, 어디로 뛸까? 천하잡놈 소리 들어도 불인--재(財)-여자 없이 못산다고 난리다. 불이 처(妻)니 절로 꺼진다. 학대, 냉대다.

❖ (학습 사주의 예)-구제불능(求濟不能)이다. 개미허리에 가죽밸트다.

己	乙	O	O
卯	卯	O	O

기토(己土)는 나뭇잎에 앉은 먼지에 불과하다.
닦아내고 털어내면 없어진다.

🔺 을목(乙木) 일주(日主)에 기토(己土)재(財)가 시간(時干)에 자리하고 있다. 사방이 온통 관(官)으로 뒤 덮혀 숨쉬기도 힘들다.

🔶 참으로 기구한 팔자들 이다. 누구는 마누라가 지겨운데 반대로 누구는 서방이 지겹고 이리피하고 저리 피하고 하여도 결국은 마찬가지이다. 중요한 것은 자신의 존재를 항상 잊지 말고 부단히 노력을 해야 한다. 다 재주들은 타고난 부분이 있는 사람들이다. 흔한 말로 누가 조금만 옆에서 도와주어도 한번 해 볼만 할 테데---하는 부류의 사람들이 많다. 무에서 유를 창조하듯 열심히 자기의 능력을 한 곳으로 집중해 개발하라. 그것이 이런 종류의 사주를 가진 분들의 특징이다. 한 우물을 파라, 방해가 있어도 곧 성공한다.

❖ (실전사주의 예)-생사(生死)를 건 싸움이다. 올라간 사람이 승자다.

甲	庚	庚	戊
申	寅	申	辰

신월(申月)의 경금(庚金) 일간(日干)이다.
일주(日主)가 강(强)하고
시상(時上)에 편재(偏財)가 있다.

🔺 건설업에 종사하시는 분의 사주다.

제 5 장   부부, 이성관계

| 195
주색잡기 | 日時地支
時間桃花
일시지지
시간도화 | 咸池殺은
野外花라
함지살은
야외화라 | 東食西宿
杏花村婦
동식서숙
행화촌부 | 作妾있고
情을맺네
작첩있고
정을맺네 |

❖ 함지살(咸池殺)이란?

도화(桃花)살을 말하는데, 년살(年殺) 이라고도 한다. 함지(咸池)라 함은 수렁, 또는 함정(陷穽)이라고도 생각해도 괜찮다. 포태법에서 목욕(沐浴)궁(宮)에 해당된다. 함지살(咸池殺)의 응용은 주색잡기(酒色雜技)로 생각한다.

☞ 陽(양)──子, 午, 卯, 酉
☞ 陰(음)──寅, 申, 巳, 亥

❖도화살(桃花殺)은 있는 위치에 따라 여러 가지로 해석이 나온다.

▶ 일지(日支)를 기준하여 설명하였을 경우.

☞ 년주(年柱)에 있을 때
  나이차 많은 신랑을 만나거나, 연상 여인과 인연 있고 선대(조부, 그 윗대)
☞ 월주(月柱)에 있을 때(년 지를 기준 할 때)
  월령도화라 하여 어머니가 재혼, 서출출신이고 (월지는 유전인자)
  부모 대에 풍류가 심하였고
☞ 일지(日支)에 있게 되면
  이성 관계 복잡, 작첩 동거, 배우자 풍류, 연애결혼 등에 해당
☞ 시지(時支)에 있으면---편야도화(偏野桃花)
  들판, 벌판에 있는 꽃이니 이 사람, 저사람 손 타고 자연 거칠고 억세고 기생작첩, 말년에 바람, 년하 남자, 딸 같은 여자와 연애, 부하나 제자와 연애
☞ 일지(日支)기준 월령도화는 -----원내(園內)도화(桃花)
  유부녀, 유부남과 통정한다.

● 제 5 장   ● 부부, 이성관계

▶ 육친(六親)으로 구별하는 도화살(桃花殺)

☞ 인수(印綬)에 해당 ➡ 인수도화 ➡모외유정 ,공부 중에 연애, 장모봉양, 스승사랑 사모, 유흥업, 연예계 종사, 옷걸이 좋고, 백수건달, 왕자, 공주병
☞ 비겁(比劫)에 해당 ➡ 비겁도화 ➡형제풍류, 풍류 시 재산탕진 심하고,
　　　　　　　　　　　　　친구 잘 못 사귀어 망신
☞ 상관(傷官)에 해당 ➡ 명예손상, 삭탈관직, 자손풍류 ,부정포태
☞ 재성(財星)도화 ➡ 주로 금전과 여성에 관한문제로 발생하게 된다.
　　　　　　　　　작첩치부, 처 외의 복잡한 이성 관계 ,연애결혼 ,의처증
☞ 관성(官星)도화 ➡ 작첩승진, 득자, 부적절 관계, 망신, 관재, 불안배신,구타
☞ 도화(桃花)에 형살(刑殺)이 임하면----성병 ,관재 ,불안송사 ,수술
☞ 운(運)에서 도화(桃花)가 지배하게 되면 그 운(運)이 지나가면 괜찮다

❖ (실전사주의 예)- 너무 없어도 눈 까뒤집는다

壬	丁	丙	乙
午	卯	戌	未

술월(戌月)의 정화(丁火) 일간(日干)이다. 합(合)과 형(刑)이다. 재성(財星)을 찾아라.

⬆ 현재 판매업에 종사하는 분의 사주. 복잡한 여성관계로 재정 손실이 많다.

❖ (실전사주의 예)- 도화가 말년(末年)까지 간다. 죽어도 고다!

辛	戊	己	己
酉	子	巳	酉

무자(戊子) 일주의 사주다. 년, 일, 시에 인성, 재성(財星) 도화(桃花)다

❖(실전사주의 예)- 지버릇 개주나? 없이다. 말년에 부평초.

壬	甲	丁	辛
申	子	酉	卯

도화에 겁살(劫煞),재살(財殺) 풍류가 심하였다
말년(末年)에 지살(地殺), 이동(移動) 심하다.

● 제 5 장　　　　　　　　　　　　　　　　　● 부부, 이성관계

196	日月地支　成財挑花　婦女姦通　一手하고
화류병(花柳病)	桃花刑을　만난자는　花柳病에　걸려본다 일월지지　성재도화　부녀간통　일수하고 도화형을　만난자는　화류병에　걸려본다

❖ 도화(桃花)에 형(刑)➡자(子)↔ 묘(卯) 형(刑) 뿐이다.
　바람피우다 얻는 병은 성병이 아닌가? 요즈음은 에이즈라는 죽음의 병이 생겨 인간에게 성윤리의 도덕성에 일침을 가하고 있으니 성개방 풍조 무엇이든 항상 정도를 가도록.

☞　도화(桃花)에　형살(刑殺)이　임하면　성병(性病),관재(官災),배신(背信),송사(訟事),수술(手術) 등이 따르게 되나 꼭 성병이라고만 단언은 금물이다. 요즈음은 성병도 내성이 강하여 치료가 힘들다고 하더라.

❖ 곤랑도화(滾浪挑花)
　성병으로 신음을 하게 되는데 그 구성은 천간은 합이요, 지지는 형이 된다. 예를 들어 그 형태를 살펴보자.

❖ (학습사주의 예)-죽을려면 무슨 짓을 못하겠나!

0	己	甲	0
0	巳	申	0

천간(天干)은 갑기(甲己)➡ 합(合)이다.
지지(地支)는 사신(巳申)➡ 형(刑)이다.

0	丙	辛	0
0	卯	子	0

천간(天干)은 병신(丙辛)➡ 합(合)이다.
지지(地支)는 자묘(子卯)➡ 형(刑)이다.

⬆ 이와 같이 천간(天干) 합(合)이고 지지(地支)에 형(刑)이면 득병(得病)으로 본다.(도화 형) 부디 불건전한 이성 관계는 가급적으로 자제해야 한다. 드러나지 않는 보균자(保菌者)가 될 수 있다.

● 제 5 장   ● 부부, 이성관계

197	官星桃花	놓은자는	其妻因해	벼슬하고
	殺星桃花	놓은자는	姦通하다	逢變나네
도화(桃花)유감	관성도화	놓은자는	기처인해	벼슬하고
	살성도화	놓은자는	간통하다	봉변나네

❖ 여기서는 관성도화와 살성도화에 대한 설명이다. 관성도화(官星挑花)란?
❖ (학습 사주의 예)-놓아나는 것도 팔자다.

O	甲	O	O
O	辰	酉	O

⬆ 일지(日支)를 기준하여 酉(유)가 도화(桃花)인데 정관(正官)이다. 정관(正官)이니 ➡ 관성도화(官星挑花)이고, 월(月)에 있으니 ➡ 원내도화, 월령도화다.

◐ 월령도화--원내도화--후원 뒤 정원 을 의미하므로 감추어져 있다,
    즉 부적절한 관계가 되므로 유부녀, 유부남이 놀아나는 것이다.

▶ 관성(官星)이 도화(桃花)면?
☞ 남성--관이 직업 ➡ 바람피우는 것이 직업이니 이성에 의지하여 이성을
        이용 사기, 공갈 및 심리를 이용하여 자기 이득을 취하는 것이
        부업 및 전업(專業)이 된 경우다.
☞ 관(官)은 자손(子孫)이 되기도 하는데 숨겨 논 자식도 된다.
☞ 애인(愛人)을 미인계로, 여성 종업원을 이용해 자기 목적을 달성한다.
☞ 공통된 점은 항상 말년에 구설로 인해 시달린다.

❖ (실전사주의 예)-산토끼가 팔자라 기구한 운명인가?

丁	乙	辛	丙
卯	酉	丑	午

축월(丑月)의 을목(乙木) 일간(日干)이다.
지지(地支)유(酉)중 경금(庚金)과는 암합(暗合).

제 5 장　　　　　　　　　　　　　　　　　　　부부, 이성관계

🔼 을목(乙木) 일주의 여성이다. 지지(地支)에 관(官)이 있으나 시지(時支) 도화(桃花)와 충(沖)이고, 천간(天干)으로도 을(乙)➡신(辛) 충(沖)이다.

▶ **살성도화(殺星桃花)**
나에게 살(殺)➡(관(官),귀(鬼))다. 편관(偏官)을 지칭한다.

❖ **(실전사주의 예)-산토끼가 팔자라 기구한 운명인가?**

O	乙	辛	O
O	丑	酉	申

유월(酉月)의 경금(庚金) 일간이다.
지지(地支)기운(氣運)이 강하다.

🔼 년지(年支)를 기준하여 보았을 때 유(酉)는 도화(桃花)다. 관(官)이 되므로 그것도 편관(偏官)이 되어 살성도화(殺星桃花)다.

🔼 천간(天干)에서 을(乙)신(辛)➡충(沖)으로 괴로운데 지지(地支)에서 또 도화(桃花)가 있어 그것도 살(殺)이라 관(官)이 사방으로 둘러싸여 팔자도 기구하다, 남편 또한 의처증(疑妻症)의 기질도 있어 사는 것이 지겹기만 하다.

☞ 남편의 기세가 너무 강하여 옴짝 달싹을 못한다. 더구나 한 덩어리로 뭉쳐져 있어 한 눈 팔 여유도 없다.
☞ 일주가 어느 정도 기운이 있으면 그나마 다행인데 이런 경우, 항상 몸이 아프고 정신적으로도 황폐해진 경우다.

▶ **남성(男性)의 경우**
사주가 신강(身强) 하여도 안 좋은데 신약(身弱)의 경우 관재수(官災數)이니 쇠고랑 차게 되는 것이다. 몸을 다치는 경우도 있고 배신(背信)당하고, 부도나고, 이혼당하고 자식에게 까지 버림을 받는 경우도 있다.
☞ 이와 같은 경우는 간간히 신문지상에도 보도 되는 알 만한 사람들 중에 사업한다고 무리하게 추진하다 경험부족과 배신으로 인하여 부도나거나, 담보로

◐ 제 5 장   ◐ 부부, 이성관계

한 부동산 다 날리고 ,이혼 당하고, 정신적인 충격으로 인하여 병원신세도 지고, 건강도 약(弱)해지고 하여 다시금 재기의 노력을 하는 것을 보게 되는데 이것이 바로 이런 경우다. 미리미리 조금이라도 관심을 가졌으면 좋았을 것을 하는 생각이 간간 이런 소식을 접하게 되면 느끼는 것이다.

❖ (실전사주의 예)- 불륜도 콩깍지인가?

庚	辛	甲	丙
寅	丑	午	辰

오월(午月)의 신금(辛金) 일간(日干)이다.
인(寅),오(午),축(丑) 탕화(湯火)다.

🏠 일지(日支) 기준으로 월(月)에 관(官)이 도화(桃花)다. 현재 연상(年上)의 유부남(有婦男)과 열애중인데 결과는? 모름지기 세상사란 내 맘대로만 되는 것 아니다. 정도(正道)를 걷지 않는다면 항상 그 대가(代價)는 처절하다.

● 제 5 장   ● 부부, 이성관계

198	財祿挑花	놓은그분	因妾致富	자랑하고
	四柱挑花	肩劫刑은	妻妾訟事	敗家한다
	재록도화	놓은그분	인첩치부	자랑하고
도화(桃花)형(刑)	사주도화	견겁형은	처첩송사	패가한다

❖ **재록도화**(財祿桃花)

정재(正財)가 도화(桃花)에 해당하는 것으로, 여자가 돈 벌어서 먹고사는 팔자다. 편재(偏財)가 도화(桃花)에 해당이 되어도 성립된다.

☞ 여기서 유념할 것은 꼭 자기 부인이 벌어서 먹고 사는 것만은 아니다. 예를 들면 여자 종업원 두고 돈 버는 업종 ---- 주로 유흥업(遊興業)이다.

☞ 악덕 업으로는 인신매매(人身賣買)범도 이 부류에 속한다. 그러다가 형충파해(刑沖破害)가 되면 망신당하고, 쇠고랑 차는 신세다.

❖ **(학습 사주의 예)-왜 자꾸 오는 거야!**

丁	丙	O	O
酉	辰	午	寅

오월(午月)의 병화(丙火) 일간(日干)이다.
합(合)도 확실한 등 돌리기다.

⬆ 시지(時支)의 酉(유)가 도화(桃花)인데, 진유(辰酉)➡합(合)이 성립되고 시(時)는 정유(丁酉) 시(時)다. 겉 다르고 속 다르다. 좋게 보면 원리원칙도 가능.

☞ 유(酉)가 도화(桃花)로 재성(財星)인데 일지(日支)와 합(合)으로 들어온다. 다른 지지(地支)에서 일지(日支)로 합(合)되어 들어오면 일지에 있는 것과 동일시 취급한다.

☞ 편재(偏財)가 일지(日支)로 합(合)되어 들어오므로 재(財)가 덩어리가 되어버리고 편재(偏財)가 처궁(妻宮)으로 들어오니 정재(正財) 역할을 한다.

☞ 본래 처궁(妻宮)에는 정재(正財)가 없고 자리만 있었으므로 상징적 역할 뿐이었는데 편재(偏財)가 들어와 실질적인 정재(正財) 역할을 한다.

☯ 제 5 장   ☯ 부부, 이성관계

☞ 병화(丙火)일주는 유(酉)중 신금(辛金)과 병신(丙申)➡합이 되어 금실이 좋을 수밖에 없고, 시지(時支)의 유(酉)는 천간(天干)에 정화(丁火)가 있어도 스케일에 있어 병화(丙火)를 못 따르고, 또한 병화(丙火)와 합(合)이 되니 정화(丁火)가 눈에 보이지 않는다.

☞ 사주에서 도화(桃花)가 견겁(肩劫)과 형(刑)이 되면 여자로 인해 문제가 생기는데 여자문제면 외도(外桃), 이혼--등, 등 인데 견겁(肩劫)에 형(刑)이니 탈재(奪財)라 그저 이것저것 손해(損害)수구나, 위자료, 합의금등 송사(訟事)가 생기면 패소하니, 금전적인 손해도 막심하고, 처가 외도 또는 이혼수니 집안이 휘청거려 패가망신(敗家亡身) 아닌가?

❖ (학습 사주의 예)- 도화(桃花)가 견겁(肩劫)➡형(刑)의 예

O	乙	O	O
O	卯	子	O

O	壬	O	O
O	子	卯	O

⬆ 을목(乙木) 일주(日主)에 묘목(卯木)이 자수(子水)와 형살(刑殺)이다. 임수(壬水) 일주가 지지(地支)에 자(子)➡묘(卯) 형(刑)이 된다.

❖(실전사주의 예)-평생(平生)가는 길이다. 슬기롭게 대처하라.

壬	甲	戊	乙
申	寅	子	卯

자월(子月)의 갑목(甲木) 일간(日干)이다. 지지(地支)➡충(沖), 형(刑)이 어지럽자.

⬆ 갑목(甲木) 일주에 일주 기준 년주(年柱)의 묘(卯)가 도화(桃花)다. 자묘(子卯)➡형(刑)이 성립된다. 견겁(肩劫)➡형(刑)이다. 피할 수 없다. 그렇다고 손을 놓을 수는 없다. 막히면 돌아가는 길을 택하는 것이 순리(順理)다. 도화(桃花)에 해당되는 육친을 판단하고, 상대적인 육친도 구별해 변화를 읽어야 한다. 시기(時期)적 판단도 유의해야 한다. 잊을 만 하면 나타난다.

● 제 5 장   ● 부부, 이성관계

199	財星衰弱	官殺旺은	生子後에	損妻하고
	財星白虎	日主弱은	妻妾産亡	自殺이라
재성➡백호(白虎)	재성쇠약	관살왕은	생자후에	손처하고
	재성백호	일주약은	처첩산망	자살이라

❖ 사주(四柱)에 재성(財星)이 쇠약(衰弱)하고 관살(官殺)이 왕(旺)하면 아들을 낳은 후에 처(妻)가 사별(死別)을 고하고, 재성(財星)이 백호대살(白虎大殺)이고 일주(日主)가 신약(身弱)하면 처(妻)나, 첩(妾)이 출산(出産)을 전후하여 사망하거나, 자살기도하게 된다. 재성(財星)이 쇠약(衰弱)하고 관성(官星)이 강(强)하다보면 모(母)는 기운을 자손(子孫)이 다 가져가므로 정작 처(妻)인 재(財)는 기력이 쇠하여 탈진상태 설사 자손을 키운다 해도 항상 산후(産後)후유증(後遺症)으로 고생한다.

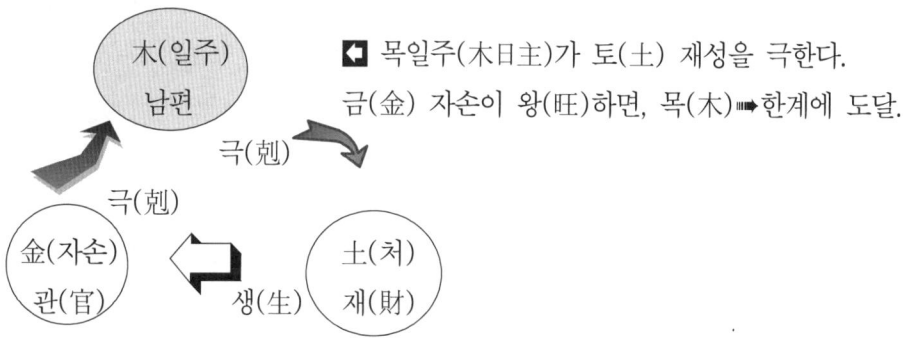

◀ 목일주(木日主)가 토(土) 재성을 극한다.
금(金) 자손이 왕(旺)하면, 목(木)➡한계에 도달.

⬆ 재(財)인 토(土)의 입장에서 보면 가뜩이나, 기력(氣力)이 약(弱)한데 금(金)인 자손(子孫)을 생해주다 정작 자기 자신은 돌볼 시간도, 힘도 없다.

☞ 항상 목(木)으로부터 극(剋)을 받는 입장인데 또다시 생(生)해야 하니 이 경우는 본인의 의사와는 상관없이 그렇게 된다.

❖ 신약(身弱)사주에서 재성(財星)이 백호(白虎)에 임하면 처첩(妻妾)산망(産亡)이고 그의 처(妻)가 자살 한다 하였는데 왜 하필이면 백호 살에 그럴까?

제 5 장   부부, 이성관계

❖ **백호살**(白虎殺)   甲 乙 丙 丁 戊 壬 癸
　　　　　　　　　　　　　　　　　　　辰 未 戌 丑 辰 戌 丑

⬆ 공통분모 ➡ 진술축미(辰戌丑未) ➡ 전부 庫(고)다. 무덤을 하나씩 갖고 있다.
☞ 누구의 무덤이던 묘(墓)자리를 미리 마련하고 있다. 비상 대기조다. 어떤 이는 장수(長壽)하여 주변을 무색하게 만든다. 있는 것은 가능성이다.

◈ 육친과 위치별로 각각 해석하고 활용을 하여보라.

甲　乙　⇐ 목일주(木日主)가 각각 재성(財星)을 깔고 있다. 백호(白虎)다.
辰　未　　마누라 잡아먹는 사주다. 잡아먹는다고 100% 다 죽겠는가?
⬆ 처(妻)에 대한 근심, 걱정 한(恨)이 항상 따르니 항상 주의 하여야 한다. 물론 전체적인 것을 보아야 정확한 답이겠지만, 처의 사주도 보아 부궁(夫宮)이 어떠한가도 살펴보라. 자식과의 관계도 그렇고————

❖ (학습 사주의 예)-홍도야 우지마라, 오빠가 있다! 날씨도 음산, 비가 온다.

O	壬	丁	O
O	子	丑	O

축월(丑月)의 임수(壬水) 일간(日干)이다.
⇐ 축축한 땅에서 사랑의 불을 지핀다.

⬆ 이 자체도 재성이 백호에 해당한다.
☞ 임수(壬水)일간 재성(財星) ➡ 정화(丁火)가 부인인데 백호(白虎)다.
☞ 화생토(火生土)로 자식을 낳으니 더욱 약(弱)해지는데 아비와 자식이 똘똘 뭉쳐 어미인 정화(丁火)를 수극화(水剋火) 하여 괴롭힌다.
☞ 어머니와 아버지의 관계를 살펴보자 정임(丁壬) ➡ 합(合)으로 의(義)가 참 좋은데 화생토(火生土)인 축토(丑土)자손이자축(子丑) ➡ 합(合) ➡ 수국(水局)하여 배은망덕(背恩忘德)이다. 돕지는 못할망정 극하니 어디다 하소연 할 것인가?

제 5 장　　　　　　　　　　　　　　부부, 이성관계

☞ 가물가물 불꽃이 피지도 못하고 꺼지고 만다. 설사 살아 있어도 왕성한 기력의 임수(壬水)는 결국 처(妻)를 보내야 한다. 본의 아니게 뜻과는 다른 결과(結果)다. 천간(天干), 지지(地支)➡합(合)이 되어도 외로운 것은 정화(丁火)뿐 이다. 결국 왕따로 떠난다.

❖ (실전사주의 예)-처(妻)는 일지의 정(丁)화다,

甲	壬	甲	庚
辰	戌	申	戌

임술(壬戌), 갑진(甲辰)이 백호(白虎)다.

⬆ 일지(日支), 시지(時支)가 상충(相沖)하여 처궁(妻宮)이 위태하다.
☞ 식신(食神)이 시(時), 월(月)에 있는데 월(月)은 갑(甲)경(庚)➡충(沖)
☞ 시주(時柱)의 식신(食神)은 진(辰)토에 뿌리를 내리나 시지(時支)와 일지(日支)가➡충(沖)한다. 가뜩이나 약(弱)한 정(丁)화가 충(沖)을 받으니 처궁(妻宮)이 흔들린다.

제 5 장 부부, 이성관계

200 탐색괴변

甲辰日과	乙未日生	四柱財旺	比肩旺은
其妻飮毒	있어보니	探色怪變	銘心하소
갑진일과	을미일생	사주재왕	비견왕은
기처음독	있어보니	탐색괴변	명심하소

❖ 사주가 재(財)가 왕(旺)하다 함은 재다신약(財多身弱)의 사주요, 비견(比肩)이 왕(旺)하다 함은 재(財)가 발붙일 곳이 없음 이라, 재다신약(財多身弱)은 다자무자(多子無子)의 원리로 없음이요, 비견(比肩), 겁(劫)이 왕(旺)하니 재(財)가 견디지 못하고 튕겨나가야 하는 원리다. 갑진(甲辰), 을미(乙未) 자체로도 백호살(白虎殺)이라 처궁(妻宮)이 힘들어 한다.

❖ 일주자체도 백호인데 합이 되어 존재가 또한 없다.

O	甲	O	O
O	辰	卯	O

월지(月支)와 일지(日支)가 합(合), 처궁(妻宮)의 辰(진)이 사라진다.

❖ (학습 사주의 예)- 홍도야 우지마라, 오빠가 있다!

壬	乙	戊	辛
寅	未	戌	丑

일주자체가 백호이고 일, 월, 년에 축, 술, 미형살.
재(財)가 많지만 재의 자중지란(自中之亂)이다.
치고, 박고, 부수고 온통 난장판이다.

⬆ 재(財)가 견디지 못하니 스스로 떠난다.

❖ (실전사주의 예)

己	戊	甲	丁
未	午	辰	未

진월(辰月)의 무(戊)토 일간(日干)이다.

⬆ 갑진(甲辰)이 백호(白虎)다, 진(辰)중 계(癸)수가 처(妻)다. 화토(火土)가 왕(旺)하다 보니 수(水)인 처(妻)가 보이지 않는다. 견겁(肩劫)이 왕(旺)하여 물 자체가 빨려간다, 흔적도 없이 사라져간다. 있어도 오래 버티지 못한다.

제 5 장　　　　　　　　　　　　부부, 이성관계

201　처맹안

壬庚申日	出生人이	壬戊寅時	만나고서
그日主가	身旺이면	其妻盲眼	妻凶死라
임경신일	출생인이	임무인시	만나고서
그일주가	신왕이면	기처맹안	처흉사라

⬆ 임(壬)경(庚)신(辛)일 ➡ 임신(壬申)일, 경신(庚申)일

　임(壬)무(戊)인(寅) ➡ 시(時)라 함은 임인(壬寅), 무인(戊寅) 시(時)라 일주가 신왕(身旺)이니 인(寅)중 병(丙)화가 처(妻)가 되는데 그의 처(妻)가 안맹(眼盲) 즉 장님이 되거나 처(妻)에 흉사(凶死)라 함은 호상(好喪) 소리 못 듣는 일인데 결국 일찍 사망(死亡)이라 ----

❖ (학습 사주의 예)-용궁(龍宮)에서 한풀이.

| 壬 | 壬 | ○ | ○ |
| 寅 | 申 | ○ | ○ |

　　　　항상 코너에 몰려 있으면 위태로운데 사방이
　　　　　　　벽으로 둘러있다.
　　　　　여기서 어떻게 탈출할까?

⬆ 방법이 없다, 인신(寅申) ➡ 충(沖)으로 한방 더 먹으니 완전 혼수상태다. 아무리 둘러보아도 우군(友軍)이 안 보인다, 폭우가 쏟아지니 불이 꺼지고 만다.

❖ (학습 사주의 예)-산신(山神)과 대장군(大將軍)이 한풀이

| 戊 | 庚 | ○ | ○ |
| 寅 | 申 | ○ | ○ |

　　　　여기서는 인(寅)중 갑(甲)목이 처(妻)가 된다.
　　　　철의 장막에 가려져 숨쉬기도 힘들어진다.
　　　　도끼로 장작을 패듯 쪼개니 별 수 없구나.

⬆ 결국은 이 한 몸이 희생하여 재물이 되고 마는구나. 이 또한 인신(寅申) ➡ 충(沖)이니 죽어도 편히 죽지 않고 흉사(凶死)로다.

● 제 5 장   ● 부부, 이성관계

202	甲庚寅日	逢巳申과	戊庚申日	逢巳寅이
	財多身弱	身旺財弱	妻妾凶死	당해본다
처첩➡흉사(凶死)	갑경인일 재다신약	봉사신과 신왕재약	무경신일 처첩흉사	봉사인이 당해본다

☞ 갑(甲)경(庚)인(寅)일이라 함은➡갑인(甲寅),
☞ 경인(庚寅)일. 봉(逢)사(巳)신(申)➡사(巳)와 신(申)을 만남.
☞ 무(戊)경(庚) 신(申)일➡무신(戊申), 경신(庚申)이고
☞ 봉(逢)사(巳)인(寅)➡사(巳)와 인(寅)을 만남이다.
● 재다신약(財多身弱), 身旺財弱의 공통점은 지나쳐도 탈이요, 부족해도 탈. 다른 경우도 마찬가지다, 항상 지나치면 화(火)가 생기기 마련이다. 게다가 인사신(寅巳申)➡삼형살(三刑殺)이 가중되니 더욱 확실해진다.

❖ (학습 사주의 예)-

O	甲	O	O
O	寅	巳 (申)	O

갑인(甲寅)일주에 지지(地支)에 사(巳)나 신(申)을 놓고 있다. 사(巳)중 무(戊)토가 재(財)로써 처(妻)에 해당되는데

⬆ 역마(驛馬), 지살(地殺)에 형살(刑殺)까지도 가임되었다.

庚 庚 戊
寅 申 申   경인(庚寅),경신(庚申),무신(戊申) 일주도 연결하면 된다.

❶
O	庚	O	O
O	寅	巳	O

❷
O	庚	O	O
O	申	寅	O

❸
O	戊	O	O
O	申	巳	O

❶ 경금(庚金)➡인(寅)중 갑(甲)목이 재(財)가 된다.➡형(刑)
❷ 경금(庚金)➡인(寅)중 갑(甲)목이 재(財)가 된다.➡충(沖)
❸ 무토(戊土)➡신(申)중 임(壬)수가 재(財)가 된다.➡형(刑)
☞ 인사신(寅巳申)이 갖춰지고 지지(地支)에 놓이면 역마(驛馬), 지살(地殺)에 형살(刑殺)이 성립된다. 처(妻)의 불상사(不祥事)로 이어진다.

◐ 제 5 장　　　　　　　　　　　　　　　◐ 부부, 이성관계

203	日時地支	相刑殺도	十中八九	離別하고
	壬子丙午	戊午日妻	言必稱曰	死也로다
	일시지지	상형살도	십중팔구	이별하고
살려고 이별	임자병오	무오일처	언필칭왈	사야로다

❖ 일(日)과 시(時)의 지지(地支)가 상형살(相刑殺)일 경우 십중팔구는 이별(離別)하고 임자(壬子),병오(丙午), 무오(戊午) 일주의 처(妻) 하는 말 ➡ 항상 죽는다는 소리구나.

☞ 일(日), 시(時)에 지지(地支)가 형(刑), 충(沖)이 이루어지면 필시 이혼(離婚)하게 된다는 이야기 인데 왜? 꼭 일(日), 시(時)를 지칭하였을까? 이혼(離婚)이란 살다 헤어지는 것이 아닌가? 그러므로 일(日)을 기준 아래쪽, 시(時)쪽을 보는 것이다. **살다가 이혼(離婚) 하니까.**➡당연한 말? 천만에! 순리(順理)다.

지지에 양인을 놓고 있는 경우.➡　壬　丙　戊
　　　　　　　　　　　　　　　子　午　午

🔼 임자(壬子), 병오(丙午), 무오(戊午) 일주가 각각 양인(羊刃)을 놓고 있다. 화토(火土)는 동격(同格)으로 하므로 무(戊)토 역시 양인(羊刃)을 놓고, 일간(日干)이 지지(地支)에 양인(羊刃) 놓고 있으니 처(妻) 하는 말 항상 "나 죽겠네다." 그냥 무서워!

☞ 일지(日支)에 양인(羊刃)이 있다고 무조건 처(妻)가 죽는 것은 아니다.

☞ 사주에 비견(比肩)과 비겁(比劫)이 많아야 진짜로 처(妻)가 떠나거나(이별도 포함) 이 여자 ,저 여자와도 금방 또 떠나간다. 그보다 더 나간다면 처가 세상(世上)을 떠나게 된다. 그렇다면 해결 방법은 무엇일까? 우선 성격부터 다스려라 그리고 아내를 피곤하게 하지마라, 오래 해로(偕老) 하려면 처(妻)를 극진히 위하는 지극정성이 필요하다.

☞ 밖에 나가면 여자들이 잘 붙는다, 바람피워도 아내 모르게 몰래몰래 흔적 없이 해야 한다. 부추기는 말이 아니다. 안하는 것이 제일 좋다는 말.

❖ (실전사주의 예)-이미 정해진 사연이다.

癸	巳	甲	甲
酉	酉	戌	辰

술월(戌月)의 사화(巳火) 일간(日干)이다.
합(合)형(刑)충(沖)이 어우러진다.

⬆ 이혼(離婚)한 분의 사주다. 일(日),시(時)에 자형살(自刑殺) 있다.

제 5 장　　　　　　　　　　　　　　　　　　　　부부, 이성관계

204	日時怨嗔	鬼門關은	夫婦間에	不合하고
	神經衰弱	發作하니	相互謙讓	해야하오
	일시원진	귀문관은	부부간에	불합하고
부부 불합(不合)	신경쇠약	발작하니	상호겸양	해야하오

❖ 일(日)과 시(時)에 원진(元嗔)이나 귀문관살(鬼門關殺)이 있으면 부부간에 자주 불목(不睦)하고, 불합(不合)이 계속되어 항상 불만이 가득 차 이것이 원인이 되어 신경질적인 성격으로 변화, 신경쇠약(神經衰弱)의 증세(症勢)까지 보일 수 있다.

☞ 여기서 문제 되는 것이 있다, 남편이냐 아내인가 문제가 된다. 일주가 강한 사람이 이긴다. 지고 이긴다는 표현이 조금 강하지만 신경쇠약과 연관 되므로 자연 일주(日主)의 강약(强弱)에 따라 기(氣)의 싸움이 되므로 "남편이 아내로 인해, 아내가 남편으로 인해" 라는 결론이다.

☞ 아내 되는 재성(財星)에 귀문(鬼門)이 있거나, 일지(日支)에 귀문(鬼門)이 연결되면 이러한 현상이 나타나는데, 처녀 총각이 결혼을 앞두고 궁합을 본다고 가정하자

◈ 남자　甲　◧ 천간(天干) ◨　　　己 ◈ 여자
　　　　　子　◧ 지지(地支) ◨　　　酉

☞ 남자의 일주가 갑자(甲子), 여자의 일주가 기유(己酉)다.

☞ 천간(天干)으로는 합(合)이 들어 갑기(甲己)➡합(合) 하여 토(土)가 되므로 남자가 여자에게 맞이 간다. 지지(地支)로는 귀문(鬼門)이 성립된다.

◐ 궁합(宮合)➡각자의 일주(日主)를 천간(天干)과 지지(地支)로 대입(代入)하여 서로 보니까----전체적인 것은 종합적인 분석이 필요하고, 귀문관이 들면 약간 들뜨기 마련이요, 판단력도 흐려진다.

◐ 천간(天干)에 합(合)이 드니 일단은 좋고, 지지(地支)에 귀문(鬼門)이니 맞이 가도 보통 가는 것이 아니다. 마치 정신병자 같은 증세를 보인다, 주변의 만류도 필요 없다. 내일 죽어도 그만! 무조건 저 여자에게만 장가간다! 한다.

● 제 5 장   ● 부부, 이성관계

❖(실전사주의 예)-좋기는 좋은데---

乙	庚	庚	甲
酉	寅	午	寅

오월(午月)의 경금(庚金) 일간(日干)이다.
지지고 볶는다. 무얼? 왜?

⬆ 일주(日主)와 시주(時柱)의 관계

천간끼리는 을(乙)경(庚)➡합(合).지지(地支)로는 원진(元嗔)이다. 말년(末年)에 여자로 인해 속 썩게 된다.

● 제 5 장   ● 부부, 이성관계

205 상처살(喪妻殺)-1	寅卯辰生 中年喪配 인묘진생 중년상배	見巳하고 하게되어 견사하고 하게되어	巳午未生 落淚함이 사오미생 낙루함이	見申하면 있으리라 견신하면 있으리라

❖ 상처살(喪妻殺)에 대한 설명이다.

☞ 년주(年柱)의 지지(地支)를 기준(基準)으로 정하여진 신살(神殺)로써 적중률은 그리 크다고 보지 않아도 된다. 중요한 것은 일지(日支)를 기준(基準)하여 종합적인 판단을 하라.

☞ 상처살(喪妻殺)이란 원래 상부살(喪夫殺)과 함께 설명이 되어야 하는데 남명편이므로 우선 상처살(喪妻殺)만 먼저 설명을 하도록 하자.

☞ 상처살(喪妻殺)은 처(妻)를 잃어버린다, 아내와 사별(死別)한다는 뜻이다.

☞ 경중(輕重)으로 보아 미비한 경우는 이별한다는 쪽으로 보아야 옳고.

☞ 미혼(未婚)일 경우 사귀던 애인이 이별(離別), 먼 나라로 갈 수도 있고.

☞ 잉태(孕胎) 중에 일이 생기면 유복자(遺腹子)가 생길 수도 있고, 물론 전체적인 종합판단이 필요 하겠으나 財庫(재고)를 갖고 있나 한 번 더 확인하고 보라. 년주 기준하여 보는 것, 생극제화 우선하는 것이 더 중요하다.

☞ 상처살(喪妻殺)은 년지(年支)를 방합(方合)➡ 다음이 상처살(喪妻殺)이다.

☻ 寅卯辰 다음은 ➡ 巳
☻ 巳午未 다음은 ➡ 申
☻ 申酉戌 다음은 ➡ 亥
☻ 亥子丑 다음은 ➡ 寅

인신사해(寅申巳亥)가 상처살(喪妻殺)이다.

● 제 5 장　　　　　　　　　　　　　● 부부, 이성관계

206　　　　　　　상처살(喪妻殺)-2	申酉戌生 郎君두고 신유술생 낭군두고	見亥字와 妻는가니 견해자와 처는가니	亥子丑生 顯幽別離 해자축생 현유별리	逢見寅者 哀慟하다 봉견인자 애통하다

❖ 마찬가지로 상처살(喪妻殺)에 대한 설명이다. 상처살 이라고 모두 무조건적인 것은 아니다. 사주에서 상처살(喪妻殺) 되는 자(字)가 재(財)➡생(生)해주거나 재(財)➡극(剋)하는 자(子)를 보호해주면 재(財)가 튼튼해지므로 크게 염려하지 않아도 된다. 반대로 상처살(喪妻殺)에 해당하는 자가 재성(財星)을 형충파해(刑沖破害) 하는 경우, 상처살 작용이 크다.

❖(학습 사주의 예)- 상처살(喪妻殺)도 환경(環境)이 중요하다.

○	壬	○	○
午	寅	丑	子

자(子)년생 ➡ 해자축(亥子丑)에 해당.
상처살 ➡ 寅(인)이 해당된다.

🔼 처궁(妻宮)에 상처살(喪妻殺)이 있으므로 해당이 될까? 여기서는 해당되지 않는다. 임(壬)수의 재(처)➡화(火)인데, 인(寅)목이 목생화(木生火)하여 재(財)를 도와주며 보호. 이 경우 상처살(喪妻殺)에 해당되지 않는다.

☞ 이 상처살(喪妻殺) 외에도 견겁(肩劫)이 많아 재(財)를 극(剋)할 경우, 또 재성(財星)이 너무 많아 다자무자(多子無子)의 원리로 없는 것과 같을 경우 상처살(喪妻殺)과 같은 역할 한다.

❖(실전사주의 예)-상처살(喪妻殺)? 화장품 냄새도 못 맡는다.

己	戊	甲	丁
未	申	辰	未

진월(辰月)의 무토(戊土) 일간(日干)이다.
상처살(喪妻殺)의 또 다른 의미는?

🔼 여러 직업을 두루 걸치신 분의 사주다. 뚜렷한 색깔이 없는 분이다. 무(戊)토 일주의 사주인데 견겁(肩劫)이 왕(旺)하다. 년지(年支)가 미(未)니 사오미(巳午未) 방합(方合) 다음 자(字)인 신(申)이 상처살(喪妻殺), 일지(日支) 처궁(妻宮)이 상처살(喪妻殺)이다.

● 제 5 장   ● 부부, 이성관계

| 207 필시재취 | 丙午日이 일좌재와 병오일이 일좌재와 | 丁酉時와 他財連은 정유시와 타재연은 | 壬寅日生 必是再娶 임인일생 필시재취 | 癸卯時와 하게되오 계묘시와 하게되오 |

❖ 병오(丙午)일생 정유(丁酉)시, 임인(壬寅)일생 계묘(癸卯)시(時)에 대한 설명.

☞ 일좌(日座)재(財), 타재(他財)연(蓮) ➡ 일지(日支)에 재(財)가 있는데 다른 지지(地支)에 재(財)가 또 연결(連結)되면 아내를 또 맞아드린다.
☞ 재(財)가 연줄로 얽혀져 있으니 장가 두 번 간다.
☞ 재(財)와 재(財)끼리는 합(合)으로 연결된다.
☞ 오행(五行)으로 같은 오행(五行)이므로 방합(方合)으로 연결된다.
◉ 재(財)가 합(合)되면 집안이 조용한데, 서로 충(沖)이나 극(剋)되면 박살난다. 요즘 세상 두 집 살림하는 사람이 어디 있겠는가? 현재로 해석하면 바람피우다 들통나고, 삼각관계 드러나고, 미혼의 경우 사랑싸움에 입장 난처해지고 등으로 해석이 가능해진다.

❶

| O | 庚 | O | O |
| O | 寅 | 卯 | 0 |

❷

| O | 庚 | O | O |
| O | 寅 | O | 卯 |

❶-- 경금(庚金) 일주 ➡ 지지(地支)에 재성(財星)인 목(木)이 나란히 있다.
❷---년지(年支)와 일지(日支)에 떨어져 있는 형상. 방합(方合)으로 본다.
❖ 병신(丙申)➡합(合)이다.

| 丁 | 丙 | O | O |
| 酉 | 午 | O | 0 |

양인(羊刃)살인 오(午)화를 지지에 깔고 있다. 정화 겁재 아래, 유(酉)금➡재성이 시지에 있다.

🔼 유금(酉金)의 지장간(地藏干)에 신금(辛金) 재성(財星)➡합(合)➡재혼(再婚)할 팔자.

● 제 5 장　　　　　　　　　　　　　　　● 부부, 이성관계

❖ (학습 사주의 예)-노는 것은 그저 좋아서

癸	壬	O	O
卯	寅	O	O

　　　　　　　　　임(壬)수 일간의 재는 인(寅)중의 병(丙)화.
　　　　　　　　　묘(卯)가 또한 도화(桃花)가 된다.

⬆ 시지(時支)에 도화(桃花)니 편야도화(偏野桃花)다.

❖ (실전사주의 예)-양쪽 가지에 꽃이 피어있다.

丙	乙	丁	甲
子	酉	丑	辰

　　　　　　　　　축월(丑月)의 을목(乙木) 일간(日干)이다.
　　　　　　　　　지지(地支)가 복잡하다.

⬆ 을(乙)목 일주의 사주이다, 처(妻)는 년(年)과 월(月)에 나란히 붙어있다. 두 집 살림을 하고 있는 사람의 사주. 직업이 서로 상부상조관계다.

▶ 여기서 본문과의 관계를 살펴보자.
☞ 처궁(妻宮)에 재(財)가 제자리에 있고 다른 지지(地支)에서 즉 시(時)나 월(月)에서 재(財)가 있는 경우의 설명인데, 지금의 실전사주는 각각의 처(妻)가 처궁(妻宮)에 있지는 않다.
☞ 그러나 처궁(妻宮)의 지지(地支)와 합(合)이 되어 결국은 전부가 처궁(妻宮)으로의 진입과 같은 결과다. 을(乙)목 일주의 남성, 그러면 자손은 어떻게 될까?
☞ 자손(子孫)은 금(金)이 되는데 년지(年支)의 첫째 부인은 진유(辰酉)➡합(合)금(金)하여 유(酉)의 지장간(地藏干)인 경(庚)과 신(辛)이 되어 아들과 딸 각 한 명 씩 이다. 그리고 둘 째 부인은 계(癸)중 신금(辛金)으로 아들 한 명이 나온다.
☞ 둘째 여인은 아직 자손(子孫)이 없는데 지금 열심히 노력 중이다. 이런 경우도 두 집 살림으로 보아야 한다는 것이 본인의 의견이다. 시지(時支)와는 파(破)가 되어 자손(子孫)과의 동거는 어렵고, 왔다갔다 미치겠네 갈매기다.

☯자손(子孫)

제 6 장

자손(子孫)

(208➡230)항목

부모 된 사람은 누구나가 다 공통된 점이 있다. 자기 자식 잘되고, 건강하기를 바라는 마음이다. 자식이 되어 부모의 속도 어지간히 썩히더니 본인도 부모의 입장이 되니 그 제서야 부모 마음을 이해하는 것이 인생이다. 항상 살아 계실 적에 잘하는 것이 진정한 자식의 도리가 아닌가? 이놈 아, 너도 자식 키워봐 라!.부모님의 평범한 인생의 진리다.
부모가 자식에게 해 줄 것이 무엇인가? 자식 사주를 보고 미리미리 대비하라, 그것 또한 부모 책임이다, 자식은 지가 커도 아직 자식은 자식이다.

소 잃고 외양간 고치지 마라. 자식 일찍 보내는 부모도 죄요,부모 일찍 보내는 자식도 죄다. 모든 것이 업보이지만, 사주 한 번 보면 알 것을, 그것도 확인 아니 하니 그 것이 더 큰 업보가 되는구나.

◉자손(子孫)

208 장자건각	庚辰日에 日時枯焦 경진일에 일시고초	庚辰時는 連坐하니 경진시는 연좌하니	子女間에 長子蹇脚 자녀간에 장자건각	溺死있고 恨嘆일세 익사있고 한탄일세

🔲 경진(庚辰) 일에 경진(庚辰) 시는 자녀 간에 익사(溺死)사고 있고, 일(日)과 시(時)에 고초살(枯焦殺)이 연이어 있게 되면 장자 건각(큰아들이 다리를 전다)으로 한탄하게 된다.

❖ (학습 사주의 예)-남명으로 해석한다.

庚	庚	O	O
辰	辰	O	O

일(日)과 시(時)가 똑같이 경진(庚辰)이다. 남명의 경우 경(庚)금의 자식은 화(火)가 된다.

🔲 辰(진)은 수(水)의 고장(庫藏)이 되어 금생수(金生水) 하여 수기(水氣)가 더욱 극성을 부린다. 수기(水氣) ➡식상(食傷)으로써 자연히 관(官)인 자손(子孫)궁을 극(剋)하게 된다.

☞ 수기(水氣)는 금생수(金生水) 받아 기운이 더욱 왕(旺)해지고 화(火)인 자손(子孫)을 물인 수(水)가 극(剋)하니 익사사고로 판단.

☞ 여명(女命)의 경우는 진(辰)토가 수(상식)의 고장(庫藏)이 되어 여명(女命)에 상식(尙食)은 자손(子孫)이라 자손에 대한 한(恨)을 갖게 되는데 수(水)인 자식이 물속에 들어있는 형상이라 익사로 연결한다.

☞ 일(日)과 시(時)에 진진(辰辰) 자형살(自刑殺)로 연결되니 시(時)는 자손(子孫)궁이라 자손에 흉(凶)으로 연결. 고초살(枯焦殺)에 대한 설명이 나오는데 고초살은 월살(月殺)로써 십이신살에 해당이 됨. 월살(月殺)이란 화개(華蓋)를 충(沖)하는 살(殺)인데 화개(華蓋)란 삼합(三合)의 끝자라 진술축미(辰戌丑未)를 말한다. 고초살(枯焦殺)은 질병(疾病)에 시달리고, 빼빼 마른다는 살로써 의미를 살펴보면 밭에 씨앗을 뿌려도 발아가 안 되고, 닭이 알을 품어도 부화(孵化)가 안 되는 것과 같은 형상으로 **시작의 뜻과 꿈은 원대하여도 제대로 이루어지지가 않음을 뜻한다.**

● 제 6 장   ● 자손(子孫)

▶ 그러니 사람으로 친다면 육체적인 면으로 보면 이목구비다 갖추었어도 정상적인 움직임에 문제가 있음이라 불구를 뜻하는 것이다.

❖(학습 사주의 예)

庚	庚	O	O
辰	辰	O	戌

⬆ 술(戌)의 지장간은---辛,丁,戊
술(戌)중 정화(丁火)가 자손(子孫)인데 진술(辰戌)➡충(沖)이요➡고초살(枯焦殺). 년지(年支)에 있으므로 초년(初年)에 일찍 불구(不具)였었다.

❖(학습 사주의 예)

庚	庚	O	O
辰	辰	午	戌

⬆ 경금(庚金)의 자손(子孫)이 인오(寅午)로 화국(火局)을 이루어 화기(火氣)가 충분하다, 자손(子孫)➡관성(官星)이 살아있다.

❖(실전사주의 예)-자식(子息)인 화(火)의 입장에서 보자.

壬	庚	辛	癸
午	辰	酉	卯

경진(庚辰) 일주의 사주다.
금수(金水)가 냉(冷)하여 화기(火氣)가 필요.

⬆ 우군인 목(木)이나 화(火)를 찾아보자, 묘목(卯木)➡습목(濕木)이라 큰 도움이 못되고, 진(辰)중 을목(乙木)이 있는데 월지(月支)➡합(合)➡금(金)이 되어 약(弱)하고 경금(庚金)의 입장에서는 말년(末年)에 어떻게 되겠는가?

● 제 6 장   ● 자손(子孫)

209 주야장탄	申子辰生 長子健脚 신자진생 장자건각	戌日戌時 하게되니 술일술시 하게되니	寅午戌生 晝夜長嘆 인오술생 주야장탄	辰日辰時 애닲으고 진일진시 애닲으고

❖ 신자진(申子辰)년생 ➡술(戌)일 술(戌)시,
  인오술(寅午戌)년생 ➡진(辰)일 진(辰)시
☞ 신살(神殺)의 기준은 년(年)과 일(日)을 기준으로 한다.
☞ 대체적으로 고초살(枯焦殺)에 해당하면 자손(子孫)이 불구(不具)가 되거나 신체적 이상이 온다.
☞ 고초살(枯焦殺)이란?
  12신살(神殺)에서 월살(月殺)을 설명한다. 앞 번호에서의 설명을 참조.

● 제 6 장   ● 자손(子孫)

| 210 건각탄식 | 亥卯未生 그도또한 해묘미생 그도또한 | 丑日丑時 長子健脚 축일축시 장자건각 | 巳酉丑生 嘆息함을 사유축생 탄식함을 | 未日未時 못免한다 미일미시 못면한다 |

❖ 해묘미(亥卯未)년생 ➡ 축일(丑日) 축시(丑時)
  사유축(巳酉丑)년생 ➡ 미일(未日) 미시(未時)

⬆ 이 또한 장자(長子)가 건각(蹇脚)이라 부모(父母) 탄식(嘆息)이 애달프다.

ⓐ 신자진(申子辰) 년생 ➡ 술일(戌日)술시(戌時),
ⓐ 인오술(寅午戌) 년생 ➡ 진일(辰日)진시(辰時)
ⓐ 해묘미(亥卯未) 년생 ➡ 축일(丑日)축시(丑時),
ⓐ 사유축(巳酉丑) 년생 ➡ 미일(未日)미시(未時)

⬆ 전체적인 공통점은 고초살(枯焦殺)이 일(日)과 시(時)에 있을 때 장자(長子)가 절름발이 또는 불구(不具)가 된다.

☞ 예전에는 자손이 많았으므로 큰아들, 작은 아들하고 구별을 하였으나 지금은 자손이 많은 집안이 별로 없다. 그러므로 사주에 이러한 살이 있을 경우는 특히 유년시절 자손에 더욱더 신경 써야 한다.

☞ 그리고 208번의 경우 사주에서 자손이 힘이 있으면 고초살(枯焦殺)이라 하여도 익사 직전 구조되거나, 물로 인한 사고에서 별 탈 없이 무사해진다. 그러나 주의 할 것은 항상 미리미리 조심하는 것이 최선이다.

❖(실전사주의 예)-자손(子孫)복도 복(福)이다.

乙	己	己	辛
丑	丑	丑	未

축월(丑月)의 기토(己土) 일간(日干)이다.

⬆ 자손(子孫) 한 명 일찍 여의고 ➡ 년지(年支)의 미(未)중 을목(乙木)이다. 위, 아래에서 충(沖)을 받으니 자손이 일찍 세상을 하직한다. 나머지 자손도 자동차 사고로 불구(不具)가 된 자손(子孫)을 둔 사주다.

● 제 6 장 ● 자손(子孫)

| 211 임신,낙태(落胎) | 財官殺이
丙庚日이
재관살이
병경일이 | 合身하니
日時寅申
합신하니
일시인신 | 總角得子
其妻胎中
총각득자
기처태중 | 있게되고
離別이라
있게되고
이별이라 |

❖ 재(財)와 관(官)이 합(合)을 하니 재관(財官)이 동림(同臨)이라 남녀가 눈이 맞아 휠(feel)이 통함이라, 결혼을 했으면 당연한 일이지만 혼전(婚前)이다 함은 장가도 안 간 총각이 처녀를 임신(姙娠)하도록 한 행위가 되는 것으로 미혼모(未婚母)가 되기 일보직전이다. 요사이 비일비재한 일이라 크게 당황스럽거나 놀라지도 않는다. 그만큼 성개방이 보편화 하였다는 이야기 인데 정당화 될 수는 없는 일이고, 부모의 반대가 심하거나, 부득불 어쩌다 벌어지는 상황도 되겠지만, 의도적이든 아니든 사주 상으로 재관(財官)이 합(合)을 이루면 혼전(婚前)임신(姙娠)으로 본다.

☞ 병경(丙庚)일이 일(日)과 시(時) ➡ 인(寅)과 신(申)을 놓았을 때 여자가 임신중에 낙태(落胎)―이별(離別)로 본다. 일시(日時)에 인신(寅申)이라고 하면 충(沖)이되므로, 재관(財官)➡합(合)이라 임신(姙娠)인데 충(沖)이 되니 태아(胎兒)문제, 남녀 간 문제가 생기는 일이라 이별(離別)이 앞선다.

☞ 재관(財官)이 합(合)을 이루고 일(日)과 시(時)가 합(合)을 이루면 아기를 낳게 된다. 시(時) 쪽을 중시하는 것은 시(時)는 자손(子孫)궁이라 그리 보는 것이다. 일지(日支)는 처궁(妻宮)이라 자손(子孫)과 처(妻)➡합(合)이 되니 탄생 아닌가? 기뻐하면서 낳는다.

❖(학습 사주의 예)―인(寅)중의 갑(甲)목이 처(妻)가 된다

O	庚	O	O
O	申	O	寅

(미혼이라도 편의상 처로)
일지 신금(辛金)과는 인신(寅申)➡충(沖)이다.

⬆ 갑목(甲木)이 자기의 자리로 찾아가야 되는데 신금(辛金)이 버티며 출입을 허용하지 않는다, 게다가 문전박대다. 경금(庚金)의 형제들이 반대가 극심하다, 시누이가 더 난리다, 우리 집에 저런 여자는 들어 올수 없다며 쌍지팡이를

◎ 제 6 장   ◎ 자손(子孫)

짚는다. 갑(甲)목이 년지(年支)에 있으니 너무 빠르다며 임신(姙娠) 중이라면 낙태(落胎)를 하고 헤어지란다.

❖(학습 사주의 예)- 이 경우는 위와 다르다.

O	庚	O	O
O	辰	O	寅

일지(日支)에 진토(辰土)가 자리하고 있다.
인진(寅辰)➠목국(木局)➠합(合)이 된다.

⬆ 처궁(妻宮)에 어머니가 자리하고, 그동안 내가 아내의 노릇까지 다했는데, 아직 나이는 어리지만 배우면서 아내의 역할을 하라며 격려하며 가르친다. 어린 것이 얼마나 마음고생이냐며 기쁜 마음으로 출생을 돕는다, 경사(慶事)다.

❖(학습 사주의 예)-눈물을 머금고 "아이고 내 팔자야!" 떠나고 만다.

戊	庚	O	O
寅	申	O	O

인(寅)중 갑(甲)목➠처(妻) 또, 병(丙)화도 있다.
처(妻)와 아내가 같이 있다(임신 중)

⬆ 그런데 처궁(妻宮)에 신금(辛金)이 자리하고 내친다. 처(妻)와 아내도 지리를 해 줄 수 없다고 오리발이다, 진퇴양난(進退兩難)이다.

❖(학습 사주의 예)-

庚	丙	O	O
寅	申	O	O

일지에 신(申)금이 처궁에 제자리에 버티고 있다.
시지(時支)의 인(寅)목이 어머니다.

⬆ 처궁(妻宮)에 있으므로 남녀가 동거(同居)중이다, 어머니가 발 벗고 나서서 극구 반대한다. 결국 모든 것 정리, 몸 버리고, 마음상처 받고 떠나간다.

❖ (실전사주의 예)- 식신, 상관이 많아 자손(子孫)이 귀할 사주다.

丙	壬	甲	乙
申	寅	申	卯

처궁(妻宮)➠인(寅)중 병화(丙火)시지와 월지의
신(辛)금으로부터 협공 당하고 있다.

⬆ 시주(時柱)를 살펴보면 일주(日主)와 천간(天干), 지지(地支)가 서로 충(沖)이다. 시상(時上)에 편재(偏財)가 있으니 자리가 위태롭다. 진사(辰巳)➠ 공망(空亡)이다, 사(巳)년이 되면 위험하다.

제 6 장 　　　　　　　　　　　　　　　　　　자손(子孫)

212 불구자손	正偏官이　混雜하니　東西娶에　得子하고 傷官見官　만남자는　不具子孫　못면한다 정편관이　혼잡하니　동서취에　득자하고 상관견관　만남자는　불구자손　못면한다

❖ 남성에게 관(官)➡자손(子孫), 정관(正官)과 편관(偏官)이 혼잡(混雜)하니 자손이 합중국(合衆國)이라 능력이 많은 것인지, 자제력이 부족한 것인지 여기저기서 자식을 낳는구나. 밭에다 씨를 잘 뿌린 효과다.

☞ 정관(正官)➡본처(本妻)자식(子息), 편관(偏官)➡후처(다른여자)자식

☞ 요즘은 재혼(再婚)하고 또 자손(子孫)을 낳으니➡편관(偏官)이 된다.
　정(正)편(偏)을 꼭 논할 필요는 없다. 편의상 그리 구별하자는 것이다.

☞ 본처(本妻)를 두고 처 모르게 자식을 낳는다는 것이 어디 쉬운 일인가?

☞ 상관견관(傷官見官)이라 함은 관식(官食)이 투전(鬪戰)이라 결국은 관(官)이 상(傷)하는 것이다. 상관(傷官)이 많으니 관(官)➡자손(子孫)이 견디지 못함이라 상(傷)하게 되니 자손(子孫)이 편하지 못함이니 한(恨)이 된다.

❖(학습 사주의 예)-

乙	戊	○	○
卯	申	酉	酉

을(乙)과 묘(卯)가 관(官)으로 자손이 된다.
신유(辛酉)➡ 상관이 많아 자손이 무척 힘들어진다.

⬆ 관식투전(官食鬪戰)이라 목기운(木氣運)이 부족(不足)하다.
아비가 자손(子孫)을 도와야 하는데 식상관(食傷官)으로 흐르는구나.

❖(실전사주의 예)-합(合)이란 서로가 궁(窮)해야 이뤄진다.

乙	戊	丁	辛
卯	戌	酉	丑

유(酉)월의 무(戊)토 일간(日干)이다.
천간(天干) 을(乙)신(辛)➡충(沖)이 두렵고,
지지(地支)변화(變化)도 무섭다.

⬆ 조상(祖上)에서 자손(子孫)이 보고 싶다며 데리고 간다. 자손(子孫) 애써 키워놓으니 소리 소문 없이 떠나가 버리고 만 사주다.

제 6 장　　　　　　　　　　　　　　　　　　　자손(子孫)

| 213 혈육실종 | 日時相沖　刑害殺은　아들別居　하게되고
日時官馬　地殺刑沖　一點血肉　失踪있네
일시상충　형해살은　아들별거　하게되고
일시관마　지살형충　일점혈육　실종있네 |

❖ 시(時) ➡자손(子孫)궁, 자손(子孫)의 입장서 보면 일(日)은 부모(父母)궁이니 자손과 부모 관계라 합(合)이 들면 의(義)가 좋아 서로 한집에서 오손도손 살게 되나 형충(刑沖)을 하게 되면 서로 반목(反目)이 심해 같이 지내기 힘들다. 물론 여러 가지 이유야 있겠지만, 이럴 경우 같이 살고 싶으면 어려서부터 교육을 시켜라. "자식과 부모는 항상 한집에서 살아야 한다."고 말이다.

▶ 일지(日支)와 시지(時支)를 놓고 같이 보는데 왜?

☞ 관살(官殺)이 역마(驛馬), 지살(地殺)인데 형충(刑沖)이면 돌아다니다가, 이동 중에 흉사(凶死)라 다치거나 실종(失踪)으로 본다.

☞ 자손(子孫)이 성장하여 부모 뒷바라지 하므로 일지의 아내와 같은 역할을 하므로 일지와 시지를 본 것이고 돌아다니다보면 깨지고 망가지고, 잃어버리고 형충(刑沖)이니 가중되고 이럴 때는 운(運)에서 안 좋을 때는 항상 연락처와, 신경을 써서 돌보도록 해야 한다.

☞ 자손(子孫)➡관(官)인데 관(官)이 시(時)에 있으면 항상 주의.

☞ 요즈음은 불임(不姙)가정이 많아서 유아의 실종이 더 심하단다. 세상이 어찌 이리 돌아가는지?

❖(학습 사주의 예)- 먼저 예를 들었던 사주로 보자.

庚	丙	O	O
寅	申	O	O

천간, 지지가 전부 충이다.
일과 시에 지지가 역마, 지살에 충이다.

🔼 자손과는 인연(因緣)이 없는 사주이다. 태중(胎中)의 자손(子孫)도 사라지고 키워도 사라지고 진(辰),사(巳)➡공망(空亡), 사년(巳年)이 되면 모든 것이 사라지는 운(運)이다. 인사신(寅巳申) 삼형살(三刑殺)이 되어 가차 없다. 양수 겸장으로 당한다.

제 6 장   자손(子孫)

214 자살(自殺)

己未日生 甲戌時는 日子自殺 두렵고요
己未日生 午時丑戌 또한其子 自殺이라
기미일생 갑술시는 일자자살 두렵고요
기미일생 오시축술 또한기자 자살이라

기미(己未)일 을축(乙丑)시

乙	己	○	○
丑	未	○	○

기미(己未)일 갑술(甲戌)시

甲	己	○	○
戌	未	○	○

기미(己未)일 병술(丙戌)시

丙	己	○	○
戌	未	○	○

甲	己	○	○
戌	未	○	○

◀기미(己未)일주. 지지 관고(官庫)다. 바로 내 자리, 발밑에 자식의 한을 갈고 있으니 부모로써 그 심정은 어떠하겠는가?

⬆ 시간(時干)에 있는 갑목(甲木)➡정관(正官)➡자손(子孫).

☞ 천간(天干)에서 갑기(甲己)➡합(合)➡토(土)로 변질(變質)이 되어 버린다.

☞ 천간(天干)에 올라와 있으므로 아버지 제가 자식(子息)입니다 하고 있다 세상을 떠나버릴까 염려다. 자손인 갑목(甲木)의 입장에서 보도록 하자, 코너에 몰려있다 벼랑 끝에 있는데 도와줄 우군(友軍)이 보이지가 않는다. 사방이 담으로 둘러져 빛이라곤 찾기가 힘들어진다.

☞ 갑목(甲木)이 아들이라면 치마폭에 둘러싸여 똥, 오줌 못 가린다. 갑기(甲己)합(合)이 되어 토(土)로 변질이 되면서 자신을 망각하고 존재를 인식하지 못한다, 내가 할 일이 무엇인가도 구별 못한다.

☞ 목이 말라 당장이라도 숨이 넘어 갈 것만 같다. 뿌리를 내리려 하여도 전부 딱딱하게 굳어버린 흙이다. 흙 자체도 물이 필요하다. 갑목(甲木)인 자손에게 까지 줄 여유도 없다. 보이는 데로 스며들어도 기별도 없단다, 그러니 갑목(甲木)자손이 애타게 기다려도 공급로가 보이지 않는다.

☞ 물의 공급은 힘들어진다. 결국 갑목(甲木) 자손은 고사되어 흙으로 돌아가게 되니 이것이 운명인가 보다.

◐ 제 6 장 ◐ 자손(子孫)

☞ 시상(時上)에 관(官)이라 어찌 보면 귀한 자손이 될 수 있는데 이미 선을 넘은 자손이다. 산이 너무 높아 오를 수 없는 산이다. 축술미(丑戌未)➠삼형살(三刑殺) 하여 축년(丑年)에 명(命)이 다하는 운(運)이 되겠다.(세운, 대운 참조) 자축(子丑)이 공망(空亡)이다.

제 6 장 ❂ 자손(子孫)

| 215 병든자손 | 庚日主에 눈病身의 경일주에 눈병신의 | 丙火子孫 子孫있어 병화자손 자손있어 | 柱中水局 밤낮으로 주중수국 밤낮으로 | 만나면은 한숨이요 만나면은 한숨이요 |

❖ 경(庚)일주에 병(丙)화➡편관(偏官)➡자손

☞ 사주 중에 수국(水局)인 상관(傷官)을 만나면 화(火)인 자손이 냉기(冷氣)가 왕해져 온기(溫氣)를 잃어버리고 시름시름 시들어간다.

☞ 화(火)는 시력(視力)이니 눈에 이상이 오고, 정신이 희미해 정신박약이다.

❖(실전사주의 예)-

丙	庚	壬	壬
子	寅	子	辰

경(庚)금 일주➡자손은 화(火) 일지 인(寅)중 병(丙)화가 있고 시상(時上)에 병(丙)화가 떠있다.

⬆ 시간(時干)에 있는 병화(丙火)는 일간(日干)과 충(沖)이되어 있고 병(丙)임(壬)➡충(沖)을 많이 받고 있다. 반면에 인(寅)중 병(丙)화는 자체에서 인(寅)중 갑목(甲木)의 도움으로 생(生)을 받으면서 냉기(冷氣)로 가득 찬 경금(庚金)을 온기를 풍기면서 순화하고 있다.

☞ 경금(庚金)의 입장에서 보면 처(妻)는 진(辰)중 을목(乙木)과 인(寅)중 갑목(甲木)인데 진(辰)중 을목(乙木)은 자(子)진(辰)➡ 수국(水局)하여 냉기(冷氣)만 더할 뿐 도움이 안 된다.

☞ 반면 인(寅)중 갑목(甲木) 편재(偏財)는 즉 소실은 병(丙)화 자손까지 낳고 차가운 냉기를 가셔주고, 본인이 필요로 하는 목화(木火)기운을 동반하여 그만이다. 너무도 사랑스러울 뿐이다. 결국 본처에게 소홀하게 된다.

● 제 6 장   ● 자손(子孫)

| **216** 자녀흉사 | 壬日主가
甲乙日生
임일주가
갑을일생 | 傷官見官
月時丙戌
상관견관
월시병술 | 말못하는
日子凶死
말못하는
일자흉사 | 子孫이요
어김없네
자손이요
어김없네 |

❖ 임(壬)수 일주가 상관견관(傷官見官)➡상관(傷官)이 관(官)을 극한다.
☞ 임(壬)수 일주의 상관(傷官)은 목(木)이 되는데 자손(子孫) 토(土)를 극(剋)하니 토(土)는 입이요, 방해하니 입을 막는 것이라 자연 벙어리 됨이다.

❖(학습 사주의 예)-

O	壬	己	乙
O	子	卯	亥

임(壬)수의 자손은 월간의 기(己)토가 되는데 상관(傷官)인 목(木)이 둘러싸여 있다.

⬆ 해묘(亥卯)➡목국(木局)을 이루고 천간으로는 을목(乙木)➡목극토(木剋土)로 선봉에 서 있다. 사방을 둘러보니 내 기운을 빼가기만 하고 두들기는 사람들 뿐이다. 임(壬)수에 기(己)토가 정관(正官)인데 기토는 입이요, 자식인데 허물어져 내리니 입이 박살이라 결국 언어 장애니 말을 못하게 되는구나.

▶ 여자의 사주라면 해석이 어떻게 바뀌게 될까?
☞ 임(壬)수 일주의 여자에게 기(己)토는 정관(正官)으로 남편(男便)이 된다.
☞ 기(己)토는 분명히 입이라고 했는데, 남편이 언어장애는 아닐 것이고 입이 있어도 입노릇 못하니 여자 앞에서 입도 뻥끗 못하는 완전 머슴이다. 장가 갈 때 그거는 제대로 갖고 가나 모르겠다. 남편이 언어장애가 발생할 소지도 다분한데 성인이 그리되는 것은 특별한 사고 아니면, 그런 일은 생기지 않으니 해석에 신중을 기하도록.

❖(학습 사주의 예)-

丙	乙	O	O
戌	O	O	O

O	甲	丙	O
O	O	戌	O

⬆ 위와 같은 경우에 일자(일자)흉사 어김없다 했는데 그 근거는 무엇일까?

● 제 6 장   ● 자손(子孫)

☞ 일단 병술(丙戌)은 그 자체가 백호(白虎)다.
☞ 갑술(甲戌) 일을 보면 시(時)에 술시(戌時)➡갑술(甲戌) 시(時)가 되어야 옳다, 그러므로 병술(丙戌)이 시(時)에 있는 것은 안 되고, 을(乙)이 되어야 병술(丙戌) 시(時)가 맞다, 그리고 월(月)에 병술(丙戌)일 경우는 갑목(甲木) 일주가 되어야 옳고 을목(乙木)일주부터 보기로 하자.
☞ 을목(乙木) 일주에 술(戌)중 신(辛)금➡관(官)➡자손(子孫)이 된다.
☞ 을(乙)일주일 경우 지지(地支)에 올 수 있는 것➡축(丑),묘(卯),사(巳),미(未), 유(酉),해(亥)이다.
☞ 축미(丑未)➡형살(刑殺)이요, 묘(卯)➡합화(合化) 되고, 사(巳)➡파(破)요, 해(亥)➡정임(丁壬) 합(合)➡목(木)이고, 유(酉)는 시간(時干)과 병(丙),경(庚)➡충(沖)이 되고, 술(戌)중 신금(辛金)역시 을(乙),신(辛)➡충(沖)이다.
☞ 경(庚)중 신금(辛金)은 시간(時干)의 병화(丙火)와➡합(合)이 되어 수(水)로 화(化)하게 되니 자신의 존재가 흔적 없구나.

제 6 장　　　　　　　　　　　　　　　　　　　자손(子孫)

| 217
早子難養
조자난양 | 官星透出
時間宮에
관성투출
시간궁에 | 得地하니
死墓病絶
득지하니
사묘병절 | 家門顯赫
早子難養
가문현혁
조자난양 | 貴子두고
愁心있다
귀자두고
수심있다 |

- ❖ 관성(官星)이 투출(投出)하다 함은 어디 내놔도 간판은 확실한데 득지(得地)한다 하였으니 자기의 위치는 확실히 하는 자손이라, 자기 앞가림은 틀림없고 능히 가문(家門)을 일으켜 세우는 자손(子孫)이고, 시간(時干) 궁(宮)이라 하였으니 자손(子孫) 자리인데 지지(地支)에 사(死)묘(墓)병(病)절(絶)이라 가시방석을 깔고 앉았으니 일찍 낳은 자손 키우기 힘들어 항상 근심이다. 그런데 여기서 짚고 넘어가야 할 사항이 있다.

- ❖ 早子難養(조자난양)➡일찍 낳은 자식이 키우는데 애로사항이 많다는 설명인데, 나하고 인연(因緣)이 멀다고도 해석이 가능하고, 제일 먼저 출생하여 잘 클 줄 알았더니 기대에 부응하지 못함을 이르기도 한다.

- ☞ 요즈음의 비유로 치면 부모가 자손을 평균나이에 비해 일찍 출산하여 자식을 키움에 있어 경험 부족 및, 경제 형편 등 여러 사유로 하여 힘들다고 볼 수도 있으나, 그것도 주변의 환경과 여건의 차이에서 나오는 말이고 병(病),사(死), 묘(墓), 절(絶) 이라 함은 12운성➡ 포태법(胞胎法)에 대한 설명이다.

- ☞ 포태법(胞胎法)이란 천간(天干)을 각 지지(地支)에 대입하여 흥망성쇠를 구분하는데 응용하는 방법이다.

- ❖ 일간(日干)의 강약(强弱)을 구분하는데 많이 응용해 사용한다.
- ☞ 십이운성 (포태법)의 구성 원리는 삼합법에 의한 것이다.
- ☞ 펴놓으면 12운성, 묶어놓으면 삼합이 된다.
- ▶ 병(病)사(死)궁(宮)이란---늙으면 병들고 죽는 것으로 보면 된다.
　　　　　　　　　　　계절로 보면 그다음에 이어지는 계절이다.

- ☞ 내가 생하여 주고 나니 기력이 쇠하여지는 것은 당연하고, 나의 모든 것을 내놓으니 이제는 가진 것이 없고, 공수래(空手來)요, 공수거(空手去)다.

제 6 장   자손(子孫)

☺ 木(목)➡봄의   병사(病死)궁➡여름➡화(火)
☺ 火(화)➡여름의 병사(病死)궁➡가을➡금(金)   ◀ 사계절 로 보아야 한다.
☺ 金(금)➡가을의 병사(病死)궁➡겨울➡수(水)
☺ 水(수)➡겨울의 병사(病死)궁➡봄 ➡목(木)
➡ 절지(絶地)➡절궁(絶宮) --------계절의 반대로 마주보는 계절이다.
                                4방위로 하여 반대쪽의 방향이다.
☺ 목(木)의 절지(絶地)➡동쪽의 반대방향-------서(西)쪽으로 금(金)
☺ 화(火)의 절지(絶地)➡남쪽의 반대방향-------북(北)쪽으로 수(水)
☺ 금(金)의 절지(絶地)➡서쪽의 반대방향-------동(東)쪽으로 목(木)
☺ 수(水)의 절지(絶地)➡북쪽의 반대방향-------남(南)쪽으로 화(火)
➡ 墓(묘)궁(宮), 또는 고장(庫藏)이라고도 함. 묘(墓)➡육친(六親)으로 쓸때
                              庫(고)➡사물(事物)로 쓸 때(창고)
☺ 목(木)의 고장(庫藏)➡未(정(丁) 을(乙) 기(己))➡을목(乙木)
☺ 화(火)의 고장(庫藏)➡戌(신(辛) 정(丁) 무(戊))➡정화(丁火)
☺ 금(金)의 고장(庫藏)➡丑(계(癸) 신(辛) 기(己))➡신금(辛金)
☺ 수(水)의 고장(庫藏)➡辰(을(乙) 계(癸) 무(戊))➡계수(癸水)
⬆ 거두어들이고 관리, 보관, 기(氣)의 상(象), 재물의 창고는 열려야 나의 돈이 되고 기운이 있어야 그것을 취한다.

❖(학습 사주의 예)-

丙	壬	○	○
午	寅	子	丑

임(壬)수 일간에 시(時)가 절궁(絶宮)이다.
수(水)➡북, 화(火)➡남(南),➡계절의 반대다.

⬆ 여기서 나의 자손을 찾아보자 관(官)➡ 자손(子孫)인데 찾아보니 축토(丑土)가 있구나. 자월(子月)에 축(丑),진(辰)➡ 급각(急刻)살인데 자손(子孫)이 그로 연결이 되어있구나. 자(子),축(丑)➡수국(水局)하여 본연의 위치가 아리송해지고. 유아(唯我)무아(無我) 되어버리니 자식과의 인연이 묘해지게 된다.

-341-

제 6 장 자손(子孫)

☞ 시(時)에 절궁(絶宮)이라 해도 일지(日支)의 목(木)➡목생화(木生火) 하여 시(時)를 생해주니 절궁(絶宮)도 나름이다.

❖(학습 사주의 예)-

O	乙	O	O
申	O	O	O

을(乙)목의 자손이 신(辛)금, 자기 자리에 있다. 을(乙)목 에게는 계절의 반대라 절지(絶地)다.

⬆ 문제는 여기서 생긴다, 관(官)이 자손인데 똑똑해서 자기 자리에 있는데 자기 앞가림 잘 하고 분수를 아는데 무엇이 문제인가?.

☞ 무조건 시(時)에 절궁(絶宮)이다 하는 것은 문제가 있다는 것이다.

☞ 원칙적인 조자난양(早子難養)이라는 것은 일찍 자손을 보는 것이니 년(年),월(月)에 위치해야 조자(早子)➡ 이른 자손(子孫)이 된다.

☞ 그 자손(子孫)이 오행(五行)상으로 기운(氣運)이 약(弱)하고 형충파해(刑沖破害) 등 흠이 많아야 해당이 되는 것이 아닌가?

☞ 대체적으로 보면 일찍 잉태(孕胎)해도 유산(流産), 낙태(落胎) 등으로 이어지는 경우가 허다한 것을 보면 이 역시 일리가 있고, 나와 연(緣)이 박(薄)한 것이 아닌가 보여진다.

● 제 6 장   ● 자손(子孫)

| 218 조년자녀 | 養生木浴
時間空亡
양생목욕
시간공망 | 帶冠旺時
刑殺子는
대관왕시
형살자는 | 多子多女
早年子女
다자다녀
조년자녀 | 發福인데
歸林한다
발복인데
귀림한다 |

❖ 포태법(胞胎法)으로 보는 방법을 설명.

☞ 시지(時支)에 양(養), 장생(長生), 목욕(沐浴), 관대(冠帶), 임관(任官), 제왕(帝旺)이 있으면 많은 자녀들이 발복(發福)한다는 이야기다.

☞ 시지(時支)에 공망(空亡)이 오거나, 형살(刑殺)이 임(臨)하면 일찍 낳은 자녀를 숲으로 돌려보내니 임종(臨終)을 본다는 이야기다.

☞ 포태법(胞胎法)으로 자녀를 보는 것은 금하는 것이 상례다. 왜?

☞ 자녀를 많이 두는 팔자는 일단 신왕(身旺)해야 한다. 그래야 기운(氣運)이 있어서 탈 없이 자녀 키울 수가 있다.

☞ 사주가 신약(身弱)하면 애로 사항이 많이 생겨 자식에게도 못 할 노릇이 된다. 시간(時干)에 공망(空亡)이면 자손(子孫)이 일찍 죽는다 하였는데 잘못 애기하다 망신당한다. 자식(子息)과 연(緣)이 박(薄)하다.

☞ 시간(時干)에 공망(空亡)은 자손(子孫)궁에 공망(空亡)이라, 자손과 떨어져 살던가, 얼굴보기 힘든 자손이요, 무자일 수도 있다.

☞ 무조건 죽는다는 애기는 헛공수다. 육친(六親)도 잘 살펴보아야 한다.

❖ (실전 사주의 예)-자손이 죽지는 않았다.

丙	乙	丙	甲
子	卯	辰	午

을목(乙木) 일주의 사주다
시지(時支) ➡ 공망(空亡)
일(日)과 시(時) ➡ 형살(刑殺)

⬆ 현재 자손과 따로 떨어져 살고 있다.

☞ 자손이 성장(成長)하면 떨어져 사는 것은 당연하고 자식(子息)들 속 썩이는 것 어디 오늘 뿐 인가? 자식(子息)이 속 안 썩이는 것도 큰 복(福)이다.

-343-

제 6 장　　　　　　　　　　　　　자손(子孫)

| 219 패망극 | 四柱身弱 官鬼重重 사주신약 관귀중중 | 時上七殺 敗亡剋은 시상칠살 패망극은 | 孫子같은 小室몸에 손자같은 소실몸에 | 아들이요 得子하오 아들이요 득자하오 |

❖ 사주가 신약(身弱)한데 시상(時上)에 칠살(七殺)이 있으면 자식을 두어도 늦둥이 두고, 관귀(官鬼)가 중중(重重)하여 패망극(敗亡剋)이라 하니 관(官)을 극(剋)하는 식상(食傷)이 많아서 관(官)을 극(剋)함이라 관(官)➠자손(子孫)의 귀(貴)함이 더더욱 생생하구나.

☞ 아들은 아비와 같은 성(性)이니 자연 편관(偏官)이 되는데, 시주(時柱)에 편관(偏官)이 있어야 아들을 두고 칠살(七殺)이 되면 자손이 귀하게 된다.

☞ 일주(日主)가 왕(旺) 할 때 편관(偏官)이면 득자(得子)인데 시상(時上)에 있으니 늦둥이다.

❖(학습 사주의 예)-이도 저도 아니면 양자(養子)를 들이는 것이다.

丙	庚	○	○
戌	申	酉	○

경금(庚金)일주➠자손➠병(丙)화, 시상(時上)있다.
코너에 몰려 관(官)이 약(弱)한 상태다.

⬆ 시상(時上)에 있으므로 자손이 늦둥이 인데 언제쯤 생겼을까?

☞ 병화(丙火)가 힘을 받을 때 즉 목기운(木氣運)이 왕(旺) 할 때 인(寅),묘(卯)인데 묘(卯)는 아니다, 인(寅)목이다. 묘목(卯木)은 습목(濕木)이고, 일지(日支)에 귀문(鬼門)이요, 월지(月支)에 상충(相沖)이다. 그러므로 자연 인목(寅木)이 답이 된다. 목생화(木生火)에 인술(寅戌)➠화국(火局)을 이루어 병화(丙火)➠자손을 생하게 하니 어화등등 내 사랑이다.

☞ 인목(寅木)은 편재(偏財)이니 본부인에서 낳은 자손(子孫)이 아니다.

☞ 인목(寅木)은 재관(財官)을 동시에 갖추고 있으니 생산능력이 출중하니 건강한 여성이다. 요즈음은 재혼(再婚)도 많으니 추명 시에 각별히 신경을 쓰고. 관귀(官鬼)라 함은 관(官)➠鬼(귀)라고도 볼 줄 모르나, 여기서는 관(官)을 극(剋)하는 식상(食傷)➠관(官)에게 귀(鬼)가 된다는 뜻이다.

◑ 제 6 장   ◑ 자손(子孫)

☞ 관귀(官鬼)가 중중(重重)하다함은 식상(食傷)이 많다는 뜻이고, 그러니 관(官)이 자연 더 쇠(衰)하여 질 수 밖에 없는 노릇이다.
☞ 식상(食傷)이 많아 관(官)이 힘을 못 쓰니 자손(子孫)은 어떻게 보아야 할 것인가? 일단 관(官)이 있으므로 자손(子孫)은 어찌하던 볼 수 있다. 그러려면 관(官)이 힘을 받아야 하는데 운(運)에서 그 흐름을 찾아야한다.
☞ 운(運)에서 재운(財運)이나 관운(官運)이 들어오면 힘을 받게 되는데 만약에 운(運)에서도 안 들어오면? 재미있는 일이다. 자손(子孫)인 관(官)이 힘을 못 쓰고 쳐 박혀 있는데 하늘을 보아야 별을 딸 것이 아닌가?

❖(실전 사주의 예)-

丙	庚	壬	壬
戌	申	子	申

금수(金水)가 태왕(太旺) 한 사주다.
병(丙)화 자손이 시상(時上)에 위치하고 있다.

⬆ 수(水)인 식상(食傷)의 기운이 보통 아니다. 당장이라도 집어 삼킬 듯한 기세이다. 코너에 몰린 병화(丙火) 자손(子孫)은 지원군을 기다리는 방법 외는 대안이 없다. 관귀(官鬼)가 중중하여 패망극(敗亡剋)을 하는 형상이다.

❖ (실전사주의 예)

辛	庚	庚	丙
巳	子	子	辰

경금(庚金) 일주의 사주다.
금수가 냉한 사주로 자손이 생기지가 않는다.

⬆ 아직 나이가 있으니 괜찮겠지 하고 기다리는 중이다. 일찍이 한 번 낙태하였고 자손(子孫)의 덕(德)이 없는 팔자다.
☞ 시지(時支)에 공망(空亡)이 임(臨)하고 금수(金水)가 태왕(太旺)하여 자손(子孫) ➠화성(火星)이 견디지 못한다.
⚘ 시주(時柱)에 공망(空亡)이 있다는 것은 말년(末年)에 공망(空亡)이라 그것이 자손(子孫)이던 아니던, 본인에게는 안타까운 팔자로 이어진다. 말년(末年)에 공망(空亡)이니 업보(業報)다. 어차피 가는 시기(時期)지만 공망(空亡)이니 더 허전하다. 시주(時柱)에 있는 모든 사항이 공망(空亡)이라는 설명이 아닌가? 운(運)에서 변화(變化)를 기다릴 뿐이다.

-345-

제 6 장　　　　　　　　　　　　　　자손(子孫)

220 불효(不孝)자식	日時間에 일시간에	相生相合 상생상합	孝子孝女 효자효녀	아름답고 아름답고
	四柱殺旺 사주살왕	無制者는 무제자는	不孝子息 불효자식	속썩인다 속썩인다

🔼 일(日)과 시(時)에서 지지(地支)가 서로 생(生)하여주거나 합(合)을 이루어 찹쌀궁합 같은 형상으로 이루어져 있으면 효자(孝子), 효녀(孝女) 두고 시주(時柱)에 관살이 왕(旺)한데 그 기운을 제어하는 식상(食傷)이 없으면 자식(子息)이 불효(不孝) 속을 석인다.

❖ 생일(生日)과 생시가 서로 합을 이루거나 상생하여 서로 도우면 그림도 좋고 세상사는 맛이 난다, 그러나 그와 정반대의 현상이 나타나면 낙이 없다. 일과 시는 부모와 지식간의 사이가 아닌가? 그러니 그 관계로 연결하여 본다.

☞ 관(官)도 관(官) 나름이다, 살(殺)로 되어 왕 하면 제어하기가 힘들어진다.
☞ 자식(子息)이 아니라 원수(怨讐)가 되어 버린다. 죽일 수도, 살릴 수도 없고 살자니 고생이요 ,죽자니 청춘이 되어버린다.
☞ 그래서 간혹 매스컴에 나오는 패륜아가 나오는 것이다.

❖ (실전사주의 예)- 이것은 예로 드는 것이지만 좀 심하다.

O	甲	庚	O
O	申	申	O

나무 한그루를 놓고 사정없이 여기저기서 난도질 하느라 정신없다.

🔼 이런 경우는 대책이 없다, 어려서부터 자식교육 잘 시키는 방법 외는 없다.

❖(실전사주의 예)-어찌 할 수가 없구나. 죽어 살자.

戊	丙	壬	戊
子	申	申	辰

자식들이 무던히도 속을 썩이는 분의 사주. 신월(申月)의 병(丙)화 일간(日干)이다.

🔼 지지(地支)가 합(合)➡수국(水局)➡관국(官局).병화 일간에게는 관으로 자손이다. 월간(月干)임(壬)수➡병(丙)화를 충(沖)한다. 지지 힘이 막강하다.

● 제 6 장   ● 자손(子孫)

| 221
子孫孕胎
자손잉태 | 四柱官弱　多傷官은　官殺財運　得子지만
時上傷官　及空亡은　何歲月에　得子드냐?
사주관약　다상관은　관살재운　득자지만
시상상관　급공망은　하세월에　득자드냐? |

❖ 자손(子孫)에 관한 이야기다.

☞ 일주(日主)가 약(弱)한가, 강(强)한가를 먼저 판단하고 상관(傷官)이 어떤가를 판단하여 자손을 볼 수 있나 없나를 판단하는 것이다.

☞ 사주에 상관(傷官)이 많으면 관(官)을 극(剋)하므로 자연 자손인 관이 약해지게 되는데 자손이 쉽게 생기는 편이 못된다.

☞ 남들은 결혼(結婚)하면 바로 바로 아이가 생기는데 왜 우리는 아기가 없을까? 물론 여러 가지 이유가 있다, 그 중 가장 근본적인 것은 관(官)을 살펴 보아야한다.

☞ 관이란 자손(子孫)이므로 강, 약 관계 그리고 생(生)과극(過極)의 관계를 보아야 하는데 특히 극하는 상관(傷官)이 어떤가 살펴보아야 한다.

☞ 우선은 일주(日主)가 어느 정도는 기본기가 갖추어져야 하는데, 너무 신약(身弱)해도 그자체로도 문제가 된다. 일단 사주가 신왕하다고 보자. 거기에 상관(傷官)이 또 왕(旺)하고 있다면, 관(官)인 자손의 탄생이 매우 힘들어진다. 전체적인 면으로 보아도 일주가 강(强)하고 상관(傷官)이 왕(旺)하면 재관(財官)이 힘을 써야 사주전체의 흐름도 좋아진다.

☞ 관(官)인 자손(子孫)이 생기면 이 집안은 훈기가 돌게 되어있다. 아기 낳고 집안이 번창하는 것이다. 재(財),관(官)운이 와야 자손이 생기는 것은 당연한 일이다.

❖(학습 사주의 예)-겨울에는 따뜻한 아랫목이 그립다.

O	庚	O	O
O	午	子	子

　　　　　　　　금수로 쌓여 일지의 관이 약해 보인다.
　　　　　　　　경(庚)금➡목욕(沐浴)궁에 있고 년(年) 월(月)
　　　　　　　　지지에 자(子),오(午)➡ 충(沖)으로 곤란.

금수(金水)➡음기운(陰氣運)이 강해 목화(木火)➡양기운(陽氣運)이 필요.

◐ 제 6 장　　　　　　　　　　　　　　　　　　　　　◐ 자손(子孫)

이 사주에서 보면 목화(木火) 또한 필요한 상황이다. 배우자를 선택할 경우 목화(木火) 기운이 많은 사주를 가진 여성을 택한다면 자손(子孫)을 잉태(孕胎)하기도 쉬울 것이다. 운(運)에서 과연 어떠한 운(運)이 좋은 것인가?

☞ 목(木)과 화(火)가 어우러지는 운이 제일 좋은데 과연 그것은 무엇일까? 어우러진다 함은 합(合)이 제일 좋은 것인데 그것은 寅(인)이다.

인오(寅午)➡합(合)이 되면서 목화(木火)가 자연스럽게 어울리며 합(合)을 이루어 관(官)인 화(火)의 기운이 왕(旺)해지어 관(官)인 자손(子孫) 또한 탄생(誕生)하는 것이다.

❖(학습 사주의 예)-추위를 극복(克復)하는 방법.

O	庚	丙	O
子	子	O	O

경자(庚子) 일주(日柱) 사주다. 관(官)인 병화(丙火) 자손(子孫)이 천간(天干)에서 충(沖)이 이루어지고 있다.

⬆ 병화(丙火) 입장에서 보면 자기 자리인 시주(時柱)에 있어야 하는데 월상(月上)에서 때를 기다리고 있는 형상이다.

☞ 금수(金水)가 똘똘 뭉쳐 냉방(冷房)을 만들어 화기(火氣)가 돌기 힘들어진다. 깨트리는 방법은 충(沖)을 하여 싸우거나 극(剋)하여 기운을 없애야하는데 제일의 방법은 자(子),오(午)➡충(沖)이다, 화기(火氣)가 주변의 세력이 약(弱)하다면 낙태(落胎)가 된다.

제 6 장　　　　　　　　　　　　　　　자손(子孫)

| 222
단교관(斷交關)
급각살(急脚殺) | 官殺逢刑
子女蹇脚
관살봉형
자녀건각 | 更逢受制
手足異常
갱봉수제
수족이상 | 時支急脚
小兒痲痺
시지급각
소아마비 | 斷僑關은
注意하소
단교관은
주의하소 |

❖ 관살(官殺)이 삼형살(三刑殺)을 만난 경우, 식상(食傷)이 왕(旺)해 관살(官殺)을 통제하는 기능이 과다해 관이 기능을 상실(喪失)하거나 있어도 미비(未備)할 경우, 시지(時支)인 자녀(子女) 궁에 급각(急刻)살이나, 단교관살(斷僑關殺)을 놓고 있는 경우 자식에게 손발에 이상이 올 수 있고, 어렸을 때 소아마비(小兒痲痺) 특히 주의해야한다.

❖(학습 사주의 예)-시주의 변화는 자손궁의 변화다.

甲	己	O	O
戌	未	O	O

🔼 기토(己土) 일주에 관(官)이 갑목(甲木)이다, 지지(地支)에 미술(未戌)➡충(沖)이다, 천간(天干)으로는 갑기(甲己)➡합(合)이 되어 갑목(甲木) 자체가 흔적이 없어져 버린다. 시주(時柱)에 제자리에 있는데 주변이 온통 토(土)로 바뀌어 자손(子孫)이 사라져 버린다.

제 6 장   🔮 자손(子孫)

| 223 다자현달 | 辛丑日生 乙日申時 신축일생 을일신시 | 辛卯時는 丙日亥時 신묘시는 병일해시 | 少室再娶 多者顯達 소실재취 다자현달 | 得子하고 하게된다 득자하고 하게된다 |

❖ 신축(辛丑)-일(日), 신묘(辛卯)-시(時)

辛	辛	○	○
卯	丑	○	○

신축(辛丑)일(日)에 신묘(辛卯)시(時)의 사주다. 소실재취(小室再娶)이유는 무엇일까?

⬆ 신금(辛金) 일주➡시지(時支)의 묘(卯)는 편재(偏財)가 된다. 그런데 묘목(卯木)위 또 다른 신금(辛金)이 있으므로 나의 처(妻)가 아닌 남의 처(妻)다.

☞ 자손이 생기려면 재(財)가 관(官)을 생하여야 되는데, 재(財)가 목(木)이므로 목생화(木生火)가 이루어져야 관(官)➡자손(子孫)이 생기는데 묘목(卯木)은 습목(濕木)이라 관(官)을 생(生)하기 힘들어진다.

☞ 젖은 나무로는 불을 지피기가 힘이 들므로 같은 값이면 마른 장작이 화력도 좋을 터인데 아쉽다 고로 자손을 얻어도 시원치 않다.

☞ 지지(地支)에 인목(寅木)이 있을 경우 인묘(寅卯)로 방합(方合)이 되어 재국(財局)을 형성하게 되면 상황은 또 달라진다.

☞ 목생화(木生火)에 힘을 얻으므로 튼튼한 아들이 생길 수 있다.

☞ 습목(濕木)일 경우 목생화(木生火)가 제대로 이루어지지 않아 불발(不發)이 될 경우도 생각해야한다.

❖ 을일(乙日)-갑신(甲申)시(時)다.

甲	乙	○	○
申	○	○	○

을목(乙木)➡ 자손(子孫)➡금(金)

⬆ 을목(乙木) 일간은 시지(時支)의 신(申)중 경금(庚金)과 합(合)을 한다. 또 다른 금(金)을 양산(量産)한다. 자신(自身)을 희생(犧牲)하는 것이다. 자손(子孫)과 합(合)을 이뤄 자손의 힘을 강하게 보태준다. 자손이 불어난다.

제 6 장   자손(子孫)

❖ 병일(丙日)에 해시(亥時)면 기해(己亥)-시(時)가 된다.

己	丙	O	O
亥	O	O	O

다자현달(多子賢達)➡자손이 크게 된다.왜?
해(亥)➡자식(子息)➡천문성(天門星)이다.

⬆ 자손(子孫)이 수(水)로써 그의 역할을 충실히 함으로써 자기 역할을 다하니 자연 자기 앞가림은 확실히 한다는 이야기다.

❖(실전사주의 예)

甲	乙	戊	庚
申	亥	子	戌

을일(乙日) 신시(申時)의 사주다

⬆ 현재 외모를 가꾸는 업에 종사하시는 분의 사주. 관(官)의 기운이 강하고 인성(印星)으로 이어지니 멋이요, 패션이다.

❖(실전사주의 예)-어쩔수 없는 팔자다. 목(木)인➡인수(印綬)로 화하였다.

己	丙	甲	丁
亥	寅	辰	未

현재 종교에 귀의하여 생활 중이신 분의 사주.
해(亥)가 자식인데 합화(合化)하여

⬆ 포교활동에 여념이 없으시다. 자식(子息)으로 인해 더욱 결심을 굳히기도 하고, 본인의 성향을 주체하기 힘들어 자발적으로 행하는 경우다. 자식 행복을 비는 마음이 항상 자리한다.

◉ 제 6 장   ◉ 자손(子孫)

| **224**
혼혈자손 | 地殺重重
驛馬星이
지살중중
역마성이 | 抱官하면
抱官함도
포관하면
포관함도 | 異邦妻에
混血兒를
이방처에
혼혈아를 | 胞胎하고
得합니다
포태하고
득합니다 |

❖ 혼혈아(混血兒)에 관한 설명이다. 혼혈아란 외국인과의 사이에서 탄생한 자손인데 사주(四柱)에 역마(驛馬)나 지살(地殺)이 많고 이것이 재(財), 관(官)과 합이 되면 내 아내, 내 남편, 내 자손 되므로 자손을 낳게 되는 것이다.

☞ 포관(抱官)이라 함은 재(財)가 관(官)을 포함하고 있다.

☞ 재(財)가 역마(驛馬)나, 지살(地殺)에 임(臨)하고 재(財)가 관(官)을 포함하고 있으니 임신(姙娠)이요 처(妻)가 임신을 하니 아기를 출산하는 것이니 멀리 떨어진 장소라 이국(異國)땅이니 혼혈아요 이방처다.

☞ 여자의 경우 역마, 지살에 관이나 상식이 임하면 이방남편에 자손을 두게된다. 지살은 삼합의 첫 자와 충하는 자로 인신사해(寅申巳亥)를 말한다.

☞ 요즈음은 재혼, 삼혼도 이 경우로 보는 때가 있다. 재성이 인신사해에 해당할 경우, 여성의 경우는 관(官)이 인신사해에 해당하면 적용한다.

❖(학습 사주의 예) 지지(地支) 인(寅)➡역마(驛馬),지살(地殺).

| O | 庚 | O | O |
| O | 寅 | O | O |

인(寅)중병(丙)➡자식. 먼 곳에서 처(妻)와 자식(子息)이 있으므로 이방자손이 되므로 순수한 혈통(血統)이 아닌 혼혈(混血)이다.

⬆ 재관(財官)이 동림(同臨)이다.➡ 손목만 잡아도 임신(姙娠)이란다.

❖(학습 사주의 예)

| O | 壬 | O | O |
| 寅 | 戌 | O | O |

임(壬)수 일주에 지지 술토(土)➡관(官)➡자손 시지의 인은 병화를 갖고 있는데 재로써 처다.

⬆ 인술(寅戌)➡합(合)이 되어 처궁(妻宮)으로 들어오니 나의 아내다. 인(寅)은 역마(驛馬) 지살(地殺)로 처궁에 안착(安着)을 하니 먼 곳에서 이방(異邦) 자손이 된다. 재(財)와 관(官)➡합➡처(妻)와 자식(子息)이 생긴다.

제 6 장　　　　　　　　　　　　　　　　　　자손(子孫)

| 225 재취 | 陰官殺이　作合하니　딸자손이　戀愛하고
比肩混合　놓인八字　아들놈이　再娶하오
음관살이　작합하니　딸자손이　연애하고
비견혼합　놓인팔자　아들놈이　재취하오 |

❖ 음(陰) 관살(官殺)➡ 딸인데 작합(作合)이라 하니 음(陰), 양(陽)➡합(合)을 하는 것이니 이성(異性)➡합(合)➡연애(戀愛)하는 것이다.

❖(학습 사주의 예)

○	庚	壬	丁
○	○	子	亥

경금(庚金) 일주(日主)에 정화(丁火)➡관(官) 음관(蔭官)➡딸이 된다.

⬆ 월간(月干)의 임(壬)수와 합(合)-정임(丁壬)➡합(合) 음란지합(淫亂之合).
☞ 딸이 바람기가 많다는 이야기다. 지지(地支)에도 해자(亥子)➡수국(水局)하여 주위에는 온통 남정네들이 진을 치고 있다. 사방을 둘러보아도 전부 물바다다. 정임(丁壬)➡합(合)하여➡목(木)으로 변하는데 밑에는 물바다라 물위에 떠있는 부목(浮木)➡꿈속을 헤매는 형상. 품속에서 헤어나지 못한다.
☞ 자수(子水)➡정화(丁火) 딸의 정관(正官)이라, 한 술 더 떠서 도화(桃花)가 되니 이일을 어찌해야 좋을 고----
☞ 비견(比肩) 혼합(混合)팔자(八字)라 하였는데 비견(比肩)이라 함은 아버지가 아니라 자손(子孫)의 입장, 아들의 입장에서 보면 내가 극(剋)을 하니 처(妻)다. 고로 며느리 감이다.
☞ 아들입장에서 보면 재다(財多)이다. 즉 재성(財星)이 혼잡(混雜)한 사주다. 처(妻)가 많으니 어찌 일부종사로 끝이 나겠는가? 결국 재혼(再婚)하게 된다.

❖(학습 사주의 예)

甲	己	己	己
○	○	○	○

아버지는 기토(己土) 일주(日主)다,
월(月),년(年)으로 비견(比肩)이 중중(重重)하다.

제 6 장　　　　　　　　　　　　　　　　　　자손(子孫)

🔼 기토(己土) 일주의 아들➡갑목(甲木), 아들인 갑목(甲木)의 입장에서 보면 기토(己土)➡정재(正財)가 널려있다. 본부인이 서로 당신은 내꺼야 하고 난리다, 이러니 어찌 재혼(再婚)소리가 아니나오겠는가? 부부간의 연(緣)을 제대로 하려면 여자(女子)를 조심해야 한다.

❖(실전사주의 예)

甲	己	辛	己
戌	酉	未	丑

아버지가 기토(己土) 이다.
비견(比肩)과 비겁(比劫)이 왕(旺)하다.

제 6 장 　　　　　　　　　　　　　　　자손(子孫)

| 226 상관첩첩 | 偏正印星 딸子孫이 편정인성 딸자손이 | 重重하면 再娶함은 중중하면 재취함은 | 아들丈母 傷官食神 아들장모 상관식신 | 두분이요 疊疊이라 두분이요 첩첩이라 |

❖ 아버지의 사주에서 인성(印星)은 아들의 입장에서 보면 장모(丈母)가 된다.
☞ 처(妻)가 비견(比肩)이 되는데 비견(比肩)을 생(生)하여주는 것이 인수(印綬)이므로 처(妻)의 ➡ 어머니 ➡ 장모(丈母)
☞ 인수(印綬)가 정(正), 편(偏)하여 혼잡(混雜)이니 많은 것이다.
☞ 장모(丈母)가 많다 함은 결국 두 분이라는 이야기다.

❖(실전 사주의 예) - 장모(丈母)도 많다.

甲	己	己	己
戌	巳	巳	巳

기토(己土)일주 ➡ 아버지, 자식(子息) ➡ 갑목(甲木)
갑목(甲木)의 입장에서 보면 처(妻)도 많고

⬆ 처가(妻家)가 구별 안 된다. 먼저번호(255)의 설명에 추가한 것이다.
☞ 지지(地支)를 살펴보면 술(戌)중 ➡ 정화(丁火), 사(巳)중 ➡ 병화(丙火)하여 식상(食傷)이 혼잡(混雜) 되어 있다. 천간(天干)으로는 기토(己土)가 도배하였고 지지(地支)로는 무토(戊土) ➡ 지장간(地藏干)에 또 도배다.
☞ 처(妻)도 많고 장모(丈母)도 많으니 도대체 몇 번을 장가가는 것인지?

❖ 아버지의 사주에 식신(食神) 상관(傷官)이 줄을 서 있으면 자손(子孫)이 같은 음양(陰陽)이 구별에 따라 아들과, 딸을 구별하고 같으면 아들이, 다르면 딸이 재혼(再婚)을 하게 되는데 식신(食神), 상관(傷官) ➡ 관(官)을 극(剋)하므로 딸의 입장에서 보면 남편이 되니 재혼(再婚) 팔자(八字)다.
☞ 추가로 살펴볼 것은 자손(子孫)을 생(生)해주는 인수(印綬)가 있나 확인해야 한다. 인수(印綬)는 나를 낳아주신 어머니인데 인수가 없다 함은 인연(因緣)이 희박한 것인데, 인수(印綬)가 없고 장모(丈母)인 식신(食神), 상관(傷

● 제 6 장   ● 자손(子孫)

官)이 많을 경우 재혼(再婚)도 재혼이지만, 처가(妻家)살이 한다. 고 보라.
"팔자가 그런 것 이다." 로 보지 말고 원인을 분석하면 다 답이 나온다.
☞ 보살펴주는 어머니의 연(緣)이 박(薄)하다보니 자연 가정사가 원만하지 못하고, 아내도 적응이 힘들어지고 재혼(再婚)을 하게 되고 자연 어머니의 정(情)도 그리워 처가(妻家)를 자주 왕래하게 되고, 처가(妻家)의 일이면 발 벗고 나서고 하다 보니 자연 처가(妻家)에 눌러앉다 시피하고 처가살이도 마다하지 않는다.

● 제 6 장　　　　　　　　　　　　　　　　　　　● 자손(子孫)

227	正偏印綬	旺盛하니	靑孀寡婦	따님이요
	偏正官이	混雜하니	그新郞이	妾얻는다
관혼잡	정편인수	왕성하니	청상과부	따님이요
	편정관이	혼잡하니	그신랑이	첩얻는다

❖ 아버지의 사주에 정인, 편인이 너무 많아 혼잡하여 있으면 그의 딸이 과부(寡婦)가 된다는 이야기인데 왜 그럴까?

☞ 아버지의 사주가 목일주(木日主)라 하면 목(木)의 인수(印綬)➠수(水)인데, 수(水)가 많으면 자손(子孫)➠금(金)에게는 식상(食傷)이 된다.

☞ 자손(子孫)인 금(金)의 입장에서 보면 식상(食傷)이 관(官)을 상(傷)하게 하므로 딸의 입장에서 보면, 자기의 남편(男便)➠관(官)을 극(剋)하므로 견디기 힘들어 나 못살아 하고 가버린다.

☞ 딸의 입장에서 보면 자신(自身)➠금(金)을 극(剋)하는 화(火)가 남편인데 금생수(金生水)하는 식상(食傷)이 수극화(水剋火) 하여 화(火)인 남편을 꺼버리니 사라져버린다. 설사 자리한다 하여도 항상 바늘방석이요, 꺼져가는 불꽃이 된다. 고로 혼자 살거나 과부(寡婦) 팔자가 된다.

☞ 아버지의 사주에 정관(正官), 편관(偏官)이 혼잡(混雜)하면 사위가 정분(情分)나서 첩(妾)을 얻는다.

☞ 아버지가 목일주(木日主)라 보자 관(官)➠금(金)인데 정작 나와 같은 자가 아닌가? 비견(比肩)이 된다, 남편의 입장에서 보면 처(妻)가 널려있다.

☞ 누가 진짜 마누라 인지 똥, 오줌을 못 가린다. 결국 다른 여자와 밀통(密通)하게 된다.

☞ 여자의 입장에서 비견(比肩), 비겁(比劫)이 많다. 하는 것은 남편이 다른 여자와 놀아난다는 이야기다. 남자의 경우, 아내가 다른 남자와 놀아난다.

☞ 여자가 비견(比肩)과 비겁(比劫)이 많으면 고집도 세고 똑똑해서 남편이 거느리기 힘들어 부드럽고, 야들야들을 찾게 된다. 그러니 자연 밖으로 나

◐ 제 6 장   ◐ 자손(子孫)

돌고 눈에 불이 번쩍번쩍하게 된다. 이미 사고는 예정되어 있는 것이다.

❖(학습 사주의 예)

辛	甲	庚	○
○	○	酉	○

갑목(甲木) 아버지에 딸은 신금(辛金)이다 월에 또 金이 포진을 하고 있어 비견, 겁이다.

❖(실전사주의 예)-내 팔자 나도 몰라.

辛	壬	甲	己
丑	辰	戌	丑

술월(戌月)의 임수(壬水) 일간(日干). 딸은 기토(己土), 남편은 갑목(甲木)이다.

⬆ 축술(丑戌) ➡형살(刑殺), 진술(辰戌)➡충(沖)으로 이혼(離婚)을 하는데 기토(己土)의 입장에서 견겁(肩劫)이 왕(旺)하여 남편이 견디지 못하고 이별. 임수(壬水)의 입장에서는 관(官)의 작용이 평생(平生)을 간다. 운(運)에서 변화는 어떤 작용을 할까?

● 제 6 장   ● 자손(子孫)

228	食神星이	旺盛하면	孫子富貴	할것이요
	正印星이	富貴하면	曾孫子가	大發한다
손자대발	식신성이	왕성하면	손자부귀	할것이요
	정인성이	부귀하면	증손자가	대발한다

❖ 남자의 사주에서 식신(食神)은 손자(孫子), 장모(丈母), 할머니 등을 의미하는데 이중에서 손자(孫子) 쪽을 부각하였다. 육친(六親) 중 어느 쪽이든 확실한 것은 덩어리 즉 국(局)을 형성하는 것이다. 그중에서도 삼합국(三合局)을 이루는 것이 제일 확실하다.

☞ 여기서 참고 할 것은 손자(孫子)는 식신(食神)이요 손녀(孫女)는 상관(傷官). 식신과 상관 구별하지 않고 한 덩어리로 판단하는 경우도 있다.

☞ 일단 왕(旺)하다 ➡ 기운(氣運)이 강(强)한 것이므로 활동이 왕성하다.

☞ 어느 정도의 풍파(風波)는 능히 헤쳐 나간다는 의미이므로 궁핍한 생활은 안 하므로 부귀(富貴)다.

☞ 정인(正印)성이라 함은 인성(印星)인데, 인성(印星)➡식상(食傷)을 극(剋)하므로 손자(孫子)인 식상(食傷)을 극(剋)하니 손자(孫子)의 아들이라 증손(曾孫)이 되는 것이다. 인수(印綬)성이 득위 한다함은 제자리에서 제 역할을 확실히 하는 것이므로 그도 또한 부귀(富貴)하고 대발(大發)한다고 한 것이다.

제 6 장　　　　　　　　　　　　　　　　　　　자손(子孫)

| 229 자손패업 | 傷官太旺 偏印太旺 상관태왕 편인태왕 | 官殺弱은 食神衰는 관살약은 식신쇠는 | 無子猶孫 孫子代에 무자유손 손자대에 | 하게되고 敗業일세 하게되고 패업일세 |

❖ 상관(傷官)이 왕(旺)하고 관살(官殺)이 약(弱)하게 되면 자손(子孫), 즉 아들이 약(弱)하니 심하면 아들이 먼저가고 아들의 자손(子孫)을 할아버지가 키울 수도 있다는 이야기도 성립 된다.

☞ 식상(食傷)은 관(官)을 극(剋)하는데 관(官)이 근본이 약하니 견디지 못한다. 자식(子息)이기는 부모 없다고 모든 것 양보하는데 자꾸 자손이 생기면 생길수록 관(官)인 아들이 더 곤궁에 처하니 그 몫은 할아버지가 떠맞게 된다.

☞ 식상(食傷)은 내가 생하여주므로 낳아준 부모의 역할을 하게 된다.

☞ 편인(偏印)이 태왕(太旺)하고 식신(食神)이 쇠약(衰弱)하면 손자(孫子)인 식신(食神) 代에 가문이 흔들리고 심하면 대(代)가 끊어질 수도 있다.

☞ 인성(印星)은 식상(食傷)을 극(剋)하는데, 식상(食傷)의 기운이 약(弱)하고 인수(印綬)만 강(强)하니 식상은 계속 곤경의 연속이다.

☞ 손자인 식신(食神)의 입장에서 보면 인성(印星)이 극(剋)을 하니 인성(印星)이 자손이다. 자손➡인성(印星)이 계속 힘을 보충하여 식상(食傷)➡본인(本人)을 괴롭히니 방법이 없다.

❖ 여성(女性)의 사주에서 인성(印星)이 강(强)하면 어떻게 될까?

☞ 식상(食傷)의 기운(氣運)이 약(弱)하고 할 때?
여성 사주에서 인성(印星)이 너무 강(强)하면 결혼(結婚)하기 힘들어진다.

☞ 설사 한다 해도 만혼(晩婚)일 경우가 많다, 결혼이 자연 늦어지니 자손(子孫)이 늦어지고, 없을 경우도 생긴다.

☞ 관(官)은 남편인데 관(官) 역시 왕(旺)한 인수(印綬)의 횡포에 기운이 다 소진되어버리고 말아버린다, 장모님 비위맞추기에 급급하게 된다, 처가(妻家)의 입김이 대단한 것이다. 여기서 문제가 생기는 것이 하나가 있다, 과연 어느

제 6 장 　　　　　　　　　　　　　　　　　　자손(子孫)

정도가 되어야 식상이 맥못 추고 그대로 꼬리를 내리게 되느냐 하는 것이다.
☞ 우선 식상(食傷)이 숨을 쉬고 살아 있느냐? 중요해진다, 운(運)에서 도움을 받을 수 있는가? 사주원국 자체에서 생사가 확실한 가 구별해야 한다.
☞ 다른 경우도 마찬가지로 항상 핵이 되는 부분을 항상 주변과 견주어 어느 정도 가능성이 있는 가를 살펴야 한다.

❖(학습 사주의 예)

丙	甲	○	○
子	子	○	○

갑목(甲木) 일주에 병화(丙火) 식신(食神)이다, 일(日)과 시(時)에 자수(子水)가 버티고 있다, 과연 생사(生死)는 어떻게 될 것인가가 문제다.

⬆ 왕(旺)한 수(水)의 기운에 깔려 어렵다. 일간(日干)으로부터 목생화(木生火) 하여 어느 정도 도움을 받지만 위치가 코너에 몰려 힘을 못 쓴다 지지(地支)에 왕(旺)한 자수(子水)를 깔고 있다.

230 자손외도	傷官星이	作合하니	孫女戀愛	걱정되고
	正印星이	作合하니	外孫女가	바람난다
	상관성이	작합하니	손녀연애	걱정되고
	정인성이	작합하니	외손녀가	바람난다

❖ 작합(作合)➠암합(暗合) 또는 합(合)을 이루고 있는 경우다.
☞ 음(陰)과 양(陽)이 만나면 자연 합(合)이 이루어지고 자연 인연(因緣)이 이루어지는 것이다.
☞ 상관(傷官)성은 손녀(孫女)가 되고 ,인성(印星)은 외손녀(外孫女)가 되므로 각각 그들이 풍류가 심해진다는 설명이다.
☞ 육친(六親)별로 구분하여 각각 그에 해당하는 육친도 그런 원리로 해석이 가능하니 각자가 해석에 신중을 기한다면 더욱 더 자세한 부분까지도 파악할 수가 있을 것이다.

이것으로 남명에 관한 사항을 서술하여 보았는데, 미진한 부분에 관한 것은 여명 편을 하면서 추가로 더 설명이 되니 항목 별로 자세히 분석하시어 많은 발전이 있기를 바랍니다.

두원출판미디어 역학도서

시디첨부;

₩ 20,000

정가:15,000

한명호 엮음

❶ 건강과 질병

건강에 관심이 날로 커가는 당연한 이치에 과연 어떻게 판단을 하고 어떻게 통변을 할 것인가? 관상으로 보는 관점등 생로병사에 관한 사항들을 집중으로 분석. 전문가 못지않은 실력을 배양토록 하였다. 약초의 활용도 첨가하였다.

시디첨부;

₩ 32,000

정가 27,000

한명호 엮음

❷ 사주명리에 빠져봅시다.

입문 과정에서 필수적으로 알아야 할 사항들을 집대성한 것으로 초보자들의 입문서이고, 반복적으로 참고해야 할 사항들을 모은 책이다. 커다란 활자로 편집 이해를 한층 쉽게 하는데 주력한 도서이다.

시디첨부;

₩23,000

정가 18,000원

한명호 엮음

❸ 부부클리닉

남녀간의 만남과 이별, 팔자를 다룬 도서. 각자의 심성과 운을 첨가 인생의 반을 성공으로 이끄는 방법을 제시한 도서이다. 과연 팔자로만 치부할 것인가? 만남과 헤어짐의 원인을 분석한다.

시디첨부;

₩ 30,000

정가 25,000원

한명호 엮음

❹ 사주 통변술의 이차방정식.

기본적인 사항을 익힌 후 어떻게 활용을 하고, 어떻게 통변을 할 것인가?
육친의 활용과 통변에 대한 자습서이다. 말문이 막히는 사람들을 위한 해결서이다. 백문이 불여일견(不如一見)이다.

시디첨부;

₩ 30,000

정가 25,000원

한명호 엮음

❺ 사주격국의 원류와 흐름을 찾아서

사주의 틀을 논하는 격국에 대한 안내서이다. 모양을 보면 알면서 들리는 소리는 듣고 아는데 왜? 사주를 보면서 틀을 모양과 규격을 왜 판단하지 못하는 가? 해결책과 비법을 알려주는 방법을 서술한 책이다.

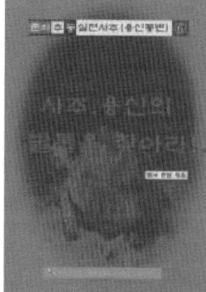

시디첨부;

₩ 33,000

정가 30,000원

한명호 엮음

❻ 사주 용신의 발톱을 찾아라.

배가 고프면 무엇인가 음식물을 섭취해야 한다. 사주의 격을 논하면 무엇이 중요한 요소 인가?를 판단하는 방법과 실전을 통한 자세한 설명이 첨부된다. 어디가 아프고? 무엇이 부족한가? 고쳐주고 채워주는 간결한 방법을 서술한다.

시디첨부;

₩ 30,000

정가 27,000원

한명호 엮음

❼ 사주신살 약인가, 독인가?

신살로 통변하는 방법을 논하는 것이다. 외면시하는 신살 실제로는 그것이 상담의 묘미를 더한다. 간편하면서도 피부에 와닿는 통변이다. 실질적인 상황에 대한 가까우면서도 먼 것 같은 핵심을 제시하는 것이다.

시디첨부;

₩ 38,000

정가 38,000원

❽ 내 팔자가 내 복이다.

실전사주에 대한 사항이다. 남성을 대상으로 전반적으로 종합적인 뷘야를 두루 섭협할 수 있는 내용이다. 추명가의 남성편전체를 해부한 책이다. 각 항목별로 다루어 구분을 확실히 하고 실전사주들을 놓고 해부한다.

시디첨부;

₩ 33,000

정가 33,000원

한명호 엮음

❾ 대박은 터트리고 쪽박은 깨야 한다.

여성에 대한 항목을 전체적으로 다루는 경우이다. 남성과 여성의 차이는 무엇인가? 실전사주들을 파헤치면서 분석하고 해석한 내용이다. 추명가의 여명편을 집대성한 것이다. 내용이 광대하여 나누어 설명한다.

시디첨부;

₩ 27,000

정가 27,000원

한명호 엮음

❿ 사주 명리격론

❾편에 이은 정라편이다. 여성의 사주를 다룬 책으로 팔자와 운의 심도를 더욱 가한 내용이다. 사망자들의 사주를 집중으로 다룬 것이 눈에 확 들어온다. 당신의 수명과 팔자의 관계는? 어떤가 묻는 책이다.

정가 16,000원

한명호 엮음

❖ 파워만세력-6

한글, 한자 혼용 종합 만세력.

1901-2050년 수록.

350페이지

정가 15,000원

한명호 엮음

❖ 파워만세력-4----구성, 납음 종합 만세력

2도 구성

1901-2050년 수록

350페이지

정가 18,000원 ❖ 춘하추동만세력2--- 종합 만세력
                    2도 구성
법사 원담   1921-2050년 수록
엮음   304페이지

정가 13,000원 ❖ 개정판)춘하추동만세력1--- 종합 만세력
                    2도 구성
법사 원담   1921-2050년 수록
엮음   288페이지

> 개정판- 사주추명가 남명편
> **전 어떻게 할까요?**

엮은이 / 한명호
펴 낸 이 / 한원석

| 판권 소유 의인 |

펴 낸 곳 / 두원출판미디어
강원도 춘천시 효자3동612-2
☎ 033) 242-5612,244-5612 FAX 033) 251-5611
Cpoyright ⓒ2015 , by Dooweon Media Publishing Co.
이 책의 내용은 저작권법에 따라 보호받고 있습니다.

판권은 본사의 소유임을 알려드립니다.
등록 / 2010.02.24. 제333호
♣ 파본, 낙장본은 교환하여 드립니다.
홈페이지: www.dooweonmedia.co.kr
    :   www.internetsajoo.com
♣ E-mail :doo1616@naver.com

정가 18,000 원

개정판 2쇄 2024.03.12   ISBN 979-11-85895-15-4